U0557647

| 李顿调查团档案文献集 |

主编 张 生

国联调查团访谈与调查

编者 陈海懿 屈胜飞 吴佳佳

南京大学出版社

本书由

国家社会科学基金“抗日战争研究”专项工程
“国外有关中国抗日战争史料整理与研究之一：李顿调查团档案翻译与研究”(16KZD017)

教育部人文社会科学重点研究基地“南京大学中华民国史研究中心”
重大项目“战时中国社会”(19JJD770006)

南京大学人文基金

江苏省优势学科基金第三期

资助

编译委员会

主　编　张　生

副主编　郭昭昭　陈海懿　宋书强　屈胜飞　陈志刚

编译者　张　生　南京大学中华民国史研究中心教授
王希亮　黑龙江省社会科学院历史研究所研究员
郭昭昭　江苏科技大学马克思主义学院副教授
陈志刚　西南大学历史文化学院副教授
宋书强　中国药科大学马克思主义学院讲师
屈胜飞　浙江工业大学马克思主义学院讲师
陈海懿　南京大学历史学院助理研究员
万秋阳　南京晓庄学院外国语学院日语系讲师
殷昭鲁　鲁东大学马克思主义学院副教授
孙洪军　江苏科技大学马克思主义学院副教授
李英姿　江苏科技大学马克思主义学院副教授
颜桂珍　浙江工业大学马克思主义学院副教授
黄文凯　广西大学文学院副教授
翟意安　南京大学历史学院讲师
杨　骏　南京大学历史学院讲师
向　明　江苏科技大学马克思主义学院讲师
王小强　江苏科技大学马克思主义学院讲师
郭　欣　中国药科大学马克思主义学院讲师
赵飞飞　鲁东大学马克思主义学院讲师
孙绪芹　南京体育学院休闲体育系讲师
刘　齐　南京大学历史学院博士后
徐一鸣　南京大学历史学院博士研究生

常国栋　南京大学历史学院博士研究生
苏　凯　南京大学历史学院博士研究生
马　瑞　南京大学历史学院博士研究生
菅先锋　南京大学历史学院博士研究生
吴佳佳　南京大学历史学院博士研究生
张圣东　日本明治大学文学研究科博士研究生
张一闻　日本明治大学文学研究科博士研究生
叶　磊　中山大学历史学系博士研究生
史鑫鑫　南京大学历史学院硕士研究生
李剑星　南京大学历史学院硕士研究生
马海天　南京大学历史学院硕士研究生
张雅婷　南京大学历史学院硕士研究生
杨师琪　南京大学历史学院硕士研究生
潘　健　南京大学历史学院硕士研究生
唐　杨　南京师范大学马克思主义学院硕士研究生
郝宝平　江苏科技大学马克思主义学院硕士研究生
陈梦玲　江苏科技大学马克思主义学院硕士研究生
张　任　江南大学马克思主义学院硕士研究生
黎纹丹　西南大学外国语学院硕士研究生
朱心怡　西南大学外国语学院硕士研究生
杨　溢　西南大学外国语学院硕士研究生
孙学良　西南大学外国语学院硕士研究生
孙　莹　西南大学外国语学院硕士研究生
费　凡　浙江师范大学人文学院硕士研究生
竺丽妮　浙江师范大学外国语学院硕士研究生
戴瑶瑶　浙江师范大学外国语学院硕士研究生
杨　越　西安电子科技大学
曹文博　浙江工业大学外国语学院
余松琦　西南大学含宏学院

序　言

中国历史的奥秘，深藏于大兴安岭两侧的广袤原野。

明治维新以来，日本企图步老牌帝国主义后尘，争夺所谓“生存空间”；俄国自彼得大帝新政，不断东进，寻找阳光地带和不冻港。日俄竞争于中国东北，流血漂杵；日本逐步占得上风，九一八事变发生，中国面临亡国灭种的新危机。

日本侵华之际，世界已进入全球化的新时代，民族国家成为国际社会的主体，以国际条约体系规范各国的行为，以政治和外交手段解决彼此的分歧，是国际社会付出重大代价以后得出的共识。而法西斯、军国主义国家如德、意、日，昧于世界大势，穷兵黩武，以求一逞。以故意制造的借口，发动侵华战争，霸占中国东北百余万平方公里土地、数千万人民，是日本昭显于世的侵略事实。

国际联盟（League of Nations）应中国方面之吁请，派出国联调查团处理此事。1932年1月21日，国联调查团正式成立。调查团团长由英国人李顿爵士（The Rt. Hon. The Earl of Lytton）担任，故亦称李顿调查团（Lytton Commission）。除李顿外，美国代表为麦考益将军（Gen. McCoy），法国代表为亨利·克劳德将军（Gen. Claudel），德国代表为希尼博士（Dr. Schnee），意大利代表为马柯迪伯爵（H. E. Count Aldrovandi）。为显示在中日间不做左右袒，国联理事会还决定顾维钧作为顾问代表中国参加工作，吉田伊三郎代表日方。代表团秘书长为国联秘书处哈斯（Mr. Robert Haas）。代表团另有翻译、辅助人员。1932年9月4日，代表团完成报告书，签署于中国北平。报告书确认：第一，九一八事变之责任，完全在于日本，而不在中国；第二，伪满洲国政权非由真正及自然之独立运动所产生；第三，申明东三省为中国领土。日本为此恼羞成怒，退出国联，自绝于国际社会。

《李顿调查团档案文献集》就是反映李顿调查团组建、调查过程、调查结论、各方反应和影响的中、日等国相关资料的汇编，对于研究九一八事变和李顿调查团，具有重要的参考价值。

如何看待李顿调查团来东亚调查的来龙去脉？笔者认为应有三个维度的观照：

其一，在中国发现历史。

美国历史学家柯文提出的这一范式，相比“冲击—反应”模式，即从外部冲击观察中国历史的旧范式，自有其意义。近代以来，由条约体系加持的列强，对中国社会产生了巨大的影响。中国沿海通商口岸是中国最早接触西方世界的部分，在资本主义全球化的过程中得风气之先，所谓“西风东渐”，对中国旧有典章制度的影响无远弗届。近代中国在西方裹挟下步履踉跄，蹒跚蹩蹶，自为事实。但如果把中国近代历史仅仅看成西方列强冲击之结果，在理论、方法和事实上，均为重大缺陷。

主要从中国内部，探寻历史演进的机制和规律，是柯文提出的范式的意义所在。

事实上，九一八事变发生、国联调查团来华前后，中国社会内部对此作出了剧烈的反应。在瑞士日内瓦所藏国联巨量档案文献中，中国各界通过电报、快邮代电、信函等形式具名或匿名送达代表团的呈文引人注目，集中表达了国难当头之时中华民族谴责日本侵略、要求国际社会主持公道、收回东北主权、确保永久和平的诉求，对代表团、国联和整个国际社会形成了巨大影响，显示了近代中国社会演进的内在动力。

东北各界身受亡国之痛，电函尤多。基层民众虽文化程度不高，所怀民族国家大义却毫不含糊。东北某兵工厂机器匠张光明致信代表团称：“我是中华民国的公民，我不是‘满洲国’人，我不拥护这国的伪组织。”高超尘说：“不少日子以前，‘满洲国家’即已成立了，但那完全是日本人的主使，强迫我辽地居民承认。街上的行人，日人随便问‘您是哪国人’，你如说是‘满洲人’便罢，如说是中国人，便行暴打以至死。”辽宁城西北大橡村国民小学校致函称：“逐出日本军，打到[倒]‘满洲国’，宁做战死鬼，不做亡国民。”陈子耕揭露说：“自事变以后，日本恶势力已伸张入全东北，如每县的政事皆由日人权势下所掌握，复又收买警察、军人、政客等，以假托民意来欺骗世界人的耳目，硬说建设‘满洲国’是中华人民的意思，强迫人民全出去游行，打着欢迎建设‘新国家’的旗号……我誓死不忘我的中华祖国，敢说华人莫非至心不跳时、血停时，不然一定于[与]他们周旋。”小学生何子明来信说：“我小学生告诉您们‘满洲国’成立我不赞成……有一天我在学校，日本人去了，教我们大家一齐说‘大日本万岁’，我们要不说他就杀我们，把我迫不得已的就说了。其中有一位七岁的小孩，他说‘大中华万岁！打倒小日本！’日本人听了就立刻把那个小同学杀了，真叫我想起来就愁啊。”

经济地位和文化水平较高者，则向代表团分析日本侵占中国东北的深远危害。哈尔滨商民代表函称：“虽然，满洲吞并，恐不惟中国之不利。即各国之经济，亦将受其影响。世界二次大战，迫于眉睫矣。”中国国民党青年团哈尔滨市支部分析说：“查日本军阀向有一贯之对外积极侵略政策，吾人细玩以前田中义一之满蒙大陆政策，及最近本庄繁等上日本天皇之奏折，可以看出其对外一贯之积极侵略政策，即第一步占领满蒙，第二步并吞中国，第三步征服世界是也。……以今日之日本蕞尔岛国，世界各国尚且畏之如虎，而况并有三省之后版图增大数倍，恐不数年后，即将向世界各国进攻，有孰敢撄其锋镝乎？……勿徒视为亚洲人之事，无关痛痒，失国联之威信，而贻噬脐之后悔也。”

不惟东北民众，民族危亡激起了全中国人的爱国心。清华大学自治会1932年4月12日用英文致函代表团指出：中国面临巨大的困难，好似1806年的德国和1871年的法国，但就像“青年意大利”党人一样，青年人对国家的重建充满信心。日本的侵略，不仅危害了中国，也对世界和平形成严重威胁，青年人愿意为国家流尽“最后一滴血”。而国联也面临着建立以来最大的危机，对九一八事变的处理，将考验它处理全球问题的能力。公平和正义能否实现，将影响到人类的命运。他们向代表团严正提出“五点要求”：1. 日本从中国撤军；2. 上海问题与东北问题一起解决；3. 不承认日本侵略和用武力改变的现状；4. 任何解决不得损害中国的领土和主权完整；5. 日本必须对此事件的后果负责。南京海外华侨协会1932年3月16日致电代表团：日本进兵东三省和淞沪地区，“违反了国联盟约和《凯洛格—白里安公约》，扰乱了远东地区和世界的和平。

同时，日本一直在做虚假的宣传，竭力蒙蔽整个世界。我们诚挚地请求你们到现场来，亲眼看看日军对中国人民的生命财产进行怎样的恣意破坏。希望你们按照国际法及司法原则，对其进行制裁。如果你们不能完成这一使命，那么世界上将无任何公平正义可言。在这种情况下，为了民族的生存，我们将采取一切手段自卫，决不会向武力屈服。”

除了档案，中国当时的杂志、报纸，大量地报道了九一八事变和国联调查团相关情况，其关切的细致程度，说明了各界的高度投入。那些浸透着时人忧虑、带着鲜明时代特色的文字表明：九一八事变的发生，对当时的中国社会是一场精神洗礼，每个人都从东北沦陷中感受到切肤之痛。这种舆论和思想的汇合，极大地改变了此后中国社会各界的主要诉求，抗日图存成为压倒性的任务，每一种政治力量都必须对此作出回应。

其二，在世界发现中国历史。

以中国为本位，探讨中国历史的内生力量，是题中应有之义。但全球化以来，中国历史已经成为世界历史的一部分。仅仅依靠中国方面的资料，不利于我们以更加广阔的视野看待中国历史和“九一八”的历史。

事实上，奔赴世界各地“动手动脚找东西”，已经成为中国学者深化中国近现代史，特别是抗战史研究的不二法门。比如，在中日历史问题中占据核心地位的南京大屠杀问题。除中国各地档案馆、图书馆外，中国学者深入美、德、英、日、俄、法、西、意、丹等国相关机构，系统全面地整理了加害者日方、受害者中方和第三方档案文献，发现了大量珍贵文献、图像资料，出版《南京大屠杀史料集》72卷。不仅证明了日军进行大屠杀的残酷性、蓄意性和计划性，也证明南京大屠杀早在发生之时，就引起了各国政府和社会舆论的关注；南京和东京两场审判，进行了繁复的质证，确保了程序和判决的正义；日方细致的粉饰，在中国人民和全世界正义人士的揭露下真相毕露。全球性的资料，不仅深化了历史研究，也为文学、社会学、心理学、新闻传播学、艺术学等跨学科方法进入相关研究提供基础；不仅摧毁了右翼的各种谬论，也迫使日本政府不敢公然否认南京大屠杀的发生和战争犯罪性质。

国际抗战资料，展现了中国抗战史的丰富侧面。如美国驻中国各地使领馆的报告，具体生动地记录了战时中国各区域的社会、政治、军事等各方面情形，对战时国共关系亦有颇有见地的分析；俄、美、日等国档案馆的细菌战资料，揭示了战时日本违反国际法研制细菌武器的规模和使用情况，记录了中国各地民众遭遇的重大伤亡和中国军民在当时条件下的应对，以及暗示了战后美国掩饰“死亡工厂”实情的目的；英美等国档案所反映的重庆大轰炸和日军对中国大中小城市的普遍的无差别轰炸，不仅记录了日本战争犯罪的普遍性，也彰显了战时中国全国军民同仇敌忾、不畏强暴的英勇气概。哈佛大学所藏费吴生档案、得克萨斯州州立大学奥斯汀分校所藏辛德贝格档案、曼彻斯特档案馆所藏田伯烈档案等则从个人角度凸显了中国抗战在“第三方”眼中的图景。

对于李顿调查团的研究，自莫能外。比如，除了前述中国各界给国联的呈文，最近在日内瓦“国联和联合国档案馆”中发现：调查团在日本与日本政要的谈话记录，在中国各地特别是在北平和九一八事变直接相关人士如张学良、王以哲、荣臻等人的谈话记录，调查团在东北实地调查、询问日军高层的记录，中共在“九一八”前后的活动，中国各界的陈情书，日本官方和东北伪组织人员、汉奸的表态，世界各国、各界的反应等。特别是张学良等人反复向代表团说明的九一八事变前夕东北军高层力避冲突的态度，王以哲、荣臻在“九一八”当晚与张学良的联系，北大营遭受日军进攻以后东北军的反应等情况，对于厘清九一八事变真相，有着不可取代的意义。

我们通过初步努力发现，李顿调查团成立前后，中方向国联提交了论证东北主权属于中国的篇幅巨大的系统性说帖，顾维钧、孟治、徐道邻等还用英文、德文进行著述。日方相应地提交了由日本旅美“学者”起草的说帖，其主攻点是中国的抗日运动、东北在张氏父子治下的惨淡、东北的“匪患”，避而不谈柳条沟事件的蓄意性。日方资料表明，即使在九一八事变发生数月后，其关于“九一八”当晚情形的说辞仍然漏洞百出、逻辑混乱，在李顿询问时不能自圆其说。而欧美学者则向国联提供了第三方意见，如 *The Verdict of the League: China and Japan in Manchuria*（《国联的裁决：中日在满洲》），哈佛大学法学院教授曼利·哈德森（Manley O. Hudson）著；*Manchuria: Cradle of Conflict*（《满洲：冲突的策源地》），欧文·拉铁摩尔（Owen Lattimore）著；*The Manchuria Arena: An Australian View of the Far Eastern Conflict*（《满洲竞技场：远东冲突的澳洲视角》)，卡特拉克(F.M. Cutlack) 著；*The Tinder Box of Asia*(《亚洲的火药桶》)，乔治·索科尔斯基(George E. Sokolsky，中文名索克斯)著；*The World's Danger Zone*(《世界的危险地带》)，舍伍德·艾迪(Sherwood Eddy)著；等等，为国联理解中国东北问题提供了有益的视角。另外，收藏在美国斯坦福大学胡佛研究所的蒋介石日记等也反映了当时国民政府高层的态度和举措。

这次出版的资料中，收集了中国台湾地区的"国史馆"藏档，日本外务省藏档，国联和联合国档案馆 S 系列藏档等多卷档案。丰沛的资料说明，即使是李顿调查团这样过去在大学教材中只是以一两段话提出的问题，其实仍有海量的各种海外文献可资研究。

可以说，世界各地抗日档案和各种资料，不仅补充了中国方面的抗日资料，也弥补了"在中国发现历史"范式的不足，体现了历史唯物主义对历史研究全面性、客观性的要求，自然地延伸推导出"在世界发现中国历史"的新命题。把"中国的"和"世界的"结合起来，才能更深广、入微地揭示抗日战争史的内涵。

其三，在中国发现世界历史。

中国历史，是世界历史的重要组成部分；中国抗战，构成了第二次世界大战的东亚主战场。离开中国历史谈世界历史注定是不周全的。只有充分发掘中国历史的世界意义，世界史才能获得真正的全球史意义。

过往的抗战史国际化，说明了中国抗战的世界意义。研究发现，东北抗联资料不仅呈现了十四年抗战的艰苦过程，也说明了战时东北亚复杂的国际关系。日方资料中的"华北治安战""清乡作战"资料，从反面反映了八路军、新四军的顽强，其牵制大量日军的事实，从另一面说明中共敌后游击战所发挥的中流砥柱作用。1937 年 12 月 12 日在南京江面制造"巴纳号事件"的日军航空兵官兵，后来是制造"珍珠港事件"的主力之一，说明了中国抗战与太平洋战争的联系。参与制造九一八事变、华北事变和南京大屠杀的许多日军部队，后来在太平洋战场上被美澳等盟国军队消灭，说明了太平洋战场和中国战场的相互支持。中国军队在滇缅战场的作战和在越南等地的受降，中国对朝鲜、马来亚、越南等地游击战和抗日斗争的介入和帮助，说明了中国抗战对东亚、东南亚解放的意义和价值。对大后方英美军人、"工合"人士、新闻界和其他各界人士的研究，彰显了抗日统一战线的多重维度，等等。这对我们的研究富有启发性意义。

李顿调查团的相关资料表明，九一八事变及其后续发展，具有深刻的世界史含义。

麦金德1902年在英国皇家地理学会发表文章，提出“世界岛”的概念。麦金德认为，地球由两部分构成：由欧洲、亚洲、非洲组成的世界岛，是世界上面积最大、人口最多、最富饶的陆地组合。在“世界岛”的中央，是自伏尔加河到长江，自喜马拉雅山脉到北极的心脏地带，在世界史的发展中具有重要意义。其实，就世界近现代史而言，中国东北具有极其重要的地缘战略意义，堪称“世界之砧”——美国、俄罗斯、日本等这些当今世界的顶级力量，无不在中国东北及其周边地区倾注心力，影响世界大局。

今天看来，李顿调查团的组建，是国际社会运用国际规约积极调解大国冲突、维护当时既存的凡尔赛—华盛顿体系的一次尝试。参与各国均为当时世界强国，即为明证。

英国作为列强中在华条约利益最丰的国家，积极投入国联调查团的建立。张伯伦、麦克米伦等知名政治家均极愿加入代表团，甚至跟外交部官员暗通款曲，询问排名情况。李顿在中日间多地奔波，主导调查和报告书的起草，正是这一背景的反映。

美国作为国联非成员国，积极介入调查团，说明了美国对远东局势的关切，其态度和不承认日本用武力改变当时中国领土主权现状的“史汀生主义”是一致的。日美之间的紧张关系，一直延续到珍珠港事变发生。在日美最终谈判中，中国的领土和主权，仍然是美方的先决条件。可以说，九一八事变，从大历史的角度看，是改变日本和美国国运的大事。

苏联在国联未能采取强力措施制止日本侵略后，默认了伪满洲国的存在，后甚至通过对日条约加以承认，其对日本的忍让和妥协，延续到它对日本宣战。但日本关东军主力在苏联牵制下不敢贸然南下，影响了中国抗日战争的形态。

日本侵占中国东北，却始终得不到中国和国际主流社会的承认，乃不断扩大侵略，不仅影响了对苏备战，也使得其在“重庆政权之所以不投降，是因为有英美支持”的判断下，不断南进，最终自取灭亡。2015 年 8 月 14 日，日本首相安倍晋三在战后 70 年讲话中承认：“日本迷失了世界大局。满洲事变以及退出国际联盟——日本逐渐变成国际社会经过巨大灾难而建立起来的新的国际秩序的挑战者，前进的方向有错误，而走上了战争的道路。其结果，70 年前，日本战败了。”从这个意义上说，九一八事变—李顿调查—退出国联，成为日本近代史的转折点。

亚马孙雨林的蝴蝶振动翅膀，可能在西太平洋引发一场风暴。发生在沈阳一个小地方的九一八事变，成为今天国际秩序的肇因。其故焉在？马克思和恩格斯在《德意志意识形态》中指出：在历史演进的过程中，人的“普遍交往”逐步发展起来，“狭隘地域性的个人为世界历史性的、真正普遍的个人所代替”。近代以来中国人民的历史，与世界历史共构而存续。

回望李顿调查团的历史，我仿佛感受到了太平洋洋底的咆哮呼啸前来，如同雷鸣。

是为序。

张　生

2019 年 10 月

出版凡例

一、本文献集所选资料，原文中的人名、地名、别字、错字及不规范用字等，为尊重历史和文献原貌，均原文照录。因此而影响读者判断、引用之处，除个别需说明情况以脚注“译者按”或“编者按”形式标出外，别字、错字在其后以“[ ]”注明正字；增补的字，以“【 】”标明之；因原文献漫漶不清而缺字处，用“□”标识。

二、凡采用民国纪年或日本天皇年号纪年者等，为尊重历史和文献原貌，均原文照录。台湾地区的文献中涉及政治人物头衔和机构名称者，按有关规定处理，在页下一并说明。

三、所选资料均在起始处说明来源，或在文后标注其详细来源信息。

四、外文文献译文中，日本人名从西文文献译出者，保留其西文拼法，以便核对；其余外国人名，均在某专题或文件中第一次出现时标其西文拼法。不同时期形成的中文文献中涉及的外国人名、地名翻译差异较大，为尊重历史和文献原貌，一般不作改动。

五、所选文献经过前人编辑而加脚注注释者，以“原编辑者注”保留在页下。

六、所选资料中原有污蔑中国人民、美化日本侵略之词，或基于立场表达其看法之处，为尊重历史和文献原貌，不改动原文，或在页下特别说明，请读者加以鉴别。

本册说明

本册文献集所选译资料来自日内瓦国联与联合国档案馆藏李顿调查团档案，分别是S30卷宗和S31卷宗，每个卷宗又分为NO.1和NO.2两部分。之所以称为选译，是因为档案原件存在大量手写体、法文及其他文字，未能全部识别与翻译，故有选择性地翻译。

S30卷宗选译内容主要是李顿调查团在上海、杭州、南京、汉口、重庆、天津等地的访谈与调查，包括各类会谈记录，中外官方及民间代表提交的声明、信函、调查、统计、媒体评论等。概而言之，主要内容为：(1) 1932年3月14日至26日，调查团在上海的访谈与调查。所涉人员有上海工部局总董麦克诺登、海关总税务司梅乐和、日本海军中将野村吉三郎、顾维钧、朱庆澜、许世英、陈友仁等，还有上海工商界、上海新闻界、上海宗教界、旅沪西方传教士等中外各界代表，以及上海日本商工会议所、中国女权运动同盟会等社会团体代表；选译内容涵盖中国抵制日货运动、一·二八事变的起因、日军对中外人民生命财产的危害、上海租界问题、东北关税与盐税问题等。(2) 1932年3月26日至4月1日，调查团在杭州、南京的访谈与调查。所涉人员有浙江省建设厅厅长曾养甫、杭州市市长赵志游，汪精卫、蒋介石、宋子文等国民政府军政要员，以及南京国民外交协会、中国国际联盟同志会、南京教工农商界、新闻界等各界团体代表；选译内容中关于李顿调查团与汪精卫等的会谈记录尤其重要，汪精卫等在会谈中介绍了中国内政、中日冲突的来龙去脉、中日双方悬而未决的问题以及中国官方立场。(3) 1932年4月1日至7日，调查团在汉口、重庆等地的访谈与调查。所涉人员有日本驻汉口总领事坂根准三、汉口英国商会皮科克、湖北邮政专员里奇等，以及爱斯托重庆之行的调查报告；选译内容涵盖湖北省内政、湖北省内中国共产党活动情况、反日抵制日货运动、东北邮政问题等。(4) 1932年4月9日，调查团在天津的访谈与调查。所涉人员有吴景濂、王乃斌、鲍贵卿、张伯苓等天津教工商界代表；选译内容中关于九一八事变与天津事变的两份备忘录详述了中日冲突、日军暴行的种种内容。

S31卷宗选译内容主要是调查团在东北地区的访谈与调查，既有各类会谈记录，也有各方提交的声明、通知、信函、说明等文件。综述S31卷宗选译内容，根据调查时间、地点和人物对象，主要包含：(1) 1932年4月20日至5月2日，调查团在沈阳的访谈与调查。所涉人员有关东军司令本庄繁、日本驻沈阳代理总领事森岛守人、奉天省农事协会代表等；选译内容涉及日本对九一八事变过程、事变后布告的拟定与公布、沈阳临时市政公署等情况的说明。(2) 1932年5月2日至5月7日，调查团在长春的访谈与调查。所涉人员有土肥原贤二、桥本虎之助、田代重德、驹井德三、郑孝胥、谢介石、熙洽、赵欣伯、张燕卿等；选译内容涉及日伪双方诡辩沈阳市政机构变化、组建伪满洲国过程等情况，并提出对调查团任务的看法，以及解释满洲的历史和现状等。(3) 1932年5月22日至5月24日，调查团在齐齐哈尔等地的访谈与调查。所涉人员有日本驻齐齐哈尔领事清水八百一、天野六郎、程志远、万咸章等；选译内容包括日方对江桥战役发生背景的陈述，齐齐哈尔地区被日军占领前后的政治局势，齐齐哈尔地区的铁路、共产主义活动等概况。(4) 1932年5月26日至5月30日，调查团在大连的访谈与调查。所涉人员有大连日本律师协会代表高桥、关东厅外事课课长河相达夫；选译内容包括大连日本律师协会代表对满洲地区中国司法实践的看法，调查团对这些看法的异议等。(5) 1932年5月30日至6月4日，调查团在沈阳的再次访谈与调查。所涉人员有本庄繁、河本末守、臧式毅、丁超等；选译档案内容包括本庄繁等人对满洲与日本国防的关系解释、伪满洲国的建立之陈述，以及日方对九一八事变当晚过程的描述等。(6) 1932年6月4日，调查团在锦州的访谈与调查。所涉人员有日本第八师团长西义一中将等；选译内容包括西义一对1932年上半年锦州及其附近地区形势变化的解释说明，对中方修筑防御阵地的态度，对轰炸锦州的解释。(7) 1932年6月5日，调查团在山海关回北平火车上同何柱国的访谈，选译内容主要是何柱国对伪满洲国声称的边界表示抗议，何柱国提交关于九一八事变期间及其后山海关形势的备忘录等。

需要说明的是，编译者根据档案原文内容，在参考原目录的基础上，重新组织文字，编订了每一条标题。其中S30卷宗原档案文件存放顺序凌乱，因此在选译编辑成册时，编译者在档案卷宗号顺序不变的前提下，对该卷宗内的文件按照日期先后进行了重新排序。

目 录

（一）李顿调查团档案，S30－NO.1 卷宗选译

1. 杭州市政府致吴铁城转调查团电
(1932 年 3 月 21 日)[①]

杭州发来

三月廿一日下午五时卅分发

三月廿二日上午〇时卅分到

上海吴市长勋鉴：啻日上午日机飞杭回翔，当经电陈。兹查，日机回飞至北九堡地方，放枪伤害民妇李方氏，经派员查明送院医治。本日上午十时二十分，日机又来市内窥察约三十分，向东北去。谨闻乞转调查团。杭市府叩。马[②]。印。

（资料来源：日内瓦国联与联合国档案馆藏李顿调查团档案，S30－NO.1 卷宗。）

2. 韩复榘致吴铁城转调查团电(1932 年 3 月 21 日)

济南发来

三月廿一日下午十时十分发

三月廿二日上午十时〇分到

上海市政府吴市长转国联调查团莱顿[③]爵士暨各团员勋鉴：贵团来华调

---

① 编者按：原档中有少量中文资料，特照原文录之。后同。

② 编者按：档案原文中多次出现韵目代日的电报纪日方法，请读者加以辨别。后同。

③ 编者按：即李顿。

查，主持正义，维护和平，周历贤劳，良深钦佩。顷接京电得悉，行将北上，取道津浦，经过济南，翘瞻旌旋，无任欢迎，先此布臆，惟希公鉴。山东省政府主席韩复榘叩。马。印。

（资料来源：日内瓦国联与联合国档案馆藏李顿调查团档案，S30－NO.1卷宗。）

3. 杭州市长赵志游在欢迎麦考益等茶会上的致辞（1932年3月26日）

先生们，国联调查团诸君：

我很荣幸以杭州市的名义欢迎你们的到来。我本来更希望能够在别的场合接待诸位贵宾，从而对提及上述荣誉头衔时可以增添一份欣喜。然而，尽管我们对威胁国家存在的严重危机深感忧虑，但杭州民众仍要感谢你们的亲切来访，并与其他中国人民一起向国联表示感谢。

日本代表在日内瓦反复强调中国是一个无组织的国家，以及当局盲目煽动排外情绪。我以为，诸位绅士现已驾临中国内地之城市，可见这样的控诉是否公平。你们的同胞久居在此，定能向你们提供更准确的关于我国行政、社会经济和教育的组织情况。我可以向诸君保证，近年来各国侨民，包括我们的邻居日本，与中国人民之间的关系均甚良好。先生们回顾一下，需要贵国领事代表干预才能解决的有争议的侨民权益发生的频率，也就足够了。

因此，先生们，尽管在一个大国中，稳定的政府在变革中出现重大内部争斗是固有现象，但是中国人不求其他，只求与世界各国——包括没有沙文主义的日本在内——为人类的幸福与进步和平共处，进行友善合作。

我谨借此机会向再次念及的杰出政治家、和平使徒白里安(Aristide Briand)先生致敬。他在试图解决中日冲突中不知疲倦地工作，以致积劳成疾，吾人对其逝世表示哀悼。

先生们，最后我祝愿诸位身体健康，以及维护世界和平之努力皆能成功。

（资料来源：日内瓦国联与联合国档案馆藏李顿调查团档案，S30－NO.1卷宗。）

4. 麦考益在杭州市长赵志游欢迎茶会上答谢辞的备忘录 (1932 年 3 月 28 日)

备忘录

本附件是杭州市长赵志游 3 月 26 日下午在汪庄欢迎国联调查团的茶会上致辞的副本,麦考益(Frank Ross McCoy)将军作为团队的发言人致答谢辞,内容如下:

刚才我们都感受到了杭州市长对此次中国事件的真诚介绍,作为出席这次茶会的调查团发言人,对此我希望表达我的感谢之情。我特别高兴收到演讲稿的打印件副本,我将在抵达南京后递交给调查团。我确信它非常有助于我们的工作。关于我们刚刚开始的工作,我们能充分理解其所涉及的责任,也正在全力以赴,并且试图尽可能长远地预测未来,我们满怀希望并将致力于所涉问题的最终解决,也希望业已发生在中国的问题不再出现。

关于我们来杭访问,克劳德(Henri Claudel)将军、希尼(Heinrich Schnee)博士和我都特别想要在此胜地游览,不仅仅是为了欣赏我们耳熟能详的自然美景,也想接触当地民众,体会这里的普遍民意。我们很高兴自身能够徜徉这个古老而久享盛名的城市之中,并且我们觉得这个像春天一样的日子是特别为我们而设。在这种情境下我们特别想感谢主人们的好客以及你们以令人愉快的方式所做的一切。

1932 年 3 月 28 日

笔记:上文是一份非常概括性的总结,事件发生两天之后在没有任何笔记的情况下写就。它虽然没有使用完全相同的文字表述,也没有排以精确序列,但基本思想是正确的。

D. S. E.①

(资料来源:日内瓦国联与联合国档案馆藏李顿调查团档案,S30 - NO. 1 卷宗。)

---

① 编者按:原文为铅笔字迹。

5. 曾养甫代鲁涤平宴请麦考益等时的欢迎辞
（1932 年 3 月 26 日）

尊敬的各位国联调查团成员，各位来宾：

浙江省政府主席鲁涤平将军前几日一直身体不适，他深感遗憾的是，他的医生不允许他亲自接待各位来向各位表达诚挚的欢迎。他授权我代为致辞，内容如下：

“尊敬的国联调查团诸君，各位来宾：

诸君惠临浙江省会之杭州，鄙人适因小恙今晚未克招待，至歉。我谨代表本省 2 000 余万人民，对于自来与中国友谊敦厚之各国嘉宾，致以良好祝愿。

我们由衷地欢迎诸君光临鄙市，全省皆因你们的光临而感到荣幸。诸君致力于世界和平，不辞辛劳访问包括杭州在内的各地，我们极为感激。我们知道，诸君的杭州、南京之行，是职责所在。然而，作为世界和平使者，诸君已经给我们带来了好消息。为了表达我们对你们为人类福祉所提供的宝贵服务的感激之情，我们谦恭而真诚地款待诸君。

在过去二周间，诸君足迹履及饱受残毁之上海，日本对中国不宣而战之结果与真相，诸君必已洞悉，不久诸君将赴满洲，定会获得更多关于两个国联成员国之间纠纷的事实。事实胜于雄辩。因此，于我而言，今晚无待赘述此类不幸事件。但最近日本飞机不时飞袭杭州及附近区域之领空，或为诸君所愿闻。毋庸置疑，诸君已经知悉，飞机所至，对本市公私财产造成损失。重磅炸弹从天而降，机关枪扫射无辜市民，浙江农学院数百男女学生因惊扰而不得求学。

对于日军飞机的频繁来袭，我实不明其意，因为自上海爆发不幸事变后，此间日侨已安全撤离。况且杭州距上海冲突区域远在一百英里以外，此举是否正当，吾人听凭诸君公正无偏之见解。

杭州是东方最旖旎的城市之一，它是大自然赐予的礼物，素有‘中国之天堂’的美誉。而且，杭州作为风景名胜与佛教圣地，亦是中国茶丝业生产中心。今得诸位惠临，尤使本市增无限光荣。但愿通过诸君之影响，使‘中国之天堂’永葆安宁。

先生们，吾人充分信任国联，坚信贵调查团定会达成使命，并且我们将竭尽所能协助诸君捍卫世界和平与正义事业。

以浙江人民之名义,我再次祝愿诸位马到成功,身体健康。谢谢。"

备忘录:

上文是1932年3月26日晚浙江省政府宴请到访的国联调查团成员的欢迎辞副本,由省建设厅厅长曾养甫先生致辞。

(资料来源:日内瓦国联与联合国档案馆藏李顿调查团档案,S30－NO.1卷宗。)

6. 麦考益在浙江省政府欢迎晚宴上答谢辞的备忘录 (1932年3月28日)

备忘录

附件是3月26日晚浙江省政府于杭州望湖宾馆宴请调查团的欢迎辞,由建设厅厅长曾养甫先生致辞。麦考益将军作为团队发言人致答谢辞,内容大致如下:

我很高兴代表调查团的朋友、同事及相关人员致辞。请主席先生向尊敬的省主席转达我们的感谢,并对他身体欠佳表达关切,希望他早日康复。贵国笃信和平方式解决国际纠纷。我们深知,中国在国联的重要地位,及贵国外交官在日内瓦所发挥的独一无二的作用。在目前的争议中,中国秉持其一贯坚持的外交思想,因为中国人在过去总能谋得积极的方式来解决彼此之间的难题。贵国著名的英雄孙逸仙博士,曾确定某种对外关系的原则,我们称之为他的"圣经"。因此,贵国在危难时刻向国联提起申诉,完全符合你们的和平思想与政治习惯。调查团深悉中国的政策,并会对中国问题给予充分考虑。来华之后,我们已与社会各界代表进行了多次交流。诸位或许有兴趣了解我们可能的行程计划,这是我所能告诉你们的。上海之后,我们即赴首都南京,大约用四天时间与贵国政府领导人接洽一切。然后我们由南京前往北平,在那里我们将有机会与近期到过满洲的人进行会谈,其中有些人是从满洲退出的官员。接下来,我们将在满洲逗留较多时日,并赴各地考察。然后我们将再赴东京和南京,与双方政府再接触,并开始准备九月份我们要提交给国联大会的报告。在调查期间,两国均有一位参与员。当然了,中国无须担心这个问题,因为中方参与员是著名的顾维钧博士。

现在我想感谢您的殷勤招待,并且再次表示我们非常享受在杭州的短暂旅行。

先生们，请您与我共同举杯，祝愿我们杭州的朋友们安康富足，我们期待和平，为和平祈祷。

1932 年 3 月 28 日

本作基于笔记，几乎与原文一致。

D. S. E. ①

（资料来源：日内瓦国联与联合国档案馆藏李顿调查团档案，S30 - NO. 1 卷宗。）

7. 亚瑟 · M. 肖先生致麦考益的留言信（1932 年 3 月 26 日）

美国新奥尔良州 中国杭州

电报挂号 电报挂号

□，新奥尔良市 上海 SHAWAM

亚瑟 · M. 肖（Arthur M. Shaw）

顾问工程师

美国土木工程师学会会员

美国咨询工程师学会会员

美国铁路工程协会会员

大塔儿巷 6 号

1932 年 3 月 26 日，杭州

亲爱的麦考益将军：

曾厅长想递交一份关于省政府主席给每位调查团来访成员的留言副本，但因为他手上只有原始的副本且进行了大量的铅笔修改，所以我自愿重抄了一遍，并于早上将三份副本送给了您。这些材料是密封的，若您愿意将其他两个副本转交给您的同事，我们将非常感谢您。

您非常真挚的，

① 编者按：原文为铅笔字迹，来自 D. S. E. 此人的批注。

亚瑟·M.肖

附:万一有什么情况会使您误以为这消息不是真的,无论何时,只要您光临寒舍,我将不胜荣幸。A. M. S.[①]

(资料来源:日内瓦国联与联合国档案馆藏李顿调查团档案,S30－NO.1 卷宗。)

8. 致亚瑟·M.肖先生的感谢信(1932 年 3 月 28 日)

中国南京
1932 年 3 月 28 日
亚瑟·M.肖先生
大塔儿巷 6 号
中国,杭州

亲爱的肖先生:

非常感谢您的笔记以及在杭州晚宴上调查团团员的精彩发言稿的三份副本。我已经将副本交给克劳德将军和希尼博士,他们也非常感激您。

再次非常感谢您的帮助,如果出现需要之时,我将不遗余力地利用它。

向您致以亲切的问候。

忠于您的,[②]

(资料来源:日内瓦国联与联合国档案馆藏李顿调查团档案,S30－NO.1 卷宗。)

9. 麦考益致鲁涤平的感谢信(1932 年 3 月 28 日)

由麦考益将军签署的感谢信副本
鲁涤平将军,浙江省政府主席,杭州

① 编者按:原文为铅笔字迹。

② 编者按:原文没有致信人的签名落款,疑为麦考益。

亲爱的将军：

作为调查团小组的代言人，我们近期访问了杭州，我想告诉您我们参观贵省的欣喜，感谢您在望湖宾馆晚宴上的殷勤款待。

遗憾的是您未能出席那个令人愉快的场合。我们非常抱歉没有机会与您见面，对您身体欠安我们也特别难过。我们都希望您早日康复。

我想向您提及在我们访问期间一直密切关照我们的仁慈体贴的李方上校(Colonel Li Fang)。

请再次相信我们对您的诸多礼遇表示深切的感谢。

在此表达我最崇高的敬意。

忠于您的，

F. R. 麦考益

(资料来源：日内瓦国联与联合国档案馆藏李顿调查团档案，S30 - NO. 1 卷宗。)

10. 麦考益致赵志游的感谢信(1932 年 3 月 28 日)

中国南京，1932 年 3 月 28 日

赵志游市长，杭州市长，杭州

我亲爱的市长：

我们还在回味在杭州的愉快时光，调查团小组非常幸运地按照那条路线旅行，作为调查团小组的代言人，我想表达我们对您在那个场合下给予我们诸多礼遇的感激之情。我们非常感激您亲切地接待我们，安排有趣的观光旅行以及愉快的西湖之游，途中很高兴在刘庄、汪庄歇脚。

我希望您转达我们对刘先生和汪先生亲切接待的谢意，以及对您和商会主席王竹斋(Wang Tso-tsai)先生在茶会上的热情好客的诚挚感谢。我们不会忘记您上午来向我们道别时的殷勤礼节，也非常感谢您的周全考虑。

我的同事和我一起，【向您】表达最高的敬意和亲切的问候。

忠于您的，

F. R. 麦考益

(资料来源：日内瓦国联与联合国档案馆藏李顿调查团档案，S30 - NO. 1 卷宗。)

11. 麦考益致顾祝同的感谢信(1932年3月28日)

中国南京,1932年3月28日
顾祝同将军,江苏省政府主席,镇江,江苏

亲爱的顾将军:

国联调查团小组从上海途经杭州前往南京,正午在宜兴稍事休息,您的代表魏懿(Way Yii,音译)先生、许体纲(Hsu Ti-kang)先生以及宜兴县长孙巩圻(Sun Kung-chi)先生在溪隐园(Chin Yang)热情款待我们。在这个美丽平和的环境和这样愉快的陪伴中休息片刻,是对我们最好的欢迎,作为团队的发言人,我希望向您表达我们的感激之情并请您向您的代表转达我们的感受。

致以我最崇高的敬意。

忠于您的,

F. R. 麦考益

(资料来源:日内瓦国联与联合国档案馆藏李顿调查团档案,S30－NO.1卷宗。)

12. 麦考益致宜兴市长孙巩圻的感谢信(1932年3月28日)

中国南京,1932年3月28日
尊敬的孙巩圻,宜兴县长,江苏,宜兴

亲爱的县长先生:

调查团小组昨天从杭州陆路前往南京,非常感谢您和其他宜兴官员、市民以礼相待并在贵市郊外安排了愉快的短休和茶点。

请接收我们的感谢之情并将其转达给任严书(Jen Yen-Shu)先生。我知道,我们是在他的美丽花园中得到了非常愉快的款待。

致以亲切的问候和纪念并表达我们最崇高的敬意。

忠于您的,

F. R. 麦考益

（资料来源：日内瓦国联与联合国档案馆藏李顿调查团档案，S30－NO. 1卷宗。）

13. 麦考益致湖州市长的感谢信（1932年3月31日）

感谢信副本，杭州之行，麦考益签署

中国南京，1932年3月31日

李K. Y. [1]先生，湖州市长，浙江湖州

亲爱的市长先生：

作为上周日上午在前往南京途中于湖州停留的调查团小组的代言人，我谨告诉您，我们很高兴能在这么短的时间里与您、各类官员以及市民们见面，并对您的慷慨接待表达我们的感激之情。

忠于您的，

F. R. 麦考益

（资料来源：日内瓦国联与联合国档案馆藏李顿调查团档案，S30－NO. 1卷宗。）

14. 调查团与汪精卫等第一次会谈记录（1932年3月29日）

国联调查团与中国政府官员的谈话记录

交通部，1932年3月29日下午6时

出席人员：国联调查团全体成员

汪精卫先生，行政院院长

蒋中正将军，军事委员会委员长

朱家骅先生，教育部部长

陈公博先生，实业部部长

① 编者按：原文为K. Y. Li，疑指李光宁。

罗文干先生,外交部部长

陈铭枢先生,交通部长

顾维钧博士

派尔脱(Pelt)先生

万考芝(Von Kotze)先生

派斯塔柯夫(Pastuhov)先生

汪先生:关于铁路平行线突出的问题就是中国政府无法接受日本的要求。详细情况将由顾博士说明。原则上我们愿意承认日本在满洲的合法权益,只要这些权益是基于条约的,但是我们拒绝承认那些不利于中国政府的权益。合法并得到承认的权利并不会引起冲突,其他人可能试图强加给我们的权利也是如此。为了寻找解决方案,必须考虑以下五点:1) 相互尊重权利;2) 以武力强加的条约是无效的;3) 双方秉持和解精神;4) 最好是订立新的条约;5) 双方相互尊重对方的权利:门户开放政策和机会均等原则。

李顿(Lytton)爵士:关于第二点,您的意思是不是说强迫一方签订的条约应被视为无效的?

汪先生:那种条约只会引起冲突。例如,1915 年的条约导致了国内动乱。在华盛顿会议上,日本放弃了条约中的部分权利,甚至后来还有一些保留意见。当然,这些条约是可以修改的。

李顿爵士:您的意思是不是说只要没对其进行修订,它们就是不合法的?

汪先生:国民从来不认为 1915 年条约是合法的,因为它们未经国会批准。根据我们的约法,批准是必要的。条约首先要经国会批准,然后才能签署。1915 年条约未经批准也未被公布。

李顿爵士:所以您的意思是说它们是不合法的,因为它们未经批准吗?

汪先生:如果中国国民认为这些条约是非法的,那么当时我国总统的行为也不合法。

李顿爵士:在战争结束时签订的每一项条约,情况会不会相似?

汪先生:例如,如果您以 1895 年的条约为例,根据该条约,我们失去了台湾并支付巨款,我们从不对它的合法性提出异议,因为它是正式批准和签署的。

李顿爵士:因此,我认为,不承认 1915 年条约的理由不在于它们是通过武力强迫的，而在于它们没有得到批准，是吗？

汪先生：条约未经国会通过，这是【主要】原因。

李顿爵士：那时有国会吗？

汪先生：有。由于1915年的条约已经被修改过，在我看来，最好的办法是商定一个新的条约。这对所有有关各方都是有利的。

李顿爵士：我想，顾博士稍后可以向我们说明中国政府希望看到的这类条约所包含的条款。

汪先生：是的。关于1915年条约极其复杂的问题的详细报告将提交调查团。

麦考益将军：我认为依据凡尔赛和华盛顿规定，条约应交存于华盛顿或日内瓦。中国政府对于这些条约是否做了类似的事情？

汪先生：一些条约已经交存了。华盛顿会议上报告并充分讨论了1915年的条约。

麦考益将军：日本人交存了1915年条约吗？

汪先生：据我所知，没有。中国政府的政策是不提交只会引起麻烦的条约。正是因为这个原因，才拒绝了日本对满洲的要求，因为知道这只会引起麻烦。

李顿爵士：日本政府告诉我们，它不想把满洲问题摆在国联面前，因为他们认为这应是直接与“满洲政府”谈判的问题。他们拒绝承认中国政府与满洲问题有牵连，因为他们声称满洲实际上一直是独立的。

汪先生：中国政府在任何情况下都不会承认这一论点。满洲的所有官员都是中国人。《临时约法》规定满洲是中国的一部分，除了中央政府外，其当局无权与外国势力进行谈判。

李顿爵士：根据规定，调查团在抵达满洲后将立即向日内瓦报告去年9月30日决议得到遵守与否。我想问，如果日本撤军，中国政府是否为建立和维持国内的秩序做好了准备。

汪先生：在这样的情况下，我们必将尽一切努力。我们提议向那里派遣一支特别警察部队。

李顿爵士：还有一个民政问题。我知道中国政府不承认“现任政府”。如果该政府不复存在，你们将采取什么样的步骤？

汪先生：就行政而言，东三省与中国的其他地区没有区别。

李顿爵士：然而在其他省份，目前都存在着一个政府。如果"满洲政府"被取缔，那里将什么都没有了。

汪先生：【我们】将挑选有能力的民政官员。根据 9 月 30 日的决议，在日本撤军后被任命接管该地区的委员会已经就应该派什么官员提出了一些建议。这些细节甚至可以和顾博士讨论。

李顿爵士：关于为建立满洲法律与秩序而提议的所有步骤，您希望得到国联哪方面的援助呢？我想知道，您认为国联可以通过什么方式提供帮助。

汪先生：顾博士将提供有关该问题的所有细节。

顾博士：上述委员会是根据 9 月 30 日的决议成立的，即双方应进行谈判，以期一方面日本撤军，另一方面中国政府承诺保障日本人在满洲的生命与财产安全。委员会为此目的已开始制订计划。虽然工作尚未完成，但计划一旦拟定，就会提交给调查团。

麦考益将军：可以向调查团提供日本在中国阴谋活动的证据吗？我从各种私人渠道获得的信息表明，这些阴谋阻碍了一个所谓的稳定政府的建立。

汪先生：我们有很多证据，都将提交给调查团审查。

李顿爵士：日本还提到所谓系统性的政策，即培养广大民众对外国人，尤其是日本人的敌意。他们特别提到了教材、抗日团体和组织，以及一些与政府有间接联系的组织。

汪先生：关于中国教材中的抗日宣传，朱部长已经调查了日本教材，发现其中许多实例不仅反华而且排外。中国教科书中被指控的段落涉及外国人对中国的侵犯。

李顿爵士：每个国家都有人控诉其他国家的教科书，但日本在这方面的抱怨比其他国家要严重得多。他们认为，中国政府不应该容忍反日团体，就像英国政府不应该容忍反法团体一样。

汪先生：九一八之前，中国并没有这样的团体存在。我认为这可能是保护性措施，我相信只要达成了公平的解决方案这些团体就会自动消失。但是日本仍侵占着我国领土，攫取盐税和关税收入，在这种情况下，政府认为没有正当理由停止这些组织的活动。

李顿爵士：我理解您的意思是说这些组织代表了一种对日本方面极不友好的回应。

汪先生：他们是对事先毫无征兆的九一八事变的被动抵抗。如果我家被贼占据了，我就派宪警去，同时采取自卫措施。我们以同样的方式寻求自卫，同时向国联申诉。在这一事件发生之前，两国之间存在着某种不友好的情绪，但没有这样的组织存在。1928年发生的济南事件在中国引起了极大的愤慨，但当这件事解决了以后，敌对情绪迅速消退，抗日运动也没有继续存在。我相信当目前事件结束的时候同样的事情还会发生。

马柯迪(Count Aldrovandi)：我了解到，教育部长知道日本教材中的反华篇目。因为调查团收到了许多来自日本的文件，所以可以从您那里得到这些证据吗？

朱部长：有关此事的备忘录将交给调查团。

下次会议将于3月30日召开。

（资料来源：日内瓦国联与联合国档案馆藏李顿调查团档案，S30-NO.1卷宗。）

15. 调查团与汪精卫等第二次会谈记录（1932年3月30日）

与中国政府官员会谈记录

1932年3月30日下午4时

出席人员：调查团全体成员

哈斯(Robert Hass)先生

派尔脱先生

万考芝先生

派斯塔柯夫先生

汪精卫先生，行政院院长

蒋中正将军，军事委员会委员长

朱家骅，教育部长

陈公博，实业部长

罗文干先生，外交部长

陈铭枢先生，交通部长

顾维钧博士

第一部分

汪兆铭先生问调查团成员是否有问题需要提问,他将很愿意解答。李顿爵士解释说,调查团想针对某些已经向日本政府提出的问题了解一些情况。他们想知道中国政府能否以官方形式向他们提供一些关于以下几点的材料:

(1) 只要是迄今为止尚未公布的所有可能与中日满洲争端有关的条约、协议或共识的书面文件。李顿爵士对此做了说明,他特别提到有关铁路的协议、铁路贷款合同等,尤其是关于缺失的线路吉林—会宁[①](Kainei)(会宁铁路)及洮南—昂昂溪、吉林—敦化的合同。

(2) 关于在满洲的朝鲜人的任何协议。

李顿爵士要求提供这些文本的原因是,在日本与调查团的对话中,其提到了两国政府就上述主题签署的协议,但这些协议并未执行。

谈话中和报纸上也提到了一些关于满洲的文件。调查团希望看到这些文件。

汪先生回答说,可以提供这些条约和协议的文本,尽管这并不容易。因为某些协议是由地方当局订立的,而且在中央政府档案中并不总能找到真正的副本。

李顿爵士建议,也许可以让地方给中央政府上交一份所有条约和协议的清单,然后就可以复制实际文本。汪先生答复说,外交部已经搜集相关材料并交给了顾维钧博士。

李顿爵士回忆起在昨天的谈话中已经讨论了两条有争议的条约。他本希望能洗印出一张日本政府提交给调查团的1905年条约和议定书的照片,但同时他发现这张照片放在了去北京的行李中。

汪先生解释说由于日本轰炸南京,部分外交档案被转移到了洛阳,特别是涉及中日争端的档案。他解释说,所谓的1905年协定是不存在的。1905年会议期间讨论了平行铁路建设问题,得到两国代表团共同认可的讨论只有数分钟。但是,这并不意味着它们构成了连带协议,中国不能承认其从未见过的协议是有效的。最近新闻界发表的文章称,国民政府应承认满洲地方当局与日本政府签订的所有秘密条约的有效性。他想以最正式的方式否认这一

---

① 编者按:Kainei 指朝鲜境内的会宁,也称 Hoiryong,故吉林—会宁铁路,亦称会宁铁路、吉会铁路。

说法。

李顿爵士想了解当时与1915年条约有关的中国宪法是什么？有议会吗？在批准与外国势力签订的条约方面，它的权利是什么？根据该宪法，共和国总统在批准条约方面的权力是什么？

汪先生解释说，民国元年，即1912年通过了第一部共和国宪法。根据该宪法，议会有权批准与外国缔结的条约。1913年，袁世凯解散了议会，开始在没有议会的情况下进行统治。许多人认为这是非法的。

第二部分

汪先生：1912年，《临时约法》获得通过，同时临时参议院成立。1913年袁世凯解散国会，违反了《临时约法》。1914年，他成立了政治会议[①](Political Council)来行使议会的权利，但他无权这样做。然而，1915年的条约甚至没有提交政治会议。1916年，当袁世凯试图称帝时，革命爆发了，结果是恢复了1912年的《临时约法》，重建了国会。的确，1915年的条约是由袁世凯签署的，但这是在他的非法统治期间完成的。因此，我们希望您更加关注此事的政治问题，而非法律问题。我们准备给您一份记录了确切日期的备忘录。

朱部长：国会解散后，随即出现了恢复国会体制的运动。非法政权从未得到承认，并且1915年后美国正式宣布，他们不会将当年的条约视为合法。

李顿爵士：您是想表达中国政府视袁世凯非法统治期间缔结的所有条约均为无效吗？

汪先生：袁世凯犯下了许多违法行为，与外国缔结条约只是其中之一。1916年国会重开后，国会并没有否定袁世凯签订的所有条约，但郑重宣布1915年条约无效。

李顿爵士：有没有在事后被接受和批准的条约呢？

汪先生：这一时期所有未被正式否决的协定都为国会所接受，但1915年条约被正式否决了。

麦考益将军：目前负责接受条约的是谁，通过什么形式？

汪先生：目前，所有条约均由行政院外交部长签署，并经立法院批准。事实上，国民政府缔结的所有条约都已经批准。

---

① 编者按：应指政事堂。

麦考益将军:这是自袁世凯倒台以来的做法吗?

汪先生:自 1916 年以来,所有的条约均已获得国会的批准,但是 1918 年国会再次被非法解散。在国民眼中,凡未经批准的条约都是无效的。

李顿爵士:调查团急于与两国政府讨论新解决方案的可能性。关于满洲,日本政府想要建立一个足够强大的政府,以维持内部秩序,尊重所有的国际条约义务和满足日本对战略前沿的某些要求。有人告诉我,如果"满洲政府"无能为力,并且"国家"处于混乱状态,俄国就会介入,并将发生另一次俄日战争。日本希望避免这场意外情况。当我们问他们,如果存在一个能够实现这些条件的政府,他们是否会满意时,他们回答说,理论上是可以的,但实际上,他们不相信任何一个中国政府有能力实现这些条件。我想问一下,中国政府能否承诺实现这些条件。日本政府根据其过去的经验对这种可能性提出了质疑。中国政府能给出什么样的证据证明它能够满足日本和世界的意见。

汪先生:如果日本撤军,我们可以重新获得控制权,我们将派出特别宪兵并建立民政机关。在这方面,国联可以提出一些对我们有帮助的建议吗?我们始终相信国联准备维护其成员国的领土完整,我们相信在华盛顿会议上订立公约的各国也是如此。我们准备接受任何不质疑我们作为一个国家的完整性的建议。

李顿爵士:我明白,我将从顾博士那里得到了宪兵队的组成、组织等以及有关民政机关的详细信息,但我想回到"战略前沿"问题。满洲反抗外来侵略,其安全符合全世界的利益,否则总是对和平构成威胁。这种安全也许最终可以通过国际协定的方式来确立。此协定有多种形式可供选择。我冒昧地以瑞士为例,它的中立性由国际协定保证,或是法国和德国之间的边界,其安全性由对此事利益相关的不同国家之间的协议保证。中国政府考虑过以这种安排来维持满洲安全的可能性吗?

汪先生:就瑞士而言,条约保证了其整个国家的中立。我猜想,在满洲的情况下,您指的是国家部分地区的中立化。我们没有考虑过这种可能性,但认为值得这样做。在边境安全问题上,我们对中日、中俄边境做了区分。此事必须慎重考虑,我想知道您可以提出什么建议。

李顿爵士:在列举这些例子时,我没有特别注意国家的整体或部分地区是否会受到质疑。唯一重要的是双方都存在武装力量。在边境问题上,无论是只考虑利益相关的国家还是使协定成为国际协定,都可以通过接纳更多的国家加入协定来保证安全。我只想提一个问题,中国政府考虑过这种安排是否有利于增加边境安全吗?如果没有,原则上会反对探讨这种可能性吗?

第三部分

汪先生想知道,国际联盟是否有关于这些问题的建议。李顿爵士的回答是否定的。调查团仅想了解对这种安排在原则上是否有反对的。如果有的话,调查团就无须深入考察。若没有的话,他们就不得不研究它。汪先生回答说,中国政府原则上不反对。

接着李顿爵士问道,现在中国与苏俄之间的关系如何。他认为这是一个微妙的问题,他并向中国政府保证,此次会谈完全保密,双方可畅所欲言。他尤其想知道在两国之间有没有对调查团来说有一定价值的协定。他提出这个问题是因为这里再次提到的此类条约曾出现在报纸上。汪先生回答说,1924年两国缔结了一项协议,由顾维钧博士代表中国签署。该条约已经公布了,从那以后没有缔结过其他条约。

麦考益将军想知道中国政府是否接受了同一年的沈阳协议。汪先生回答说,中国政府已经签署并承认了此协议。

李顿爵士问,中国政府是否知道苏俄政府对新的"满洲政权"采取了什么态度。汪先生回答说,中国政府不能确定这一点,因为他们与苏俄没有外交关系。

李顿爵士还想知道 1929 年中苏争端谈判之后是否有任何后续协议。汪先生回答说,没有进一步的协议。

李顿爵士问,中东铁路的现状如何,中国官方关于这条铁路的立场如何。汪先生解释说这是一个复杂的问题,提交给调查团的备忘录将对此予以说明。

李顿爵士指出,调查团在日本停留期间,日本政府反复提及在中国境内,特别是在满洲和朝鲜存在的共产主义与共产党宣传。他们还声称共产党宣传的这一大本营就在上海。汪先生解释说,中国有一定数量的共产主义者,中国政府一直试图镇压它,甚至在上海以北及吴淞地区发生战争期间,国军对共产党力量的进攻仍在继续,尤其是在江西省。上海事变期间,政府军甚至对共产党军队给予了沉重的打击。关于日本指控共产党宣传总部在上海的问题,他否认上海有任何这样的组织。如果上海有一些共产主义者,绝大多数也是藏在外国租界内以躲避中国官方。李顿爵士指出,共产党的宣传不仅存在于中国,在很多其他的国家也能找到同样的宣传。然而在中国,政府武装和共产党武装之间似乎有实际的战事，他想知道这些共产党军队实际代表了什么。

第四部分

汪先生：共产党军是由失业者和土匪组成的。

李顿爵士：事实上，有这样一支军队吗？或者说这是在失业人数特别多的地方由煽动者构成的孤立的小股部队呢？

汪先生：严格意义上说，没有共产党军队，只有当政府军进攻时，逃往别处的小股部队。

李顿爵士：所以您是说没有共产党军，而是武装的共产主义者？

汪先生：历史证明，每次革命后，都有许多武器遗留在人们容易触及的范围内，这有利于失业者捡起武器组成小股部队。这就是当前共产主义运动的起源。共产党武装部队占领了国家的部分区域并非事实。缺乏沟通方式促使小股武装部队的存在。一旦政府成功地与其建立了联系，就更容易镇压他们。

李顿爵士：国内是否有地方存在不被国民政府承认的共产党政府？

汪先生：不存在那种固定的政府组织。江西省有一些共产主义，但在中国东北和满洲没有听说过。有一个事实可以充分证明，尽管满洲毗邻俄国，但每年都有一百万人迁入满洲，并在那里得到了和平环境。但是，如果现在的情况继续下去，我不确定共产主义不会在那里生根。

李顿爵士：我想对我的问题表示歉意，这并不意味着干涉内政。这是必要的调查的一部分，因为向调查团提出的指控称国民政府没有权威，管辖权有限。我希望能够回应这种指控。

汪先生：从我今天告诉您的情况可以看出，过去几年来，我国在建立一个稳定的组织方面经历了痛苦。我们尚未达到完美，但是随处可见进步。有意思的是日本反对我们国家的统一。就此而言，我想给您举一个明显的例子。我们在被监禁的共产主义者身上发现了日本武器，并在其中发现了日本人。

李顿爵士：我再次申明，正如我之前在公共场合多次提到的那样，我们对贵国和政府的困难深表同情。我希望您知道，国联准备为您提供一切您所希望的帮助。

第五部分

李顿爵士想要了解一些有关这三个问题的信息：

(a) 中国的情况与在满洲的朝鲜人有何关联?

(b) 中国将满洲土地租给朝鲜人和其他外国人的情况如何?

(c) 中方对会宁铁路这条缺失的线路持何态度?

汪先生答复说,我们将向调查团提交备忘录,以回答问题(a)和(b)。问题(b)涉及"二十一条"中一个特别复杂的问题。关于问题(c),汪先生提到了1918年6月17日关于这个问题达成的初步协议。然而,他想强调一点,关于此问题尚未达成明确的协议。详细的备忘录正在准备中,将很快提交给调查团。他还指出,1918年的初步协议在1921—1922年华盛顿会议之前又再次提出。

最终决定,调查团与中国政府官员将于3月31日星期四下午4时恢复会谈。

(资料来源:日内瓦国联与联合国档案馆藏李顿调查团档案,S30-NO.1卷宗。)

16. 调查团与汪精卫等第三次会谈记录
(1932年3月31日)

与中国政府官员会谈纪录

铁道部,南京,1932年3月31日下午4时

出席人员:调查团全体成员

顾维钧博士

哈斯先生

万考芝先生

派斯塔柯夫先生

派尔脱先生

中国政府官员(与1932年3月30日记录中相同)

第一部分

汪兆铭先生解释说,顾维钧博士将向调查团提交某些备忘录。在今天的会议上,政府做一些介绍性发言之后,想再回顾一下其政策大纲。

关于满洲问题,中国政府在过去几个月中严格遵守国际联盟的各项决议,

并采取了极其宽容的行动。事实上,自 9 月 18 日以来,中国政府一直希望通过和平手段解决问题。该政策保持不变。中国政府希望遵守国联决议并且建议通过下列任何一种方式解决争端:(1) 调停;(2) 仲裁;(3) 国际常设法院;(4) 第三方参与下的谈判和斡旋。如果上述所有和平解决方式都宣告失败,中国将要求国联采取更有效的措施,在这些都失败之后,中国将自己动手寻求自卫。

他还强调指出,无论在何种情况下采取何种解决方式,如果侵犯了中国的领土与行政主权,那么中国都将采取自卫措施。在中国政府与调查团的第一次会谈中,他揭示了其政策所依据的五项原则。今天,根据这些原则,中国政府提出以下一些建议:

(1) 日本应尊重中国领土和行政主权的完整,而中国则尊重日本的合法利益。

(2) 中国尊重日本在满洲的合法权益。

(3) 双方保证不对彼此采取任何侵略措施。

(4) 双方互相尊重彼此的国家荣誉。

(5) 中国承诺改革或重组其在满洲的政府,他们将任命文职人员以取代军事人员,并向满洲派遣特种宪兵。

(6) 关于铁路所有悬而未决的问题,要在科学的基础上,按照经济原则加以解决,以维护双方的铁路利益。

(7) 关于条约,中国政府谨区分为三类:

(a) 双方对合法性均未有异议的条约,应予以重申;

(b) 有损中国主权或两国友好关系的条约,必须由其他条约取代;

(c) 解释有异议的条约,须提交国际常设法院仲裁。

汪先生指出,他刚才提到的条约当然不包括多边条约,而仅包括中日之间的条约。他还补充说,在所有的中日条约中,都应该加入一个保障满洲第三方利益的条款。

(8) 以下问题被认为是相互关联的:

(a) 满洲土地租赁问题;

(b) 朝鲜人在满洲的法律地位问题;

(c) 日本人在满洲的居住、游历和职业问题。

日本人对这些问题一直非常重视。然而中国在思考这些问题时会想到另一个重要的问题,即日本人在满洲享有的治外法权。如果中国给了日本宣称在满洲的一切特权,并保持治外法权状态不变,那么日本人将在整个满洲享有相当特殊的地位。汪先生表示,希望调查团能理解中国政府在这一问题上遇到的所有困难。

在中国看来,日本人对诸如土地租赁、朝鲜人在满洲的地位等问题的主张是没有法律依据的,因此,在能够解决这些问题之前,中国必须有一个先决条件,否则中国准备做出的让步就太大了。如果日本人放弃治外权利,尤其包括拥有自己的警察局的权利,则可以解决与这些问题有关的困难。目前,许多日本人居住在铁路区,享有特别的权利和治外法权,例如他们自己的管辖权。如果中国把此制度扩展到整个满洲,那么整个国家都将受制于治外法权。中国政府注意到日本媒体指控中国政府不允许日本人自由居住。从这些指控中可以很明显地看出,日本人没有意识到中国政府的特殊困难。

第二部分

(接 3 月 31 日第三次会谈)

(继续第八点)

汪先生:在满洲的某些地方,有成千上万的朝鲜人,他们和中国人之间的冲突并不少见。主要原因是朝鲜人不受中国管辖。

(9) 相互承认 1922 年在华盛顿得到确认的"门户开放"政策,以及满洲商业和经济活动中的自由竞争。

中国一向恪守这一原则,而日本一再违反。日本想享有独一无二的权利,这是中国无法承认之事。

(10) 两国之间为达成和解与仲裁条约而进行的谈判:应设立一个常设调解委员会,将所引起的任何问题都提交给它,以便避免一切可能的误解。

这些是我们愿望的概述,顾博士将在备忘录中给出详情。

李顿爵士:我感谢您所做的非常清晰和全面的陈述,但是有几个问题需要补充。首先,关于解决分歧所需的机制,我想提醒您,有两个常设机构:向任何两国开放以解释法律问题的国际常设法院,及解决更具政治性质争端的国际联盟理事会。我想知道中国是否已经签署了"选择性条款"。

汪先生:我们在第一个时限内签署并批准了本条款。自该期限于 1929 年到期以来——该条款尚未生效——中国尚未二次签署,但中国政府愿意依据海牙(Hague)程序[1]提出纯法律性质的问题。

李顿爵士:您是否也准备接受理事会对涉及第 11 条和第 15 条范围内的所有事项的仲裁?

汪先生:正如我们已经做过的那样,我们愿意向理事会提出政治性的问题。我们相信,理事会将找到令我们满意的解决办法,特别是在领土问题上,并将为此目的采取最有效的手段。但是,我们建议采取某些补充手段,这就是缔结仲裁或调解条约的原因。

李顿爵士:我现在来谈一个一般性的问题。如果所有悬而未决的问题都得到圆满解决,中国政府是否愿意考虑缔结一项条约,使双方避免任何形式的经济与军事侵略?我这个问题参考了您的第 3 点。您愿意把它体现在这样的条约中吗?

汪先生:我们的第 3 点已经涵盖了这些要求,即承诺遵守军事和经济领域的不侵略政策,但政府不能限制法律所保障的经济自由。

李顿爵士:由不同国家起草的条约草案已提交给我,缔约各方承诺避免经济侵略,并防止私人组织采取这种行动。我想问一下,如果可以找到符合现行法律的条款,在原则上中国政府是否愿意将这种条约扩及经济侵略。

汪先生:我们原则上同意,我们认为"不侵略"意味着经济不侵略。

李顿爵士:关于您所提出的第一点,调查团将在调查过程中查明日本在满洲的合法利益是什么。

汪先生:我们认为合法利益就是那些在法律或国际条约中所规定的部分。

李顿爵士:我会与顾博士一起详细研究这个问题。

第三部分

李顿爵士指出,在第 7 点中,汪先生区分了三类条约。关于第二类,他想问,双方是否应根据中国对其有效性或实质的观点,在双方之间讨论被认为有损中国主权但仍然具有法律效力的条约。汪先生指出,事实上应该对这类条约的两个分支加以区分:(a)一方以武力强加于另一方后签订的条约,不能认定为有效;(b)有损中国主权但被承认有效的条约。中国总是会发现很难应用第一分支的条约,而属于第二分支的条约应该经共同同意后进行修订。

---

① 编者按:指代海牙国际法院的程序。

李顿爵士想知道关于第一分支的条约，中国政府认为它们是否应该提交国际常设法院，或者建议采取什么其他程序。汪先生认为，有关条约争端最好通过和解来解决，因为它们含有某种政治性质的问题，而且它们的存在本身就产生了政治性质的问题。

李顿爵士指出，了解条约是否有效的问题是法律问题，只能通过适当的法律实例解决。汪先生说中国政府希望这个问题可根据国联盟约第十九条处理。李顿爵士指出第十九条涉及的条约合法性没有争议，但由于某种原因已变得难以适用。汪先生问李顿爵士是否是针对 1915 年的条约。李顿爵士说，他指的是 1905 年和 1915 年条约的有效性。他稍后将讨论他们最终修订的问题。汪先生解释说，关于 1905 年的协议，中国政府认为不存在这样的协议，当时只有几分钟的讨论涉及铁路平行线问题。关于 1915 年的条约，这个问题是在 1921—1922 年在华盛顿提出并讨论的，当时甚至日本也参加了讨论，这似乎证明当时她愿意考虑改订。然而，尽管进行了几次尝试，却未能得到解决。李顿爵士问道，他是否准确地了解了中国代表团在华盛顿对 1915 年条约合法性的质疑。汪先生解释说，自华盛顿会议以来，这一争端从未得到解决。中日之间就此问题交换了几份外交照会。中方一贯主张，这些条约不能视为有效的。中方一向保留提出这个问题的权利，并坚持在废除这些条约之前听候解决。顾维钧博士将把就这个问题往来的外交信函交由调查团处理。汪先生本人只是从中国的角度阐述了这些条约不适用的根本原因。

第四部分

李顿爵士：所有国家普遍的经验是，它们的政府缔结条约并承担继任政府提出反对的义务。中国政府是否同意，经正式签署和批准，但事后遭到反对的条约，无论有无外部机制的协助，只能经双方同意方可修改？第十九条条款的程序就是基于这一原则。

汪先生：我们原则上同意，但 1915 年的条约除外，这些条约违背了国联盟约和华盛顿条约[①]的精神与条文。它们是两国之间冲突的根源，甚至可能是新的世界大战的诱因。我们希望与国联以及华盛顿条约的签字国合作，以期修订 1915 年条约。

① 编者按：原文如此，指代九国公约。后同。

麦考益将军:您已采取步骤建立华盛顿条约规定的仲裁委员会了吗?

汪先生:这应当采取联合行动,但日本和中国均尚未就此提出任何建议。

李顿爵士:日本人声称,在9月18日之前中国人无视他们的权利。关于这个问题有没有进行过外交谈判?

汪先生:除了一些小案件,我们从未得知日本的真正愿望,也没有机会就日本认为无法忍受的局势进行谈判。因此,我们对他们的9月18日的行动感到完全惊讶。在其他事例中,日本试图在不通知中央政府的情况下与地方当局谈判达成和解。

朱部长:日本声称有大约300起未决案件。1927年,本着诚意公平地解决所有悬而未决问题来华的日本驻华公使佐分利贞男(Saburi)[①]先生在东京被暗杀,从那时起,没有一个案件提交中国政府。

汪先生:如果日本认为与我们直接谈判无法达成解决方案,为什么她没有将此事提交国际联盟而代之以9月18日的行动?

李顿爵士:现在我想再提一个问题。有人指控民政当局过去几年一直无法镇压土匪活动。您对此有什么说法吗?

汪先生:满洲的土匪比较少。他们以"马匪"这个特殊的名字而为人熟知。

朱部长:六个月前,南满铁路发布了一份报告,其中指出,与中国其他地区相比,满洲赢得了和平局面。但自9月18日以来,那里的土匪活动已大大增加。

汪先生:在我们看来,这些人不是土匪,而是对现状不满的人。日本人所说的土匪,是不期望得到政府任何支持而防卫地方的志愿组织,或是无法逃到日本军队未占领的中国地区的孤立士兵。

李顿爵士:中国在满洲还有正规军吗?

汪先生:黑龙江和吉林两省都有,但大部分是自从锦州被占领以来无法撤离的孤立的士兵。如果日本继续侵占下去,那么他们的人数和活动势必会增加。

李顿爵士:他们有正规官员吗?

汪先生:他们有丁超将军和李杜将军,他们目前正在领导义勇军与日本抗争。

---

① 编者按:原文为 Mr. Sabouri,应该是 Mr. Saburi。

第五部分

麦考益将军想知道日本人在谈论“东北三省”时是否也包括了热河省，以及他们是否曾经声称在该地区享有任何权利。汪先生的回答是否定的。然而，日本攫取和占领锦州时，他们的军队一直推进到热河边界的朝阳，但受到当地武装的驱逐。

希尼博士提到中国铁道部长的声明，该声明根据南满铁路的一份报告称，9月18日之前满洲没有土匪活动，希尼博士询问是否还有其他类似的信息来源。汪先生回答道，除了这份报告之外，日本媒体也发表了类似的报道。事实上，中国政府知道数年来满洲的土匪活动一直在减少。李顿爵士询问是否有关于这种情况的书面文件。汪先生承诺稍后处理此事。

（资料来源：日内瓦国联与联合国档案馆藏李顿调查团档案，S30－NO.1卷宗。）

17. 调查团与汪精卫等第三次会谈摘要（1932年3月31日）

机密草案

南京行政院院长汪精卫先生官邸，1932年3月31日下午4时

中国国民政府和国际联盟调查团第三次圆桌会议摘要

（来自汪先生的发言）有鉴于此，中国认为问题可通过以下四种方法之一来解决：

（1）和解方式

（2）调停形式

（3）仲裁形式

（4）斡旋解决

如果上述所有的方法都失败了，中国要求国联采取更有效的措施以达成和解，否则中国将不得不采取自卫手段。在任何情况下，如果以任何形式的解决方式侵犯中国的领土完整和政治独立，中国都决不能容忍。

在第一次会议上，他提出五项原则。根据这五项原则他提出一些建议：

（1）日本应尊重中国的领土和行政完整。

(2) 中国维护日本在满洲的合法权益。

(3) 双方订立契约,约束双方不采取侵略措施。

(4) 相互尊重国家荣誉。中国尊重日本的国家荣誉,日本尊重中国的国家荣誉。这是为了撤销日本对中国抗日活动的指控。中国人民相信,这些指控是没有道理的,并且愿意通过签订这样的协议来解决这个问题。

(5) 改革和重组中国在满洲的政府机构。将任命文职人员代替军人来管理政府。

(6) 为维护满洲铁路双方的利益,必须科学地根据经济原则解决有关铁路的所有悬而未决的问题。

(7) 关于条约,它们可以分为三种:

(a) 双方都承认其合法性的条约。这些条约将得到重申;

(b) 有损中国主权,或损害中日友好以及两国人民共同生存的条约。此类关系人民利益的条约应以新条约取代;

(c) 有争议、有不同解释的条约。这些条约应提交仲裁或国际常设法院进行解释,或达成明确协议。

这些就是他们认为的条约的三个要点,但是条约不包括涉及双方以外国家的国际条约。在中日条约中,由于中日之间有新条约,有些条约涉及第三方的利益,因此应增设保障或维护第三方利益的条款。

(8) 关于三个相互关联的问题:

(a) 满洲土地租赁问题;

(b) 朝鲜人在满洲的地位问题;

(c) 日本人在满洲的居住、旅游和工作问题。

日本人对这些问题非常重视,也谈了很多,但是对于这些必然相互关联的问题,中国人心中有一个问题,那就是治外法权问题。中国在这些问题上有困难。如果给予日本人他们声称的所有特权,而日本人保留在满洲的治外法权,那么结果就是无论日本人走到满洲哪里,他们的治外法权都会如影相随。然后,他们将在满洲各地享有特殊地位,这对中国的利益将是十分危险的。汪先生希望调查团能够充分理解中国在这方面的困难。日本人对租赁土地和朝鲜人在满洲的地位的主张是没有法律依据的。如果中国要满足这些要求,就必须有一个先决条件,因为如果中国在这些问题上做出任何让步,那么让步是非常大的。如果日本放弃治外权,包括在满洲派驻警察,便可克服这一难题。中国可以给予在满洲内陆和其余土地上的居民所有的这些权利。如果日本放弃治外法权，包括派驻警察，那么，至少所有的这些问题都可以轻而易举地得到解决。目前有很多日本人居住在所谓的铁路区，即南满铁路沿线地区。这些日本人宣称的特权，即治外法权，并因此拥有自己的武装力量，甚至是自己的法庭。如果我们把这种情况扩大到整个满洲，结果就是整个满洲都将为外国管辖。

我们注意到，日本媒体指责我们不允许日本人自由地居住在满洲腹地。委婉地说，日本人并没有意识到中国的困境，他们忽略了自己享有的治外法权和驻军权。他也必须指出，因该项特权，在满洲的数十万朝鲜人和中国人之间发生冲突并不少见。冲突的主要原因是，这些朝鲜人受日本人的保护而不受中国的管辖。

(9) 相互承认 1922 年华盛顿条约所确认的门户开放原则，以及满洲商业和经济活动中的自由竞争。中国一贯奉行满洲门户开放原则，但像在其他地方一样，日本一再违反这一原则。日本企图在满洲独享特权，这是中国不能承认的事情之一，也是中日之间某些悬而未决的问题不能解决的原因。当然，如果我们同意按照日本意愿解决这些问题，就会影响第三方的利益。这违反了门户开放原则，所以我们认为应该重申门户开放政策。

(10) 通过和解、仲裁解决中日间争端的条约谈判与缔结。

此举目的是建立一个常设调解委员会，以便在两国之间出现任何问题时，可以交由理事会或委员会解决，从而防止两国之间可能出现的误解。

这些仅是中国立场的概述，详情将由顾博士以备忘录的形式提交给调查团。

（资料来源：日内瓦国联与联合国档案馆藏李顿调查团档案，S30－NO. 1 卷宗。）

18. 调查团与汪精卫等第四次会谈记录
（1932 年 4 月 1 日）

与中国政府官员第四次会谈记录

4 月 1 日下午 3 时

出席人员：（与前日相同）

第一部分

李顿爵士：我想就抵制日货提出一些问题。有人告诉我，对中国而言，抵制是对日本使用武力的回应。但是这两种方式都不能解决根本问题。日本不能以武力打开中国市场；中国也不能仅靠抵制日货迫使日本军队撤出满洲。而且，采用这两种手段中的任何一种都会刺激对方更积极地使用另一种手段。我认为经济压力作为一种讨价还价的资本有其价值，但其有效性取决于它能被控制的程度。我想问，政府可以在多大程度上创造、扩大或压制这种经济压力武器。

汪先生：我们完全承认，仅仅凭借这种武器，我们无法实现我们的最终目标。我们并不能通过抵制获得我们想要的，而我们国民最痛苦的是我们的商人不能使用他们的资本。当其他所有措施都失败时，这是我们最后的手段，不过跟以前一样是被逼着去做的。"二十一条"的提出引发了抵制运动，但是在华盛顿会议之前抵制运动就已停止，而在 1923 年日本大地震发生时，中国对日本的无比同情表现在向该国提供的各种志愿援助中。从那时起，中日关系一直保持友好状态，直到 1928 年发生济南事件。但即使是这种短暂的紧张局势，在日军撤出后也有所缓和。我想强调两点：第一，中国国民热爱和平，不想对任何外国表现出敌意。第二，抵制给中国国民本身造成了很大的痛苦。我们非常不情愿使用这种武器，因为我们也深感痛苦，但是我们被迫使用它。因此关于您提到的问题，我想说的是，只要持续不断的袭击导致中国国民生命财产遭受破坏，政府就不能限制这种行动。国民政府不会干涉中国国民私下的和自愿的拒绝购买任何日货的承诺。但是，一旦发生任何非法或暴力的行为，或者因为被视为日货导致财产被没收，政府当然会进行干预。

（接着，院长以 1931 年 10 月 10 日发生在广州的一起事件为例，说明中国警察当局尽力阻止了抵制者在中国商店的非法行为，尽管当一群人聚集在一起试图释放违法者时他们付出了伤亡的代价。）

汪先生：根据中国不同商会采取的措施，不与日本商人进行贸易的自愿决定各不相同。即使涉及的财产属于中国商人，实际的暴力事件也非常罕见。

我想首先强调的是中国人民认为抵制不是最有效的方式，因为它给自身也带来了伤害。其次，政府不允许这一行为发展到可能危及国家和平的地步。

第二部分

李顿爵士提到，当调查团在日本时，他们听到了很多关于抵制的消息，他面前有一本关于这个问题的日文传单，他将在讨论过程中参考这些传单。他的第一个问题是，中国政府是否可以提供任何证据，证明连续使用抵制武器是在日本侵略之前。他补充说，在刚刚提到的传单中，日本声明遭受了八次抵制运动。汪先生问传单上是否提到这八次抵制活动的确切日期，据他回忆，第一次反日抵制是在1915年。李顿爵士解释说，根据日本传单的说法，他们遭受抵制运动已有20年之久，这意味着这些运动早在1915年之前就开始了。汪先生认为，日本人这样说，可能指的是1907年在广东发生的"二辰丸"抵制事件。"二辰丸"是一艘为中国土匪运载武器的轮船，因此遭到了中国当局的搜查。日本政府抗议并要求以向日本国旗致敬的形式道歉。日方的这种态度引起了许多不满情绪，结果抵制运动开始了。

李顿爵士询问中国政府是否可以向调查团提供完整的导致抵制运动的事件清单。汪先生承诺将向调查团提供这样的一份清单。

严格来讲，抵制运动只有三次，由"二十一条"引发的从1915年至1923年的抵制运动，第二次是1928年济南事件造成的，而这次是满洲事件造成的。但他重申，中国政府将查明所有抵制活动。当日本人声称有八次抵制活动时，他们大概指的是1915—1923年两国关系非常糟糕期间，数个地方相继出现的几次抵制运动。

李顿爵士问，在任何情况下，他是否都可以认为，按照中国的观点，每次抵制都是由日本的侵略行为引起的。汪先生对此表示肯定，并再次表示，每次抵制都是由日本军方的某些行为引起的。"二十一条"自然引发了长时间的抵制运动。济南事件也引发了非常强烈的抵制运动。在济南事件中，日本人表现得尤为残忍，例如，山东省政府外交专员被日本人割掉耳朵后杀害。他想提请调查团注意两国在态度上的差异。1923年日本大地震期间，中国人民忘记了一切仇恨，并为救济这场灾难的受害者做出了贡献。但是，当1931年中国长江流域遭受洪灾之苦时，日本人却借机占领了满洲。在这方面，还可以提及的是，在上海冲突期间，日本人空投炸弹摧毁了东方图书馆大楼和法兴印书馆①。然而，当1923年东京帝国图书馆被毁时，东方图书馆向日本政府赠送

① 编者按：原文作"the Oriental Press"，疑是商务印书馆。

了 1 000 册中国古籍。

李顿爵士问道,中国政府是否认为抵制行动有助于两国在事件发生后重建良好关系。汪先生回答说,尽管各种抵制行动可能并不能完全有效地实现预期的结果,但它们是有帮助的。然而,应记住,这些抵制运动是出于感情上的考虑。从物质效果的角度来看,中国人民从来没有过分关注这种效用,而只是将此作为一种道德压力的手段。

第三部分

李顿爵士:汪先生已经表明政府不会允许任何违法行为,但是日本声称这样的行为已经在各种场合多次发生。我收到一本日本新闻联盟发行的宣传册,声称提供了在 1931 年 10 月至 1932 年 1 月期间收集的关于抵制运动的事实。我在第 19 页上找到统计数字,显示在 1931 年 7 月至 11 月期间有 1484 例日货被没收。这是否被视作合法行为?

汪先生:这些案件是否涉及专属于日本人的商品,或者涉及中国人从日本购买的商品?

李顿爵士:仅说明它们是日本商品。

汪先生:我不认为它们仍然是日本商人手中的商品。

李顿爵士:没收日本商人手中的货物是否合法?如果不合法,罪犯会受到惩罚,货物会立即退还吗?

汪先生:这种情况下将受到惩罚,并归还货物。

李顿爵士:政府官员或部门是否已发出指示,要求抵制日本商品和避免使用日本船只?

汪先生:政府没有发布这样的命令,国民党党员可能这样做了。

李顿爵士:那么,引用宣传册的第 5 页和第 7 页,其中指出日本人声称他们已经书面证明了中国政府支持抵制的指令。他甚至在第 8 页上展示了向东海轮船公司下达的命令的照片。

汪先生(检查了照片):我将会确认此命令的真实性。如果是真的,那么它只是引用了群众大会上所说的话,而不是政府发布的命令。

李顿爵士:但指控的是群众大会决议禁止任何货物运输或乘坐日本船只旅行,如果政府部门散发了任何有关该决议的信息,就等于采取了相同的措施。

汪先生:但是,在朝鲜发生屠杀中国人的事件之后,国民自己决定采取不使用日本船只和货物的决议。在这种情况下,政府违抗国民的意愿下达命令是最尴尬的。

李顿爵士:我认为应该给政府一个机会来评论这些指控。手册上提到了五种不同的政府行为:第一,邮局在信件上贴上邮政口号;第二,日本公司在中国使用电话时遇到了各种各样的困难;第三,电报和无线电讯息被故意延误;第四,日本船只被迫停航;第五,禁止旅客登上日本船只。

汪先生:我现在弄清楚了,这个信函的日期是 1931 年 9 月 30 日。那时满洲所有的重要城市都已经被占领了,我们遭受了巨大的生命和财产损失。国民发自内心地愤怒,除了消极抵制日本贸易之外,没有采取任何其他形式的行动,在我看来这就是极端忍耐的证明。关于这五点,我的回答是,日本对我邮政当局控诉的内容,是邮局雇员的自愿行为,我政府没有下令采取任何行动。但我想提醒大家,中国人在朝鲜被蓄意屠杀,且警察部队在其中也进行了积极合作。如果您对比一下两起事件,您会明白日军的侵略行动给我们的忍耐所带来的压力。

第四部分

汪先生继续提醒调查团,在日本和朝鲜也存在抵制中国商品的行为,而且不允许中国国民自由进入日本。

李顿爵士建议讨论内容回到桌子上的宣传册上。

汪先生总结了他的观点,他申明他的主要观点是,现在日本人提出的所有控诉都与发生在 9 月 18 日后的事件有关,因此它们都是日本侵略的结果。事实上中国政府也要投诉日本。例如,相关事实是日本在长江流域以及其他地区打着医学的幌子向中国人出售吗啡。他想知道在李顿爵士面前的宣传册上是否包含有关日本人对"满洲"和中国境内的华人施加暴力行为的任何内容。

克劳德将军指出,宣传册中当然没有包含所有的暴力行为,例如,它没有提到 1927 年南京事件。

如果中国政府承诺的清单不仅包括作为对日本侵略行为反应的抵制运动,而且包括抵制的确切日期,以及从中国的观点出发在各自抵制之前的事件的确切日期,那么马柯迪伯爵将感到高兴。

李顿爵士想向中国政府质询有关外蒙古的问题。日本驻日内瓦代表就满洲问题的某些方面提出了外蒙古局势问题。中国政府能否向调查团提供有关外蒙古的确切情况以及中国政府与外蒙古当权当局之间目前的关系的资料?汪先生承诺将向调查团提交一份有关该问题的备忘录。

麦考益将军问俄国是否已经从外蒙古渗透到内蒙古。汪先生的回答是否定的。

汪先生接着就中国政府非常担忧的满洲局势发表了一些评论。目前,日本已经建立了傀儡政府,他们夺取了中国政府的盐税收入,并试图夺取关税收入。中国政府十分清楚,国联将拒绝承认此类在满洲建立的任何伪政府,因为这侵害了中国的领土和行政完整原则。与此相关的实际上是一个更为重要的问题,也就是日本军队的撤军问题。的确,只有这些军队的存在才能使建立新的国家成为可能。根据国联理事会 9 月 30 日通过的决议,应撤出日军,同时白里安先生在当天的讲话中也说,这一点是首要的。他还说,除非撤出这些部队,否则任何解决方案都是不可能的。12 月 10 日,白里安先生说,国联调查团抵达满洲后,将向理事会提交报告,说明 9 月 30 日决议的执行情况。现在调查团已经抵达中国并且正在前往满洲的路上。日军至今尚未撤离,相反他们扩大了占领地区。同时,由于【日军】攻击上海、占领锦州和建立"新政权",局势进一步恶化。关于上述情况,中国政府想知道调查团的态度。

李顿爵士回应说,正如汪先生回顾的那样,调查团必将向理事会提交一份有关决议执行方式的报告。调查团甚至被要求在明年① 5 月 1 日之前提交这份报告,因此提交这份报告将是调查团抵达满洲后的首要行动之一。

汪先生认为,中国政府对满洲局势深感忧虑,因为日本政府似乎无法控制其军事行动。

李顿爵士说两国似乎都存在政府控制某些因素的问题。然而,调查团只能处理合法成立的政府及其所从事的事业。

汪先生再次指出,中国政府对于日本在满洲的所作所为以及建立伪政府感到非常担忧。该伪政府不仅自行其是,而且存在日本人可能以该政府为中介采取行动的危险。例如,媒体曾提到"新政府"不会接纳陪同调查团同行的中国顾问。

李顿爵士在答复中指出,必须以相同的方式考虑伪政府与日军。无论是

---

① 编者按:指 1931 年 12 月 10 日议决案通过时所说的明年,即 1932 年。

伪政府还是日军的占领都不应视为永久性的。然而,这些都是调查团所要调查的问题所在。

关于"新政府"对调查团工作的干预,李顿爵士认为,如果有必要,调查团有足够的权力处理此类任何干预。到目前为止,调查团尚不知道有任何干扰其工作的情况,也没有注意到报纸的报道。

李顿爵士抓住机会向中国政府官员表示感谢,感谢他们耐心地、圆满地回答他及其同事们提出的问题,并感谢他们牺牲时间与调查团进行会谈。他也想感谢中方提供之前承诺过的备忘录。他感觉本次会谈对调查团来说是十分有用的,讨论两国政府之间悬而未决问题的一般原则也是有益的。这些对话的结果,将大大促进【调查团】与中国顾问的详细讨论。当然,如果调查团在工作中认为他们需要更多的信息,他们肯定会要求有机会再次会见政府成员。他还要感谢中方挑选了一位像顾维钧博士这样经验丰富的政治家担任调查团顾问:他的帮助肯定是非常宝贵的。

汪先生回答说他的政府对调查团的到来表示非常高兴,调查团给中国人民可能享受正义带来了一线希望。中国政府希望调查团多待一段时间,以便与政府官员继续接触,但是满洲形势严峻,调查团应尽快到达那里。因此,中国政府必须暂时放弃让调查团享受愉悦。

汪先生最后表示,希望调查团能与顾维钧博士充分合作。他为刚才的会谈向调查团表示感谢,以及对他们真诚希望能够获取此次事件的全部事实情况表示感谢。他希望调查团的工作能圆满成功。

(资料来源:日内瓦国联与联合国档案馆藏李顿调查团档案,S30-NO.1卷宗。)

19. 调查团与南京大陆银行经理程锡庚的谈话记录(1932年3月30日)

与南京大陆银行经理程锡庚先生(伦敦理科博士)的谈话记录

代表中国国际联盟同志会

南京,1932年3月30日

出席人员:调查团所有成员

派尔脱先生

勃来克斯雷(G. H. Blakeslee)博士

在回答李顿爵士提出的问题时,程先生解释说,中国国际联盟同志会总部设在北平,在天津、南京和上海设有分支机构。中国国际联盟同志会大约有500名成员。截至1927年,本会一直在国际联盟联合会各种大会上设有代表。在后来的几年中,由于缺乏资金或人员,很难派代表出席这些大会了。

程先生注意到,在目前的困难局面下,国联同志会的未来在很大程度上取决于国联能为中国做些什么。关于该问题的特别备忘录已经准备妥当,以供调查团使用,并将在调查团抵达北平时交给调查团。

他还留下了一份由李顿爵士宣读的简短备忘录(文件副本)。除此之外,这份备忘录指出,中日之间的大部分争端源于对条约、协定、贷款合同和官方换文的不同解释,而日本在满洲的现有地位正是基于这些解释。

关于这项声明,麦考益将军问勃来克斯雷博士,铁路护卫队存在的最初理由是什么。勃来克斯雷博士回答说,这些护卫队的存在源于安全性的缺乏。在中俄关于南满铁路的条约原文中提到,一旦获得足够的安全,护卫队将立即撤离。日本人已经根据条约承担了俄国的义务,他们声称还没有达到安全的程度,因此不能撤回他们的护卫队。

李顿爵士问谁将是这件事的仲裁者。勃来克斯雷博士回答说,尚未预想这种情况。

程先生提交的备忘录还记录着1921—1922年华盛顿会议通过的一项决议规定,在中国设立一个顾问委员会,以注意中日之间可能发生的任何争端。友好大国也参加这个委员会。该委员会至今尚未成立。

程先生建议,国联可以考虑成立一个常设调解委员会。

麦考益将军对收到这种建设性的建议表示满意。他想知道程先生对成立一种小组的意见,即在紧急情况下,可以从该小组中抽调人员,以便在双方之间进行调解。如果可能的话,在这个小组中必须有中立的人,这些人很容易找到,来自远东殖民地的暹罗人、荷兰人或英国人。在程先生看来,此种意见可以接受吗?

程先生回答说,这似乎是一个可行的想法,但如果能事先在欧洲选出某个人的话会更好。

程先生最后指出,解决当前困难的时间拖得越久,中国国民,尤其是在满洲的中国人,就会遭受越多的苦难。

(资料来源:日内瓦国联与联合国档案馆藏李顿调查团档案,S30-NO.1卷宗。)

20. 中国国际联盟同志会备忘录(1932年3月30日)

备忘录

中国国际联盟同志会

(1) 日本以牺牲中国为代价的扩张政策是造成当前困境的根本原因。事实上,这是过去40年中日争端的根本原因。如果不加以遏制,它总是会导致两国之间的摩擦,中断国联成员国之间的友好关系。

(2) 日本提出的以牺牲中国为代价的"生存权"是毫无道理的,因为日本始终可以通过促进与包括中国在内的所有国家的工商业关系而生存。她为容纳其过剩人口而在中国努力寻找出路也是无理的,因为日本本土的大部分地区仍未开发,尤其是在北海道。日本的人口密度小于德国,日本最密集地区的人口密度小于比利时。此外,日本人并非是好的殖民者,事实就是日本在关东租界和南满铁路区统治了25年,除受雇于政府与铁路部门的那些人外,仅吸引了几千名日本移民。

(3) 日本在满洲现有的地位是建立在中日之间条约、协定、贷款合同和官方书信往来的基础上的。与日本的争端大多源于对这些文件的不同解读。如果调查团能充分审查所有文件,并在必要时将其提交国际法院征求司法意见或解决办法,将对解决目前的困难大有裨益。国联盟约第18条规定了条约的重新审议与可能危及和平的情况审查。

(4) 除了条约、合同或其他文件所赋予的权利外,日本还通过暗示、计划和单方面行动,主张并行使在满洲的权利。如果调查团对这些侵犯中国政治和行政完整的权利进行审查,这将对目前冲突的解决大有裨益。

(5) 中国人渴望与日本和平相处。抵制日货是日本侵略中国的结果,而不是原因。

(6) 1922年在华盛顿举行的会议通过了一项决议,决定在中国设立一个咨询委员会,以注意中日之间可能发生的任何争端,该委员会由友好大国参加。该委员会至今尚未成立。鉴于目前冲突的严重性及其最终解决后可能产生的后果,如果国联考虑在中国或日本建立一个常设委员会,以应对可能危及远东和平的任何紧急情况,将是可取的。

(7) 作为对日本信用的一种考验,以表明她对中国领土没有野心,也没有违抗国联的意愿,她应该在最短时间内从上海和满洲撤军,至少在两周内从上海撤军,在一个月内从满洲撤军。

南京,1932 年 3 月 30 日。

(资料来源:日内瓦国联与联合国档案馆藏李顿调查团档案,S30 - NO.1 卷宗。)

21. 调查团接待南京各界代表的访谈计划
(1932 年 3 月 30 日)

调查团成员访谈

陆军俱乐部,1932 年 3 月 30 日 12:30,

各大学代表:

吴贻芳(密歇根大学博士),金陵大学(女子学院)校长

陈裕光(哥伦比亚大学博士),金陵大学校长

程其保(哥伦比亚大学博士),中央大学教育学院院长

魏学仁(芝加哥大学博士),金陵大学理学院院长

马文焕(哥伦比亚大学博士),金陵大学政治学教授

调查团成员访谈

陆军俱乐部,1932 年 3 月 31 日 10:00

(1) 商会、农会、工会代表:

徐明扬,商会成员

穆华轩,商会成员

王永钧,教育会会员

朱少青,教育会会员

林庆隆,农会会员

昌元明,农会会员

王树藩,工会成员

程秉智,工会成员

陆军俱乐部,1932 年 3 月 31 日 10:30

(2) 国民外交协会代表:

杨舒武,1912 年参议会议员

田云青,东北大学政治学教授,沈阳

李祝庭,1912 年参议会议员

李世庸,吉林第一中学教师

J. P. Wang①,商会成员,河南洛阳(Lao-Yang)②

Y. C. Jen③,武昌中华大学教授

(资料来源:日内瓦国联与联合国档案馆藏李顿调查团档案,S30 - NO. 1 卷宗。)

22. 调查团与南京教工农商代表的谈话记录 (1932 年 3 月 31 日)

与国联调查团的谈话

南京,1932 年 3 月 31 日

商会、农会及教育协会、工会代表

发言人欢迎调查团的到来并发表了以下几点内容:

(1) 抗日不能被理解为"排外主义"。中国是一个和平的国家,正寻求通过适当的渠道修改不平等条约;中国从未进行过侵略,但是遭受了日本的侵略才使得她表现出反抗的姿态。

(2) 抵制是对武力侵略的回应。开始于"二十一条"之后的抵制行为已经结束了,但自万宝山事件之后重新兴起,并因为接连发生的事件而愈演愈烈。然而,这从来不是为了激怒日本而发起的,而仅仅是对日本侵略行为的回应。

(3) 新的"满洲国"政府仅是日本为服务其目的而组织的一个傀儡政府,它由日本顾问所操纵。中国人民决不能接受这种侮辱。满洲人是中国人,满

---

① 编者按:原文如此,无法核对具体中文人名。

② 编者按:原文为 Lao-Yang,疑为洛阳。

③ 编者按:原文如此,无法核对具体中文人名。

洲是条约所承认的中国的一部分。此外,满洲并不是真正的独立的地理区域。中国人民称之为“东三省”,其关系犹如加利福尼亚之于美国、苏格兰之于英国,而非如菲律宾与美国、澳大利亚与英国。

(4) 在近期发生的事件中,日军摧毁了学校、图书馆和文化机构,杀害了非战斗人员,轰炸了难民营。

(5) 满洲事件和上海事件导致成千上万的中国人失业。这一情况非常严峻,因为它为第三国际和共产主义者的煽动提供了素材。一旦实现,将对世界构成严重威胁。

(6) 他们希望调查团能尽快前往满洲。因为日本军队已经在那里待了6个月,犯罪证据会被他们销毁。他们希望调查团仔细审查日本所有的证据,为维护条约[①]和国联盟约,而向国联理事会做出公正的报告。但是如果和平措施失败,中华民族决心用武力驱逐日军。

该代表团在回答问题时说,抵制不是一项有组织的运动,而是一项自发的个人运动。中国商人都是爱国公民,他们没有受到压力而是自愿发起抵制。政府也未曾下令发动抵制。

希尼博士问,满洲事件对就业造成了怎样的影响。他们回答说,首先,许多中国移民从满洲迁回了关内;其次,日本已经接管了中国公司在满洲的业务。

(资料来源:日内瓦国联与联合国档案馆藏李顿调查团档案,S30－NO.1卷宗。)

23. 调查团与国民外交协会代表的谈话记录
(1932年3月31日)

与国民外交协会代表的谈话
南京,1932年3月31日

发言人说,中国希望对满洲问题进行公正的调查。日本想征服满洲,然后征服整个中国。如果日本占领满洲,所有条约都将遭到破坏,和平机制被削弱,所有其他国家必然增加军备。如果没有达成和平解决方案,中国将不得不

① 编者按:指非战公约和九国公约等。

进行斗争。《田中奏折》提出的日本政策对全世界构成了威胁，日本故意策划的1931年9月18日事件就是例证。

（资料来源：日内瓦国联与联合国档案馆藏李顿调查团档案，S30-NO.1卷宗。）

24. 调查团与南京新闻界记者代表赖琏等的谈话记录（1932年4月1日）

与新闻记者代表谈话的记录

南京，1932年4月1日，星期五

出席人员：李顿爵士
皮尔特先生

新闻记者：赖琏先生，《中央日报》（半官方报业）编辑
石信嘉先生，《新京日报》编辑
俞书利先生，上海《新晚报》通讯员
以及包括一名《外交月刊》编辑在内的其他5名成员

赖琏先生向李顿爵士递交了一份备忘录，【用以】解释中国和日本的案件（附在文件中），以及一本有关上海周边和满洲的战争照片集。

然后他请求允许向李顿爵士提出以下问题：

1. 您认为自从去年12月10日国联理事会通过决议以来，中日争端的局势是变好了还是变坏了？

2. 您认为满洲事件和上海事件是一个事件，还是相互独立、互不关联的两个事件？

3. 您如何看待由日军扶植和控制的伪满洲国？

4. 调查团会否对所谓的"满洲国"伪政府进行任何访问？

5. 您难道不认为国联理事会通过三项决议后，中日争端已经连续扩大了吗？

6. 在伪政府和人民没有任何自由可言的傀儡政权"满洲国"，您将如何进行工作？

（在这里，我想提醒您注意的是，东北三省以外出版的报纸都是被日本人所禁止的，除了日本的宣传以外看不到任何东西。）

7. 谁能说,在日军军事占领下的东三省,所谓“满洲国”是建立在人民自决原则之上的?

假设正如日本宣传所说的那样,要求“政府自治”的真正“满洲人”,只占总人口的十分之一,您认为他们有权无视其他十分之九人口的意愿吗?

8. 当我们说在满洲与日本作战的众多义勇军不是土匪,而是我们所能拥有的最爱国、自发组织的人民时,您是否赞同我们以上说法?

当我们说抵制日货是日本侵略的结果而不是原因时,您是否也赞同?

9. 我能否有幸知道为什么调查团在东北人民如此期待的情况下反而决定去汉口?

李顿爵士解释说他不能回答以上大部分问题,因为这些问题和要求调查团调查的问题有直接关系。调查团今天不能就这些问题发表意见,甚至晚些时候也不能:直到他们向国联理事会提出报告时。

例如,面对自1931年12月10日国联理事会决议以来,中日争端的局势是好还是坏这一问题,乍一看,他会说,情况并没有改善,因为从那时起,上海战事已经超越了满洲问题。然而,他无法做比较性发言,因为调查团还未到满洲。

还有一个问题,即他对伪满洲国的看法,以及调查团是否会访问伪政府。在那里,只要调查团没有当场查明满洲的实际情况,他就不能发表任何意见。

提到关于违反国联决议的行为,国联将采取什么制裁措施的问题,李顿爵士想明确表示,在他看来,国联具有真正的权力。然而,这种权力很大程度上取决于世界舆论。万一要实施制裁,获得国联背后的这股力量的支持是绝对必要的,公众舆论必须先要得到充足的信息,而这只能通过司法调查的过程来进行。这实际上是调查团正在做的事。

有人问,调查团是否同意抵制日货是日本侵略的结果,而不是原因。李顿爵士再次强调,这是调查团必须关注的历史遗留问题之一。

关于调查团访问汉口的原因,李顿爵士解释说,调查团认为普遍地了解中国的情况是明智的,因为这与中日关系息息相关。他还解释说,似乎有一种看法认为,调查团一旦到达满洲,就会引起轰动,即调查团可以防止某些事件的发生或激起其他事件的发生。这是一种错觉。不应忘记,调查团只有建议权。还应谨记,调查团并不是在抵达满洲之后才即刻开展调查满洲事件的。事实上,他们从离开家乡以来就一直在调查满洲的情况。

最后他回答了关于他对南京印象的问题,他惊讶地发现这个城市正在建设的计划，实现了欧洲许多市政当局正在努力实现的理想，即花园城市的想法。

（资料来源：日内瓦国联与联合国档案馆藏李顿调查团档案，S30－NO.1卷宗。）

25. 南京新闻界代表赖琏等向调查团提出的问题（1932年4月1日）[①]

1. 您认为自从去年12月10日国联理事会通过决议以来，中日争端的局势是变好了还是变坏了？

2. 您认为满洲事件和上海事件是一个事件，还是相互独立、互不关联的两个事件？

3. 您如何看待由日军扶植和控制的伪满洲国？

4. 调查团会否对所谓的"满洲国"伪政府进行任何访问？

5. 您难道不认为国联理事会通过三项决议后，中日争端已经连续扩大了吗？

6. 在伪政府和人民没有任何自由可言的傀儡政权"满洲国"，您将如何进行工作？

（在这里，我想提醒您注意的是，东北三省以外出版的报纸都是被日本人所禁止的，除了日本的宣传以外看不到任何东西。）

7. 谁能说，在日军军事占领下的东三省，所谓"满洲国"是建立在人民自决原则之上的？

假设正如日本宣传所说的那样，要求"政府自治"的真正"满洲人"，只占总人口的十分之一，您认为他们有权无视其他十分之九人口的意愿吗？

8. 当我们说在满洲与日本作战的众多义勇军不是土匪，而是我们所能拥有的最爱国、自发组织的人民时，您是否赞同我们以上说法？

当我们说抵制日货是日本侵略的结果而不是原因时，您是否也赞同？

9. 我能否有幸知道为什么调查团在东北人民如此期待的情况下反而决定去汉口？

赖琏先生，《中央日报》（半官方报业）编辑

---

① 编者按：本条信息为铅笔手写字迹的原文，与前一条机打文字基本相同。

石信嘉先生，《新京日报》编辑

俞书利先生，上海《新晚报》记者

以及包括一名《外交月刊》编辑在内的其他5名成员

（资料来源：日内瓦国联与联合国档案馆藏李顿调查团档案，S30－NO.1卷宗。）

26. 南京新闻界致调查团的声明（1932年4月1日）

南京，4月1日

致国联调查团的声明

由主要新闻记者发表

我们是南京报业以及全国各大报纸驻南京记者的代表，向国际联盟调查团的和平使者表示衷心的欢迎。

最近，你们访问了上海战区，清楚地看到了日本军国主义的破坏性暴行，现在就会明白中国人民的悲惨处境，以及我们公众舆论的强烈觉醒。自上海事变发生以来，你们今天所访问的首都还一直处于日本军舰的威胁之下。我们作为编辑和记者，谨提请各位贵宾注意以下几点：

中国是一个有着超过四千年历史的国家。她创造文明的能力，她渴望和平的天性，得到了全世界的承认和认同。尽管革命时期的困难是不可避免的，但自1911年革命以来，中国人民仍然为建设一个新的国家而奋斗。但是，日本帝国主义野心勃勃，以侵略邻国为传统政策，一直以各种方式威胁着中国的生命。二十年来，日本一方面推进军事、政治、经济侵略，另一方面以卑鄙的手段阻碍中国的进步，阻碍国家和政府的统一。最近，由于中国民族主义的迅速发展，日本撕下了文明国家的面具，违反一系列国际条约，侵害中国。

从去年9月18日沈阳事件到现在，日本似乎一直处于疯狂之中。仅仅用武力占领整个东三省的领土还不够，1月28日，她又在上海发动了战争。战争使生命和财产损失惨重，残酷的行为也司空见惯。日本的确没有向我们正式宣战，但是我们的领土被她的军队入侵和占领，我们的建筑被炮击和焚毁，我们的文化机构被摧毁，我们的金融中心被严重破坏。这是和平吗？或者说这是战争吗？日本一直无视国联一再发出的警告和友好国家的声明，并以侵略性的暴力继续进行新的征服。

先生们，你们来到中国肩负重担。全世界都在热切地等待着你们的重要报告。在你们到达上海的那一天，我们繁荣、人口稠密的吴淞和上海在日军的轰炸下已经化为灰烬。同一天，在我们以民族精神为核心的东北，日军组织了一个傀儡政权。我们想知道您在上海地区的调查结果，我们也期待您在被窃取的土地——满洲的调查研究结果。

现在我们谨请您考虑为什么日本如此急于占领我们的东部省份。不管进行何种可疑的宣传，日本在满洲进行代价高昂的军事演习的目的就是这些省份的丰富资源。粮食、森林、煤炭、钢铁以及其他矿产资源，所有这一切可谓取之不尽、用之不竭。日本拥有这些省份就意味着：第一，为了实现大陆帝国的梦想，将自己的势力扩张到中国北部，然后扩张到更远的内陆；第二，在任何未来的国际冲突中，把这些地区作为资源供应的保证，日本便可藐视国联盟约对其进行的封锁或经济制裁。

再者，日本占领东三省后，为什么要侵占吴淞和上海？日本有关这个问题的宣传提到了两点：一小队日本僧侣遭到攻击，日货在上海遭到中国人抵制。这两点不足以解释实际情况。我们必须注意到袭击上海实际上意味着什么：(1) 它把全世界的注意力从我们的东北转移了。(2) 它摧毁了中国的文化和经济中心。(3) 它威胁我们的政府必须签署日本提出的任何类型的条款。(4) 它向沿江贸易的世界大国表示了傲慢，并表现出对上海的商业非常感兴趣。

在前往远东的途中，你们经过日本，可能已经听说了很多侮辱中国的事。但现在你们业已来到中国，从你们抵达中国开始的两周之内，你们已经更好地了解了我国的实际情况及其目前的状况。以我们对日本的经济抵制为例。中国人民感到日本的军事压力太大了，抵制的方法绝对是我们唯一的防御。这项行动是完全合理的，中国人民别无选择。如果日本表示悔过，撤兵并赔偿我们的损失，我们会很乐意与日本再次成为朋友，并结束经济禁运。中国认为自己是一个促进和平、维护正义的国家。她从未忽视过任何真实有效的条约。今天，中国正经受着各种各样的艰难困苦——抗击日本侵略以保卫自己，打击共产主义的蔓延；尽管困难重重，她仍竭尽全力维护世界和平。

这个关键时期，我们不可避免地要被唤醒。我们的祖先曾经教导我们面对痛苦不能退缩，现在我们发誓，我们不会屈服于任何不合理的力量。我们中国的士兵在上海遭到日本人袭击时英勇作战，这或许可以证明我们的国家不会受到羞辱。我们有一句谚语是这样的：宁为玉碎，不为瓦全。这就是我们中国人民对日本行动的真正态度。我们希望国联和友好国家主持公道，维护正义，有效遏制日本危害中国和世界的残酷行径。

中国是国联成员国，也是华盛顿会议九国公约和非战公约的签字国，必须履行这些公约所规定的义务。不幸的是，日本已经走上了另一条路：国联的警告和一些国家的忠告，都未能限制她的计划。事实上，日本继续和扩大其军事活动，制造恐怖局势，破坏我们的领土和行政完整。日本准备无视全世界发动战争。如果国联不采取有效措施限制日本侵略的政策，它的威望就会完全消失。因此，另一场世界大战不久就会爆发。

总而言之，中国绝不会给日本一寸土地。东三省永远不能与我们分开。世界已经认识到，日本必须对满洲和上海的战事负责，因为侵略是日本军队对中国领土的侵略。国联当然能够尽到自己的职责。我们信任国联，珍惜盟约。但我们不求同情，因为我们知道，中国的存亡在很大程度上取决于我们自己。中国人民永远不会停止与日本侵略的斗争，直至我们收复失地，直至日军完全撤出。我们将不惜一切代价继续战斗。我们强烈希望你们能够区分事实与虚假，是与非，以便世界和平不会被日本人所破坏。

签名：赖琏，《中央日报》（*The Central Daily News*）总编辑

石信嘉，《新京日报》（*Shin Chin Jeh Pao*）总编辑

康泽，《中国日报》（*The China Jeh Pao*）社长

于振寰，《新中华报》（*The New China Press*）社长

张友鹤，《民生报》（*Ming Hsing Pao*）社长

周云鑫，《南京晚报》（*Nanking Evening Post*）

陈铭德，《新民报》（*Sin Min Pao*）社长

左天侨，《都市日报》（*Cosmopolitan Daily News*）社长

掌牧民，《国民日报》（*The Republican Daily News*）总主笔

葛润斋，《新南京日报》（*New Nanking Daily News*）社长

张梦兰女士，《中央妇女日报》（*The Central Women's Daily News*）主笔

萧韶远，《人人晚报》（*Jeh Jeh Evening News*）编辑

王人路，《京沪晚报》（*Nanking—Shanghai Evening News*）编辑

宓汝卓，《人民晚报》（*The People's Evening News*）总主笔

唐三,《青白报》(*Ching Bei Pao*)社长
高建藩,《新宁日报》(*Shing Ning Jeh Pao*)社长
周舒,《东方日报》(*The Oriental Daily News*)编辑
余唯一,中央通讯社(The Central News Agency)社长
田丹佛,复旦通讯社(Fuh Tan News Agency)社长
程朵文,多闻社(Dao Win News Agency)社长
蒯益群,光华通讯社(The Kwan Wah News Agency)主笔
王宗孟,大道新闻社(The Dah Do News Service)总主笔
□□□,南京哈瓦斯通讯社(Nanking Havas)
□□□,Tsion Kuo Yin Yin News Service[①] 编辑
冯守红,津浦新闻社(Tsin Pu News Agency)驻京记者
齐公衡,海外中文新闻社(Oversea Chinese News Service)社长
威尔弗雷德·邢,美国新闻协会(The United Press Association)通讯员
许远侯,远东新闻社(The Far Eastern News Agency)社长
谢冠军,大路通讯社(Da Lo News Agency)社长
仇培文,新新通讯社(Shin Shin News Agency)社长
周宇孙,中国电报通讯(The China Telegraph Service)编辑
李伯彦,东方新闻社(The Eastern News Agency)社长
谢幼石,新西北通讯社(The New Northwestern News Agency)社长
徐农圃,中华通讯社(Chun Wah News Agency)总主笔
□□□,上海《申报》(*Shun Pao*)通讯员
俞书利,上海《新晚报》(*Shin Wan Pao*)通讯员
张唯一,上海《东方杂志》(*The Eastern Times*)驻京记者
□□,上海《中国时报》(*The China Times*)通讯员
W. S. 王,上海中国出版社(*The China Press*)通讯员
金诚夫,天津《大公报》(*L'Impartial*)记者
马天一,天津《庸报》(*Yung Pao*)代表

① 编者按:未找到对应的通讯社中文名称。

M.Y.晁,天津社会福利(Social Wlefare)通讯员

严悦,天津《民国日报》(*The Min Kuo Jin Pao*)驻京代表

朱枕梅,北平华北出版社(The North China Press)驻京记者

朱虚白,《北平晨报》(*Peiping Morning Post*)驻京记者

邓光需,北平《世界日报》(*The World*)记者

周长鑫,北平社会福利(Social Wlefare)

□□□,北平《青报》(*Ching Pao*)驻京记者

曹天纵,汉口《武汉日报》(*Wuh Han Daily News*)驻京代表

唐十生,汉口《新民报》(*Shing Min Pao*)驻京记者

全克谦,镇江《苏报》(*Soo Pao*)驻京代表

□□□,暹罗曼谷艾克·曼日报(*The Iak Muang Daily News*,音译)通讯员

包涛平,南京《民立报》(*Min Li Pao*)编辑

(资料来源:日内瓦国联与联合国档案馆藏李顿调查团档案,S30-NO.1卷宗。)

27. 李顿等与皮科克在汉口汇丰银行的谈话
(1932年4月5日)

在汇丰银行的访谈

汉口,1932年4月5日

代表:主席皮科克(C.E. Peacock)先生及汉口英国商会其他代表

李顿伯爵

爱斯托(Astor)阁下

前英国租界

怡和洋行(Jardine, Mathersons, and Co.)经理,前英租界工部局资深英国成员(第三特别区),杜百里(Mr. Dupree)先生表示,汉口是向中国移交英租界的实验现场。这是通过"陈友仁—欧玛利协定"达成的,它设立了一个由国民政府直接任命中国人为局长的市政局。当时有一个董事会,成员由选举产生的英国人、中国本地人各三人及市政局局长组成,局长是当然主席,拥有

一定的否决权。这份协议很粗糙,没有什么保障措施,但效果还不错。它的成功有赖于外国成员和中国人之间的合作。市政管理曾经遭受了国民政府经常更换局长之苦。起初这意味着行政、警务及公务人员会因每次更换局长而发生广泛的变动,但章程已做了修订,以致通常只有市政局的秘书会随局长变动。事实证明,董事会必须严格控制局长的预算,每年预算不得有盈余,给他只够行政开支即可。当选为董事的本地中国人几乎总与英国董事是一致的,万一当选为董事的本地中国人与局长联合起来,那么得票数就会超过英国董事。市政局遇到的一个严重困难是军事当局的干预,他们任意占有该地区的财产,经常反对局长的代表,因此局长处在他的董事会和中国地方军事当局之间的尴尬位置。

前俄租界和前德租界

中国人接管前俄租界和前德租界后,特别董事会给他们设立了行政官员和外国代表。但是 1928 年 12 月 31 日,中国人任意地将其与汉口自治区合并,居民失去了在开支和维修上所拥有的发言权。这些地区的收入被用于城市的一般用途,而唯一可以施加压力来改善管理的方法是不支付差饷。实际上,在过去的 4 年里,这些地区没有实施过任何公共工程,直到调查团的到来被宣布后,大批苦力才被派去修路,清除所有的反日标语。前英租界可能不会像其他租界那样被任意地与城市合并,因为情况并非一帆风顺。尽管在外交机构的强大压力下,中国自己仍建立了对其他地区的特别管理,并通过一项明确的条约承认了前英租界的特别管理。

周边地区的情况

亚细亚火油公司(The Asiatic Petroleum Company)的鲍克先生(Mr. Bowker)说,汉口是共产主义和"土匪"活动的汪洋大海中的一个岛屿。共产党小队通常从一支哗变的守备部队开始,这往往是因为他们没有得到报酬。他们开始破坏乡村,并招纳了更多的追随者,多达 30 000 到 40 000 人。一般只有三分之一的人配备火器。各支共产党"军队"【之间】不联合行动,而是在特殊情况下进攻城镇等时进行合作。在苏维埃政府统控制下的地区,共产党人利用人们对土地的不满,摧毁了所有的地契,把土地分给了农民。共产党人在信纸的页眉处用的是苏俄的锤子和镰刀。当他们占领一个地方时,他们放过农民和小店主,但他们突袭了大商店,特别是英美烟草公司(The British-American Tobacco Co.)、亚细亚火油公司、美孚石油公司(The Standard Oil

Co.)和盐业公司的分公司。被没收的商品,以低得离谱的价格出售,比如一罐原本售价 4 美元的煤油,会以 2 美元或 1 美元的价格出售。这自然很受农民的欢迎。

汉口本身由政府军守卫,如果他们得不到报酬,或者共产党给他们提供更多,他们就有可能变成共产主义者。近期中国商会被迫为当地守军增加 80 万美元的报酬以维持他们的忠诚。当中国取得关税自主权并增加关税时,她宣布将废除国内过境税"厘金",而且来自海关的额外收入将分配给各省,以取代这一收入来源并支付给部队。在 12 个月的时间里,"厘金"实际上被废除了,但是当国民政府在 11 月陷入困境时,这些汇款停止了,于是地方当局重新征收厘金。军队还征收非法税和"护送费",这让他们对持续的不安全状况很感兴趣。地方政府的军队纪律严明,但是在某些地区(据一名在场的传教士说),士兵比"土匪"还凶恶。

刘湘元帅派去镇压土匪的川军在湖北表现出强大的作用,一如他们丰厚的酬金一样。他们驻扎在鸦片运输的中心地带——宜昌。外国战舰是最有用的。他们保卫了沙市而没有被共产党人占领,对守卫汉口来说此举非常有价值。他们在江上巡逻,派遣武装护卫商船或亲自护送船只。目前,外国人在湖北旅行不能离开通商口岸 5 英里。亚细亚火油公司已经将所有外国人从内地撤出,而英美烟草公司在过去两年半的时间里限制在湖北旅行。汉江商贸也已经破产。处于汉口和九江之间的船只在国民政府将该地区清理干净之前就已经被烧毁,并且在汉口和宜昌之间的情况十分恶劣,所有的船只都带有武装护卫。

对比满洲局势后,皮科克先生说,中国过去曾多次承诺,如果外国军队撤出,中国将保护外国人民的生命和财产。但每次需要这样做的时候,都能证明中国当局无法履行这一承诺。如果日本军队撤出,中国人目前会在满洲做出同样的承诺,但华中的经验似乎表明,这些承诺不会兑现。

抵制

中国声称他们仅仅在回应外国武力时才采取抵制的做法,但是事实并非如此。1925 年五卅事件发生后,英国的货物遭到强行抵制,但最终逐渐平息。然而,纯粹作为革命外交政策的一部分,抵制行动在 1926 年 8 月和 9 月又重新开始,而英国方面没有采取任何侵略行为来为其辩护,直到去年才派遣了驻防上海的军队。

在长江上游的万县,曾发生过一艘英国战舰不得不营救两艘被地方军夺取的英国船只的事情,在实施营救的过程中炮火攻击了海岸。结果,这艘英国商船被禁止在万县装卸货物。该政治事件过去很久之后,在竞争对手中国航运公司的煽动下,仍然维持着对英国船只的禁令,这些公司利用本次已经过去的政治事件进一步加强了他们的商业竞争。

(资料来源:日内瓦国联与联合国档案馆藏李顿调查团档案,S30-NO.1卷宗。)

28. 汉口英国商会关于共产党情况的报告(1932年4月5日)

汉口,1932年4月5日

共产党情况

长江以南:近期情况较好,虽然小团伙"土匪"依旧活跃于农村地区,但是我们没有收到关于任何大型有组织的团体活动的消息。

汉口东北部:一大群共产党人在麻城与平汉铁路间活动。就是在这个地区,不久前尼尔森牧师(Rev. Nelson)刚刚被抓。本年初,这伙人威胁黄陂并开始与那个城市的驻防军队就投降事宜进行谈判。政府听说了此次谈判,本来包围汉口的军队就从那里冲了过来,解除了守军的武装。随后,共产党人向北方撤退,他们中的一些人越过平汉铁路,到达了当时被贺龙军队攻击的应城。黄陂以北的地区仍然受到共产主义人的侵扰。

洪湖地区:该地区坐落于汉江和长江之间,已经全部由共产党人掌控。其中一支队伍最近在这一地区袭击了黄陵矶(Hwangling-kee),几乎渗透到汉阳的郊区。随后他们沿着长江两岸向簰洲(Paichow)方向撤退,并向几艘商船开火。这是在洪湖地区的几支队伍之一,他们缴获了轻武器 Y. R. 2① 并俘虏了贝克(Baker)上校。

海关报告说岳州(Yochow)附近的灯塔最近被共产党人破坏了。

汉江地区:从汉口到汉川的汉江很平静,但是在汉川以上"土匪"猖獗。如果获得军事护卫舰护送,将货物运到岳家口还是有可能的。即使如此,甚至被

① 编者按:未找到对应的中文名。

护送的船只也经常遭到射击，而且近期有很多人在客轮上被杀害。目前，岳家口和樊城之间的河道交通是不可能的，因为这个地区已经被贺龙的共产党人控制了。贺龙的司令部位于沙洋和安陆之间的旧口。沙洋和安陆两地都是不久前被占领和遭到劫掠的，虽然他们又回到了政府手中，但驻军多少还是被孤立的。

平汉铁路和汉江之间的地区：由于"土匪"的活动，从汉川到长江埠的水路目前已经关闭，我们收到四川发来的电报称从那儿到长江埠的路也不安全。不久前应城遭到贺龙的攻击，但仍在徐源泉将军的军队手中。天门最近经常受到威胁，处境非常危险。由于共产党的活动，从花园到樊城的公路关闭了一段时间，但最近重新开放了。然而，几天前一位我们的人沿这条路向下旅行时被拦阻在随州和德安府之间，他报告说，在这条路的两边都有许多共产党的队伍。他还说整个枣阳县都是共产党人。在湖北、湖南边境的铁路以西有另一伙共产党队伍。最近，他们突袭并切断了靠近广水的铁路线，在过去几个月里他们多次给当地造成了相当大的麻烦。

汉江上游地区：2 月，在国民政府前旅长王泰（Wang Tai）[①]的率领下，大约 1 万名共产党人从南阳府向南进军，并于当月 18 日袭击了老河口。他们被第 11 军击退，向西撤至房县，房县仍在他们手中。他们还占领了竹溪和竹山。

（资料来源：日内瓦国联与联合国档案馆藏李顿调查团档案，S30－NO.1 卷宗。）

29. 汉口英国商会关于湖北省缺乏政府管控的报告（1932 年 4 月 5 日）

汉口，1932 年 4 月 5 日

该省缺乏政府管控

虽然军队确实驻扎于一些主要城市，这些地方也因此名义上处于政府控制之下，但是我们有充分的理由相信，这些驻军中有许多人对总司令部的指示不闻不问。只要当地人民能够满足他们的经济需求，他们就会提供保护，在许

---

① 编者按：王泰，又写作王太，原名学聚，字会文，实系为祸一方的巨匪。此处误认其为共产党。

多地区，他们与“土匪”达成了工作协议，双方都不骚扰对方。

在驻防城镇之外，几乎整个省都由“土匪”或共产党团体控制。

政府对该省的控制非常薄弱，甚至连从这里到北平的主要铁路线也经常遭到“土匪”的袭击和切断，就在两周前，还发生过一次这样的袭击。

汉江是汉口的主要贸易通道，由于政府军无法应付沿河而来的“土匪”，在过去一年里，大部分路段在大部分时间里都禁止通行。

政府缺乏管控的另一个例子是，从这儿到宜昌的商船频繁遭到来自长江两岸的射击。

税收

当中央政府大大增加进口关税时就已经声称，所有国内运输税收将被废除，政府已经安排将进口关税收益的一部分转给每一个省份。这种做法已经有一段时间了，但最近，对湖北而言，我们又回归到原有的安排，货物是由中央政府征税进口，然后由省政府再次征税后运至省内。

本省军队不再从南京获得经费，因此坚持实行保护税制度以弥补财政赤字。

与这个税务问题相关，可能要提及军费问题。在像汉口这样的大城市，除了春节前，【军费发放】并不那么频繁，据我所知，为了让当地的驻军保持安稳，商会要支付 80 万美元。然而，它们内部是定期进行的，而且由于没有制度或征税方式的公平性，它们确实使交易变得非常困难。

该省内生命和财产的不安全性

除了铁路沿线或长江沿岸，外国人目前在这个省的任何地方旅行都可能是不安全的。

法庭

中国商人很难通过法院获得赔偿，以我们的经验来看，外国人更不可能做到这一点。在 1929 年和 1930 年初，我们向几个中国债务人提起诉讼，要求赔偿货物的供应成本。这些案件拖得很长，而且我们一点儿赔偿都没有拿到。在获得判决的情况下，证明债务人支付能力的责任落在原告身上。在现有条件下，这几乎是不可能的，被告无论如何都有机会在长期拖延的案件审理期间处理他们的资产。

（资料来源：日内瓦国联与联合国档案馆藏李顿调查团档案，S30－NO. 1 卷宗。）

30. 李顿等与日本驻汉口总领事坂根准三的会谈记录(1932 年 4 月 5 日)

在英国总领事馆的访谈

汉口,1932 年 4 月 5 日

坂根先生,日本总领事

近藤先生,日本商会,日租界日本自治区主席

吉田先生

盐崎(Shiozaki)先生

李顿爵士

爱斯托先生

坂根先生说,目前从表面看来汉口中日之间的情况是平静的,他们与省军事主席何将军之间的关系很好。然而生意并不好,主要原因是湖北省遭到共产党和"土匪"的破坏较多,以及"党部"(国民党的地方支部)对日货的抵制。坂根先生绘制了一份地图,标红了共产党的【活动】区域。共产党军队已经抵达汉阳,与汉口之间仅横隔着一条河。本省农民已经遭受了严重的洗劫抢掠,以至于没有产品可以出售,也不再有能力购买外货。共产党领袖贺龙是"声名狼藉"的人,他的妹妹也是红三军领导。农村的警察协助了抵制运动,坂根先生展示了一张照片,照片上的警察因为一个商人购买了日货而下令将他传唤到警局。中国商人不但因购买日货而被公开惩罚,而且他们受罚事件还被刊登在报纸上用以阻止其他购买者。他还展示了充斥着抗日标语的中国纸币。

李顿爵士说,中国声称日本的行为迫使中国出于爱国情感而使用经济武器,尽管使用经济武器也损害了他们自己的利益,而且日本侵略也阻碍了他们持续的"剿共"运动。

坂根先生回答道,事实并非如此,因为与满洲、上海相较,湖北是"一个不同的地区"。坂根先生留下了一份书面声明表明事实是,国民政府曾多次利用抵制行动来进一步推行其外交政策,以及学生们经常如何迫使政府采取行动。他还讲述了民族主义者对汉口前英租界的强行占领、民族主义者排外宣传导致的对日租界的暴动、交还日租界运动以及对待前俄租界和德租界的态度。

当后者第一次被交还时，中国人同意保持他们的自治地位，在市政管理局有外国代表。但在1928年12月，中国地方当局任意废除了它们的独立地位，将它们置于汉口市政府的纯专制统治之下。坂根先生说他将向调查团所有成员分发一份文件。

（资料来源：日内瓦国联与联合国档案馆藏李顿调查团档案，S30－NO.1卷宗。）

31. 李顿等与湖北邮政专员里奇的谈话（1932年4月5日）

在英国总领事馆的访谈

汉口，1932年4月5日

里奇（W. W. Richie）先生，湖北邮政专员

李顿爵士

爱斯托先生

里奇先生近日刚从满洲回来，他被派往满洲处理近来所造成的麻烦局面。他说在新的"满洲国"政府中，包括速记员在内的交通部职员全部是日本人。日本人占领了邮局，并审查所有的信件，抗争的中国邮政局长被关进了监狱。最近，作为"满洲国"交通部的日本顾问，田中先生已经接管了哈尔滨邮政局。"满洲国"政府的中国成员不是被贿赂就是被恐吓。除非有一名经常穿着中国服装的日本人在场，否则拜访他们是不可能的事。就职典礼上的庆祝活动清楚地表明了缺乏任何支持新政府的民意，在哈尔滨举行的庆典完全由雇来的苦力组成，而在沈阳大会上只有日本人参加。在哈尔滨的一家大型中外贸易公司的外国经理表示，他在中国的所有当地经销商都对日本和新政府抱有暴力敌意，尽管新的势态可能会有利于促进他们的业务发展。当日军占领哈尔滨时，他们表现良好，只不过日本骑兵恣意骑在人行道上，将行人都逼到车道上了。

一直以来满洲的地位与中国其他省份略有不同，而日本人为了增进自己的利益一直在努力扩大和利用这种差异。但是日本人对该地区经济发展的影响被夸大了，他们的影响并没有及于长春以北，也没有影响到铁路地区以外。

中国政府能够提供与日本现在所提供的同样多的安全，并且在过去的中国政权中，安全总比华中地区强。昔日中国的县级官员现在正在日本人的统治下工作，因为他们不希望失去工作。因此，中国政府的机制并没有完全被摧毁，中国最近有很多将分裂主义地方政府的拥护者重新纳入政坛的先例，例如直到最近才被开除并遭到查禁的汪精卫先生。因此，中国政府的重建不是不可能。

里奇先生认为，造成麻烦的主要原因之一是朝鲜移民的存在。

说到邮政服务，里奇先生表示它是海关总署的分支机构，并且是以同样的原则建立的。与各省区划相对应的每一个邮政区划都有一名外国负责人。该机构具有财务自主性，成员薪资和福利待遇很好。虽然机构中的外国成员与中国当局没有合同关系，但是总体来说还是令人满意的。

（资料来源：日内瓦国联与联合国档案馆藏李顿调查团档案，S30－NO. 1 卷宗。）

32. 爱斯托等关于重庆之行的报告（1932 年 4 月）

可外借

关于乘机赴重庆之行的报告

1. 4 月 1 日周五 10 点 30 分，我乘机离开南京，同行者有调查团法律顾问渥尔脱·杨格（Walter Young）先生，少帅顾问现为中国政府顾问的端纳（W. H. Donald）先生，中国航空公司副总裁朗霍恩·邦德（Langhorne Bond）先生。这家公司是中美企业，主要经营航空邮件以及旅客运输。现在它经营从上海到汉口的日常服务以及从汉口到重庆的双周服务。在某一时期，它经营过从汉口到北京的服务，但是由于供给不足而无法继续。它现计划重新开放从上海到北京【航线】，以及开辟从一条上海到广东的沿海航线。他们任用的是美国飞行员。

2. 第一天前往汉口的旅程主要经过平坦而肥沃的国土，远处有一些小山。洪水已经全部褪去，土地似乎在全部开垦。我们目光所及的所有路上，数以千计的苦力正在重建堤坝。

3. 下午 3 点 55 分，我们在汉口着陆，我在英国总领事馆过了一夜。我了解到为迎接调查团的到来，汉口正在彻底清扫干净，尤其是现由中国政府管辖之前租界街道也被打扫过了,抗日海报被清理了。数百名苦力在做这项工作。日本人也从他们的租界撤除了防御。我还从一位刚从京汉铁路沿线旅行回来的英美烟草公司官员处了解到,预计调查团将经过的铁路沿线的所有车站都已经重新粉刷过了,抗日海报已经被清理,并且通往车站的道路重修过。关于汉口的其他信息保存在英国商会提供的笔记中,以及李顿爵士与其会面的笔记中,调查团已经传阅了这些笔记。

4. 我们于 4 月 2 日上午 8 点离开汉口,穿越原野直飞沙市,从而避开了长江中游的大绕弯。我们看到,环布汉口的防御工事是由战壕和铁丝网组成的一条单线,显得十分糟糕。因为洪水,汉江淹没的汉口区域挤满了住在船上的人。这片土地上到处都是村庄,几乎都在耕种。我们途径了几个大面积依旧受洪灾侵袭的地区。这些洪灾区布满了舢板,以维持农民用网和篮子打鱼,上百个舢板挤满了水面。我们把这个地区作为"土匪区"在地图上做了标记交给调查团,而且我们被指出一个据说是贺龙据点之一的村庄。我们看到那个地区唯一的村庄处在一堵围墙和一些战壕的防御中。当飞行到河边时,我们又看到数以千计的苦力正在修建堤坝。我们在沙市重返河道,溯江前往三峡入口处的宜昌。我们在宜昌看到 4 500 名川军中的一部分已被派往湖北攻打共产党。

5. 我们于 11 点 30 分离开宜昌,在 30 英尺的高空飞过峡谷。175 英里的长江穿过了一个幅员辽阔的山城,有些高达 8 000 英尺的山脉延伸至各个地区。这座巨大而贫瘠的山脉,人烟稀少,在长江平原和山省四川之间形成了几乎无法逾越的屏障。我们看到几艘平底帆船被一群人拖上激流,但这种交通方式几乎被汽船的到来给扼杀了。一艘平底帆船穿过三峡需要一个月时间,而一艘汽船不到一周。

不同的军事当局在这段长江上对往来货物征收很重的过境税。同样在这些地方我们看见渔民站在岩石上用网袋将鱼从河中捞上来。河边有一些小镇和村庄可以耕种,周边地区却很贫瘠,但是有很多非常漂亮的树木。

6. 我们于下午两点在万县上岸,在这里我们与王方舟(Wong Fong Cho)将军、各级政府官员以及仪仗队和军乐队会面。他在舢板上准备好了点心、三明治、蛋糕、香槟、啤酒和茶。王将军是四川军政长官刘元帅的下属,指挥着万县附近的军队。他近期将前往汉口指挥刘元帅派去"围剿"湖北共产党的军队。但是他告诉我们,如果再次与日本产生冲突,他们准备派军队至长江下游支援。王将军是一位身材矮小但乐观的人,身着简单的红色滚边的卡其色制服,戴着茶色眼镜。他大力遏制共产党。由于他是航空公司的常客,当一些苦力向一位欧洲航空公司官员扔石头时,他会立即将那些苦力们砍头。答应返程时会停留下来吃午餐之后,我们就离开前往重庆了。

7. 从万县到重庆我们飞过了一片富饶而肥沃的山区,被开垦的以种植水稻为主的梯田高达几千英尺。我们只看到了少量的鸦片田。四川省是中国最大也是人口最多的一个省份,下辖有数量最多的"县"(行政区划)。四川省有7 000万人口。它有丰富的煤、铁以及如石棉之类的金属资源、白蚁(termite)[①]等。以成都为中心的平原地区十分富饶以至于作物一年三熟。它拥有庞大的桐油工业,当我们抵达的时候正是五爪桐开花的时节。

8. 我们于下午5点30分在重庆着陆。重庆,一个60万居民的城市,建筑在长江和其支流分叉之间的山峰上。这是一个有城墙的城市,但是规模已经超出了围墙的范围。这里十分险峻,一些古老的街道如此狭窄以至于直到目前仅有的交通工具还是山轿。现在已经修建了一些现代化的道路,也引进了黄包车和一些汽车。我们在河边登陆上岸。当我们登上河滩时,我们一个车轮被锁,只能单翼下降:但所幸仅仅损坏了一个浮板,当晚就修理好了。刘湘[②]元帅派了几名官员接待我们,我们乘坐山轿上山,到达现代公路后转乘汽车,很快到达了元帅的府邸。元帅还在一些现代公路上安装了电灯,但看起来非常昏暗。这里没有自来水系统,在重庆有3万名苦力被雇来挑水。

9. 元帅款待了我们一屉包子、啤酒、香槟和三明治。刘湘元帅是四川军政长官。他身材修长,长相帅气,45～50岁。他性格强势且有魅力。他游刃有余地回答了所有的问题。他不会说英语但身着欧式服饰。他自1920年起担任四川军政长官,在敌对将军们发生冲突之后。他和他的叔叔[③]分权,他叔叔是驻成都的省长,正处在最坏的任期之中。刘湘可能是中国最出色的军事领导人之一。他控制着四川东部、贵州以及湖北部分地区,并指挥着约18万军队。四川西部在他叔叔和其他四位半自治的将军控制之下。他与南京政府

① 编者按:原文如此。

② 编者按:原文为 Liu Shan,疑误,应为 Liu Hsiang,下文"刘湘"所对应的英文即 Liu Hsiang。

③ 编者按:即刘文辉。

保持着良好关系，因为他的战备军需来自扬子江。报告说他没有个人恶习。然而他从鸦片贸易中获得了大量税收。鸦片种植大部分在贵州，一部分在四川，从那儿被船运往下游的扬子江，宜昌成为交通中心。元帅声称他是第一位公开宣布反对共产主义的领导人。他在四川大力镇压共产主义和土匪，目前他还派遣军队进入湖北镇压那儿的共产主义。虽然他名义上是国民党党员，但是他残酷地压制了学生运动以及所有的排外暴动。据报告他的军队军饷很高，装备优良。重庆的地理位置，是所有四川商贸的必经之地，这给他带来了大量的税收。他叔叔的税收收入主要来源于盐业。他的辖区内有盐池，辖区附近有天然气井。天然气用来蒸发水，因此生产的盐非常便宜。

10. 我们随后乘轿椅去拜访了总领事阁下托勒(Toller)先生，他证实在四川既没有共产主义也没有绑架。黄昏时分，我们一行穿过狭窄险峻而拥挤街道的景象犹如画卷。两边商店的门向街道开着，一直工作到深夜。重庆和万县都有大量的乞丐。我们在黑夜里启程返回，由元帅的保镖提着灯笼护送到一家餐馆，元帅在这里用西餐招待了我们，包括他的参谋长、最高行政长官以及其他政府官员，以及法国和英国总领事、法国炮艇指挥官在内共约 20 人。

晚餐后，元帅发表了一篇意味深长的演讲，从他的演讲中呈现出几点，翻译如下：

(1) 在现在的危机情况下，中国已经准备好使用各种和平的手段以获取暂时性的解决，但是如果国联机制失败，中国准备以战争方式走向苦涩的结局。他个人在这项对外政策上支持南京政府，并且他已经准备派遣他的军队去支援他们。

(2)【中国】不再相信日本是真诚的，而且未来如果能再次恢复正常的关系，日本必须证明她的真诚。

(3) 他邀请我们去参观和平富饶的四川，尽管日本人宣称这片平原是准备用来支援南京的。

(4) 他说他坚信这片平原上的共产主义者必定会被镇压。

我们得知，虽然四川没有强大的国民党组织支持，但是这里的抗日活动也是有效的。元帅亲切地为我们在饭店安排了床铺，但是我们已经提前安排在河对岸的美孚石油公司就寝。我们乘坐轿椅沿着岩石上凿下来的台阶上被抬到河边，乘着元帅的汽艇横渡而过。这有些许风险，因为我们得知在夜晚乘船渡河一般会被机关枪扫射。我们去了对岸的一个小型外国俱乐部，在那里轿椅已经准备好带我们去位于 1 000 英尺高的山上的房子。

11. 第二天,即 4 月 3 日早上 9 点,我们起飞离开,随后抵达万县,王将军派了他在万县仅有的两辆汽车带我们去他的住处吃午餐。前一天我们已经遗憾地拒绝了参加万县举办的第一届运动会的邀请。王将军谈到了即将到来的反共运动。他说谁也不能把共产主义者和强盗区别开来,但是他说有俄国影响的证据,还说俄国已经在上海建立了总部。一位政府官员谈到了日本海军上将盐泽在访问重庆时的傲慢,并模仿了他在餐桌上的行为。他说日本商人已经撤出了四川。当我们离开时,一名警卫带着毛瑟手枪走了出来。万县的道路非常好。我们得知有一条从重庆到成都的路只差 12 英里就建好了。我们从海拔 5 000 英尺高的三峡上空飞回。

12. 对巨大山脉的考察使人认识到各省自治的必然性。四川在现代中国历史上从来没有被成功地入侵过,虽然吴佩孚曾派遣四支军队进行尝试,但是没有一支回来。既然省自治是不可避免,那么它是否属于不受监管的自治就成了问题,随着省级领导增多,以牺牲对方和国家政权为代价的挣扎和钩心斗角,或者是否有可能发展成为某些联邦制的形式,即具有某种相同的功能、某种相同的税收制度、省当局在中央有代表以及省级当局在各自的管辖范围内自治。一项对四川的调查也使中国人对四川的工业和活力,以及随着交通的改善和资本进入经济生活而发生的巨大经济发展充满信心。这可能使四川轻易地拥有和"满洲"一样的经济前景。

13. 王将军热情好客,我们不得不推迟行程,我们以美国炮舰"瓦胡"号客人的身份在宜昌住了一晚,它拥有使用美孚石油公司房子的权利。宜昌过去是排外主义的中心。在河对岸的山上,一些夹杂在国民党和排外标语之间被分开的中国汉字从山的一侧被凿了下来,汉字【的内容】是关于一种刺激性的日本药片的广告。在这里和汉口之间所有的蒸汽轮船都有武装警卫。我们得知共产党的军队没有固定的基地,而总是在游移中。他们仅靠"绑架"作为筹集资金的一种手段,以购买装备和给养。我得知贺龙对待共产主义是真诚的,而且他优待俘虏。我还得知近期他在汉口待了三周时间,虽然当局知道,但是他们不敢逮捕他。当近期的问题开始出现之时,有报告称他已经告知汉口当局,如果出现任何有关日本的问题,当局可以从他这里得到援助。

14. 4 月 4 日,星期一,我们在 9 点 30 分离开宜昌,飞回汉口,大部分维持在低海拔【飞行】。唯一的事件是当我们低空飞过在一个村庄时,大约有 20 人突然跳起进入了一个附近的田里，尽其所能地跑开了。他们领头的一些人带着几面红色的旗帜。但是很难说我们是否真的看见了一群共产党。能肯定的是其他所有的村民都逃离了我们的飞机。我们途中飞过土匪区和水灾区。我们看见两个村子已经被烧掉了。我们于 11 点 30 分在汉口着陆。整个 2 000 英里的行程在一个阳光明媚的日子结束了。

（资料来源：日内瓦国联与联合国档案馆藏李顿调查团档案，S30 - NO.1 卷宗。）

（二）李顿调查团档案，S30－NO.2 卷宗选译

1. 李顿与上海公共租界工部局总董麦克诺登等的谈话记录（1932 年 3 月 16 日）

在上海华懋饭店的会谈

1932 年 3 月 16 日

出席人员：李顿爵士

麦克诺登(E. B. Macnaghten)将军，工部局总董

费信惇(Stirling Fessenden)先生，工部局总裁

莱士利(Leslie)先生和贝尔(Bell)先生，工部局成员

爱斯托先生

上海工部局代表们呼吁李顿爵士讨论上海的未来，特别是考虑到最近发生的动乱，如果国际联盟调查团能把上海的状态纳入其研究范围之内，上海工部局有可能出席拟议的圆桌会议。工部局总董说，他们在 1930 年获得了南非著名法学家费瑟姆(Richard Feetham)法官的帮助，费瑟姆法官进行了公正的研究，并就上海的未来提出了建议。工部局希望完全执行这些建议，但费瑟姆的报告并不是最终结果，它的目的是作为讨论的基础。中国过去曾要求立即完整地交还租界。他们过去曾努力与中国当局取得联系，以期就未来达成协议，但中国拒绝进行讨论，中方没有表现出任何善意。双方仍有很大分歧，最有争议的问题是，不断发生摩擦的租界外道路的治安管理问题。中国人一直在道路上干扰工部局的工作人员，但英国公使私下告诉工部局，如果他们因此类事件发生争执，不能指望得到武装支持。费瑟姆法官提出了一个类似伦敦郡议会联合会计划的建议，为外部道路地区设立一个新的中外管理机构，最终

目的是将租界移交给未来的中国控制，并以自治和法治的形式进行管理。如此一来，工部局“面对”中国政府就没有外交问题了。当他们试图与地方当局接洽时，地方当局让他们和南京政府联系，当他们与南京接洽时，他们被告知这是一个纯粹的地方问题。工部局和费瑟姆法官先生建议的目的是为了确保上海居民和财产的安全。正因为有了这样的安全感，大多数中国领导人在公共租界和法国租界都有自己的房子，如果发生任何事，都将延缓中国人推行他们挑衅性的政策。

李顿爵士建议，国联调查团来华，以及所有悬而未决的问题都已交由国际联盟进行斡旋的事实，可以作为进一步解决上海问题的一个机会。当然，这种解决方案必须与最近在上海爆发的中日冲突分开，而且无论如何都不能通过武力或使用武力来达成解决方案，有关各方必须协商一致。如果有关各方能通过非正式的本地私人讨论找到解决办法的协商基础，那么调查团自然会欢迎这一做法。必须找到让中国人接受费瑟姆报告的方式。国际联盟的服务可能会用于今后的任何安排。如果调查团在中国期间，有关各方达成了一致意见，尽管上海问题不是调查团的主要研究领域，但调查团可能会考虑采取这一基础来解决问题，随后可能会利用其跟有关国联会员国成员进行斡旋。麦克诺登顿将军说，他希望调查团能派代表出席圆桌会议（由费瑟姆法官代表）。然而，李顿爵士表示，他认为圆桌会议很可能永远不会召开。

（资料来源：日内瓦国联与联合国档案馆藏李顿调查团档案，S30 - NO. 2卷宗。）

2. 调查团与梅乐和的谈话记录（1932 年 3 月 17 日）

在上海华懋饭店的会谈

1932 年 3 月 17 日

出席人员：调查团成员（除马柯迪伯爵外）

梅乐和(Frederick Maze)先生，中国海关总税务司

哈斯先生

万考芝先生

派尔脱先生

助佛兰(Jouvelet)先生

派斯塔柯夫先生

爱斯托先生

勃来克斯雷教授

梅乐和先生说,中国海关的职责不仅仅是征收关税。例如,江海关税务监督同时担任港务长,控制着船舶的靠泊和航行;他还负责河流疏浚,这使航道从16英尺加深到32英尺。海关税务司负责监管所有沉船,是公证人,并担任所有非条约国的领事。海关为整个中国海岸建造并维护灯塔。

以关税为担保的贷款分为三类:

1. 义和团赔款,《辛丑条约》规定以关税为担保。

2. 各种黄金贷款。这些是外国贷款,必须用黄金支付。根据各种贷款协议,它们以关税作担保,并且协议条款还规定,在贷款还清之前,不得改变外国管理海关。顺便说一句,银价下跌使这些贷款必须用黄金支付予以偿还,这对中国来说代价更高。

3. 以关税为担保的国内贷款。自1929年中国恢复关税自主权以来,关税税率几乎都是浮动的,并且可以将关税提高到旧固定税率的5%以上。作为进一步向国民政府提供援助的条件,本地银行家最近坚持要求由国民政府特别委任的外籍海关总税司作为国内贷款的担保人。每月的义和团赔款约1 500万两,国内贷款900万两,国外贷款600万两。由于白银的价格下跌,原来5%的固定利率不再适用于贷款业务。白银价格下跌的另一个结果是,进口关税以专门的黄金单位征收。

在每一个关区,都有一名华人海关监督和一名外籍海关税务司一起工作。实际做法是外籍海关税务司负责实际的行政工作,而华人海关监督负责一般的政治监督。当发生冲突时,如果可能的话,华人海关监督的意见占有优势。尽管中国官员完全有能力运行海关这台机器,但外国因素提供了纪律和诚实的支柱,事实证明,这对业务的成功至关重要。

为了避免特别的政治困难,这个制度必须有弹性,但是出于纯粹的便利,维持业务的完整性是极其重要的。如果海关行政的完整性现在在满洲被打破,这将成为一个先例,那么当中国的其他地区叛乱时,他们也会把控海关,破坏行政的完整性。针对建立独立政府的广东,南京国民政府财政部长的第一个想法是从该地区的所有地方撤出工作人员。在梅乐和先生看来,这是致命的，南京政府最终与广东达成协议，广东将原来5%的关税汇给南京，而保留了额外的关税。南京国民政府还与阎锡山进行了谈判，当时阎锡山在华北建立了一个独立的政府，以便在同样的基础上达成协议。

已故的张作霖元帅和他的儿子从没有干涉过满洲海关的管理，他们把所有关税收入都汇寄给了南京。在目前的分裂问题上，梅乐和先生认为，南京应该同新的"满洲政府"达成一项协议，以维护行政完整。对于这三种类型的贷款，满洲支付"按比例"分担的份额，并应保持盈余超过这一比例。梅乐和先生希望调查团支持他达成这种解决方案。

在回答问题时，梅乐和先生说，少帅对行政管理不善，他认为满洲没有现成材料可以建设一个好政府。考虑到中国内部恢复的可能性，他认为国际援助比任何一个大国的行动都更可取。他说，如果试图将海关管理制度的先例用于政府其他部门，就必须始终让一位显赫的中国人担任行政长官，即使他很少参与实际工作，也应获得报酬和威望。外国人必须提供纪律要素，并对财政有足够的控制权(在财政部门可以称为合作)。土地税可以由这样的中外管理机构征收。这些改进将使政府增加收入，因为海关征收关税的税率极低(约6%)，而征收厘金(国内运输税)的税收成本高达60%。

(资料来源：日内瓦国联与联合国档案馆藏李顿调查团档案，S30-NO.2卷宗。)

3. 调查团与野村吉三郎等的谈话记录
(1932年3月18日)

机密

在华懋饭店的谈话

3月18日

出席人员：野村中将

盐泽少将

鲛岛男爵大佐(先头登陆部队指挥官)

水野(Lt.-Com. Mizuno)

吉田大使

李顿爵士

克劳德将军
万考芝男爵
助佛兰少校
爱斯托

野村中将说，1月28日发生的偶然事件，其成因在中国近30年的历史中根深蒂固。中国人一直试图把外国人赶出去，而目前正试图把美国和日本对立起来。日本海军并没有侵犯中国的领土完整，采取行动只是为了保护自己的侨民、公共租界和国际航道的安全。

李顿爵士问，从向中国发出登陆部队将进驻防区的通知到海陆陆战队登陆，这段时间是不是太短了？

盐泽少将回答说：自25日以来，日本总领事村井（Murai）先生多次警告中国，要求中国军队撤退，以尽量减少不幸事件发生的可能性。上海市市长于3点15分同意了日本的要求，下午4点日本海军少将得知中国人接受了【要求】。登陆部队的行动与要求无关，而是由于工部局宣布进入紧急状态所引起的。（登陆部队这个词有误导性，因为该部队的一部分陆战队员已经驻扎在虹口公园附近。）晚上8点30分，盐泽少将向中国发出通知，说他将进驻防区，要求中国军队撤退。

李顿爵士说，市长似乎在11点到午夜之间收到了这条信息，并询问日军进驻防区的行动可否推迟到第二天，以让中国人有时间撤军。

野村中将说，当天，中国人示威游行反对和解，日本方面变得吵闹不安。尽管市长接受了日本的要求，混乱仍在继续。在宣布紧急状态后不久，英国和美国的军队进驻了各自防区。

盐泽少将说，当晚，住在闸北的日本居民向盐泽少将报告说，中国警察正在撤离闸北，他们失去了保护。因此没有时间能够拿来浪费了。海军陆战队在晚上9点登陆，但直到午夜才采取行动进驻其防区。因此，中国军队有三个小时的时间用来撤离。

当市长的答复于下午3点15分送到日本总领事馆时，村井先生重申了中国军队撤离的要求。当时的情况很危险，因为铁路沿线大约有七千名十九路军的士兵。

美国和英国的总领事在第二天即29日下午安排停战。从29日晚上8点起，盐泽少将下令登陆部队遵守停战协议。

登陆部队的鲛岛大佐说，30日，中国士兵从沙袋后面射击，狙击手从窗口射击，打破了停火协议。

第一天，第一批遭到射击的日本海军陆战队来自虹口司令部。他们遭到位于北四川路和铁路之间中国士兵的射击。

盐泽少将在回答一个问题时说，日本人从未要求工部局巡捕房和救火队撤离日本防区。巡捕房警察已经自行离开了。

李顿爵士问，日本海军陆战队为什么想要通过上海义勇军防区的门户，越过防卫计划的界线进入河南路，进入中国领土？

盐泽少将回答说，海军陆战队是新加入该防区的，防区内的路线从一条狭窄的街道中穿过，海军陆战队想沿着较大的道路（河南路）前进，以避免迷失方向。

在回答该问题时，他补充说，虽然在该防区的其他地区也发生了枪击事件，但在该事件发生的地方却没有发生枪击事件。

李顿爵士问，海军少将是否向国联委员会（the League Committee）①供了这些证据？

盐泽少将回答说，委员会从未邀请他当面陈述自己的情况，他甚至没有见过委员会主席。他主动提交了一份书面报告。

李顿爵士问，如果没有询问有关人员，委员会是如何获得证据的。爱斯托回答说，委员会利用了巡捕房的报告。

李顿爵士在总结中补充道，调查团不是这起事件的调查机构，本次谈话属于私人谈话，以帮助他了解整体情况。

野村中将说，海军正在以顾问身份参与和平谈判。

盐泽少将说，登陆部队的攻击从未越过防区界线，当他们驱逐中国军队时才会越界，登陆部队已经后撤，回到了防御计划的防线以内。

（资料来源：日内瓦国联与联合国档案馆藏李顿调查团档案，S30－NO.2卷宗。）

---

① 编者按：一·二八事变发生后，国联秘书长于1月30日曾提议组织“国联委员会”调查中日冲突，后又决定成立“上海调查委员会”，这些委员会构成人员跟李顿调查团并不是同一批人员。

4. 王晓籁在上海市商会宴请调查团时的致辞
（1932年3月18日）[①]

阁下：

我谨代表上海商人，借此机会向诸公表示最诚挚的欢迎。我们一直期待着诸公的光临，真的很高兴诸公真正来了！

国际联盟成立仅12余年，已拥有了值得称道的事业。虽然不能说它能够在任何情况下行使其全部权力，但至少可以肯定的是，国际联盟已经向世界表明，除了军事征服，还有另一种解决国际争端的方法。从这个意义上说，不同国家之间的关系已经进入了一个新的时代，这一点不无道理。令人遗憾的是，这个新机构现在正受到满洲危机的严峻考验。这件事始于9月18日晚上日本军队突然占领了沈阳。两个月后，日军入侵了黑龙江。1月3日，他们占领了锦州；1月28日，他们在上海对中国军队发动攻击，开始实施轰炸和焚烧平民财产的毁灭计划。3月1日，他们以重兵在离上海大约20英里的浏河登陆。在北方，日本政府在长春建立了傀儡政府，即"满洲国"。接二连三发生的这一系列事件，不仅忽视了国联盟约，而且直接违反了九国条约和非战公约，将这些国际和平文书视为无物。每次国际联盟采取新的行动，日本对中国的侵略都向前迈出了新的一步。这种行为只能解释为对世界和平的直接威胁和对国际联盟权威的间接挑战。正是在这种困难的情况下，找到了成立调查团的解决办法，今晚我们很荣幸对此表示欢迎。

阁下，您来华身负重任。远东事变之能否消弭，世界和平之能否保全，现均系于国联双肩。国联能否尽善处置取决于委托诸公进行的调查，所以毫不夸张地说，国联的未来掌握在诸公手中。

我们知道，在提出调查团之初，其主要职责是调查满洲动态。尽管上海事态的变化是在诸公启程之后才发生的，但必须明白的是，日本在这一地区的活动不过是他们侵略满洲的延伸，以便日本能够控制中国。换言之，上海的事态应被视为入侵满洲后的整个侵略计划的一部分。

在诸公到达中国的今天，东三省已经没有属于中国政府的任何行政机构

---

① 编者按：原件无日期，据其内容和史实发生时间，推断应为1932年3月18日。

了。诸公在那里既找不到可咨询的中国官员，也找不到可研究的中国档案。我们敢说，当诸公到达东三省时，提供给诸公的原材料是那些由日本或完全由日本制造的原材料。因此，重要的是，为了真正了解事实，诸公应该考虑到东三省以外的官方和私人所提供的信息来源。根据这一想法，我们冒昧地提出以下三个重要问题供诸公考虑。

日本为采取军事行动提供的借口是，中国没有尊重日本的条约权利，许多悬案被搁置。这种情况激怒了军事领导人，迫使他们采取行动，他们的政府只是在既成事实后才予以确认。这种指控实际上是承认了他们对中国政府的指控。日本代表说，中国不是一个现代国家。但是，当日本军人在没有政府指示的情况下采取自由行动时，日本又是以何为基础称自己是一个现代国家的。

这是顺带提及，而应引起我们注意的是重要的争论。指摘的第一项是中国没有尊重条约权利。但恰恰相反，是日本而不是中国违反了国际协定。事实上，满洲发展不好的直接原因是日本违反了国际协定。更重要的是，日本在三个方面违反了与中国的条约：1. 违反条约规定，在南满铁路上设置铁路守备队；2. 未经条约许可，沿南满铁路建立了所谓铁路附属地；3. 在奉天省[①]和吉林省内设置日本警察。我们对此逐一详晰。

南满铁路设置铁路守备队是根据允许俄国修建中东铁路的条约规定。日俄战争后，中国同意将俄国在南满的权利转让给日本。该条约规定，当中东铁路上的俄国守备队撤出时，日本将同时撤出。1918 年以来，俄国已将中东铁路守备队撤回，但日本守备队依然如故，这证明是日本而不是中国违反了条约规定。关于铁路附属地，与俄国签订的条约仅规定铁路用地免交地租。直到 1910 年，俄国在哈尔滨颁布的公议会大纲仍然明确承认，铁路用地的治理权属于中国政府。俄国对日本的权利转让是在不损害中国行政权力的情况下按照同样的条款进行的，但日本将其关东租借地的领域延伸至南满铁路，并私自行使行政权、司法权和立法权。由此可以再次清楚地看出，到底是日本还是中国违反了条约规定。此外，日本在奉天、吉林两省都设有领事警察。根据外交部 1916 年的调查，奉天省只有 7 个城市没有日本警察。尽管中国在郑家屯事件后要求日本放弃这种没有条约依据的做法，但日本却坚持无视条约。违反

① 编者按：原文为 Fengtien Province，即辽宁省。1907 年，清廷设奉天省。1929 年，南京国民党将“奉天省”改称为“辽宁省”；1932 年，伪满洲国成立后，复改为“奉天省”。后同。

国际协定的是中国还是日本呢?

指摘中国的第二项是悬而未决的问题。我们冒昧地请您考虑以下三点。

1. 悬而未决的问题在国际事务中并不少见。例如,中国和其他国家之间也存在许多问题尚未解决,却没有诉诸武力。那么,除非日本故意违反国联盟约,否则它采取军事措施的原因是什么呢?

2. 根据中国外交部的公报,中国要求解决的案件也有许多,但日本方面没有采取任何行动。中国是否也有理由诉诸军事行动?如果中国这样做,日本会认为这种做法是有必要的吗?

3. 悬而未决的问题,如沈阳至安东铁路变更轨距、朝鲜人强行占领中国农场等,这些都是在军方或警察的保护下发生的。这类案件之所以停滞不前,不是因为中国希望如此,而是因为日本坚持要求就地解决。当中国人把所有这些问题都交给中央政府时,日本却故意拒绝承认中国中央政府的权力。

日本指摘中国的第三项是关于铁路平行线问题。从以下几个方面考虑,可以清楚地说明这一争论。

1. 在承认日本是俄国在南满铁路上的权利继承者的中日条约中,没有提及对铁路平行线的限制。只有在会议记录中才讨论了这个问题。然而,这些记录不能被视为与条约具有同样的约束力。

2. 即使会议记录是有约束力的,仍然存在并行线的距离问题。在会议记录中提到的例子是太原和石家庄之间平行线路的规定。它规定在 100 里(约 25 英里)之内,不许建造其他铁路。但是中国在东三省修建的铁路距离南满铁路至少有 300 里(约 80 英里)。这怎么能将其视为南满铁路的平行线呢?

3. 当满洲当局向日本借款修建洮南至昂昂溪的铁路线时,日本认为这是北满的一条铁路线。因此日本满意于获得的贷款特权,所以她没有对大虎山至通辽、沈阳至海伦的铁路提出任何问题。一旦达成协议,他们有什么权利再次提出这个问题呢?

4. 此外,在京都太平洋关系研究所会议上,除了松冈先生以外,中国在满洲的铁路线绝不会威胁到南满铁路的存在,这一点已经得到了公认。因此,关于平行线的争论只是作为军事行动的借口。在此基础上,我们得出以下结论:

A. 日本人声明中国如此严重地侵犯了其在满洲的权利,以至他们无法再忍受,这只是一种无法用事实证明的夸张之辞。

B. 他们宁愿采取军事行动,也不愿进行外交谈判,因此犯下了不可饶恕的违反国联盟约的罪行。

此外，我们还应注意这样一个事实，当日本占领奉天和吉林时，他们宣布一旦日本人的财产和生命得到安全保护，他们就会撤兵。当时，日本还没有足够的勇气将满洲视为被征服的领土而继续占领。但后来，当看到他们对齐齐哈尔的占领并没有受到国联的严重挑战，他们对锦州的占领也没有引起国联的任何有效制裁时，日本变得胆大妄为，立即组织了傀儡政权。在该"新政府"会议上，日本领事、关东厅属员赫然在列。日本陆军和海军部门也有许多人出席了会议，而且还毫不犹豫地参加了讨论。起初，日本声明没有日本官员参加这个"新政府"，那么现在该如何解释？起初，虽然日本不愿意撤军，但她不敢公开宣布。但现在日本甚至派遣正规军进入满洲，成为"新国家"的防御力量。

阁下是否仍然相信日本反复向全世界所做的声明呢？

至于我们，我们相信日本对中国的侵略是没有界限的。日本将会在她认为条件允许的范围内竭尽所能。无论做出什么承诺都不会阻止日本。日本是一个完全意义上的机会主义者。国联面临的问题是，如何限制日本的活动？这是国联和贵调查团的明确责任。当我们深受苦难和失望压迫时，我们将视线转向了诸公。诸公应知，在今天的国际关系中，有许多危险的种子。即使循一强国之意旨，使远东危机得暂时解决，但世界性灾难的危险也只是时间问题。如果由于远东事态的发展而使国联权威破坏无余，那么这将导致全人类的牺牲。因此，我们希望诸公的调查能够揭示事实真相，并希望诸公的报告对事态的发展做出公正的说明，以便国联能够决定最佳方案，并以最佳方式解决危机。在这项避免看似必然的灾难的任务中，我们希望诸公取得圆满成功，并向诸公保证提供我们毫无保留的支持。请让我们起立为今晚的贵宾们干杯，为他们的使命圆满成功干杯！

（资料来源：日内瓦国联与联合国档案馆藏李顿调查团档案，S30 - NO. 2 卷宗。）

5. 调查团与中国盐务署官员谈话的笔记
（1932 年 3 月 19 日）

笔记

3 月 19 日星期六，调查团听取了中国盐务署主要官员的意见。

盐务署中国负责人邹先生就其组织做了简短声明:所有的领导职位都由一名中国人和一名外国官员担任,1931 年的总收入是 162 000 000 美元,其中 22 000 000 美元来自满洲。该收入部分用于偿还外国贷款,部分用于补贴地方或国家用途。

会办葛佛伦(Cleveland)(美国)补充说,由于贷款额度的调整,他于 1930 年曾到过满洲一趟。当时满洲每月需支付 86 000 美元,如果按照与其他省份相同的原则进行调整,满洲每月需支付 217 000 美元。事实上,当 1930 年 12 月张学良在北京与国民政府建立了密切的和谐关系时,他想全额支付配额,并强调了这一点。但鉴于这样一个事实,即对于华北与东北边境军事防御措施来说,要求国民政府补贴的数额大于满洲的食盐收入总额,决定对满洲不进行调整。国民政府因最近在满洲发生的事件而造成的损失来自三个不同的方面:

1. 日本军事当局通过减损财政收入的方式征收货币,总计约 360 万美元。

2. 对国民政府国营机构的征收,即不仅是资产,甚至是机器。中国官员被日本人取代。

3. 行政职能受损;日本占领后的月收入约为 60 万美元,低于 1931 年的平均值。

在答复某一问题时,有人说,在许多省份,甚至是整个中国,盐务稽核分所收集的资金都交给了省级当局,特别是为了军事防御目的。这是由国家财政部批准的。事实上,在满洲,盐税交给了张学良,他既是政府官员又是省政府首脑,这本身并不意味着满洲与中国其他地区处于不同的地位。不同的是,当张作霖 1922 年宣布"满洲独立"时,他没收了盐税。但自从张作霖去世后,特别是自张学良与国民政府在北京达成协议以来,中央政府已同意在适当的情况下将满洲的盐税用于国家目的。日本人假装为了满洲人民的利益,宣称基于同样的规则,甚至按从未生效的调整后的额度,全部用于支付政府贷款额度。但人们必须记住,国民政府决不会接受敌对势力同自己的某个部门所达成的协议。

盐务署秘书皮尔森(Pearson)随后指出,日本军事当局采取了一些措施,没收了在满洲的盐务稽核分所办公室和资金。他的发言内容见所附 1931 年 11 月 9 日和 12 月 17 日给财政部长的报告副本。他特别强调,与日本在日内瓦做出的否认相反，所有扣押行动都是当场或通过军官执行的。他向核查人员提交的实际报告的副本将在稍后提交调查团。

（资料来源：日内瓦国联与联合国档案馆藏李顿调查团档案，S30－NO.2卷宗。）

6. 关于葛赉恩向麦考益提交报告的便签（1932年3月）[①]

南方卫理公会——圣公会的中国财政部长兼商务总监葛赉恩（Dr. John W. Cline）博士向麦考益将军提交的关于日本人暴行的报道。

（资料来源：日内瓦国联与联合国档案馆藏李顿调查团档案，S30－NO.2卷宗。）

7. 在沪西方传教士致国联、英美外交部门、日本天皇的公开信（1932年2月10日）

致国际联盟及英国、美国外交部门的公开信

（注：以下寄往国际联盟的信件为便于传递给美国和英国，将对以下标注下划线的文字做修改：

1. 致英国——国联盟约、九国公约、非战公约
2. 致美国——九国公约和非战公约）

我们是居住在上海的基督教传教士，抗议向中国不宣而战，包括对各国平民的恐怖威胁。敦促根据<u>国联盟约</u>立即采取积极的道德判断行动，维护国际保障的信誉，协助中国负责任的人员稳定经济社会秩序，避免威胁国内灾难。

签名者

信函通过电报发送至日内瓦时（1932年2月10日）有115人签名，发电

---

① 编者按：原件无日期，推断应为1932年3月。葛赉恩向麦考益提交的文件指以下两件，即在沪西方传教士致国联、英美外交部与日本天皇的公开信，以及致李顿调查团的声明。

报至伦敦和纽约(为传送到华盛顿)时有 128 人签名。

致日本天皇的公开信

(注:以下信函已送给日本总领事和在上海的 Hon. K. S. Inui①,以便通过适当渠道传递。)

我们这群生活在上海的基督教传教士,在过去的几天里,看到这个城市的大批平民因军事行动而被迫离开家园,深感悲痛,成千上万的人受伤、遭掠夺、大量被杀,以及房屋、财产和生计遭到破坏。我们不能相信,这是日本人民的真心体现,我们真诚地呼吁日本天皇陛下和他的国务大臣迅速利用各大国所承诺的和平解决争端的较好方式,消除军事行动造成的恐怖和灾难。

(资料来源:日内瓦国联与联合国档案馆藏李顿调查团档案,S30－NO. 2 卷宗。)

8. 英美传教士致调查团的声明(1932 年 2 月 12 日)

上海

英美传教士的声明

我们,一群在上海的基督教传教士,对日本的直接军事行动给成千上万的家庭造成难以形容的痛苦和破坏深表遗憾。不计其数的平民已经丧失了生命。这一行动方式粗暴地攻击了一战以来艰苦构建的新的国际道德标准。这是对每个国家及其文明基础的攻击。

1 月 28 日午夜,在没有向平民预警而向中国市长发出警告几分钟后,日军在空袭和炮击的协助下,占领了中国领土人口密集的城区,进行了 12 天的毁灭和破坏,目前仍在继续。大面积的房屋被夷为平地,无辜男女老幼的财产被烧毁。公共财产和工厂遭到破坏,成千上万的人失去了生计。所有教育工作者赖以生存的商务印书馆遭到了轰炸,它藏有无价之宝的图书馆其后也遭到了破坏。公共租界的日本人滥用特权,使英国、美国和其他公共租界工部局的利益相关者处于一种虚幻与尴尬的境地。日本在其控制的地区,甚至是租界,实施恐怖统治,那里有数百名无辜的人,其中包括我们认识的很多人,在没有审判的情况下,遭到逮捕、虐待或枪杀。所有这些事情都发生在和平时期的

---

① 编者按:原文如此,未找到对应的中文人名。

人们身上,日本还没有与其断绝外交关系、更没有向其宣战,发生在向国际联盟提交争端的人们身上。

即使到了现在,还有更多的武装部队被派到了冲突现场。我们呼吁所有基督徒和世界良知谴责这种疯狂与残酷的战争,并敦促我们自己和每一个爱好和平的国家,包括友好的日本人民自己,坚持要求他们的政府脱离日本武装部队的行动,采取一切可能的措施以结束战斗,并利用现有的手段实现和平解决。

(注:本声明由105名驻上海传教士签署,并于1932年2月12日公之于众。)

(资料来源:日内瓦国联与联合国档案馆藏李顿调查团档案,S30-NO. 2卷宗。)

9. 日军侵略上海时中国平民的故事(1932年3月)[①]

众多无辜平民认为自己幸运地逃脱了日本浪人和军队,他们的个人故事具有以下共同特征。

关于学生"陈朋力(Chen Pun Li)"致慕尔堂赛迪·尔·安迪生(S. R. Anderson)的信件

命运之夜——1月28日

我是一名18岁的学生,远离家乡贵州来到上海学习。1月28日晚上,我和大约100名学生住在中国控制区的上海宝兴路的一个小的学生宿舍里。1月28日午夜12:00左右,我们被周围街道上猛烈的炮火惊醒,枪声持续了一整晚。晚间,约有70名学生试图逃到公共租界。我觉得没有人到达那里,也不知道他们发生了什么事。我们中大约有30人留了下来,天慢慢亮了,战斗还在继续,我们看到街道上都是日本水兵。我们中大约有15人决定,作为平民的他们可以沿着街道进入公共租界。他们一起出发,我们从上面的窗户看见他们被日军抓住并带走了;从那以后我们再也没有听到过他们的消息。

① 编者按:原件无日期,据其内容与前后文件推断,应为1932年3月。

饥饿与恐惧

我们其余的人在楼里的一个暗室里藏了三天。2 月 1 日晚上，我们在饥饿和恐惧中变得绝望，决定从后门逃跑，逃往宝山路。我们队伍排头的人刚走到街上，就听到日本士兵的叫喊声和机关枪的齐射声。前面所有的人都倒在那里，我们五个人（100 人中最后的幸存者）竭力回到了房子里。我们有五天没吃喝了。2 月 2 日晚上，我们设法找到了留在大楼里的水才能喝点。

猎杀

2 月 3 日上午，日本浪人进入大楼仔细搜查。我们白天藏在一些中式大床底下，晚上出来取水喝。搜索每天都在继续，而且我们听到外面猛烈的枪声。就这样，像一个可怕的梦一样度过了 2 月 4 日、5 日、6 日、7 日和 8 日。

抓捕

有一次，日本士兵在每天例行搜查这些大楼时，把刺刀插向了床底，但幸运的是，我们紧紧地靠墙躺着才得以逃过一劫。自 1 月 28 日以来我们就没有吃过东西了（我们所有的水都没了，水管坏了，所以我们无法取水），2 月 9 日晚上我们取来学生们留在洗脸盆里的洗漱水，再与我们在大楼里找到的一些陈米混合在一起，才煮了一些米饭。接下来的三个晚上，我们继续以此方法用学生留下的和我们自己藏在床底下的洗漱水煮饭。2 月 12 日清晨，我们在四楼正想拌些米饭吃，没想到日本人闯进了大楼，我们听到他们登上楼梯的声音。四楼的床比我们原来躲藏的床窄得多，正处于受刺激状态的我们两个人躲在了同一张床下。日本人一进屋就看见了我们，把我们从床底下拖了出来。当我们从房子里被带走时，看到我们身后的两个同学被带往了同一个方向。

墙

我们被带到附近的一所房子里，那里有一张纸条写着我们是学生，然后我们被带到了位于四川北路的日本学校的日本司令部。我们被带到教学楼后面的空地上，双手绑在身后，面对墙站成一排。沿墙的地面上沾满了鲜血，墙上布满了弹孔。然后，我们站着等待最后的射击，很显然，其他许多人已经这样死了。但奇怪的是，我们没有听到任何声音。突然，一个日本军官走到我们身后，把我们扳过身来。他从剑鞘里拔出一把剑，朝我脸上做了两次危险的敲击，可是每次剑在离我脸一英寸时就停了下来。

谴责

我们四个人随后被带进司令部内一间绑着二三十名中国人的房间。我的一名同学被带到一个侧房，我们听到了响亮的拷打声和哭声。我被带到另一个房间里一位看起来像是军事法官的人面前。军事法官借助日语翻译员审问了我，我给出的任何回答都被写成指控我的证据。法官用笔抽打我的脸，而警卫用棍子打我的脚。然后，他们开始用绳子把我吊在天花板的吊索上，并绑住了我的双手。由于某种原因，这种酷刑受到干扰而被推迟了。我被迫在纸上按了手印，而我看到我被判为了"便衣军事情报员"，以下这些就是判决我的证据：(1) 我口袋里的一个旧信封上有我同学写的一些令人难以理解的潦草的字，但他们能辨认出下面五个词："司令部、晚上、晚上、晚上、晚上"。(2) 我给在贵州的父亲发电报的收据。(3) 我口袋里有一张航空邮票，我本来打算用它寄一封信给父亲。(4) 我口袋里有一本小笔记本。我告诉翻译员，住在新闸路某个地方的一位外国人认识我，并能保证我是无辜的。翻译员拒绝翻译，并告诉我不需要担保人。所以我被指控为"第十九路军的军事情报员"。

我等着轮到我

然后我被带回我以前的房间，在这里被关了三天。每天晚上，我们中都有一些人被带出去再也没回来，我们知道他们被杀害了。我们留下来的人每天只能吃两碗米饭喝两小杯水，别的什么都没有。15 日，我们中大约 20 人被带到了北四川路的东方剧院，我们发现那里已经有约 100 名中国俘虏。他们中有些人受伤了，很多人病得很重，但没有人得到治疗。我们每个人在戏院里都有一个座位，除非是在日本卫兵的直接监管下，否则无论白天还是夜晚我们都不允许活动。17 日，大约凌晨 4 时，一枚炮弹或炸弹击中了大楼一角。在随后的日子里，日本卫兵以令人难以置信的各种方式自娱自乐。许多俘虏遭到鞭打、殴打。他们强迫一些俘虏在戏院舞台上互相殴打；当一个人战胜五人后，一个强壮的日本人就会登上舞台，非常"勇敢地"击倒已经筋疲力尽的俘虏，说："看中国人有多虚弱。"日日夜夜，我们一直处在饥饿与恐惧中。

日本人准备撤退

2 月 22 日晚上，日本卫兵慌乱不已。显然，中国守军对日军施加了很大的压力。北四川路的司令部似乎受到了威胁，我们都被带至司令部，日本人好像正从那里逃走；整晚我们都被关在六楼，挤在一起的我们怀疑将被活活烧死。如果大楼被毁，我们将是最后的目击者。

军装

然而，我们被带回东方剧院，在那里我们又待了十天。23 日，为了应付工部局警务处的来访,我们得到了一些被子,第一次获准躺下。3 月 1 日,我们收到了一个巨大的惊喜。所有的窗户都被打开以使阳光照射进来,地板被打扫干净,伤员的伤口第一次被包扎起来。直到似乎是国际委员会的调查员(an International Committee of investigators)走进来,我们才知道这么做的原因。日本人告诉他们说,他们正精心照顾这些俘虏,并告诉委员会,我们中的一些人是狙击手,一些是受伤的士兵,等等。他们指了指一些俘虏所穿的军装,但我们知道其中一些衣服是从死去的士兵身上扒下来的,并强行给一些平民俘虏穿上。委员会里的一位女士给了我们每个人一张卡片,我们可以在上面写个便条给我们的家人,但是日本人只允许我们写"我很好",然后就把卡片收回邮寄了。

97 人被释放

3 月 4 日,另一名红十字会工作人员来告诉我们这一大群人,已经为释放我们做好了安排,于是日本士兵押送我们 97 人至北四川路桥,随后我们到达云南路的一座大楼并被释放了。我还没听说留在后面的俘虏的任何消息。

(资料来源:日内瓦国联与联合国档案馆藏李顿调查团档案,S30－NO. 2 卷宗。)

10. 东吴大学校董会要求日本安全释放附属中学赵敌七副校长的声明(1932 年 3 月)①

校董会希望安全释放 1 月 31 日被日本水兵和便衣绑架的赵敌七副校长

东吴大学校董会已授权由监理公会甘保罗主教(Paul B. Kern)、前东吴大学校长葛赉恩博士、财务代理霍克牧师(J. C. Hawk)和慕尔堂安迪生牧师组成委员会,继续努力争取日本当局安全释放上海昆山路东吴大学附属中学赵副校长。

1932 年 1 月 31 日上午大约 9 点 30 分,赵副校长正在呼喊位于昆山路 146 号的学校门卫时,被日本水兵和便衣逮捕。在被强行抓捕后,赵副校长被迫沿昆山路往西走到乍浦路,然后沿乍浦路往南,朝着日本俱乐部的方向走去,据悉有许多无辜的平民被带到了那里。有两人目睹了此次非法逮捕,他们

① 编者按:原件无日期,据其内容推断应为 1932 年 3 月。

的证词可以信赖。

霍克牧师立即向美国总领事馆报告了这一情况，他们就此事向日本总领事馆提出了交涉，也与上海工部局、上海工部局警务处进行了交涉。但是，自从赵副校长被非法绑架以来他的家人和朋友都不知道他发生了什么。

虽然已经过去近两个月了，但通信中的以下细节透露了唯一结果：

日本海军当局："对事件一无所知。"

日本总领事馆："尽管领事馆在职权范围内做了所有能做的事情，但迄今为止未能找到此人。"

上海工部局的答复是："警务处将尽一切努力查找赵先生，工部局也将在能力范围内与日本当局进行交涉。"

16 年来赵副校长一直是东吴大学附属中学忠实的老师，如果他还活着的话，为了他，为了他的妻子和四个小孩子，上述机构已经被指示在其能力范围内竭尽一切以寻求赵先生的获释。

（资料来源：日内瓦国联与联合国档案馆藏李顿调查团档案，S30 - NO. 2 卷宗。）

11. 华德治、安迪生致霍克信函（1932 年 3 月 19 日）

1932 年 3 月 19 日

J. C. 霍克牧师，业务经理
监理公会理事会
上海景林庐 10 号

亲爱的霍克先生：

今天我们去了南翔，美国领事协助我们从日本领事馆获得了通行证，以便保护华德治小姐(Miss Waters)位于南翔的家中的财产。我们很遗憾地报告，华德治小姐的家已经遭到日本士兵的洗劫和掠夺。同样的惨事发生在悦来女塾(Yuh Lai Girls School)和牧师住宅。

华德治小姐在离开前把衣柜和箱子仔细地包装好并上了锁，但现在所有的箱子都被打开了，锁上的门也被打破了，士兵拿走了所有想要的东西。不需要的东西，如信件、纸、旧衣服等，散落一地。镜子从衣帽架上被撕了下来，一桶油漆倒在地板上，厨灶裂开了，所有东西都遭到了故意破坏。

毫无疑问，这一切都是日本士兵干的，下面的事实清楚地表明了这一点。我们亲眼看到在华德治小姐特别接待室里引以为豪的炉子，被用在本市另一条街上的士兵宿舍里。华德治小姐忠实的用人锁着门待在家里，直到日本人拿走钥匙将其赶出去，日本人占据了院子里的所有建筑，包括家、女子学校和女教师宿舍。育婴堂和牧师住所也有被侵占的证据。这座大院继续被日军占领，直至两天前我们获准进入南翔。与华德治小姐相识已久的邻居看到日本人占领了这座房子，目睹华德治小姐的衣柜和橱柜，以及其他物品被日本士兵抢劫而去。更有甚者，在南翔接受采访的每位中国人，以及被日军占据的数百户南翔人家，清晰地证明了南翔的大部分人家都遭到了同样的非法占领、故意抢劫和掠夺。日本士兵强迫用人交出来的两把钥匙并未归还，因此日军必须负起责任。日本士兵继续侵占城市其他地方的妇女教堂和学校。门上方的标志仍旧完好，所以侵占不可能是在一无所知的情况下发生的。

请您提请美国总领事注意这些事实，并要求他提出官方抗议。请您进一步要求他提请日本政府注意，我们监理会和华德治小姐保留对日本士兵损坏或抢走的全部财产提出索赔的权利。如有需要，可提供全部细节。

如果领事馆希望派一名代表到南翔核实上述情况，我们俩都愿意作为向导与该代表一起前往。

谢谢。

我们是您真诚的，

华德治(Alice. G. Waters)

南翔

赛迪·尔·安迪生

上海西藏路 56 号

（资料来源：日内瓦国联与联合国档案馆藏李顿调查团档案，S30－NO. 2 卷宗。）

12. 安迪生关于日军占领南翔地区情况的报告（1932年3月）[①]

二十公里的路

通往南翔的“二十公里的路”无声地讲述着那段上海前线战斗中不平凡的日子。星期六，我们（两名美国男子）陪同华德治小姐随第一批难民返回了南翔，希望取回她在日本占领前逃离时留下的个人及家常用品。我们的车穿过宝山路和闸北的炮火灾区离开上海，迅速地远离了沙袋连成的战线，经过了被隔离的机枪哨所，往真如方向我们沿途看到，曾经的平民家园如今净是弹坑。乡村在我们面前延伸至远方，这里的中国军人并没有抵抗。我们沿着真如到南翔的一条新公路，慢慢地驶过了一条被重型卡车深深切断的路，翻过了仓促修建的桥梁。据说这条路是乡民在两天之内修筑起来的，以表达对十九路军的纪念，以及对中国军队英勇抵御装备优良的日军的感激之情。沿途24辆卡车和小汽车的残骸提醒我们，有时路途一定很艰难，而从桥上翻下去的卡车表明，不得不在漆黑的夜晚将补给转移到后方。

乡下的鸭子

沿途的村庄飘扬着日本国旗，常常能看到远处的日本前哨。两百名戒备森严的士兵正在修路。包括武装警卫在内的所有人，手臂上都系着红十字的带子。我们超过士兵前往南翔，落在后面的有一小队人，带着两只野鸭和一只鸡。有人告诉我们，乡民们失去了大部分的鸭和鸡。

占领

从上海出发两小时后，我们就把车停在了南翔东南部的郊区。从一排排的日本骑兵和军用汽车旁边经过进入城镇，街道几乎和以前一样拥挤，但现在满是持枪林立、携带军用物资的日本士兵，他们推着日本马车或骑着漂亮的日本马，这样的马在南翔镇内及其周边似乎有数百匹。在中国军队撤退后，随着日军的逼近，到处传说着日军是如何对待上海无辜平民的，三万中国居民几乎整体都逃离了。偶尔会有一位中国老年妇女或男子小心地从门口走出来，讶异而高兴地向华德治小组打招呼，仿佛她是许多天来人们看到的第一张友好

---

① 编者按：原件无日期，据其内容推断应为1932年3月。

的面孔。

日本国旗和抢劫

这些少数无法逃离的老年人、佣人和其他中国人,有人看到他们戴着日本国旗(白色背景和红色太阳),沿街所有的门上都挂着类似的旗帜。他们告诉我们,这是日军第一次进城时的严格命令。我们询问了街上的这些中国人,每个人都证实日本士兵没有伤害他们,但他们都一致声称,日军几乎抢劫了南翔的每一家,他们把人们的家具,甚至房子的地板都拿来烧柴和做饭。随着战线的延伸,虽然逃过了残酷的战斗,但南翔似乎在用人民的个人财产和家具为战争买单。(这通过以下提交给美国领事馆的报告似乎可以得到证实。)

空袭老人院

我们经过被日本航空炸弹摧毁的几处房屋或一片房屋。我们走进"老人院"(安老院),看到了 3 月 2 日日本突袭炸毁的那栋房子,四名老人当场被炸身亡,三人受伤,其中一人在我们到达那里的那个星期六死亡。在这次空袭中,被击中的一间房屋里的一位老妇人被撕裂甩到房子的墙上,在老人院的露天庭院里捡到了她残缺的身躯。

房子、马厩和炉子

走在大街上,我们注意到,日本士兵、马、汽车、小酒馆等生机勃勃,但中国居民和生意却死气沉沉,几乎所有阶层较高的家庭都被日军占据了,四周比较简陋的房子被当作马厩。成群结队的士兵在大多数房屋里都忙着吃饭、喝酒、聊天。一大群人似乎心满意足地围坐在一个大火炉周围。华德治小姐停下脚步,惊讶地瞪着眼睛:"我接待室的炉子!"一位邻居报告说,他们看到日本士兵从房子里拿走了它。

美国领事接到华德治小姐的家被抢劫的报告

以下是送给美国总领事的一份报告中的细节,描述了日本士兵抢劫和捣毁华德治小姐家的情况:

"今天(3 月 19 日,星期六)我们去了南翔,美国领事协助我们从日本领事馆获得了通行证,以便保护华德治小姐位于南翔的家中的财产。我们很遗憾地报告,华德治小姐的家已经遭到日本士兵的洗劫和掠夺。同样的惨事发生在悦来女塾和牧师住宅。

华德治小姐在离开前把衣柜和箱子仔细地包装好并上了锁,但现在所有的箱子都被打开了,锁上的门也被打破了,士兵拿走了所有想要的东西。不需要的东西，如信件、纸、旧衣服等，散落一地。镜子从衣帽架上被撕了下来，一桶油漆倒在地板上，厨灶裂开了，所有东西都遭到了故意破坏。

毫无疑问，这一切都是日本士兵干的，下面的事实清楚地表明了这一点。我们亲眼看到在华德治小姐的特别接待室里引以为豪的炉子，被用在本市另一条街上的士兵宿舍里。华德治小姐忠实的用人锁着门待在家里，直到日本人拿走钥匙将其赶出去，日本人占据了院子里的所有建筑，包括家、女子学校和女教师宿舍。育婴堂和牧师住所也有被侵占的证据。这座大院继续被日军占领，直至两天前我们获准进入南翔时。与华德治小姐相识已久的邻居看到日本人占领了这座房子，目睹华德治小姐的衣柜和橱柜，以及其他物品被日本士兵抢劫而去。更有甚者，在南翔接受采访的每位中国人，以及被日军占据的数百户南翔人家，清晰地证明了南翔的大部分人家都遭到了同样的非法占领、故意抢劫和掠夺。日本士兵强迫用人交出来的两把钥匙并未归还，因此日军必须负起责任。日本士兵继续侵占城市其他地方的妇女教堂和学校。门上方的标志仍旧完好，所以侵占不可能是在一无所知的情况下发生的。”

南翔发生的事情表明，也许日本的各个军事小队完全处于失控状态，犹如整个日本的军事集团完全脱离了日本文治政府的控制一样。如果不是这种情况，我们认为发生在南翔的事很难解释。

赛迪·尔·安迪生

（资料来源：日内瓦国联与联合国档案馆藏李顿调查团档案，S30 - NO. 2 卷宗。）

13. 许世英向调查团提交之上海战区难民临时救济会报告[①]（1932 年 3 月 19 日）

国联调查团诸先生惠鉴：

本会同人得借诸先生来华调查之机会，送上记录上海战区难民实况之图表，实深欣幸。

本会系纯粹慈善性质之团体，本册所录图表以与难民有直接关系者为限。惟办理难民救济事业者，除本会外尚有其他团体，故本册所报告者仅为被救难

① 编者按：原件为中英文，按中文录入。

民实况之一部分，至未受救济之难民更不知其数矣。

上海战区难民救济会常务委员许世英

二十一年三月十九日

本会救济工作概况

中华民国二十一年（即一千九百三十二年）一月二十八日夜间，上海闸北地方一带突遭日本军队之袭击。市民数十万人逃生无路，饥寒交迫。

本会爰本人道主义于一月三十日有上海华人各慈善团体之人士发起联合组织，专以救护本市战区被难市民出险，分别设所收容、供给衣食。其愿回原籍者，由本会代办舟车遣送，并由各该地慈善团体设法安置。

现已设立收容难民之寄宿所二十八处，专设医院三处收容伤病难民，并承租界内著名医院，如仁爱医院、广慈医院等赞助，免费为伤病难民治疗。计先后救出难民五万二千余人，自行逃出请求本会收容者六万余人，由本会留养者先后共计八万余人，遣送外埠逾十万人。现在无家可归留住各寄宿所者尚有二万余人。

此外公共租界东北段（包括虹口北四川路、北河南路、老靶子路、狄思威路等处），虽非战区，而战后日军即据为军事区域。其中被难被拘之市民，凡经其亲友来会报告及本会先后向日领事署交涉释放者，亦有统计表载于本册。

自我军自动退离上海附近以后，难民之来有加无已，因此本会工作继续迄今。惟此册所根据之事实，则截至三月十日为止，并此叙明。

难民仓促逃出战区之情况①

难民救济会救送难胞出险上船（图中文字）。

难民救济会救送难胞出险由车上船（图中文字）。

一月廿八日夜半，事起仓卒，居民一无预备，幸而逃出性命，除手携一二另件外，财产已丧失殆尽，观上列二图可见一斑。

无处栖身之难民

战事起于仓卒，救济收容有所不及，难民在租界马路上流离失所无处栖身者，不下十万人。上图可见难民在路上徘徊之一斑，下图则路旁暂息之妇孺。

父母离散之孤儿孤女

上海战区难民临时救济会第十寄宿所通惠学校，中华民国廿一年二月（图

① 编者按：原始档案中的一些原图难以辨认，故图从略。后同。

中文字)。

上海战区难民临时救济会第廿五寄宿所亚尔培坊,中华民国廿一年(图中文字)。

上海战事发生,难民纷集。其中可怜者,为失散父母之孤儿孤女。本会收容者约有千余人,上图略示一斑。询其父母失散之故,或则已死于炮火,或则为日军拉作夫役,或则为日军所拘,原因个别而惨痛则一。下图母虽难犹存而父已云亡。

自战区运送难民至安全地带

难民救济会救送难胞出险,车到码头(图中文字)。

难民救济会救送难胞出险,由码头上船(图中文字)。

上图为本会派汽车往战区及战区附近救护难民出险驶往各收容所之情况,下图为本会用力船运输难民至安全地带,难民将上渡船之状,此项工作已继续一月有余,而拥挤之状迄未稍减。

本会每日救出人数比例图

此图示本会逐日救出之人数,总数为五二,四八五人。

救出难民原住区域一览图(三月一日以前)

此图表示三月一日以前华军未退,难民所从来之区域,图中数日字示难民在战前住于该地之人数。

救出难民原住区域一览图(三月一日至十日)

三月一日华军退后,战区扩大,难民益众,观此图可见一斑,图中数目字示原住该处难民之人数。

救出难民籍贯一览图

难民籍贯遍于全国,此辈来沪就食而亲友多在内地,此辈所受之痛苦已影响及于全国矣,图中◎示一万难民,⊙示一千,○示一百,●示一至十。

无家可归之难民(一)

上海战区难民临时救济会第十二寄宿所成都路,中华民国廿一年二月(图中文字)。

上海战区难民临时救济会第九寄宿所北京路富润里,中华民国廿一年二月(图中文字)。

租界内骤增大批难民,觅屋收容最感困难。幸赖各大慈善家以其住宅余屋或商店旧址惠借本会供难民寄宿,现有二十处。上图即前邮传部尚书盛宫保住宅之一部分,下图则在北京路之一钱庄旧址。

无家可归之难民(二)

海战区难民临时救济会第五寄宿所莲社法会,中华民国廿一年二月(图中文字)。

海战区难民临时救济会第一寄宿所清凉寺,中华民国廿一年二月(图中文字)。

本市各宗教团体对于难民救济事业均极努力,而各佛教寺院则全部皆借作本会难民寄宿所,下列二图均为佛教寺院中之难民,下图之难民方在祈祷和平,祝日军早退俾得归家各安生业。

收容所留养难民人数年龄性别比较图

观图可见儿童(十四岁以下)之数,几及大人数目之两倍,而女人之数亦多于男人,此辈妇孺有不少已失其仰赖之丈夫或父母,现在中外人士已有联合组织,以谋此辈可怜妇孺之救济矣。

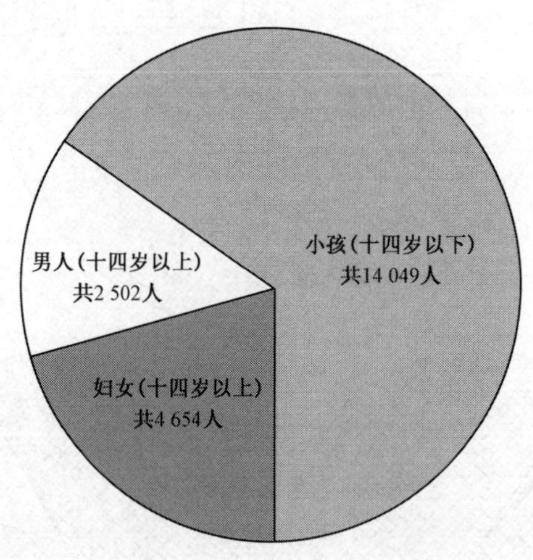

收容所留养难民籍贯比较图

此图示现在留所难民之籍贯,大半为江苏人,盖他处难民多已回籍。现在留所者大半三月二日以后所逃来者,此辈盖即居于上海附近之本籍农民,其总数当逾五十万人,多半已成无家可归之难民,留养于本会者仅其一小部分而已。图中◎示一万难民,⊙示一千,○示一百,●示一至十。

本会难民医院一瞥

本会医院工作可分为两部分:一部分为普通病,一部分为因战事受伤者,此为病院之一瞥。

遣送难民回籍

上海市民多籍隶于各省，战事既起百业停顿失业工人店伙纷纷回籍，均由本会及其他公益慈善团体代雇专轮遣送，上图即为本会所雇江华专轮将出口时所摄。

遣送难民至各埠人数一览图

此图内之数目字为本会及与本会合作之各同乡会遣送难民至各该埠之人数，此辈大抵由各该口岸转道内地。

诊治人数

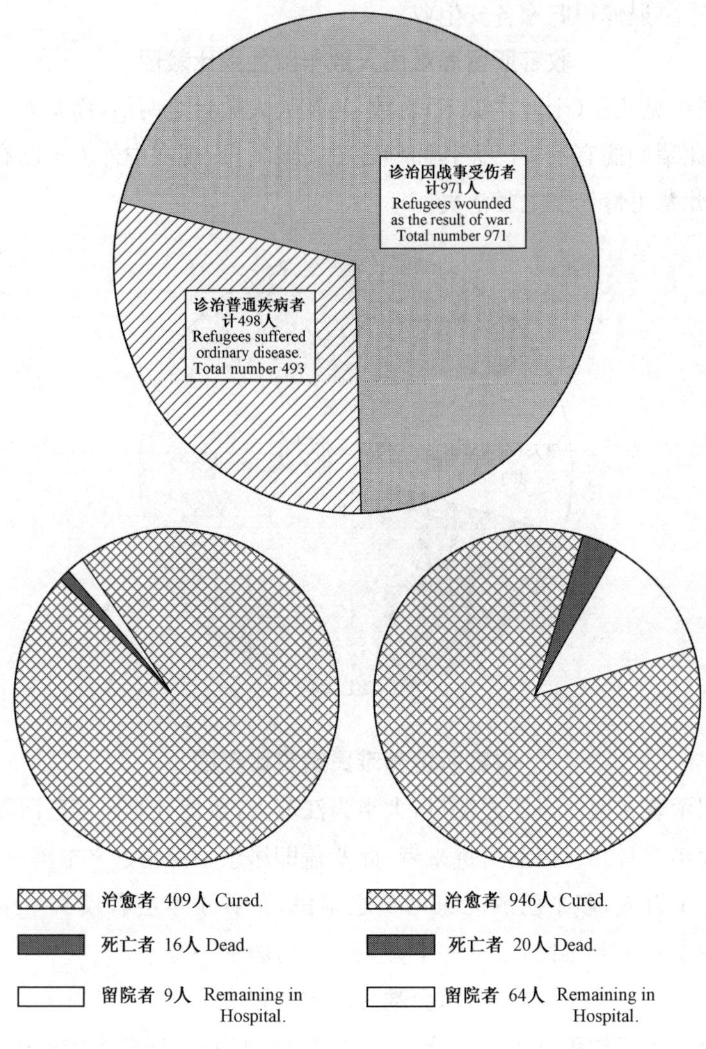

上列三图表示本会医院工作之一部分，其他医院之记录并未加入在内。

会馆被毁

战区公私房屋多毁于炮火，虽会馆亦不能免，上图为会馆被毁，破棺残骨狼藉满地之状。

Ⅰ. 来本会请求交涉释放被拘人数统计表

被拘地点	闸北	吴淞	引翔	杨行	北四川路一带	狄思威路一带	虹口一带	真如	未详地点	总数
人数	147	11	49	16	88	9	86	3	89	498

Ⅱ. 日领释放被误拘难民人数统计表

日期	2月10日	12日	16日	19日	20日	28日	3月4日	7日	10日	总数
人数	1*	1*	4*	21	7	22	97	36	18	207

*有数人未来会登记，故未统计在内。

有须注意者，日领署所释出之人非即其家族来会报告而经本会登记之被拘难民，其相同者仅人数而已，然本会领到日领署所释出之难民后，不问本会有无记录，均已妥为安置或交回其家属矣。

本会常驻常务委员及各组处领袖

许世英

前国务总理，司法总长，交通总长，财政总长，大理院长，奉天民政长，福建巡按使，安徽省长，国民政府账务委员会委员长

朱庆澜

前黑龙江将军，广东省长，国民政府救济水灾委员会常务委员

王震

前上海总商会会长，上海市参事会主席，红十字会议长，上海慈善团体联合会会长

屈映光

前浙江巡按使，山东省长，内务总长

赵锡恩

前上海总商会主席，上海工部局董事，实业部次长，太平洋会议专使

黄庆澜

前湖北高等审判庭庭长,浙江瓯海道会稽道道尹,上海市公益局长

李晋

六河沟煤矿公司总经理

潘公展

前上海市社会局长

闻兰亭

中国红十字会常务委员,上海证券物品交易所常务理事,上海钞业公会会长

黄伯度

前总统府秘书,执政府秘书,国务院秘书长,赈务委员会秘书

张维城

外交部情报司长,驻韩总领事,芬兰代办

朱企洛

卫生专家

沈昌

内政部简任技正,导准委员,运河工程善后委员会委员

(资料来源:日内瓦国联与联合国档案馆藏李顿调查团档案,S30-NO.2卷宗。)

14. 许世英致李顿的信函(1932年3月20日)

李顿爵士勋鉴:自日人启衅后,闸北等处居民流离失所,幸经本埠热心慈善人士组织本会创设收容所留养被难同胞。经本会收容及遣送回籍者,先后共十万余人。现在留养所中者尚有十二万余人之多。下星期内本会拟略备茶点,敬请贵团委员,驾临参观本会所办难民收容所及难民医院,敬希拨冗莅临,何日得暇并盼赐复为何。此颂勋安。

许世英谨启

三月二十日

(资料来源:日内瓦国联与联合国档案馆藏李顿调查团档案,S30-NO.2卷宗。)

15. 调查团复许世英的信函(1932 年 3 月 31 日)[①]

南京,1932 年 3 月 31 日

许世英先生

上海战区难民临时救济会主席

亲爱的先生:

应国联调查团团长李顿爵士的请求,我有幸收到您 3 月 22 日的信,感谢您的来信。在信中,您邀请调查团在本周内某天访问上海难民收容所。

我很遗憾地通知您,调查团为了按照计划抵达满洲加快了行程,现已经前往南京访问国民政府成员。我想向您确保的是由于我们在上海停留的时间短,调查团无法接受您宝贵的邀请,我感到非常遗憾。

衷心祝愿您的工作不断成功。

您真挚的朋友

(资料来源:日内瓦国联与联合国档案馆藏李顿调查团档案,S30－NO.2 卷宗。)

16. 调查团与顾维钧关于一·二八事变的谈话记录(1932 年 3 月)[②]

……结果是 1 月 29 日上午开始了敌对行动。这就是 1 月 28 日下午 4 时租界当局宣布进入紧急状态的原因。与此同时,大上海市市长接受了日本提出的条件,日本领事宣布市长对条件的答复令人满意。然而,这并没有阻止日本海军当局在 1 月 28 日深夜发动袭击。

李顿爵士观察到,似乎没有任何人质疑顾维钧博士刚才提到的事实。然

① 编者按:原件无落款。

② 编者按:原件因缺第一页,所以仅据其内容推断应为 1932 年 3 月。下文关于日军占领南满、美国与中日冲突之关系、上海日本僧侣事件经过的报告、盐泽幸一致温应星信函等四篇文件,似为顾维钧提交于李顿调查团,故按原档存放顺序附在李顿调查团与顾维钧谈话记录之后。

而,他明白,顾博士提及这些事,是因为他在从这些事实中推断出,日本的攻击是事先计划好的。

顾博士承认了这一观点。

希尼博士注意到日本当局否认有预谋。

麦考益将军想知道中国人是否认为由国联秘书长任命的特设委员会提交的报告是正确的。

顾维钧博士回答说,中国政府还没有对这些报告提出异议,因为中国政府尚未收到这些报告。据他个人的记忆,这些报告是正确的。

麦考益将军说,他已经见到了顾博士提到的租界警长,与他的谈话也已记录在案。

顾博士告诉调查团,中国上海警察局长也有一份报告,如果他们需要的话,该报告可以转交给调查团。据该警察局长从现场警员那里收到的报告,是日本海军陆战队首先开枪而不是中国警察。此外,他还认为,有关警察首先开火的指控听起来不太可能。中国警察不会向日本正规军开火。

李顿爵士不能接受这种观点。他不是想说中国警察首先开枪了,他不认为这是完全不可能的事。

顾博士认为,由于接受了日本的最后通牒,上海市市长感到形势会趋于缓和,以致他觉得没有进一步担心的理由。他甚至减少了警方最初采取的预防措施。这就解释了中国警察没有抵抗的原因,而中国军队在日本海军陆战队射击 40 分钟后才开始还击。

李顿爵士指出,根据日本的指控,是便衣士兵向海军陆战队开火的。

顾博士认为,根据“租界防御计划”,日本海军陆战队并没有被分配防御区域。他希望调查团向防务委员会求证这一事实。

李顿爵士表示,自 1927 年以来,日本海军陆战队一直有权驻扎在虹口公园地区,那里有他们的司令部。

顾博士观察到,通往虹口公园的道路(北四川路)由租界巡捕负责管理,而路边则由中国警察负责管理。这种情况已经存在多年,但中国政府一直质疑其合法性。

哈斯指出,根据防御计划,日军有权占领该地区。然而,他确信,就中国而言,这一点一直是令人怀疑的。

顾博士希望调查团查明日本军队是根据防御计划还是他们自己的权力驻

扎在占领区。

顾博士还想提出其他观点:首先,各国防御军队的指挥官在分配给他们的占领区内对保护所有国家的平民应一视同仁。其次,防御计划规定一个区域的军队不得进入其他地区。现在,日本巡逻队已经搜查过在其辖区的中国人的房屋,也进入了美军的辖区。他之所以提出这些问题,是因为它们清楚地表明,日本不能声称是为了保护公共租界而采取了军事行动。事实上,中国政府认为,他们只是为了实现自己的目标才实施了这种行动。

顾博士还希望告知调查团,十九路军总指挥已授权他声明,撤退的十九路军部队并未洗劫位于闸北的东方图书馆。该军总指挥和东方图书馆馆长进一步强调说,在开始交火时,中国军队并没有占据这座图书馆。调查团在访问闸北时于图书馆废墟中看到用于防御的沙袋,这一事实不能证明日本的指控是正确的。这些沙袋是在建筑被毁后,于闸北发生巷战时才垒起来的。

最后,顾博士想说,中国军队没有准备好沿黄浦江、苏州河和吴淞路的防线,其目的也不是像日本人所说的那样是为了攻击河里的商人,而仅仅是为了抵抗日本的进攻。中方认为,日本发动进攻是为了破坏上海与内地的交通往来,也是为了破坏上海北部地区的吴淞广播电台、真如广播电台、上海火车北站和中国机场。

李顿爵士问是否有中国飞机参与了敌对行动。顾博士的回答是否定的。

麦考益将军认为,从军事角度来看,发动战争的人就是犯罪。但这并不意味着战争本身是一种犯罪。

李顿爵士问陪同调查团视察受灾地区的中国官员中,是否有人于1月28日、29日晚上在上海。顾博士回答说,这些官员当晚都在上海。

(资料来源:日内瓦国联与联合国档案馆藏李顿调查团档案,S30 - NO. 2卷宗。)

17. 日本军事占领南满的概况与初步报告(1931年10月)

1931年9月6日[①]

日本军事占领南满的概况与初步报告

在收到日本在满洲的军事行动的消息后,本报告的作者受时任中国政府外交部长王正廷博士的指示前往满洲,目的是查明有关这一行动的事实、先决条件、随后发生的情况以及可能的结果。

根据指示,作者于9月22日离开上海,9月25日清晨抵达沈阳。他在沈阳一直待到10月1日晚上,即7天。

这份初步报告的目的是及时告知政府有关争议的要点部分,随后将有一份详细的报告。

主要结论

1. 日本军部在事先没有得到日本政府的同意和授权的情况下,就按照预定计划在满洲采取了行动。在沈阳,人们认为,东京政府正在通过谈判的方式来解决所谓的"中村事件",而日本军方却决定采取行动强迫解决该问题。日本驻沈阳总领事私下表示不知道会发生直接军事行动。

2. 日本官方之所以采取行动,是因为中国驻沈阳部队的士兵在沈阳附近炸毁了部分南满洲铁路,并向日本铁路警卫开火。日本驻沈阳军事司令部当时发表的官方声明称炸弹爆炸的时间是9月18日晚上10:30。

3. 日本对该事件的叙述称,在得知中国军队在沈阳的敌对行为后,驻满洲日本关东军司令本庄将军及其参谋部迅速乘专列离开旅顺港,前往沈阳,随后在那里指挥占领了各个战略要地。有确凿和间接的证据表明,本庄将军及其参谋乘坐的火车,以及一列自旅顺港出发的载有军用装甲车和火炮的火车,不晚于9月18日晚上8:30离开了旅顺港,或是在所谓的沈阳爆炸案发生前的数小时就离开了。

4. 9月18日晚上10:40左右,一列按计划运行的客运快速列车从北方开往大连,通过了据称发生爆炸的地点,并于晚上10:47左右到达沈阳站,在正

---

① 编者按:原文如此,似有误。据其内容推断,该报告应该形成于1931年10月之后。

常停车后继续向前行驶。显然,如果爆炸发生在日本官方报告所述的时间,火车就不可能驶过该段路轨。

5. 在沈阳的外国居民只有少数人听到了所谓炸弹的爆炸声。外国专家说,足以使铁轨脱开、弯曲和断裂的爆炸(如日本人所说)会震动城市的部分区域,那时醒着的每个人都会听到爆炸声。听到轻微爆炸声或以为那是幻觉的人们,当时认为这没什么大不了的。

6. 所谓的爆炸发生六天后,日本军事当局带着外国军事武官和新闻记者视察了现场,并向他们展示了一条铁轨,他们说这是从爆炸破坏的轨道上拆下来的。外国观察家指出,这一"展览"的表面上没有任何交通工具在上面行驶过的迹象,也没有任何令人信服的证据表明该地方的轨道最近被拆除过。

7. 居住在远离南满铁路地区的日本人事先得到了警告,在所谓的爆炸发生之前,他们就开始由火车运送至沈阳、长春等地。

8. 日本新闻联合社驻沈阳记者在与所谓爆炸发生的几乎同一时间,向沈阳的日本电报局提交了一份有关这一事件的间接报道,讲述了铁路路轨被炸事件及所谓的中国军队发动的袭击。该报道刊印在 9 月 19 日日本国内的报纸上,由常规新闻机构向全世界发行,并在上海获知消息之前已在伦敦和纽约出版。有间接证据(但不是确凿证据)表明,报道是在 9 月 18 日晚上 10 点之前或所谓的爆炸发生之前提交的。

9. 通过检查日本军方关于爆炸事件和中国军队向日本巡逻队开火的叙述中所用的时间和距离要素,我们发现了一些不一致的地方,使这一叙述失去了可信度,而且表明在所谓的爆炸发生之前,有组织的日本分遣队正赶往各自的驻地。

10. 重型日本炮(6 或 8 英寸口径)被秘密地部署在日本租界的混凝土基地,并用工棚遮盖以隐藏它们。要开炮只需拆除工棚的一端。在 9 月 18 日晚上 11 时之后不久这些炮就开始射击了,并在夜间间歇性射击。据推测,他们的目标是北大营兵营和大型军火库。9 月 19 日天亮后,棚子里那些为了便于射击而拆除的地方,都罩上了防水油布,日本士兵守卫阻止了观察员对该建筑的任何检查。

11. 日本表示,9 月 19 日凌晨 4 时,受损部分的铁路恢复交通。确凿的证据表明,9 月 19 日凌晨 1 时后不久,有一两列北行的军用列车从这段铁路线上驶过。据信,这些列车上载有运往长春的援军,还有一些装甲车在 9 月 18

日傍晚离开了旅顺港。其中一些装甲车用在了长春的战斗中。

12. 所有已知事实和情况综合在一起，合理而明确地说明，除了军事原因外，靠近沈阳的铁路并没有遭到轰炸，交通也没有被中断。所谓的爆炸只是一个借口，其实并没有发生。很可能是日本军方为他们的突然行动而决定制造的炸弹借口，那个时候确实在附近被引爆了一个炸弹，但距离轨道不是很近，对其不足以造成破坏。事实上，虽然确实发生了某种程度的小爆炸，但只有日本军方才知道在哪里发生和发生了什么。除了日本的声明外，没有证据表明中国人与那里的爆炸有任何关系。9 月 19 日，这条线路上的列车运行正常。

13. 早在 9 月 18 日，外国人就注意到从朝鲜到满洲的日本增援部队列车通过了安东等地。据一名外国观察家的统计，有 14 列满载日本军队及其装备的列车分别于 9 月 18 日、19 日和 20 日驶往沈阳。考虑到动员部队进行转移、将人员及其设备装上火车、调动铁路机车车辆等所需的时间，显然，下达这种动员和调动的命令肯定不迟于 9 月 15 日，或所谓的沈阳南满铁路爆炸事件发生的前三天。

外国领事和军事观察员及其报告

英国、美国和其他驻沈阳领事馆官员立即开始收集与 9 月 18 日、19 日及随之而来的事件相关的所有可用信息。在收到东京和北平的消息后，外国军事观察员立即被派往沈阳，并以最快速度赶到那里。美国派出了三名武官，其中两名来自北平（会说中文），一名来自东京大使馆（会说日语）。英国派出了两名武官，法国也派出了两名武官。这些观察员的报告和调查结果当然是极密的，但本报告的作者被允许阅读其中的一些内容，他基本上能够从中了解到其他内容。这些报告和调查结果几乎毫无例外地质疑了日本官方对事件起因的描述。他们强烈怀疑在沈阳是否发生过炸毁铁路事件。他们相信中国驻军在任何时候都不会攻击日本，尽管某些时候他们曾对日本的攻击有所抵抗。

提议外国官方调查

报纸报道称，中国政府在最近几天里已请求美国政府向满洲派遣一个委员会，对那里的情况进行调查并做出报告。尽管此时此刻中国政府做出这样的姿态是一种“良好的宣传”，但除非日本政府也提出同样的请求，否则美国不可能会接受此种请求，即使是在日本提出了同样请求的情况下，美国政府也不会承担这样的任务。如前所述，美国政府已经由其领事和军事人员对现场进行了正式调查，并将在适当时候提供充足的数据，以告知满洲的情况。所有匆匆赶到满洲的特别军事观察员在这些事件发生时都已经撤出了，除了一名美国海军军官外，他希望能再多待一段时间。为了随后的外交和政治行动，中国政府应认真准备和汇编自己所掌握的实情，以便向全世界介绍。正是为了这个目的，本报告的作者访问了满洲。

国际联盟

在许多以前的报道和备忘录中，这位作者试图给人留下这样的深刻印象：如果邻国采取侵略性行动，国际联盟就不能有效地代表中国行事。然而，国联采取了一种很好的方式引起了世界和主要国家的政府对这种侵略的注意，作者认为，迄今为止在这种情况下中国国民政府已经尽可能充分利用了国联的力量。它向国联提出申诉，决定了日本的状态，并引起日本政府正式宣布了其意图。因此，如果日本政府以后不履行或撤销这一政策，那么全世界就有可能把它们的注意力都集中在日本的逃避和模棱两可上。

作者认为，中国政府不可能阻止日军事先精心策划的在满洲的行动。而且，在这种情况下，最好是采取不抵抗政策。任何其他途径几乎都会导致更大的灾难。中国政府不应该允许引导或煽动民众的情绪，而使其成为日本政府发动战争的借口。

美国政府的态度

虽然美国政府在满洲问题上没有采取更积极的行动，这一做法使人感到失望，但该作者认为，美国政府的立场在外交上不仅是正确的，而且是明智的。几乎可以肯定的是，当日本民意受军方宣传的蛊惑和煽动时，美国政府较积极的态度将有利于日本军国主义，因为它会借机呈现出一种外国势力因嫉妒而干涉日本事务的局面，并可能会导致日本自由政府的倒台。东京的这种政权更迭导致的几乎可以肯定的结果是，日本对南满长期的军事占领可能导致吞并它。因此，美国政府现在采取谨慎的做法可能对中国有利。

同样的道理也适用于正忙于严重的国内问题的英国政府。目前，在远东地区，其他大国没有任何一国能够有效地帮助中国。

独立运动

毫无疑问，日本军方希望将东三省与中国其他地区分隔开来。它们的计划是，使在满洲受日本影响的中国人在沈阳组建一个政府，并宣布“独立”。日本军方随后将承认该政府，并在其权力范围内保护该政府，防止中国政府试图推翻他们，以“维护”该地区的“和平”。这种由中国人成立的政府将成为日本的傀儡。

直到该作者离开沈阳时,尽管日本已经接触了很多有名望的中国人,但日本人无法让他们中的任何人参与到"独立"计划中来。这点应该密切关注。

日本占领程度

日军占领了长春以南满洲的所有主要战略中心。虽然有相反的报道称他们已撤至南满铁路区,但情况仍旧如前所述。

日本军方在满洲扣押了价值超过1亿美元的中国政府和私人的财产,以及大量的含有外国股权的财产。即使出于检查的目的,日本人也对该财产拥有绝对控制权,并将中国和外国经营人员排除在外。

日本人没有在占领地区表明确切身份。外国领事官员没有得到身份或居留地任何改变的通知,外国企业也没有收到对其问题的答复。当一个地方发生权力转移时,这种做法忽略了传统的国际程序。驻满洲的日本领事馆官员表示不知道政府忽略的意图。同时,军事指挥是至高无上的。维持着严格的军事通信审查制度。

(资料来源:日内瓦国联与联合国档案馆藏李顿调查团档案,S30-NO.2卷宗。)

18. 美国与满洲中日冲突之关系的报告
(1931年11月24日)

上海,1931年11月24日

主题:美国与满洲中日冲突的关系①

应注意不要把美国和这个问题②的关系,与国际联盟、非战公约将放弃战争作为实现政治的一种手段和这个问题的关系混为一谈。国联和非战公约具有自我否定的性质;就国际联盟而言,有执行其决定的规定,但根据公约,除了所谓的"道德"压力外,并没有强制执行的手段。在当前情况下,国联已经使出了其"道德压力"的全部力量,但未能阻止或撤回日本的军事行动,以加强日本单方面解释某些中国在被胁迫下签订的条约的权威。显然,国联现在不敢采

① 编者按:该报告没有署名。

② 编者按:指代中日冲突。后同。

取进一步行动,并实施国联盟约中规定的制裁措施。它依赖于一个“调查团”,而这个调查团在调查日本在满洲的军事和其他肆意行为之前似乎就被剥夺权力,其功能最终将仅是一份报告,如国联呼吁日本在南满铁路区内停止敌对行动并撤军的决议一样,不会产生实际效果。

情况的性质的实际形势清楚地表明,根据非战公约的规定提出申诉,不会比国际联盟的行动更有效。

有意见认为,只有美国政府根据 1922 年在华盛顿签订的九国公约的条款采取行动,才能以一种完全令中国满意的方式解决这个问题。这一意见的理由如下:

目前状况

日本几乎完全军事占领了满洲。

日本官员获得行使该地区政府的权力和职能。在某种程度上,这些权力和职能是通过中国临时政府间接地来行使的,几乎不加掩饰,这些临时政府(大多数是不愿意的)充当了日本的傀儡。

日本政府的目的是建立一个名义上由日本完全控制的满洲中国政府。该政府可能会被允许存在一段时间,也许几年,直到日本政府认为可以将满洲并入日本之时。在此期间,日本政府将宣布仅暂时占领满洲(如朝鲜),其唯一存在的目的是维持法律和秩序。

概括起来说:

1. 日本对满洲的军事占领和政治控制已有一段时间,几乎可以肯定是还会持续几个月,甚至可能是几年。

2. 中国无力用武力驱逐日本。

3. 在那期间,国民政府必须采取最大的预防措施,防止侵占蔓延至中国的其他地区,并将日本占领范围限制在满洲。

4. 利用一切外交和宣传手段,将日本赶出满洲,避免中国在胁迫下承认日本在中国享有的某些权利。

基本要点

和直接利益相关的主要国家有:

1. 中国

2. 日本

3. 美利坚合众国

4. 英国和九国公约[①]的其他签署国

俄国属于另一个类别，既不是国联成员，也不是九国公约的签字国。在这个关键时刻，中国求助于俄国不太可能取得令人满意的结果。

迄今为止美国政府的行动

不必再强调的是，美国政府已经多次表现出对于维护中国领土完整和政治自主方面的巨大利益。无论是在战争时期还是在和平年代，美国现在是，可能在未来很长一段时间都是太平洋地区的主要力量。日本可以驳斥国际联盟无视其警告并全身而退，但日本不能反驳美国政府的陈述和无视其警告后依旧全身而退。国联没有军事力量来执行其任务。美国政府拥有并能够迅速动员比世界上任何一个政府更多的军事和经济力量，其在世界各地的政治和外交影响力正是以这种力量为基础的。

自满洲局势出现以来，我们不应误解美国政府的政策。一直以来美国都表明了它的深切关注。当中国政府十分正确地首先向国联报告时，美国政府对此感到十分满意，如此一来它就有时间将自己与国联维护和平、恢复现状的努力联系起来。这样做，美国政府保留了九国公约的条款中关于采取行动的权利，甚至义务。

美国政府不愿意让自己仓促进入这样的境地，即战争可能是唯一的出路，这完全正确。美国的公众舆论完全没有准备好采取这种措施。在日本，任何有胁迫意味的东西都会刺激大众的情绪，并因此而威胁和平解决方案。迄今为止，美国政府的行动是正确和明智的。它在道德上与国联的努力联系在一起。独立于国联之外的它，向日本政府发出了敦促缓和局势和禁止使用武力的声明。到目前为止，美国政府还没有援引九国公约的条款。由于中国向国联提出了申诉，因此在援引其他措施之前，恰当的做法是等待国联努力的结果。

看来，援引九国公约来保护中国利益的时刻就快要到了。现在的问题是，该多快完成这项工作，但一切都表明，通过国联进行补救最终将会失败，现在是重新考虑整个立场，以及根据九国公约条款提出下一场申诉计划的时候了。

关于在华盛顿签订的所谓九国条约，这些事实是与之相关的：

---

① 编者按：原文作“the Washington Agreements”，显然它是指九国公约，故将其译作九国公约，而非直译。下文似此做同样处理。

1. 所有签字国均无保留地同意尊重中国的领土完整和行政自主,不采取任何行动或签署任何条约以损害中国的完整和自主。

2. 据了解,以前任何签字国签署的与中国有关的所有条约和协定,凡与上述原则相违背的均属无效。

3. 本协定规定,任何一个签字国可随时提请所有其他签字国或其中任何一个签字国注意违反上述原则的行为。

根据这些条款,中国政府可以提请美国(及其他)政府注意日本侵犯中国在满洲的领土完整和行政自主的行为,并可以请求美国政府作为主要的太平洋大国和九国公约的主角进行干预。或者,美国政府可以主动提请所有的九个国家注意关于日本违反条约行为的指控,并且如果普通的外交程序无法解决问题,它可以召集九国公约签字国会议来共同讨论此种情况,并同时要求日本不要再做进一步行动。

事实上,情况还没有 1919 年日本军事占领山东时糟糕。当时日本得到了《凡尔赛条约》的支持,也得到了英日同盟的支持。威尔逊总统同意《凡尔赛条约》中关于山东的条款也增强了日本的力量。然而,在之后的一段时间里威尔逊总统在巴黎的所作所为却在华盛顿被搁置了起来,进而在 1921 年至 1922 年的华盛顿会议上,主要是在美国政府的鼓动下,日本被迫撤出了山东,并签署了新的关于中国权利的协议。

今天日本的国际地位比 1921—1922 年华盛顿会议时要弱。她已经失去了英日同盟。她在任何一方面都没有得到强有力的支持。她受到了国际联盟的道德谴责。至少在原则上,所有的主要大国都联合起来反对她。

中国目前和未来的行动

不如让让国联的失败自行上演并发展到一个合乎逻辑的结局。无论如何,这可能会为中国提供一个过渡期、喘息期,在此期间中国可以采取其他措施与积蓄力量。该顾问在先前的备忘录中已经指出了一些直接关系到美国、英国政府的重要事项,该事项受到日本拒绝的影响,必须在未来几个月中重新考虑,在此不再赘述。

中国必须服从,以及确实应该努力采取一切方式实现的是,根据九国公约阐明和同意的原则,清算其所有的条约,包括与满洲有关的条约。这不可能一蹴而就。满洲的现状可能会持续一段时间,中国政府必须要有耐心。

美国政府和九国公约的其他签字国不太可能仓促之间就把自己置于可能

招致战争的地位。此外，在经济制裁问题上，我们应该明白，所有国家庞大的利益集团都会因与日本贸易的中断而受到直接影响，他们为避免此种情况会向各国政府施压。这在美国尤其如此。然而，在这个问题上，有一些强有力的因素是可以站在中国一边的。同时，应尽一切努力防止中国人失望，因为美国政府在现阶段更倾向于采取温和的路线，以避免引爆反美情绪和愤怒。那只会对以后的事件产生不利影响。

恭敬地提交

（资料来源：日内瓦国联与联合国档案馆藏李顿调查团档案，S30－NO. 2卷宗。）

19. 上海日本僧侣事件经过的报告（1932年）

1. 1月18日

下午5时左右，在马玉山路的空地上，五位拿着鼓和锣的日本佛教徒僧人，吸引了附近三友毛巾厂一群好奇的观众。由于误解，僧人和工厂工人很快发生了冲突，结果三名僧侣受伤，被送往圣心医院治疗。由于伤势不严重，受伤的僧人两天后离开了医院。三人被捕，并被起诉至法庭。

2. 1月19日

关于上述事件，日本总领事提出了口头抗议。

3. 1月20日

凌晨4时，警务处接到第五区第四分区的报告称，凌晨2时30分，40多名日本人纵火焚烧了三友毛巾厂，一名在华德路尽头的报警亭内值差的上海公共租界工部局警务处巡捕房华捕，在试图通过电话报警时被一名日本暴徒打成重伤。另外一名巡捕和一名警长也受伤了，在临清路巡逻的一名巡捕被刺死。暴徒还捣毁了报警亭。

4. 1月20日

为工厂纵火事向日本领事馆提出了抗议。由于案件的事实是非常清楚的，日本人没有试图否认。领事馆向工部局道歉，并宣布该案件的一些肇事者已经向当局自首。

5. 1月27日

晚上11时接到吴市长的命令，关闭和查封了各界抗日救国会，因为这是日本人提出的最重要的要求之一。

6. 1月28日

俞秘书长表示，可以在下午2时前答复日本的要求。秘书长下午3时打电话告知温局长，日本当局对答复是满意的。但是晚上11点20分，公安局收到了两封信，一封是给市长的，另一封是寄给公安局自己的。不到一小时后（上午12:06）[①]，第五区站电话报告称，日本海军陆战队已经开始在虬江路和宝山路交叉口开火，并同时对横浜路（Waung Pang）、宝兴路、同济路和江湾路发起攻击。警察立即采取措施来应对这种情况，大约四十分钟后，士兵们开始了他们的防御行动。

7. 1月29日

根据市长的指示，秘书长和财政局蔡局长呼吁美国与英国领事当局就和平措施进行协商。英国总领事认为，由于以下原因，似乎不可能进行有效的调解：

(1) 日本人的不诚恳。

(2) 承诺缺乏保证。

(3) 日本人不愿意接受第三方干涉。

下午3时，日本副领事要求停战，戴将军欣然同意。于是，在晚上8时宣布停战。然而，日本人不守信用，无视停战条件，重新发动了进攻。

（资料来源：日内瓦国联与联合国档案馆藏李顿调查团档案，S30－NO. 2卷宗。）

20. 盐泽幸一致温应星信（1932年1月28日）

盐泽少将致温局长信

上海公共租界内外普遍存在着不安情绪，并且有迹象表明局势正在恶化。鉴于这一情况，上海公共租界工部局宣布该租界进入紧急状态，各国陆军和海军分别采取了防卫租界的立场。

帝国海军对居住着大量日本侨民的闸北局势感到极度焦虑，决定派部队到该地区履行加强执法、维持秩序的职责。

---

① 编者按：原文如此，应指深夜0点06分。

在这种情况下，我真诚地希望中国当局能迅速撤出驻扎在闸北的中国军队，并清除该地区所有敌对的防御工事。

日本海军第一遣外舰队司令

*这封信于1月28日晚上11点20分送达公安局，46分钟后日本开始发动进攻(1月29日00点06分)。

(资料来源：日内瓦国联与联合国档案馆藏李顿调查团档案，S30-NO.2卷宗。)

21. 调查团与上海工商界代表的谈话记录
(1932年3月22日)

会见中国工商界代表

上海，1932年3月22日

出席人员：克劳德将军

希尼博士

哈斯先生

勃米克斯雷先生

派尔脱先生

(随后)李顿爵士

马柯迪先生

中国工商业者出席人员：

陈立廷(L. T. Chen)先生，经理，金城银行股份有限公司分行

聂潞生先生，经理，恒丰棉花有限公司

莫(H. Y. MOH)先生①，经营棉纺贸易

刘鸿生先生，经营多种工业

王云五先生，总经理，商务印书馆

吴(H. Y. Woh)先生和聂先生代表中国来访者指出，他们希望这次谈话

① 编者按：该文件出现了两个姓氏拼音“Moh”和“Woh”，据原文分别译作莫和吴。但这明显是同一人之姓氏笔误，据李顿调查团在上海的预约访谈计划，似应为吴。

绝对保密。他们来这里是希望能有助于调查团为解决目前的困难而做出的努力，消除目前正在扰乱中日贸易关系的仇恨情绪。

在谈到主要问题之前，商务印书馆总经理王先生强调了一点，即在日本轰炸之前或轰炸开始的那一刻，没有中国军队占据过他的企业。他还想补充说，日本人关于东方图书馆的许多图书被转移的指控是错误的，只有少数图书被带到了安全的地方。大部分图书，包括那些最有价值的书籍（如省志）都留在了大楼里，并和大楼一起被焚毁了。

日本人指称商务印书馆出版了抗日书籍，并以此作为轰炸的借口。王先生担任商务印书馆总经理已有十年了，因此很清楚印刷过什么书。企业的主要目标是教育，与政治无关。然而，每一位诚实的作者都不会为了取悦日本人而歪曲某些事实，印制的某些东西可能在日本人听来并不令人感到愉快。但是，那并不是抗日宣传。王先生还申明，他在这方面一直非常谨慎。

莫先生在回答克劳德将军提出的一个问题时说，目前正在进行的抵制是针对日货的第八次抵制。这次抵制的起源与满洲事件密切相关，尤其是由于以下两个原因：1）日本侵略性的大陆政策；2）日本人在朝鲜屠杀了成千上万的中国人，这就是所谓的万宝山事件。

莫先生随后抱怨称，日本对华政策一直是浑水摸鱼，他们最喜欢的策略是在内战中资助中国将领，让他们互相争斗。该政策的目的是使中国保持处于混乱状态。

陈先生解释说，从军事和海军的角度来看，中国是一个弱国，抵制日货是他们手中唯一可使用的强大武器。而且除非绝对必要，否则他们肯定不会使用它，因为他们自己也会损失惨重。

在回答克劳德将军的发言时，莫先生说，根据这项意见，国联盟约在第16条中承认了该武器的合法性。抵制如此有效的原因之一是，日本作为一个岛屿帝国有着非常重要的出口贸易，从经济角度来看，她非常脆弱。日本军国主义停止对中国的侵略政策后，中方将立即停止抵制。不幸的是，日本公众对日本政府的政策知之甚少，日本公众才刚刚开始认识到这一事实，这也是日本发生这么多政治谋杀的原因。除此之外，日本的经济生活也受到国际关税竞争和普遍危机的影响。

在谈到满洲铁路建设的竞争性时，莫先生表示，日本抱怨说，由于中国公司的这种建设，南满铁路正在亏损，这种说法是不正确的。事实是，南满铁路有黄金贷款，而中国铁路是在白银贷款的帮助下修建的。因此，由于白银贬值了很多，中国铁路比南满铁路便宜。事实上，这解释了为什么“新满洲政府”采用黄金货币体系，希望以此恢复原状。

就抵制而言，他解释说，一般经济危机对日本贸易的影响至少与抵制对其的影响是一样的，这可以从下列数据中得到证明：1931 年 9 月至 12 月，日本与几乎没有抵制活动的满洲地区之间的贸易下降了 37%。同期，日本与中国【内地】的贸易下降了 34%。这些数据来自日本，分别涵盖了日本对满洲地区和中国【内地】的出口。

莫先生进一步指出，武力不能促进贸易。到最近为止，由于中日两国商人的共同努力和良好关系，日本对华贸易一直很成功。这些关系被现在控制该国的日本军国主义者破坏了，如果贸易崩溃了，日本商人应将其归因于这些军国主义者。

王先生还解释说，到目前为止，所有针对日本商品的抵制活动都是日本人自己挑起的，当前的抵制活动是由于大量的中国人在朝鲜被杀害而引起的。中国人民以抵制这种和平的武器作为报复。然而，因为一名日本佛教僧侣在上海被谋杀了，日本就以军事方式袭击了中国。王先生想知道如果有很多日本人在中国被谋杀，日本会怎么做。

聂先生抱怨说，日本在与中国的贸易中非常自私。他说，贸易只能建立在商品交换的基础上。然而，日本不仅试图尽可能多地获得中国的贸易，而且还企图通过在华设厂——如棉纺厂从中国人手中夺取中国工业。今天，整个中国 40%的纺织业归日本人所有，56%归中国人所有，4%归英国人。日本人这种自私的态度的另一个例子是最初由中国人创立的纸伞行业。当这些雨伞大获成功时，特别是在日本，2 000 名中国工人前往日本建立了当地的这类产业。然而，日本人自己一学会制造纸伞，中国工人就被遣送回国了。

哈斯先生想知道，在万宝山事件后，抵制是以何种方式组织起来的。

聂先生解释说，抵制是中国人民激于爱国主义情绪的自发运动，实际上没有组织。这就解释了为什么有时候抵制可能是由于误解而产生的，比如 1927 年的反英抵制，就是由于日本人的诡计引起的误解。目前的抵制或多或少是由工会、商人协会和学生组织起来的。

陈先生也强调说，从一开始抵制就完全是自发的，该运动在包括上海在内的中国南方地区尤其成功。后来，这一运动由国民党地方党部领导的各人民团体所掌握。商会也参与其中。采用的宣传手段有海报、联名信、报刊等。中国政府没有支持该组织。有人认为,国民党是政府的后台,因此后者受到牵连。但是陈先生解释说,只有国民党地方党部帮助组织了这次运动,而国民党中央领导人没有参与。日本曾问政府为什么没有镇压这场运动。答案是,该运动如此强大,如此受欢迎,以至于政府在试图镇压它的过程中要承担巨大的风险。当然,过分的个人行为已经发生了,例如没收货物;但这只是抵制的一小部分,抵制的主要影响是拒绝购买日本货物。事实上,如果没有民众的支持,抵制就永远不会成功。

勃来克斯雷博士指出,根据日本方面的消息,在上海的日商有价值 100 万银圆的货物被没收,而他们却没有得到任何赔偿,这些货物现在被堆积在商店里。

王先生回答说,这个数字大致正确,但他指出,货物是从中国商人手中没收的。他还强调了一点,在大多数情况下,抵制的形式是拒绝购买商品。他本人曾在一家中国制表店看到过这类引人注目的例子,日本产品在那里被主动隔离,并贴着这样的告示:“在中国军队进入东京之前,这些产品不会出售。”

王先生还解释说,中国商界正因为抵制而遭受严重的痛苦,他们并不是为了享受抵制。此外,中国离不开日货。基于这些原因,他保证,一旦日本改变对华政策,中国就会放弃抵制。

勃来克斯雷博士说,根据日本人的信息,南满铁路的贸易一直受到秩序缺失和来自中国当局的各种干涉的困扰。

聂先生否认了这一指控的真实性,并解释说,南满铁路运输量下降的真正原因是白银问题。

王先生补充说,在正常情况下,中国铁路无法与南满铁路竞争。自从两年前银价开始下跌以来,中国铁路才获得了超过南满铁路的自然优势。此外,南满铁路的运输量也受到豆类运输的严重影响,它运输的主要物品是豆类。

哈斯先生想知道,中国铁路对日本货物的收费是否如日本人所宣称的那样高于中国货物。

聂先生回答说,这对他来说是全新的投诉。如果这是真的,日本人肯定会抗议的。

勃来克斯雷先生想知道在场的中国先生们对解决满洲问题是否有建设性

的意见。

聂先生、莫先生和陈先生解释说，只要日本政府不改变其政策，这是非常困难的，不仅是对满洲的政策，而且是对整个中国的政策。

林先生[①]补充说，日本一直想让中国保持混乱状态，因此，她的政策一向是通过支持一位将军或一个政治派别反对另一个，以煽动内乱。他列举了这项政策的各种例子。

哈斯先生问这些先生，如果他们代替调查团，他们会提出什么建议。例如，他们是否能提出一个保护日本在满洲的金融和经济利益的解决方案？

林先生回答说，在满洲的每个人都有发展空间，而且由于种种原因，日本商人比其他国家的商人有更多的机会。他重申，中日商人之间的关系一直特别好。然而，时至今日，这次联合抵制比以往任何一次都要彻底得多，给日本商人带来了沉重的打击；由于抵制的唯一原因是日本军国主义的政策，在恢复正常的经济和商业关系之前，必须放弃该政策。同样的情况也适用于满洲。一旦日本军队从满洲撤军，日本的经济利益就将变得安全。

勃来克斯雷博士想知道，在这种情况下，日本的利益最终将得到何种安全保障。例如，中国人会遵守1915年和1918年的条约吗？会遵守有关土地租赁的规定吗？他还想知道，关东租界地和南满铁路是否可以续签，中国指挥下的中国宪兵能否接受外国人的监督，比如说一个小国家的国民的监督。是否有可能在其他领域（例如金融领域）组织类似的系统？

林先生回答说，他没有能力回答这些特别的问题，但他说，中国与日本商人一样，都希望保持稳定的贸易关系。

郑先生[②]想知道，如果日本和中国都承诺忠实履行现有的所有条约，这是否是一个公平的解决办法，当然有争议的、可以提交仲裁或提交国际法院的条约除外。

哈斯先生想知道能否在商业领域达成协议。有没有中日合资企业？

林先生解释说，所有这样的企业都失败了。也许日本人不是唯一的罪魁祸首，但他们肯定要在某种程度上对这些失败负责。原因之一是日本人总想

---

① 编者按：原文为“Mr. Lin”，但出席人员名单中并没有此姓，疑是“刘鸿生姓氏”之笔误。后同。

② 编者按：原文为“Mr. Cheng”，但出席人员名单中并没有此姓，疑是“Chen”之笔误。

得到比他们合法应得的多一点。林先生说,中英合资企业就运作得很好。

(资料来源:日内瓦国联与联合国档案馆藏李顿调查团档案,S30－NO. 2 卷宗。)

22. 李顿与松冈洋右的第二次谈话记录 (1932 年 3 月 22 日)

李顿爵士和松冈先生的谈话
上海,1932 年 3 月 22 日

3 月 22 日,星期二,松冈先生第二次来见李顿爵士和调查团成员。

李顿爵士:通过在东京与日本政府的会谈,我了解了日本在满洲的政治与经济目的。您能告诉我,对于这两个方面,贵国政府更重视哪一个方面吗?

松冈先生:我们在满洲既有政治利益也有战略利益。

李顿爵士:到目前为止,日本政府一直宣称视满洲为中国的一部分。日本希望获得什么特别权利,来保障自己在满洲的安全地位?

松冈先生:满洲虽然是中国领土的一部分,但与中国的关系仍然具有相当特殊的性质。满洲实际上不是中国的一部分,而是一种私人领地——"满清王朝"的封地。

李顿爵士:无论如何,它已经是中国领土的一部分了。

松冈先生:是的,自王朝灭亡以来,但是它实际上仍然是独立的,从未在国民政府的全面管理范围之内。张作霖时期的情况就是这样,如果独立政府采取类似于后者的政策,那只不过是名称上的差别罢了。

李顿爵士:对我来说,日本军队的存在产生了根本性的区别。您相信日军撤军后,"政府"还能维持下去?

松冈先生:我会坦率地回答,并给出我个人的意见。即使是张作霖在失去日本的帮助后,也无法维持他的统治。众所周知,如果日本完全退出,他甚至会倒台。日本人向取代张作霖的溥仪提供帮助与否没有什么太大区别,尽管现在溥仪可能会得到更积极的帮助。日本的影响力阻止了满洲陷入内乱。如果日本从满洲撤军,俄国会立即介入。在过去的几年里,中国曾多次试图将日本赶出去;但她在这方面的成功只会导致俄国方面的重新入侵与新的日俄战争。没有日本的帮助满洲就会陷入和中国现在一样的境地。我终其一生研究了远东大陆的情况，得出了这样的结论：现在必须在两种选择中选择其一。中国现在是在走向建设，还是在走向解体？依我看来，一切事实都指向后者，而不是前者。我必须补充一点，苏俄正严重地侵蚀着内蒙古，在那里与甚至在中国的心脏地带都表现得十分活跃。现在共产党控制的中国部分地区，如扬子江流域的省份、江浙及福建、湖北的部分地区，是整个日本的六倍。两年前，它还不到四倍。除非从莫斯科和俄国报纸上获得信息，否则几乎不可能了解这一地区的情况。国民政府和蒋介石对那里完全无能为力。只要俄国愿意，她可以随时随地占有中国新疆和塔什干(Tachkent)，世界上任何大国，甚至连国际联盟都不能阻止她。塔什干现在是向印度宣传共产主义的中心。俄国已经通过一条与西伯利亚铁路衔接的新铁路将这个城市联系在了一起，现在可以在两天内到达塔什干，而从天津到那儿需要 40 天。俄罗斯甚至于 1918 年 9 月 22 日与比利时一家公司就所谓的“高原铁路”(Highland Railway)签订了合同，也就是说，该铁路将从乌鲁木齐通往与朝鲜相对的海潮(Haichao)附近的某海岸，这对日本构成了极大的威胁。这条铁路将把中华帝国一分为二，这就是我相信中国正在走向解体的原因。

我个人对中国没有敌意。在过去十七年间，我和南满铁路副总裁山本先生竭尽全能与中国建立了良好的关系。我们甚至尽全力屏蔽了与 1928 年张作霖事件有关的一切。我们相当成功地与中国建立了良好关系。我们自己的人民甚至指责我们软弱。然而，自从两年半前我离开后，情况变得更糟了。中国人不再掩饰他们摧毁南满铁路以及所有其他在中国领土上的外国铁路的愿望。在激烈的报复中，我们有时也许可能做得太过火了，但满洲现在是一个独立的“国家”。事情现在已经发展到这样一个地步，达成一个双方都同意妥协的方案“超出了我的能力”。我们不得不促使溥仪采取行动。

李顿爵士：我想回顾一下 9 月 30 日和 12 月 10 日理事会决议所规定的当前司法立场。您知道，我们奉命要立即报告这些决议所载的承诺是否正在执行。促使溥仪做一些事情是没有问题的。但请告诉我，在您看来，如果日军撤退会发生什么。

松冈先生：结果将是完全混乱。日本是维护和平的关键(*原话如此*)。如果日本撤军，可能会引发整个东亚地区的混乱，我们有责任维护满洲的秩序。日本在亚洲的地位很像法国在欧洲地位，但法国比较幸运的是，她有盟友，而日本没有。

李顿爵士：你们有同样数量的盟友，即国际联盟的成员。

松冈先生：我可以承认，日本的许多思想家都在考虑日本退出国际联盟，尽管对此深表遗憾——同时也在考虑她单独确保东亚秩序的问题。我希望国际联盟能够理解日本的立场，并更好地明白应该做什么。

李顿爵士：我十分感谢您直率地说明情况。我们都非常理解日本的顾虑，这就是我们讨论日本需要什么的原因。如果中国能够维持秩序，以及防止俄国入侵，那么日本的经济利益会得到满足吗？

松冈先生：中国人从来没有遵守过秩序。满洲实际上是一个独立的国家，或多或少得到了日本的帮助。当张作霖被吴佩孚打败时以及在其他情况下，日本甚至给予了他武器与资金方面的支持。还有就是，张作霖政府是比较强大的，所以目前日本的帮助更有必要了，而获得帮助的政府形式则无关紧要。我可以告诉您，我对溥仪没有太大的信心。他可能会被迫下台，而日本发现有必要掌控此事。

李顿爵士：请告诉我一些其他领导人物的情况。

松冈先生：他们都是当地人。在新政府成立之时，日本居留民阻止了大批为实现私人目的蜂拥而来的中国政客，而支持选任本地人。例如，奉天省省长自 1918 年以来一直担任同样的职务。去年 9 月，事件爆发时，他被关在铁路区的一所房子里，他不是被迫的，而仅仅是被说服留任的。吉林省省长将军是满族将军，曾任张学良将军参谋长。马占山将军是中国穆斯林，现任黑龙江省省长，并任军政部总长。然而，即使是日本也不能在任何情况下都支持溥仪。但是，在中国，仍然存在着一种奇怪的让外国人很难理解的感情，那就是许多中国人期盼着某一天皇帝回来拯救国家。我曾经接待过褚格格（Princess Chu）的来访，她父亲在革命时离开了北京，逝世于旅顺港。我忍不住对一位皇族成员的来访产生了一种敬畏的心理——这正是许多中国人至今仍能感受到的。当然，现在的领导人和年轻人会公开否认这一点，但事实并非如此。

李顿爵士：我能再回到经济利益问题上来吗？如果满洲有一个足够强大的政府，在没有日本帮助的情况下维持国家的秩序，那么除了保护日本侨民之外，日本会对这个政府有什么期望呢？

松冈先生：如果我们能够得到我们的经济利益（但自然是在现有条约的基础上），我们会感到满意，我们会要求政府在某些战略问题上进行合作。

李顿爵士：我现在特别想了解铁路问题。我在日本了解到，您希望“满洲政府”限制他们自己的铁路政策。

松冈先生：我想先界定一下这个位置。中国想通过铁路环线网来破坏南满洲铁路。

李顿爵士：南满洲铁路的地位当然很不正常。这是一项通过战争赢得的条约权利。如果说不允许中国建设有竞争力的铁路，这样解释您的愿望对吗？

松冈先生：这是在北京以及“1915 年条约”中达成的。这是真正的基础。

李顿爵士：您认为禁止人们行使某些主权符合“权”这一术语吗？

松冈先生：南满洲铁路与中国就某些铁路线达成协议，在一定程度上解决了这一困难。另一方面，真正的问题是国民党政府和国民党希望以废除不平等条约的方式破坏外国铁路。

李顿爵士：然而，这是两个问题，因为根据不平等条约，列强只想维护本国利益，而日本在铁路问题上考虑到了某些战略利益。

由于李顿爵士另外有约，谈话就此结束了。松冈先生将《敌对之路》(The Highway to Hostility)的复印件交给了调查团，他声称自己大体上同意这篇文章的内容。

(资料来源：日内瓦国联与联合国档案馆藏李顿调查团档案，S30 - NO. 2 卷宗。)

23. 敌对之路：拒绝日本自卫权将导致战争[①](1932 年 3 月)

乔治·布朗森·雷亚

“大多数现代战争最终都可以追溯到民族仇恨，这种仇恨很大程度上是由报纸的谩骂和报纸报道的严重偏袒造成的。”

为达到历史学家莱基在《十八世纪英国》中写的这一结论，还必

① 编者按：该文由松冈洋右提交李顿调查团，原载于 1932 年 3 月的《远东评论》(The Far Eastern Review，第 106—107 页，标题是“The Highway to Hostility: Denial to Japan of the Right of Self-Preservation Will Lead to War”，作者是乔治·布朗森·雷亚(George Bronson Rea)，中文名为李亚。该文实为日本侵华开脱罪责之谬论，然为保持档案原貌，特为刊出，相信读者自能辨别。

须加上一点，即针对某国以外交照会和恶意的官方宣传来调动世界舆论，以抹黑它的性质，为实施经济制裁或公开宣布敌对状态做准备。

美国的观点一开始表达了这样一种思想，即华盛顿会议在赋予日本于整个远东地区的支配权方面犯了严重错误，但同时也意识到，任何破坏现有海军平衡的企图，都将影响与华盛顿会议的目标同样重要的其他微妙的战略问题。另一方面，日本深刻地意识到，为了维护太平洋的和平，日本放弃了自己在大陆的防御力量，就会使国家面临俄国的卷土重来、难以和解的中国的敌意及其捍卫国家安全而不可避免的摊牌。

美国人只关心维护我们在太平洋的安全和中国的门户开放，而对日本遭受来自其他方向的威胁漠不关心。美国在太平洋的整个和平计划都是基于日本正在为移民问题以及由此引发的问题准备的理论，而忽略了日本由于她以前的对手公开准备恢复1905年对东亚的统治而被迫采取了所谓的军国主义。

我们的大海军和大空军的狂热分子坚持要把友好伙伴变为国家必须为之准备的假想敌，该伙伴的福祉很大程度上依赖于和我们保持紧密的经济关系。从来没有一个国家采取过更为不明智的政策。我们不了解日本的根本问题，这些问题不时地在损害其安全的外交行动中表现出来，这引起了怀疑，除非及时澄清和纠正，否则为了和平与良好谅解计，必然会导致日本在召开的另一次会议上要求我们承认亚洲同样适用自我保护的基本法律的权利，这是美国门罗主义的基础，或是支配着一成不变的英法国家安全观的类似原则的基础。

适用于欧美的原则必然适用于亚洲。如果不适用，如果其他大国拒绝对这些亚洲问题做出合理的调整，即不谴责日本的动机，不再步步提醒日本对他们的义务以牵制日本的行动，允许日本自由地捍卫自己，那么日本也可能撕毁国联盟约、九国公约、海军条约和非战公约，并为不可避免之事做好准备。

引发战争的原因

日本人相信，并且有证据支持他们的这一信念，即他们的生存正受到条约实施的威胁，这些条约是他们虔诚地遵守与执行的，而其他条约签署国无法控制的力量已经发展到如此可怕的程度，以至于各大国必须要么抵御这种威胁才能保证日本的安全，要么在日本自卫之时袖手旁观。

如果各大国拒绝保证日本不遭受来自库伦（Urga）方向的攻击，而仍然坚持要求她忠实地遵守她承诺的文本和精神，正如他们所确定的那样，那么这场争端只能有一个结局。种族战争，白种人对黄种人的战争，将使共产主义在亚洲占据至高无上的地位，并将其真空地带拱手让给众多的中国人的战争必然爆发。

日本的基本防御问题和法国是完全没有区别的。尽管德国已经被解除武装，但法国知道，总有一天，美国和英国的舆论压力将迫使他们修订《凡尔赛条约》，而欧洲将再次吹响军备竞赛的号角。法国愿意在美国和英国保证其安全的条件下解除武装，尽管英国部分同意，但美国拒绝签订任何使她继续在欧洲进行军事冒险的协议。法国对国际联盟或非战公约维护欧洲和平的能力并不抱有幻想，因此，她谨慎而不惜代价地建立了自己的联盟体系，沿着从（英吉利）海峡到地中海的边界修建了一道新的防御墙，增加了陆军和海军力量，调动了她的财政资源，并用最正确的外交语言告诉美国与英国，她不会容忍任何人干涉她的事务。法国将进行战斗。

微妙的国际平衡

日本知道总有一天她必须战斗。目前，她唯一的安全是法国的同盟体系，它是西方对俄国的制衡。如果波兰同盟和小协约国瓦解，并解除从这一方向对俄国的攻击，那么俄国将腾出手来自由地在亚洲执行她所珍视的计划。任何对欧洲微妙的力量均衡造成的干扰，都会减轻俄国西部边境的压力，这将是远东地区立即爆发战争的信号，而这场战争将只能由日本单独进行。因此，法国是亚洲和远东和平的唯一保证人，是日本为维护自身安全与自卫权而在绝望地对抗其他列强的联合时唯一可以依赖的朋友，这些列强如此执着于实行自己的政策，以至于对日本的危险置若罔闻。

欧洲的政治格局表明，大不列颠和美国纯粹是出于经济原因，而支持德国修订《凡尔赛条约》的要求，并且支持混乱的中国为逃避承认在胁迫下签订的条约而进行的斗争，同时却要日本严格遵守国联盟约、九国公约、非战公约的条款，这些条约剥夺了日本在没有其他利益相关的大国同意的情况下采取自卫行动的权利，过去十二年的事件清晰地表明这一同意永远不会被承认。

逻辑上的可能性

法国和日本同在一条船上，因拒绝其他大国理解或同情他们的问题，他们的生存受到威胁。法国官方否认与日本有任何秘密条约，但毋庸置疑，双方交换了意见，达成了一项谅解，即在一定条件下，这两个大国将共同捍卫与美国、英国认为对其自身安全不可或缺的同样原则。

如果这样的利益共同体能以任何明确的协议表达出来，在远东发生战争的情况下，法国和日本舰队将从新加坡北部控制中国海，并产生一个海军战略上的问题，该问题将迫使美国和英国海军联合起来克服。日本和法国都将为他们的生存权而战。考虑到这一点，这两个国家都有一种可能性，即如果他们被压在墙上，这两个国家将团结在一起，捍卫现在被英国和美国垄断的规则。世界不能期望日本遵守为维持欧洲现状以及维护中国的领土、行政完整与独立而制定的思想、政策和条约，却不能全力保护自己，而苏俄在此思想、政策和条约的掩护下被赋予了充分的自由，可以将自己的影响力扩大至整个亚洲，以牺牲中国为代价推行莫斯科传统的领土扩张计划，把中国作为世界革命的远东跳板。

华盛顿会议保证了中国的领土完整和行政独立，但随后发生的事件清楚地表明，这一承诺只针对日本。它并没有阻止俄国把蒙古纳入其苏维埃共和国体系；它没有对广州和莫斯科之间的秘密共识提出异议；当苏维埃化的广东军队在南京横行且以同样的命运威胁上海时，它并没有引起相关大国的合作行动或干预；它没有阻碍英国派遣军队来保卫公共租界，也没有断绝长三角的交通，但它却阻止了 1927 年原本可以挽回局势避免后果的制裁措施。九国公约给予了中国自身发展和维持一个有效稳定的政府，以及不受外界干涉的自由宪章的权利，与此同时，她开始实施废除条约、反对“资本主义和帝国主义列强”的计划和一套旨在破坏日本安全并加速其经济、金融崩溃的政策。如果九国公约将无政府状态置于法律之上；如果中国的军事寡头可以任意废除条约，并拒绝承认日本权利所依据的协议，那么在和平条约范围内诉诸战争就不必担心受到惩罚或报复；如果由于中国的衰弱和不稳定，中国不能履行作为主权国家的基本职责，不能在那些对邻国的安全有重大影响的地区捍卫其中立和领土完整；如果十年后没有迹象表明中国能够履行其在 1922 年协议中的义务，那么维护太平洋和平，就必须重新审议和修订该条约。

十年的记录

十年过去了，外界一直在耐心地等待中国军阀兑现承诺。在这十年间，军阀们通过各种合法和非法的形式征税，从人民手中榨取了几十亿美元，这本来可能会使中国成为一流大国并为世界繁荣做出贡献，如今却消耗在使国家遭受苦难的无休止的军事混战中。在国联盟约和九国公约给予的十二年豁免权期间，中国毁了自己，还把日本带到了灾难的边缘，而世界面临着另一场灾难性的战争。面对300万武装人员及200万土匪、共产主义者与海盗对国家的掠夺，中国已经堕落到连中世纪国家的样子都没有的地步。

中国已经丧失了成为独立自主国家的资格。中国现在处于国联盟约第22条规定之国家的地步，它在现代世界的艰苦条件下不能自立，也无法履行其作为国家的义务。她存在的唯一支撑和保证是一系列基于希望的条约，这些条约使她有权援引它们的条款来延续一场早已演变成悲剧的闹剧。

五亿和平的人民被贪婪的土匪恶霸寡头统治所奴役和折磨，他们的福祉和发展，必须成为文明的神圣信仰，否则文明将为其冷漠付出代价。如果中国要作为世界和平的一分子生存下去，国际联盟必须承担履行这一信任的担保。如果国联盟约被认为屈服于一些不可调和的交战国集团，而他们又享有自治的国家尊严，在国联理事会占有一席之地，并有权在审议中发言；如果九国公约要继续认为这场无法无天的纵情狂欢是神圣不可侵犯的；换句话说，如果允许中国的军阀在任何必要的时候都能通过武力来解决他们之间的分歧并统一他们的统治（美国政府宣称准备支持这一政策），当日本被拖到经济崩溃的边缘，并由于中国无力履行其作为主权国家的基本义务而受到某些攻击时，那么这个问题就无法回避。不管有无条约，日本都将不得不为她的生存权而战。

（资料来源：日内瓦国联与联合国档案馆藏李顿调查团档案，S30－NO.2卷宗。）

24. 日本陷入困境①（1932年3月）

国务卿史汀生致参议员博拉（William Edgar Borah）的公开信中坚持中国的门户开放政策，他强调九国公约只是几个相互关联和相互依存的协约之一，这就引起了人们对华盛顿会议真正目标的疑问。那次会议解决了许多细小的问题，以至于到目前为止，我们还困惑于它的全部内容是什么。如果我们抛开

---

① 编者按：本文原载于1932年3月《远东评论》（*the Far Eastern Review*）第107—111页，标题是"Japan Walks Into a Trap"，作者未署名。该文复印件由松冈洋右提交给李顿调查团。该文内含为日本侵华开脱罪责之谬论，然为保持档案原貌，特为刊出，相信读者自能辨别。

官方记录，把亚德利（Yardley）上尉的书（《美国黑室》）中不切实际的揭秘当作事实来接受的话，那么真正的目的就是英国政府希望废除英日同盟，与此同时，邀请华盛顿作为发起国组织会议，以缩减太平洋和远东相关的军备。破译日本政府、驻华盛顿大使和驻伦敦大使以及出席会议的代表团之间传递的密电已经很糟糕，但把它们公之于众更是不可原谅的。

如果美国政府对雇员采取法律手段，以获取和发布他所破译的官方文件，那么就等于承认政府已犯有可耻的获取和破译其客人与他们本国政府之间传递的信息的失信行为。美国政府甚至不能否认亚德利上尉的故事，因为东京很清楚他破译其秘密电报的事情是不是真的。这本书在日本引起了巨大的轰动，表明它们的破译是真的，但不管是真的还是假的，事实仍然是日本人受到了羞辱，这显得很可笑。他们觉得他们被欺骗了，这次事件落入了军方的手中，他们认为这次会议的目的是为了限制他们的行动和国防力量。

美国的资助

从美国资助的财团计划和盟军在西伯利亚的干预目标来看，日本人在阅读了亚德利上尉的书后有理由相信华盛顿会议是一项既定计划的一部分，目的是剥夺他们在事关国家存亡的地区的自卫权。自从格雷夫斯（Graves）少将在其著作《美国的西伯利亚冒险》中承认了这一信念后，这一信念又得到了强化。根据同样由美国发起的《非战公约》，该条约承认美国和英国有权在他们认为对其国家安全至关重要的领土上捍卫自己的切身利益，但是却拒绝给予其他国家在其法律管辖范围之外地区受到作战部队的威胁时享有这项权利，日本认为他们严重损害了自己的自卫权，自去年 9 月满洲问题发生以来美国和国联外交的趋势使日本国内强化了这种信念。

正是由于这些原因，国务卿史汀生致参议员博拉的公开信才在日本引起了如此可悲的反应。这表明，美国方面决心坚定不移地坚持一项政策，即似乎不关心日本拥有保护自己免受生存威胁的权利，这使日本人对此感到不安，觉得自己陷入了一个束缚自己的条约陷阱，尽管中国不敢单独面对这些挑战，但却有勇气通过千刀万剐的折磨来完成这项工作。

门户开放与日本

日本人对未来不抱任何幻想。他们知道总有一天他们将再次把自己的民族生存置于满洲平原上。他们不打算在困境中保持被动，而允许他们的敌人完全自由地为毁灭他们做准备。三十年前，日本也陷入了同样的陷阱，那时他们毫无保留地信奉海约翰的"门户开放"原则，该原则保证了中华帝国的领土完整和行政独立。而在当时，慈禧太后根据针对日本的秘密同盟条约，向俄罗斯出卖了满洲的主权。那时候，日本无法采取任何行动来保护自己。她的双手因履行对美国的承诺而受到束缚，而她通过"门户开放"看到敌人正疯狂地准备消灭她。美国拒绝以武力维护她制定的远东法律所确立的原则，因此在自卫方面，日本必须自己承担起为维护美国倡导的原则而进行的斗争。日本蒙着眼睛打了那场战争，并签署了一项和平协议，但丝毫不知道中国和俄国之间是否存在可能引发战争的秘密同盟条约。

中国逃避责任

中国在战争中是无辜受伤的受害者，其中立性遭到侵犯，敌对的军队利用其军事弱点入侵其领土。中国呼吁世界同情她，宣称获胜的日本蓄意挑起战争，目的是为了掠夺中国领土。中国侥幸成功了。直到今天，尽管秘密同盟条约全文已正式提交给了美国国务院，但中国人仍然拒绝对日俄战争承担任何责任。这就是对日本的普遍偏见和对中国的同情，使得世界拒绝承认日本在朴茨茅斯有理由要求中国永远割让整个满洲的证据。如果日本在朴茨茅斯知道这个密约的存在，满洲问题就会在那时得到永远的解决。我们仅需阅读 2 月 14 日国民政府发表的声明的以下摘录，即可了解中国拒绝承认对导致 1904 年日俄战争的事件承担任何责任：

"自日俄战争以来，国民政府从未怀疑过日本会在适当时机夺取满洲的意图。在中国土地上进行的日俄战争结束时，日本针对中国的抗议向其施加了强大的压力，要求中国落实日本从俄国夺取的利益，并给予日本更多损害中国主权、违反满洲'门户开放'政策的额外特权。中方对此予以了最大限度的抵制。"

然而，1896 年 5 月签署的《中俄秘约》的全文，现在和其他这几日的官方外交文件一起存放在美国国务院的档案中，这些文件最终证明了满洲已经变成了俄国的势力范围，对外贸易、居住和旅行的大门被关闭，并由一名直接对圣彼得堡沙皇负责的总督管辖。中国没有向其他列强抗议过领土的割让。日本是她的敌人，她很乐意把满洲交给她的秘密盟友，目的是使俄国履行她自己无力应付的任务。中国曾经承认了这些历史事实。即使在日本恢复了她因一切战争法则而丧失的领土主权之后，中国从来没有承认过这笔债务。她永远不会承认。除非她公开坦诚地承认她的秘密外交给日本带来的牺牲，否则日本人将永远不会忘记或原谅。

历史重演

时隔 25 年后，日本再次目睹俄国为夺回其在远东地区的主导地位所做的精心准备，并再次发现自己陷入了旨在维护太平洋和平以及中国领土和行政完整的条约陷阱。日本又一次看到中国的领土移交给了俄国，在蒙古推行与俄国在满洲的同样计划。

日本再次将中国视为俄国的秘密盟友，中国没有向其他大国提出反对蒙古加入苏维埃体系的抗议，也没有竭力争取自己重新获得主权和履行对日本的义务。相反，日本看到中国边防部队守卫着蒙古，阻止日本或其他观察员调查幕布之外的情况。日本看到共产主义在长江流域根深蒂固，反抗公认政府的军事力量，威胁着国家的生存。

中国政治车轮的突然转向，可能会使共产主义分子与国民党左派在争取政府控制权的斗争中结盟，并把国家移交给莫斯科。在承认现实情况之前，中国人欢迎与俄国建立新的联盟，而不是遵守他们与日本的条约承诺。

完全不受约束的俄罗斯

俄国既不是国际联盟的成员，也没有受邀签署九国公约。她坚定地代表社会底层，蔑视世界。国际联盟不敢向莫斯科发号施令。任何干预欧洲权力平衡的行为都将导致所有国家都在努力避免的灾难。九国公约的签字国，仅除美国外，因与一个侵犯中国领土和行政独立的国家建立了关系而违反了九国公约。

对俄国的唯一制约是非战公约，而国务卿史汀生的经验是提醒莫斯科根据该公约履行其应承担的义务，而不是旨在她再次真正采取积极行动时激发人们对她意图的信心。然而，在这些事实摆在全世界面前的情况下，国际联盟和美国希望日本把她的问题摆在他们面前，并得到他们的许可，以保护她自己免受威胁，该威胁是由于他们短见的外交政策而允许积聚力量所导致的。对日本来说，这种威胁是真实的和迫在眉睫的。除非日本采取行动保护自己，否则在没有时间的情况下，她将面临灾难。再过一年，为时已晚。把有关日本的案子提交到国联讨论，或与九国公约的签署国进行全面、坦率的讨论，只会招致旷日持久的公开讨论和讲演比赛。在这种情况下，日本将不得不把她的手暴露给一个甚至没有出席会议的敌人，一个其他国家也无法控制的敌人，而中国则会竭尽全力打破日本的论点并挫败日本的目的。

九国公约的目的仅仅是为了保护中国，在讨论关于修改条约或承认日本于中国领土上的自卫权利时，日本都不太可能得到众多大国的支持，而这些国家在坚持日本遵守承诺的同时，温和地默许了俄国对蒙古的暴行。日本始终处于困境之中，只有通过一个强大、友好的中国，履行其作为一个国家的义务，才能逃脱某些破坏。如果做不到这一点，中国就会及时释放自己，为自己的生命而战。没有迹象表明，其他有利害关系的大国会对中国施加压力，迫使她履行1922年协约中的义务。相反，有充分的证据表明，中国将一直拥有她所希望的时间来解决无休止的内战，并用武力建立一个稳定统一的政府，即使在此期间，日本经济遭到破坏和陷于困境中，北极熊①也可以随心所欲地抱死她。

列强不会采取任何措施来避免对日本来说似乎不可避免的灾难，除非日本在还有时间的情况下采取行动自卫，否则结局是肯定的。日本在亚洲面临的现实与法国在欧洲面临的现实是一样的，而国联和美国则在玩虚伪的游戏。

（资料来源：日内瓦国联与联合国档案馆藏李顿调查团档案，S30－NO.2卷宗。）

25. 日方提供的有关国民政府参与反日抵制的证据（1932年3月）②

国民政府参与反日抵制的一些证据③

1. 在上海的中国中央邮政局过去和现在都是反日中心之一。

在国民党地方党部的主持和领导下，邮局全体中国工作人员（约3 000人）组成了一个名为"邮政工人工会"抗日组织，其中有500人参加了"义勇军"。在1月28日上海事变爆发之前，几乎所有邮局的窗口都贴满了反日的海报和最具煽动性的图片。毫无疑问，调查团已经拥有这些海报和图片的样本。邮政服务不断受到邮局工作人员的干扰，甚至日本政府公函也遭到篡改，邮件不合理延误的情况一直存在，目前依然存在。此外，邮局职员还将手中的

① 编者按：指代俄国。

② 编者按：原件无日期，据推测应是1932年3月。

③ 编者按：由日本提交的这些"证据"具体内容参见下文，即中国国民党上海特别市执行委员会的函文与训令、上海地方法院庭审记录摘录、《大美晚报》剪报等。

反日标语印在邮件上。据我们了解,其中一些邮票的样本已由日本政府转交给了日内瓦国联秘书处,谨此转告调查团。

2. 反日教育。

物证Ⅰ。随函附上一份国民党地方党部发给各学校校长关于如何对学生进行反日教育的指示复印件。这一指令被送到了一所由日本棉纺厂管理的中文学校。原始文件现由日本政府保管,正安排通过调查团日本顾问吉田办公室,提交给调查团审阅。

3. 中国上海地方法院。

(a) 去年 11 月,反日协会的几名纠察员到公共租界所的一家中国商店,强行、非法地扣押没收了价值约 1700 两的所谓日物。他们被公共租界巡捕房逮捕,并在中国地方法院以抢劫和威胁罪起诉。尽管有确凿的证据,法院还是认定他们的抢劫罪名不成立,但以威胁罪名对他们每人处以 20 美元的罚款,并缓刑两年。法庭没有对货物下达任何命令,货物仍然掌握在协会手中。

工部局律师的诉讼记录副本已于 3 月 22 日提交给了调查团。

(b) 1931 年 10 月,一大批反日暴徒闯入一家日本棉纺厂,砸坏了员工住宅的门窗,造成了巨大的破坏。其中两人被逮捕,并被控恶意破坏。法院对他们每人处以 3 美元的罚款(最高刑罚为一年监禁或 500 美元罚款)。工部局辩护律师对此判决提出上诉,但上诉失败。诉讼记录副本标记为证据Ⅱ.a

(c) 在法租界的特别地方法院,有一个名叫鲁宾(M. L. Roubin)的俄罗斯人的案件。3 月 22 日《大美晚报》上的一篇文章(标记为证据Ⅱ.b)说明了这些事实。

需要指出的是,法院审理反日组织案件的罕见性,主要是由于上海公共租界巡捕房鉴于在中国地方法院无法获得定罪和适当处罚,在逮捕与这些组织有关的不法分子方面一直不够积极。

此外,自 1931 年 10 月以来,上海的中国地方法院已暂停审理所有日本人作为原告的未决民事案件,从而拒绝给予日本人合法的赔偿。中国地方法院中止法律程序危害日本人的情况,在以前的一切反日抵制活动中都有发生。

(资料来源:日内瓦国联与联合国档案馆藏李顿调查团档案,S30 - NO.2 卷宗。)

26. 中国国民党上海特别市执行委员会为调查各级学校训育主任党义教师情况致各校函(1931 年 10 月)

证据Ⅰ

迳启者:查际此学期开始,各校训育主任、党义教师调动必多,该项人员与党部关系殊为密切,本会为欲明了起见,兹特制定上海市各级学校现任训育主任、党义教师调查表一种,随函附发,即希于文到三日内填报本会,以资查清。此致学校。

附调查表一纸。

中国国民党上海特别市执行委员会常务委员陶百川

潘公展

吴开先

(资料来源:日内瓦国联与联合国档案馆藏李顿调查团档案,S30-NO.2卷宗。)

27. 中国国民党上海特别市执行委员会为令遵抗日救国工作要点训令各级学校训育主任党义教师(1931 年 10 月 2 日)

中国国民党上海特别市执行委员会训令第 171 号。

令各学校训育主任、党义教师。

为令遵事。际此东邻入寇侵迫不已,国难当头,千钧一发之秋,若不共图挽救,将贻亡国之忧。我全市各校训育主任、党义教师,负领青年教育党义之责,使命异常重大,自应一致奋起,加紧工作,共救危亡。兹特制定抗日救国工作要点六项,分发各该校训育主任、党义教师,仰一体遵照办理为要。此令。

附发抗日救国工作要点一份。

常务委员陶百川

潘公展

吴开先

中华民国二十年十月二日

各校训育主任、党义教师抗日救国工作要点

一、依据中央党部、教育部及本市党部所颁学生抗日救国运动之工作方案与原则,切实指导学生在轨道上活动。

二、依据本市党部所颁学生抗日救国会暂行组织大纲,指导学生组织抗日救国会。

三、各校党义教材应尽量注意下列各项:

甲、阐扬民族主义之真谛,解说中国当前的民族问题;

乙、讲述日帝国主义侵略中国小史,并阐明中国国际地位之艰危;

丙、关于此次日本侵略东北之真谛,尽力激发学生爱国家爱民族之精神;

丁、解说国际正义之泯灭,及中国民族自救之方针;

戊、实行日本研究之设计教学。

四、各校对于军事训练,训育主任应协助军事训练教官督促进行。

五、对于时局之重要消息应以诚挚态度,随时以准确见解报告解释于学生。

六、各校训育主任、党义教师应指导学生利用室余时间努力宣传,唤起民众共赴国难。

附学生抗日救国会之工作原则及组织大纲。

学生抗日救国会之工作原则

一、厉行经济绝交

二、拥护和平统一

三、努力宣传工作

四、致力学业修养

五、加紧军事训练

六、避免一切纠纷

学生抗日救国会暂行组织大纲

一、凡中等学校以上各种学校之学生,均得组织学生抗日救国会。

二、学生抗日救国会之名称须冠以各该学之校名。

三、学生抗日救国会之组织,以本三民主义之精神,努力抗日救国为目的。

四、学生抗日救国会之工作以下列各项原则为依据:

甲、拥护和平统一;

乙、厉行经济绝交;

丙、努力宣传工作;

丁、致力学业修养；

戊、加紧军事训练；

己、避免一切纠纷。

五、学生抗日救国会之权力属于会员全体，由会员大会或代表大会行使之。

六、学生抗日救国会设干事会，干事人数定为五人至二十一人。

七、学生抗日救国会干事会之下，设文书、事务、宣传、检察等股，各股由干事互推分掌之。

八、学生抗日救国会，于必要时将推举代表一人至二人，联络他校学生抗日救国会之代表举行联席会议。

九、学生抗日救国会章程，须遵照本会大纲制定，并呈报中国国民党上海特别市执行委员会备案。

十、本大纲由中国国民党上海特别市执行委员会议决施行。

中国国民党上海特别市执行委员印发

（资料来源：日内瓦国联与联合国档案馆藏李顿调查团档案，S30－NO.2卷宗。）

28. 上海地方法院审理中国工人破坏日本人财产案的庭审记录摘录（1931年10—12月）

证据Ⅱ.a

摘自上海第一特区地方法院1931年10月19日庭审记录，F.I.R.编号：381/31，Stn.编号：A2544－5号，Reg.编号：5/41651－2－3，普陀路捕房。检察官……，法官：沈法官。

被告：王望林，年龄21岁，苦力

刘古任，年龄19岁，手推车苦力

控告：毁弃损坏罪，违反中华民国刑法第382条。

起因：被告于1931年10月18日下午1时15分至下午3时30分在澳门路160号与其他不明人士一起，投掷石块，砸碎许多窗户，恶意损坏了原告的财产。

原告:植木芳次郎(Shoza Kutuyuma)①

庭审过程:

钱(Tsien)先生代表捕房出庭。

华司(D. P. S. Watts):10 月 18 日在普陀路的反日示威中,一群中国人袭击了澳门路 160 号的一家日本工厂。该工厂的主人逮住了五名被告,但其中两人因为只是少年而被放走,这些被告被移交给了警方,并要求以打破工厂窗户的罪名起诉他们。骚乱发生后,日本海军陆战队出现了,这些被告被带到警察局。被告头部受了一些伤,被送往医院(出示医生写的欠条)。

原告植木:我住在澳门路 160 号工厂宿舍。本案发生时,被告与其他人一起砸碎了我们工厂的窗户。一楼的所有窗户都被砸碎了。

法官问原告:您为什么不把所有碎玻璃等带到法庭作为证据?

原告:起初大约有 100 人来到工厂,但很快就来了大约 1 000 人。我不知道他们为什么要打破窗户,但他们高喊“打倒日本人”。我报了警,一队警察赶到了现场。

法官对原告:如果有 1 000 多人,那么您为什么只逮住了这几名被告?

原告:因为当时不可能再捉住更多人了。我们先抓住了这些被告,然后把他们交给了警方。他们有的是在宿舍内被抓住的,有的是在宿舍外。

第一被告:我是在工厂外被抓的。我什么都没有破坏,我只是路过那个地方。我在华丰面粉厂工作。

第二被告:我什么也没有破坏。原告用卡宾枪击中了我的身体。

第三被告:我去了一个朋友家,当我沿着澳门路返回时,我看见一群人,日本人就抓住了我。

判决:每人因恶意损害处罚款每天 3 美元或 2 美元。每名被告须提供 100 美元的现金担保。

钱先生(判决结束之后):关于此案,警方认为这是一个重要的案件,因为涉及几百人,而原告对法院的判决亦不满意,所以,我要求被告提供实质性的担保,以便进一步考虑【上诉】。

① 编者按:S30 卷宗记录的原告人是 Shoza Kutuyuma,未找到对应的日本人名;根据《三工人被日人毒打,请法官视伤状》(《申报》1931 年 10 月 20 日,第 11 版)的记载,该原告名字是植木芳次郎。

法官对钱先生说:我已经把案件记录标了出来,判决立即执行。您为什么之前不说?我已经下了判决书并在纸上做了标记,所以您现在不能上诉了。

A. A. G.

摘自上海特区地方法院1931年10月19日庭审记录,F. I. R.编号:381/31,Stn.编号:2546,Reg.编号:5/41653,普陀路捕房。检察官,法官。

被告:宋绍吉,年龄25岁,包工头

控告:攻击,违反中华民国刑法第293条。起因是他于1931年10月18日下午3:20在澳门路向原告投掷石块,并袭击了原告。

原告:日本海军陆战队成员。

摘自江苏高等法院第二分院1931年11月17日庭审记录[①]。F. I. R.编号:381,Stn.编号:2546,Reg.编号:5/41651,普陀路捕房。检察官……法官:魏(Hyui)法官、冯(Feng)法官、孙(Sun)法官。

地方上诉法院

上诉人:工部局巡捕房

庭审过程:鲁(Ru)先生代表巡捕房出庭。

伍守恭(Zau Kong)先生和俞钟骆(Yue Tsung Nyoh)先生为被告出庭作证。

第一被告:我受雇于面粉厂。

第二被告:我受雇做苦力。

第三被告:我受雇为建筑包工头。

鲁先生:巡捕房对本案提出上诉,是因为他们认为下级法院的判罚太轻,而且没有充分考虑犯罪的严重性。被告人非法行事并造成损害,每人仅被罚款3美元。虽然当时有大批人在场,但仅逮捕了这些被告,因此推定法院认为,因为他们不是唯一的违法者,所以打碎玻璃而轻判符合案情。但是,我认为,他们还犯有故意挑起破坏和平事端之罪,应该根据第160条和第381条破坏财产罪宣判。根据该条款规定,他们至少应被判六个月的刑期。此外,虽然

① 编者按:本件原文标注是第4页。

有八（8）[①]名证人在场，但下级法院并没有非常仔细地讯问证人。

俞先生：被告没有上诉的原因，是由于他们没有看到书面判决，不是因为被告同意原告认为他们被很轻易地释放的观点。（书面判决在这里展示给律师）。我请求还押候审，让我仔细阅读该判决。

鲁先生：被告居无定所，可能会潜逃，因此我要求，准予取消他们的担保金，而将其拘留。

判决：被告以原担保为依据，取保候审至 1931 年 12 月 1 日下午。

E. A. Hale.

摘自江苏高等法院第二分院 1931 年 12 月 1 日庭审记录[②]。F. I. R. 编号：381/31 号，Stn. 编号：A. 2544－5，Reg. 编号：5/41651－3，普陀路捕房。检察官……法官：周法官、孙法官、魏法官。

地方上诉法院

庭审过程：布莱恩先生（R. T. Bryan）代表巡捕房。

伍守恭（Woo Seu Kung）先生和俞钟骆（Yue Tseng Loh）先生代表被告。

庭长对本案的辩护律师说：捕房已经陈述了他们提出上诉的理由，现在被告必须说明他们提出上诉的理由。

俞先生：我们认为下级法院的判决不充分。现在，我们请求撤销这一判决，并判决由下级法院根据探员提供的证据判定的第一被告和第二被告无罪，因为在所有指控的罪行发生后仅华司一人抵达现场，所以，他的证词只是道听途说，不应该被采纳。原告所提交的证词由于中日关系紧张，也不应该被接受。探员和原告关于被捕的被告人的证词是非常矛盾的。在这种情况下，毫无疑问，原告会严重夸大罪行。这是由于中日两国人民间普遍的感情所致。对第三被告的指控不同于对其他两被告的指控。第一和第二被告根据中华民国刑法第 389 条被起诉，第三被告根据《中华民国民法》第 293 条被起诉。我很惊讶于前两名被告的被指控，以及在第三被告的案件中因其受伤而被指控攻击。本案原告没有受伤，没有医生证明他受伤了。我们认为下级法院提供

① 编者按：原文如此。

② 编者按：此文件显示摘录自庭审记录的第 5—20 页，原文件所标页码从略。

的证据不足，要求撤销裁决。

布莱恩先生：如果法院愿意，博学的律师没有很清楚地考虑上诉请求，就像在下级法院法官说他不希望听到所有提供的证据一样。我已经说明了这次上诉的理由，现在我不打算重复这一点。那只是浪费时间。除5名警方证人外，本案还有8名其他证人，除此之外，我们还有2名日本证人。他们可以证明被告在骚乱中所扮演的角色。这里我有一些照片，可以向法庭展示损坏的程度（出示）。律师希望法庭能清楚地考虑那些针对被告人的证据，并听取案件中所有证人的意见，在此之后，我确信法庭会发现下级法院里有学问的法官适用法律不当。

俞先生：如果捕房辩护人希望提供证据，他必须首先向法庭出示由证人提供的证词。如果法院认为证人提供的证词是不充分的，那么这些证词应该由法庭驳回。

布莱恩先生：我向法院提出，律师没有正确地行使上诉的权利。

俞先生：根据刑事诉讼程序，如果一个事实已经成立，那么就不需要再为这一事实进一步提供证据。上诉法院审理的证据不能超出下级法院适用的法律范围：

证人米勒（F. S. Miller）：1931年10月18日我没有去澳门路，当时我在小沙渡路附近的劳勃生路值班。那是在上午，我在钟楼附近，那里也有一些像澳门路那样的麻烦。当时我没有看到这三名被告在那里。

原告植木芳次郎（现声明为证人）：我住在澳门路160号的工厂宿舍。今天我作为这个案件的证人出庭作证。我是工厂作家。在本案所指的事件发生时，我在工厂宿舍里。时间大约是1931年10月18日下午1点。当时我在楼上，看见大约200人挤在房子外面。过了一段时间，人群聚集了大约2 000人。我看见人群向宿舍投掷砖头等。我把这个报告给了日本邮船株式会社办事处总部。在巡捕到达工厂之前，人群打破大门冲进了院内，同时高喊着“杀死日本人”。

伍先生：证人没有说门坏了。

证人继续回答庭长：人群通过木门进入院子。这个示意图将向法庭显示从工厂到戈登路日本邮船株式会社办事处总部的距离，以及从工厂入口到澳门路宿舍的距离。据我所知，群众没有去戈登路的总部。那是一个星期天，妇女和孩子们去了胶州路的学校，而当时在工厂宿舍里大约有六个男人。那时，院子的门是锁着的。人群向大门投掷石头,最后把大门撞坏了。当时大约有100人闯入了这个大院,其中两人进入了这个公寓。这两人被捕了。第一被告和第二被告进入了房子。我看见这两名被告在人群闯入院子时向窗户投掷石头。我看见了很多人,第三被告似乎是暴徒的头目。第三被告带领着人群,当警察到达现场时,他向警察扔石头。我逮捕了第一被告和第二被告。我向警察报告说,被告一直朝我扔石头。我不能肯定他们有没有特别注意到我并向我扔石头。我也不能肯定其他目击者有没有被石头击中。事发时,工厂没有人受伤。

庭长问证人:您说第一被告和第二被告向窗户投掷石头,他们扔了多少次?

证人答庭长:他们扔了很多次,但我也说不清有多少次。这些照片将能向法庭显示投掷石块造成的破坏程度。人们从工厂前面正在施工的一座建筑物处取得了石块。

证人回答布莱恩先生:(在市政律师制作的照片上)这是被被告砸坏的大门。我说不出这扇门的价值。他们把大门从铰链上取下来扔到了马路上。我不能肯定被告当时是否在场。当其他人把门从铰链上取下来时,他们可能就在门后。我敢肯定当时他们在人群中。那张照片上的房子是我的住处(交给法庭的第 1 号证据)。从那所房子的走廊上,我能看见人群在马路上和院子里所做的一切。我看到三名被告都投掷了石头。三名被告投掷的石头有一些砸中了窗户。他们同时大叫:“杀了日本人”,或者是“打倒日本人”。这所房子(交给法庭的第 2 号证据)就在人群推倒的大门附近。我看见三名被告和向门口扔石头的人群在一起。那个宿舍的门靠近大门。我认为第三被告是暴徒的头目,他是第一个向房子扔石头的人。他也是最后一个投掷的。他向人群挥手催促他们前进。

庭长对布莱恩先生说:下级法院仅判决第三被告故意伤害罪。

布莱恩先生回答说:法官大人,情况就是这样。

证人回答布莱恩先生:我不能描述第一被告和第二被告的个人行为,因为他们与人群在一起。他们被抓后什么也没有对我说。

证人回答俞先生:大门是灰白色的,上面涂了清漆,我只懂一点中文。人群高喊“打”(Tang)或“打人”(Tang Jeu),我把这个理解为“打倒日本人”。人群很暴力,他们拒绝被捕。另一名证人最清楚发生了什么。

俞先生对证人说:您认为谁比较强壮,您还是被告?

证人回答俞先生:一对一的话,我就可以很容易地解决他们,但如果他们一起攻击我,我就没有机会了。大约有五六名日本海军陆战队士兵在事件现场。他们是巡逻队。被告被捕后很暴力,所以我们用绳子把他们捆绑起来了。那所房子有从门口到法庭这么宽。

伍先生向法庭说:这位证人说他不代表工厂老板,法庭是否会要求被损害的财产属于谁的证人,因为这将影响指控被告的适用条款。

庭长问布莱恩先生:这件事的照片是谁拍的?

布莱恩先生:这些照片是一位日本报纸记者拍摄并发表在报纸上的。如果法庭愿意,我可以让他带着这些照片出庭。证人可以证明照片是当天在犯罪现场拍摄的。

庭长:当时是谁报的警?

布莱恩先生:事件发生时,附近有巡捕去了那里。法庭应该知道,人群整天都在该地区活动,因此,为了防止此类事件的发生,各个区域都有巡捕。至于本案的实际情况,我请求法庭询问华司,因为他从事件开始到结束都在那里。

庭长:我想再问问这最后一位证人。

证人回答法官说:受损的财产属于工厂主。

庭长问证人:今天谁是他们的代表?

证人:本木(Motoki)先生今天代表工厂主出庭。

布莱恩先生:事件发生时,工厂主代表不在场,但他可以在地图上指出工厂位置等。

证人本木先生(工厂主代表):事件发生时我不在场。我希望被告被控破坏财产罪。250块玻璃碎了,门也坏了。法庭能否允许我以我自己的方式陈述那天在澳门路发生的事情?

魏法官:同意请求。

证人继续说:1931年9月18日,满洲事变发生后,中国人反日情绪高涨,工厂附近的人对该地区日本人的态度明显变得不友好。中国人跟着日本人对他们吐口水等等。

魏法官对证人说:您只需要提供与当天澳门路事件有关的证据。

证人:这两件事是相关的,我也想要说这个。这起较小的案件导致了1931年10月29日的另一起事件,当时该地区的一名日本裁缝遭到中国人的袭击,而中国人对日本人的不友好情绪导致了 1931 年 10 月 18 日的澳门路事件。当天上午 10 点左右,大约 100 名中国学生在第九厂附近穿过苏州路。他们举着横幅,分发小册子(出示)。这些学生向第九厂的大门扔石头,还砸坏了一辆停在工厂门口的汽车。之后,他们去了第三厂和第四厂,在那里向公寓的窗户扔石头。

魏法官:您在 1931 年 10 月 18 日的人群中看到三名被告了吗?那天他们和人群在一起吗?

证人:发生在澳门路的这起事件,不是仅针对三名被告,因为学生们带领着人群。

庭长:我们正在就澳门路事件造成的损害对被告进行审判,您陈述与本案无关。1931 年 10 月 18 日下午发生了什么?

证人:至于这一点,我不知道。请法庭询问其他证人。

布莱恩先生问证人:当天造成的损失有多大?

证人回答布莱恩先生:大约 200 美元。

证人回答吴先生:我没有去捕房。

回答俞先生:玻璃窗大约有一平方英尺。

庭长问证人:谁通知了巡捕?

证人回答:其他五名目击者替工厂主向捕房报告了情况。

第三被告:我想做一些声明。

(请求被法院驳回)

华司:大约在 1931 年 10 月 18 日上午 10 时 45 分,捕房接到电话报警说澳门路发生示威游行。捕房在那里看到了大约 1 000 名中国人,他们高喊着共产主义口号,挥舞着旗帜。捕房尝试驱散人群,但是失败了。人群朝着劳勃生路和小沙渡路拐角处的钟楼走去。在那里他们遇到了一名日籍巡捕,并用石头砸了他。不久之后,另一名日籍巡捕赶到现场,雨点般的石块也砸向了他。然后我们三名外国巡捕到了现场,我们把两名日本巡捕带进了一家商店。人群向我们投掷石块,我们都受了轻伤。商店里所有的窗户都被打坏了,我们不得不叫捕房预备队来驱散人群。下午 12 点 35 分完成了人员驱散。同一天下午 1 点 15 分,第九厂的居民再次打来电话,说有一群中国人在用石块砸这个地方。巡捕驱散了人群,跟着他们走到小沙渡路。后来我们得知,第九厂的日本人捉住了一些中国人。我们去了工厂宿舍,在那里拘留了五名中国人。

因为其中三名都是小男孩，所以在捕房释放了他们。另外两人受到指控，日本人声称这两人向澳门路工厂宿舍的窗户扔石头。因为第一被告和第二被告都受了轻伤，于是我把他们带到了医院。当我回到捕房时，我发现了在此期间被捕的第三名被告。至于逮捕第三被告，F. P. S. 283[①] 可以向法庭提供证据。扔石头的时候我不在场。

C. P. S. 151 证明并补充说：第三被告大约于当日下午 4 点在澳门路 160 号被拘押。

F. P. S. 283：大约下午 1 点 15 分工厂发生第一次事件后，我一直在那里值班到下午 6 点。下午 3 点，日本籍巡捕通知我，还有一个人被日本海军陆战队拘在宿舍。我去了宿舍，在那里发现了被捆着的第三被告。因为从下午 1 点开始宿舍就被日本海军陆战队围了起来，我怀疑被告从那时起就一直在那里。第三被告在下午 3 点 10 分被捕。我不能问海军陆战队任何关于拘捕第三被告的问题，因为我不会说日语。

证人槌田(Tsuchida)先生：第一被告和第二被告在宿舍被逮捕时我就在现场。那天大约在 11 点我接到了这件事的通知。大约下午 1 点，我听到宿舍外面人声嘈杂，同时玻璃也打碎了。我还听到门倒下来的声音。然后我看到大约 100 名中国人跑进了这个院子。我走到我的房子门口，看见人群穿过院子，他们朝房子走去。我捉住了第二被告，他是进入大院的人中的一个。我看见他向窗户扔石头。我不知道谁逮住了第一被告。我没有逮捕他。我不知道他为什么被捕。

回答布莱恩先生：我看见了第一被告和第二被告扔石头。我没看见人群把大门推倒。

证人村上(Murakami)先生向法庭回答道：事件发生的时候我在场。我在宜昌(Ichang)路大门口值班。这个工厂有两个入口，一个在澳门路，另一个在宜昌路。我在那里碰到了日本巡逻队，与此同时一个小男孩告诉我，另一个门出事了。我把这事告诉了海军陆战队，他们立刻去了事发现场。当我到达那里时，我看到大门已经被打破了，人群已经进入了院子。当时大约有 100 名中国人在那里，海军陆战队驱散了人群。人群中有几个人进了房子。人们在扔石头。我逮住了第一被告，我们用绳子把他捆起来，直到警察来了。我没有逮

① 编者按：指某警察的编号。后同。

捕第三被告。西川(Nishikawa)先生捉住了他。我没有看到第三个被告扔石头。

证人西川先生向法庭回答道：我捉住了第三被告。我看到了暴徒的头目，并记住了他们。我看见第一和第二被告与人群在院子里。我看到第三被告领导着暴徒。我看到第一被告和第二被告扔石头，当时第三被告在他们后面。他被捕时穿着不同的衣服。我记得他的相貌。我看到第三被告的时候，大门被撞坏了。后来我又看见他在宿舍附近闲逛。我认出他是闯入院子的人之一，在海军陆战队的帮助下，我逮捕了他。我没看见他扔石头。在第三被告被捕时，人群已经撤退到小沙渡路上的一块荒地。当时在那片荒地上有二三千人。

庭长：在他被捕的时候，还有其他人和第三被告在门口吗？

证人：没有，他被捕时是一个人。

第一被告：我在工厂宿舍外被捕的。我没有向工厂扔石头，玻璃是被工厂工人打碎的。我没有进入工厂院内。当时我和第二被告在一起。他推着一辆手推车，我们没有进入工厂宿舍。

第二被告：在我们被捕之前，我不认识第一被告。我们第一次见面是在工厂门口。我没有向工厂扔石头。我没有进入宿舍。我受伤了，外套上有血迹。(出示)

第三被告：当时我正沿着澳门路经过，看见日本海军陆战队在那里，其中一人咬了我的肩膀，另一人用刺刀打中我的牙齿。日本证人指证我的证据都是假的。我什么口号都没有喊，日本人说我们喊"毁灭与杀掉恶魔"。如果是这样，他们怎么知道我们指的是他们？如果他们认为他们是魔鬼，那么他们可能是对的，但我什么也没喊。

(在这里，庭长令律师进行总结。)

布莱恩先生(总结)：关于这件事，请注意大上海市长发布的公告。这既赞扬了中国人民的爱国情怀，同时又警告他们要维护和平，遵守法律。这也表明，任何超越法律约束的人都将受到严格监管。现在，如果法庭愿意的话，上海工部局拥有与大上海市长相同的地位。我们不干涉中国人民的爱国事业，但是中国人民和日本人民必须遵守法律。我们不会把两者区分开来。当时的情况不只是暴乱，而且第三被告是暴乱的头目。这场暴乱是由浦东的学生发起的，学生激励了比较无知的人去领导。维持租界内的法律和秩序是上海工部局的责任。到外面损坏大约 200 美元或 300 美元的财物而得到 3 美元的罚款，这是一个非常有利可图的生意。除从轻情节外，我请求法庭将此案视为一件普通的案件。让我们考虑一下其他案件中在法庭上提出的一些罚款。在交通法庭上，障碍物或没有尾灯的最低罚款为 20 美元。前段时间，我曾在一宗案件中起诉一名男子，他向一辆驶过的电车投掷石块，被判入狱三个月。不同之处在于那个案子的原告方是英国人，而本案的原告方是日本人。在另一个案例中，一个小男孩把手推车(trolley)从电车(Tram Car)上拉了下来，造成了 100 美元的损失，被判了 6 个月的监禁。我可以引用很多这样的案例，该案可以减轻处罚的情况是中国人由于满洲事变而不喜欢日本人，他们因此而罢工。如果此案发生在之前的上海，那么被告将受到严厉惩罚，我请求法庭同样对待他们……如果被告被判处 3 美元的罚款，那么这笔钱将由他们的工会等支付。我请求法庭判处监禁，因为这是防止此类事件再次发生的唯一方式。

伍先生(总结)：我理解上海市政府的原因，我也很同情他们，但这个案件让我想起了 5 月 30 日的事件。在那种情况下，上海公共租界巡捕房不应该控告第三被告。在那次 5 月 30 日的事件中，一个叫埃弗森(Everson)的人开了 44 枪，打死了几十人。根据上诉，有数千人聚集在小沙渡路上。当安德鲁斯(Andrews)探长拔出手枪时，他们就散开来了。控方的警方证人没有出示任何证据证明有石块掷向了窗户，损坏了澳门路住宅区的宿舍。关于此事警方拿不出一个目击证人。在任何情况下，原告的国籍都无关紧要，因为法院在任何时候和任何情况下都将根据摆在法庭面前的证据和已证明的事实来处理罪犯。据我所知，上海工部局与日本当局就此案进行了安排。巡捕房辩护律师在证据或总结陈词中没有向法院提及这一点。警方承认案件中的被告受了伤。据说那扇被损坏得如此严重的门已经被漆成了灰色，然而根据这张照片，并没有任何迹象表明这扇门被石头或类似的东西破坏了。我坚持认为这扇门没有损坏。人们向大楼的顶楼窗户扔石头不是事实，因为他们离墙太近，根本做不到。一定是日本人自己打破了这些窗户来指控被告。第二被告在被捕时推着一辆手推车。我想知道警方询问该被告的情况，如被告要去哪里，他从哪里来。警方说有五人被捕。他们为什么释放了另外三名男孩？如果警察不想指控这些男孩，那么他们也应该作为案件的证人被带至法庭。警方应该对这个案件进行更多的调查。根据起诉书，被告于当日下午 3 点 30 分被拘捕。这怎么可能？如果上海工部局希望维持租界内的秩序，那么他们一开始就应该把事实弄清楚。在一审法院聆讯的原告现已更改。这个人现在说他只是这个案件的证人,而不是原告。如果是这样,那么当案件在一审法院审理时,这个人也只是一个证人。在这种情况下,当第一次审理指控时,没有原告,下级法院的法官不应该受理该案件。在本案中没有关于法律问题的争论。没有人受伤,并且根据法律,对人的未遂伤害不受指控。因此,我不会讲法律的观点,因为本案的事实还没有确定。如果上海工部局警务处想注意到无辜的人所说的话,他们就会这样做。我们的行动导向希望看到另一场 5 月 30 日的悲剧。警方为此支付了 7 万美元,而这是通过额外税收的形式由公众支付的。纳税人支付了这笔钱,而不是上海工部局。

俞先生,总结如下:我认为,本案中的法律问题应该由法官像其他案件一样来处理。上海工部局在本案中采取了错误的态度。正如另一位博学的律师所说,警方仅凭日本原告的话就采取了行动。本案的被告是受伤害的一方,而警方没有代表他们采取行动。我认为警方已经因在本案中选择的态度而失去了正当理由。我们在本案中提出上诉,因为我们认为我们没有违反任何有理由定罪的行为。我想向法庭提出,在本案中,上海工部局的行为是否合法。案件的事实尚不清楚。根据指控被告的条款,起诉必须在原告的发动下进行,但在下级法院说他是原告的那个人现在却告诉法庭他只是一名证人。因此,当案件提交下级法院审理时,没有原告,法官不应该受理案件。根据中文起诉书,在起诉被告的案件中,日本邮船株式会社的工厂主没有代表,因此,警方在没有合法原告的情况下指控了被告。在这种情况下,我问法院,对被告的判决是依法的吗? 此外,针对被告的案件事实不清。法官依据华司和另一名侦探的证词以及原告可疑的陈述对被告做出了判决。我认为,如果法官阅读本案中的文件,就会发现矛盾和偏见了。在下级法院,所谓的原告最有发言权,但现在证明他的所有陈述都与本案其他证人的证词相矛盾。关于门的损坏方面的证据也是矛盾的,因为门上没有任何痕迹。日本人希望像在法庭之前那样解决被告。上海工部局声称警方在本案中的行为是公正的。如果是这样的话,那么为什么警方相信原告的陈述而不是被告。下级法院法官采纳证据的方法不充分。在这个案件中,任何疑问都应向被告提出。我们在案件中没有提供任何反证,以向法官证明这些被告在 1931 年 10 月 18 日没有参与这件事。如果他们参与了那件事,那么会有一些证据让他们在法庭上出示。被告是本案的受害方,那么下级法院的法官是如何认定他们是有罪的一方的呢? 如果上海工部局在本案中没有上诉,那么辩护律师将会为被告提出上诉。

布莱恩先生：在辩护律师辩论中提出的所有观点中，我只能看到一点值得注意，这是唯一应予以回答的问题。辩护律师想问警方为什么没有起诉那三名男孩。答案是，这三个人都在 13 岁以下，根据法律，他们不应承担责任。所有其他的辩护都相当于对上海工部局的攻击。然而，我们并不担心这一点，因为如果我们不起诉，我们就应该受到日本人的攻击，当我们采取行动时，我们就会受到中国人的攻击。法庭应当注意的是，社会上有一种反日情绪。在未来的日子里，如果不注意到这一点，那么将会有非常严重的麻烦，海军陆战队或其他类似机构将被迫使用机枪。在这种情况下，上海工部局认为针对被告的证据是清楚的，这就是他们被控告的原因。辩护律师的所有争论都是为了回避案件事实。当辩护律师攻击上海工部局时，他们就等于承认他们根本没有理由。上海工部局处在一个非常复杂的地位，他们承认自己并不完美。我们知道我们犯了错误，但在证据清楚的情况下，我们希望法院帮助我们维持秩序。如果被告被允许缴纳 3 美元的罚款，那么就是法院不协助上海工部局维持秩序，而且某一天会发生另一个事件，整个事件的责任将由工部局转移至法院来承担。

伍先生：我们希望上海工部局惩罚有罪的一方，但被告不是有罪的一方。

决定：将判决发回，押后至 1931 年 12 月 8 日下午 2 时。

被告将被拘留。

帕克(W. R. Parker)

摘自江苏高等法院第二分院 1931 年 12 月 8 日庭审记录[①]。F. I. R. 编号：381/31，Stn. 编号：A. 2544，Reg 编号：5/41651。普陀路捕房，检察官……法官：孙法官，魏法官，冯法官。

地方上诉法院

诉讼程序：仅供判决。

决定：撤销第三被告的原判决。

第三被告无罪。

其他上诉全部驳回。

博尔曼(F. Boorman)

(资料来源：日内瓦国联与联合国档案馆藏李顿调查团档案，S30 - NO. 2 卷宗。)

---

① 编者按：本件原文标注是第 21 页。

29.《大美晚报》评论鲁宾案的剪报（1932 年 3 月 22 日）

证据 II. b

严重不公

通过仔细研究中国对不享有治外法权的俄国公民鲁宾先生的司法程序，反对废除治外法权的声音变得更加有力。

鲁宾先生因违反法租界公董局交通条例而被处以 500 美元的最高罚款后，被勒令以“通敌罪”出现在中国检察官高先生面前。

传票没有特别提及“敌人”是谁，尽管人们认为它是根据交通案件发出的，但在交通案件中，鲁宾先生似乎已经将他的私家车租给了日本三井物产株式会社（the Mitsui Bussan Kaisha），用于运送员工和官员。

尽管中国国民政府没有正式将日本视为敌人，中国国民政府和日本帝国政府也没有断绝外交关系，但法院还是发出了传票。

交通案件中的事实似乎很清楚，而罚款似乎太高了。鲁宾先生辩称，他不知道公董局条例要求别人租用自己的汽车时，必须要为他的汽车获取新的许可证。法院认为无知不是借口，这是一个经过时间检验的程序，然后征收了最高罚款。

一名司机在宵禁后被发现无照驾驶汽车，醉酒，没有通行证，被罚款 150 美元。

罚款已经支付，鲁宾先生决定暂时不上诉，因为他的上诉必须通过中国的司法管辖权。

但是，对司法事业最危险、最有害的是，要求以“通敌罪”发出传票的特殊程序。

如果与日本人有关联者都是犯罪的话，那么在上海几乎所有的外国人和绝大部分中国人都是罪犯了。

这项指控的荒谬性只会使这一指控更加危险。

每一位载着日本人的司机，每一位与日本人一起购物或吃饭的外国人，甚至中国国民政府的官方代表郭泰祺先生，都将因讨论和平解决条款而被起诉。

该程序太离谱了，它直接反对任何司法理论，是最严重的迫害。

绝对不应允许这种企图不受挑战。毫无疑问，此案将被成为反对中国现行司法体系继续存在的众多有力论据之一。

加上这一最新记录，法院滥用权力的行为已臭名昭著。除非中国想疏远一切外国的同情，否则发出此类传票的检察官将立即受到谴责并被开除。

在每一个反日抵制协会成员的案件中，都默许了此类方法。如果没有采取行动制止对案件负有责任的法官可能实施这种愚蠢和幼稚的行为，那么这将被视为有说服力的证据，表明中国没有能力对受其照顾和管辖的公民实行司法制度。

（资料来源：日内瓦国联与联合国档案馆藏李顿调查团档案，S30－NO. 2卷宗。）

30. 瞿振华名片[①]

公大米号兼各分店主人
米号业同业公会执行委员
唐家湾商联会常务委员
法租界商总联会执行委员
法租界纳税华人会执行委员
前各路商总联会执行委员
前沪西九路商联会正会长
瞿振华
江苏上海
通讯处：在法租界康悌路一百三十二号至一百卅八号
电话：三二〇七〇
三四五〇七号
三五五九九

（资料来源：日内瓦国联与联合国档案馆藏李顿调查团档案，S30－NO. 2卷宗。）

---

① 编者按：该名片夹于档案之中，表示此人同调查团曾有过联系，特录之。后同。

31. 女权运动同盟会代表沈仪彬等签名

女权运动同盟会代表：

沈仪彬

黄绍兰

张敬庄

徐玫小姐

宋丽琛

（资料来源：日内瓦国联与联合国档案馆藏李顿调查团档案，S30－NO.2 卷宗。）

32. 调查团在上海的预约访谈计划[①]（1932 年 3 月）

（1）

复印件

预约采访建议

星期二，上午 10 点：主要工业家（1）

刘鸿生先生，煤炭商人

吴先生（H. M. Woh），棉纺厂主

聂潞生先生，棉纺厂主

王云五先生，商务印书馆总经理

星期三，上午 10 点：主要银行家（2）

张嘉璈先生，中国银行总经理

徐新六先生，浙江兴业银行（National Commercial Bank）总经理

李铭先生，浙江实业银行总经理

陈光甫先生，上海商业储蓄银行总经理

---

① 编者按：李顿调查团在上海的预约访谈计划稿共有 4 份，均未标明形成日期，且与李顿调查团的实际行程有所出入，因此无法确定它们的先后顺序，编者仅按其在原档案中的顺序以数字标注之。

星期三，11 点 30 分—12 点：

温世珍(S. T. Wen)先生(3)

星期四，上午 9 点 30 分—上午 10 点 30 分：主要传教士(4)

鲍乃德先生(E. E. Barnett)

修中诚先生(E. R. Hughes)

罗纳德·里斯先生(Ronald Rees)

骆维廉先生(W. W. Lockwood)

星期四，上午 10 点 30 分—上午 11 点 30 分：慈善家(5)

朱庆澜将军，任黑龙江行政长官多年，现从事慈善事业

星期五，上午 9 点 30 分—上午 10 点 30 分：主要基督教徒(6)

朱懋澄先生

梁小初先生和其他两人

星期五，上午 10 点 30 分—上午 11 点 30 分：女性领导者(7)

梅女士(Mrs. H. C. Mei)，妇女组织联合委员会主席

刘女士(Mrs. H. Liu)，上海大学校长夫人

梁女士(Miss S. C. Liang)，女青年会秘书长

星期六，上午 9 点 30 分—上午 10 点 30 分：外国商人(8)

科巴特先生，美孚石油公司

冯·思科先生(Von Sick)，西门子公司

贝尔上尉，上海万国商团指挥官

霍华德先生，《字林西报》编辑

霍普金斯先生，上海电力公司总经理

星期六，上午 10 点 30 分—11 点 30 分：报社老板(9)

史量才，中国几家重要报纸的老板——中国的诺斯克里夫勋爵

(2)

星期五

9 点 30 分：基督教领袖

10 点 30 分：中国妇女(?)[①]

11 点 30 分：顾维钧博士

---

① 编者按：原文如此。

12 点 30 分:救济水灾委员会

午休

2 点 30 分:梅乐和先生

下午 5 点:与哈斯先生喝茶

6 点 30 分:张雪楼(Christopher Chancellor)

8 点 15 分:在大都会酒店同公共租界工部局用餐

(3)

3 月 25 日,星期五

上午 10 点:

虞洽卿先生,三北轮船公司总裁

王晓籁先生,中国商会会长

袁履登先生,“宁波—绍兴”轮船公司总经理

贾福桑先生(ZIA FUSANG,音译)

贝祖贻先生[①],中国银行上海分行经理

11 点 30 分:

顾维钧博士

(4)

预约采访建议

星期五

上午 9 点 30 分—10 点 30 分:基督教领袖

朱懋澄先生

梁小初先生

罗运炎先生

应书贵先生

上午 10 点 30 分—11 点 30 分:商业领袖

虞洽卿先生

王晓籁先生

袁履登先生

贝祖贻先生

---

① 编者按:原文作 PEI-FUYI,疑为 Pei Tsu-yee。

上午 11 点 30 分:救济水灾委员会代表

许世英先生(Shu Shih Yin)

王震先生(Wang Chen)

5 位商会代表,代表 60 万人民

(资料来源:日内瓦国联与联合国档案馆藏李顿调查团档案,S30 - NO. 2 卷宗。)

33. 调查团与朱庆澜的谈话记录(1932 年 3 月 24 日)

与国民政府救济水灾委员会灾区工作组主任朱庆澜的交谈记录

上海,1932 年 3 月 24 日

协助人员:陈立廷先生,上海银行家

查良钊先生,国民政府救济水灾委员会灾区工作组副总干事、急赈处处长

出席人员:调查团的所有成员(除了马柯迪伯爵)

派尔脱先生

程先生解释说,朱将军在满洲工作了三十年,八个月前才回到上海。他曾任奉天、吉林和哈尔滨省长,也曾在满洲担任其他职务。

朱将军希望调查团明白日本在满洲的侵略性政策不是最近制定的,甚至在其满洲任职生涯开始时,日本就企图使用武力获得她想要的一切。他引用了阜新煤矿中国财产的例子。这些矿产某天被日本军队占领了,而这次占领从未通知过中国当局。日本人一直等到中国当局向日本领事提出抗议,才开始谈判,在此期间,日本人占了上风。这是典型的日本做法。他们总是尽力确保在满洲的经济垄断地位,尤其是铁路方面。为了解决这个问题,中国也试图修建铁路,一开始是在外国资本的协助下,后来是用自己的资金。日本人总是反对中国的这种形式的活动,特别是反对由中国资本建设铁路;如果他们不能阻止,他们就尽力自己提供资本。

李顿爵士问,除了"1905 年条约"赋予日本人有权抗议中国修建铁路之外,他们是否还有其他比此更大的条约权利。

朱将军回答说,日本人从来没有权利抗议,他们对"1905 年条约"的看法

是非常令人怀疑的。关于铁路竞争的问题只在条约谈判的会议记录中提到过,但条约本身并没有说禁止。满洲地域广袤,可行性的铁路建设空间远远超过了实际已建成的铁路。事实上,中国铁路从来不是日本铁路危险的竞争对手。

李顿爵士表示,另一方面,日本抱怨中国给日本铁路建设设置了障碍,例如吉林—会宁铁路。

朱将军解释说,中国反对这条铁路,因为它是日本侵略政策的一部分。

李顿爵士希望了解将军对解决铁路问题方面的主张分歧是否有建设性的意见。

朱将军认为,只要日本与中国平等交往,所有的铁路都可能成为合资企业。然而,过去的经验证明,日本人从不尊重他们与中国签订的协议,总是试图获得比实际更多的权利。他引用了日俄战争条约签订后俄罗斯的权利转移到日本的例子。日本还力图在各种场合下强制实施条约,例如"二十一条"。中日关系的另一个困难是日本试图阻止中国的统一。这一点在他们与张学良将军的交往中尤为明显,他们贿赂张学良将军以阻止他加入国民政府,而在发现这一政策失败后,他们开始实施目前侵略性的军国主义政策。朱将军认为,如果他们不为友好合作而放弃这一政策,就永远也不可能达成协议。在这方面,将军是相当悲观的。

李顿爵士问将军,他希望国联能做些什么。

朱将军回答说,如果国联能够恢复原状就足够了,即让日军撤出 1931 年 9 月 18 日以来侵占的满洲。

克劳德将军想知道日本人的担心是否能解释他们在满洲采取的政策,如果他们撤军,这个地区将陷入与中国某些省份同样的混乱状态。

朱将军回答说,这种担心是没有道理的。不要忘了,中国本土存在的混乱是由日本人造成的。

克劳德将军质疑道,是不是可以说某些省份如江西省存在混乱。

朱将军表示,只要能确定日本会信守诺言,中国愿意做出某些让步。

李顿爵士表示,朱将军一直在与约翰·霍普·辛普森(John Hope Simpson)爵士合作,开展救济水灾工作。这是国外给予中国援助一个非常成功的实例。他想知道朱将军是否相信同样的原则可以适用于其他活动领域。

朱将军回答说,从技术角度看,中国是一个不发达国家,所有的中国政府都普遍习惯于寻求外国顾问的帮助。例如,国际联盟提供的帮助是令人鼓舞的。然而,所有的外国顾问都有一个微妙的问题,中国人对此非常敏感。如果人们记得,现在指挥入侵的日本将领曾经担任过中国政府或张作霖将军的顾问,这种情况就很容易理解了。这就解释了为什么国联在帮助中国的过程中,应该要保持自身不受日本的影响。只有在承认中国独立以及政治和行政完整的基础上,才能解决当前的困难。如果不承认这一点,无论是在满洲还是在整个两国之间,就都不会有和平。这种承认可能不会立即生效,但朱将军希望再次强调一个事实,即如果恢复原状,中国将接受国联提出的任何合理和公正的解决方案。他在满洲的经历告诉他,只要生活在那里的人们不受外国的暗中破坏,中国的满洲地区就不会出问题。

(资料来源:日内瓦国联与联合国档案馆藏李顿调查团档案,S30-NO.2卷宗。)

34. 调查团与修中诚等传教士代表的谈话记录(1932年3月24日)

与主要传教士交谈的记录

上海,1932年3月24日

出席人员:调查团的所有成员(除了马柯迪伯爵)

派尔脱先生

勃来克斯雷博士

传教士:

修中诚博士,中华基督教青年会全国协会

罗纳德·里斯博士,中华全国基督教协进会

骆维廉博士,伦敦会

李顿爵士解释说,调查团在访问日本和中国时,发现两国彼此之间极不信任,到目前为止,还没有人向调查团提出任何建设性的意见。因此,调查团非常重视传教人士的意见,他们可能对形势有更宏观的看法。

修中诚博士证实了李顿爵士的说法,即中日两国间横亘着互不信任的鸿沟。就中国人而言,这种感觉部分源于对外界普遍缺乏信心。最近的事件已经清楚地证明了这一点。战争开始的时候,许多中国人像往常一样逃到租界。然而,几天后成千上万的人又离开了,因为他们的印象是,列强尤其是英国和美国,这次没有能力保护他们以免受日本的伤害。

里斯博士解释说,传教士非常重视外国顾问在中国的存在。中国人正在经历一个自我教育阶段。到目前为止,中国更多的是家庭和群体的集合体,而不是一个国家。在这一阶段,外国顾问在各种活动领域中都非常有用。然而,这一切都取决于给出建议的精神。它应该是以提供帮助的形式而不是以支配的思想给出建议。在这方面,里斯先生告诉调查团,传教士们完全不同意上海欧美商业界普遍采取的态度,这种态度给了中国人一种印象,即外国人只有在他们的贸易和权利受到侵犯时才对中国事务感兴趣。

李顿爵士问海关总署是否属于外国帮助中国的很好例子。

修中诚先生回答说,从技术上讲,这种形式的援助非常有帮助。然而,组建它的初衷主要是维护外国权利,而现在部分初衷依然保留着。

骆维廉先生指出,在他看来,日本的攻击至少有一个优势,那就是向中国人证明,外国舆论会同情中国,而中国舆论已经意识到这一点,这样就可能使中国更容易获得外国援助。

克劳德将军问骆维廉博士,他理解的中国"舆论"指的是什么。

骆维廉博士回答说,他的理解是,这个国家受过教育和有智慧的阶层的观点,可能比其他国家对文盲群体产生的影响都大。

修中诚博士解释了中国学生在这方面所起的作用。他们所产生的影响是形成一个旧时敬重学识与现在尊重民主理论的奇怪混合物。

李顿爵士理解这一点,但他指出,学生施加的政治影响也代表着一种危险。例如,难道不应该担心学生中极端的民族主义分子会试图破坏中日两国政府之间达成的任何协议吗?

里斯博士同意这一观点,但他指出,这就是我们为什么更应该支持温和派反对学生的原因。

(资料来源:日内瓦国联与联合国档案馆藏李顿调查团档案,S30－NO. 2 卷宗。)

35. 李制晋名片

国民政府赈务委员会委员

华北慈善联合会副委员长

李制晋(组绅)

(资料来源:日内瓦国联与联合国档案馆藏李顿调查团档案,S30－NO.2卷宗。)

36. 日本军官难波上尉的活动报告(1932年3月)[①]

难波[②]上尉是一名日本军官,一直住在南京路与外滩交界处的汇中饭店(Palace Hotel)129号房间,化名山本在上海从事间谍活动。他的活动主要是收集军事情报,并煽惑失意的中国政客和军人进行反动运动。他精通中英文,身材矮小,留着长发和小胡子,偶尔穿中国服装。与他一起工作的还有一位日本人,名叫田中,住在武定路97号。与他的活动关系最密切的中国人是周凤岐、陈则民和蒋明楫。他们协助组织东南自卫军以推翻公安局,并于3月13日在南市制造恐慌。其中一名中国人即蒋明辑被公安局逮捕,从中获得了他与田中密谋的证据。此后,难波搬到了熙华德路上的一家日本酒店。

(资料来源:日内瓦国联与联合国档案馆藏李顿调查团档案,S30－NO.2卷宗。)

37. 李顿等与陈友仁的会谈记录(1932年3月25日)

机密

与陈友仁的会谈记录

上海,华懋饭店,3月25日

---

① 编者按:原件无日期,据其内容推断应为1932年3月。

② 编者按:原文为Nanbai,未找到相应的日文名,似为难波(Nanba)。

应哈斯先生的邀请,并与陈先生达成协议,3 月 25 日下午 4 时至 6 时,在华懋饭店哈斯先生的房间里,陈友仁先生、李顿爵士和麦考益将军之间进行了私人谈话。

陈先生回忆说,在他负责广东政府的外交事务时,他已经表达了想建立中日友好关系的愿望。他始终认为,中国外交政策的主要问题是在双方满意的基础上处理对日关系。他认为,和平自信的关系对日本和中国来说都是必要的。这将使中国能够把她的活动集中于把中国从一个中世纪国家转变为一个现代国家的主要任务。考虑到这些想法,去年夏天陈先生与日本驻广东总领事协商后去了一趟日本。在日本期间,他与时任外务大臣的币原(Shidehara)男爵进行了会谈。他向币原男爵解释说,首先要在两国之间营造一种信任的气氛,以便能够进行讨论,然后以朋友而不是敌人的身份评定悬而未决的问题。他建议签订一项互不侵犯条约。他还推演了在满洲妥协的可能性。陈先生知道日本文治势力的地位是不稳定的,但他认为,尽管如此,币原男爵还是有足够的力量来实施这种政策。现在这一切都结束了。显然,日本真正的政府掌握在军部手中。与一般所说的相反,明治天皇并没有真正地镇压幕府,而是改革了幕府:德川家族的控制权被军部所取代。很明显,满洲事件是由军部策划而实施的,目的是为了巩固自己受到文治进步力量威胁的地位。日本军部一直有自己的政策和执行这些政策的手段。这一政策是在中国制造麻烦,以干涉中国内政。陈先生在广东任职期间,为反对南京政府而收受了日本给他的金钱和弹药。

陈先生于 12 月底就任孙科政府外交部长时认为,鉴于 9 月份以来发生的事件,除了"积极"的抗日政策外,中国对日本别无他策。他抨击了蒋介石仅依靠国际联盟的"消极"政策。但陈先生并不建议发动战争,而是主张与日本断绝外交关系,并采取一切由中国支配的积极抵抗手段。毫无疑问,从军事角度来看,与日本相比,尽管有上海事件和广东第十九路军的态度,但是中国还是一个非常弱小的国家。军队已经证明了些许军事抵抗是可能的。但中国不是像法国那样的国家,面积上是一个小国,同时在交通和经济结构方面却又是高度发达。中国在和平时期的弱点是她在冲突时期的优势,因为以她的面积、居民人数以及固有的经济条件,中国如果有一种积极的抵抗精神,不会为任何国家所征服。中国没有足以统治整个国家生活的中枢。此外,陈先生和他的朋友们还认为,抗战的心理效应,可以使中国朝着国家统一和建立现代国家的方向迈出一大步。同样,陈先生在过去与反对屈辱的不平等条约的政策联系在一起,这种斗争方式是唤起中国人民民族感情的一种手段。陈先生呼吁的这一政策不为蒋介石将军和汪精卫先生所接受,陈先生辞职了;但中国舆论中非常重要的一部分是他的观点。陈先生绝不反对与国际联盟合作的政策,但现在已经证明,国际联盟没能采取足够的措施保护中国免受侵略。显然,日本违反了国联盟约和九国公约,但国联没有采取任何制裁措施。国联的政策只不过是国联主要成员国的政策或与国联合作的国家的政策。这些国家可能还没有准备好帮助中国积极抵抗日本的侵略,现在中国除了用自己的方式进行积极抵抗外,没有别的办法了。

李顿爵士和麦考益将军向陈先生解释说,他们在任何方面都不是各自政府的代表;调查团正在为国联进行调查;只有在调查完成之后才可能提出制裁问题。调查团的首要任务是看友好解决方案是否仍然可行。如果不可能,理事会和国际联盟大会将考虑调查团的调查结果与建议,到那时,采用制裁的问题仍然是有效的。

(资料来源:日内瓦国联与联合国档案馆藏李顿调查团档案,S30 - NO. 2卷宗。)

38. 塞缪尔致李顿调查团的信(1932年3月25日)

基督教全国福利协会

中国上海圆明园路23号协进大楼410室,1932年3月25日

国际联盟调查团成员

先生们:

我们代表16个基督教组织的基督教全国福利协会,借此机会提请你们注意我们对中日危机的一些看法和建议,你们也许会发现这些看法和建议对你们努力寻求解决办法有些用处。现在朱懋澄先生、梁小初先生、罗运炎博士、应书贵先生代表我们只向你们展示了书面材料的一部分,稍后我们希望能提出书面材料,供你们仔细检查和参考。

我们衷心地希望,通过你们维护国际正义的使命,国际联盟竞争的成员国之间的和平可以迅速得到恢复,而世界不必担心出现一场威胁性的大灾难。

您真诚的,

基督教国家福利协会

塞缪尔（Samuel K. Ing）主席

基督教全国福利协会的支持者

1. 中国基督教会大会
2. 中华全国基督教协进会
3. 中华基督教青年会全国协会
4. 中华基督教女青年会全国协会
5. 上海基督教青年会
6. 上海基督教女青年会
7. 中国国内布道会
8. 上海市牧师协会
9. 儿童福利协会
10. 上海基督教普益社
11.《兴华报》
12. 中华基督教教育会
13. 华东基督教教育会
14. 广学会
15. 麻风救济会
16.《通问报》

（资料来源：日内瓦国联与联合国档案馆藏李顿调查团档案，S30－NO. 2 卷宗。）

39. 调查团与上海商会代表的谈话记录
（1932 年 3 月 25 日）

与中国上海商会代表的谈话记录

1932 年 3 月 25 日

出席成员：调查团全体成员

派尔脱先生

商会代表：虞洽卿先生

王晓籁先生
袁履登先生
贝祖贻先生
谢福生先生

虞先生由询问调查团对受灾地区的印象开启此次会谈。他并没有问他们作为官员身份对此的印象，而是问他们作为一个普通人的印象。

李顿爵士回答说，调查团对灾区的访问给他们留下的印象是该地区遭受了深切的痛苦，相信有必要采取一切措施防止此类事件再次发生。

麦考益将军知道在座的先生们都是上海救济总委员会的成员。他想知道该会是怎样获得授权以及如何行使其权力的。他之所以提出这个问题，是因为一直有人说，中国政府无力施政，甚至是在紧急情况下。

虞先生回答说虽然各派系之间不断发生内部冲突，但人民始终保持团结。例如，在这种特殊的情况下，居住在租界的中国人感到应对来自灾区的难民负有责任。这种团结的情感不是上海特有的，它存在于全国各地。在灾难发生时，民间团体如商会和其他组织，会齐聚一堂，与地方当局取得联系，并自愿提供帮助。自然，没有当局的帮助，什么都做不到。例如，在上海目前的紧急情况下，救济委员会不得不请市长出席会议。

李顿爵士想知道在内部分裂的同时人民是如何团结起来的。

虞先生解释说这些分裂主要归咎于各省军阀。共和国的任务是平定这种混乱的形式，因为从北京政府被推翻的那一刻开始，共和国的努力就已经宣告成功。当然，关于国家的治理方式，人们的意见仍然存在很大分歧；但是，普通人通常把这类问题留给政治团体处理。而且，不应该忘记的是，某些外国势力——主要是日本和俄国在背后支持这些军阀，并进行了大量的“暗中操纵”，向各将领许诺提供资金和武器，并要求随后以政治和经济让步的形式进行补偿。

李顿爵士问，商会将以何种方式陈述中方的事实以应对日本。

祖贻先生回答说，只有两国的商人聚在一起，许多争议才可能会得到解决。不幸的是，日本官方一直在试图阻止中国实现实业化的民族目标，这激起了中国人心中强烈的仇恨。日本正在遭受军国主义者的折磨，中国也是。他认为，调查团的任务是帮助两国摆脱军阀。中国已经在这个方向上取得了一些进展。十年前，军阀不重视民意，而今天他们不得不重视。

袁先生说，中国商人和日本商人之间的关系一直很好。例如，六年前，一批中国商人特别访问了日本，尤其是大阪，由于他们与日本朋友达成了协议，一直到去年为止他们都能够阻止反日抵制。从万宝山事件杀害了中国公民时起，这种良好的氛围才被破坏了。从那时起，没有人能阻止中国人民发起抵制行动。袁先生相信，中国准备在满洲和中国本土继续保持门户开放政策，但前提条件是尊重中国的领土和行政完整。此外，中国将要求日本赔偿其所造成的损失。万宝山事件发生后，从朝鲜回来的中国难民必须得到照料。接着是入侵满洲和上海，该处中国人的损失必须由日本人承担。袁先生最后说，在他看来，日本发动上海事件是为了报复抵制运动，以及为了使所有贸易瘫痪，日本的态度是，如果她自己没有任何贸易利润，其他国家也不应该有任何贸易利润。

（资料来源：日内瓦国联与联合国档案馆藏李顿调查团档案，S30－NO.2卷宗。）

40. 调查团与吴景濂等的谈话会议记录
（1932 年 4 月 9 日）

在天津望湖宾馆举行会议

1932 年 4 月 9 日

出席人员：吴景濂先生，前中国国会议长

王乃斌先生，前农商部总长，前中东铁路督办

鲍贵卿将军，前黑龙江省督军，前军政部总长，前中东铁路督办

调查团所有成员

吴先生欢迎调查团成员，并说，因为他的讲话不会公开发表，所以今天打算畅所欲言。

自九一八事变以来，日本政府一再重申，日本对中国没有领土野心，中国人充满了排外情绪和类似的宣传。这些都不是真的。从事件开始，日本的目标就是占领满洲。这不是一项新政策，而是早有预谋。满洲的安全不仅是中国政府，而且是全世界的利益。如果目前的争端没有得到友好解决，它将在中

日之间产生紧张关系，并最终使整个世界卷入战争。

“门户开放”政策和九国公约的原则，是满洲人民的共识。中国希望所有国家在平等的基础上参与其经济发展。二十年前，当省议会在沈阳召开时，它批准了这一原则，并据此规划了锦州—瑷珲（Aigun）铁路，但日本成功地反对了外国利益集团对其的建设。九一八事变证明日本决心关闭“门户开放”。作为国联成员国，中国希望国联能找到解决这个问题的办法。这一解决方案必须遵循维护中国领土和行政完整的原则，否则就不可能有和平，也不可能实行“门户开放”原则。这些原则既是中国的义务，也是外国的义务，中国只是要求执行商定的原则。

李顿爵士问在九月之前满洲的内部安全状况如何。

吴先生回答说，9 月 18 日以前满洲的情况至少比中国内地的任何地方都要好。他可以举例证明。没有单独的满族，满洲居民是河北、山东和河南的移民。近年来，到满洲的 400 万移民证明了满洲的和平状态。他并不否认土匪的存在，但他说，土匪是通过日本武装才得以存在的。当日本想制造麻烦的时候，她常常给土匪提供武器。当土匪被中国当局追捕时，他们就撤退到日本铁路区。

在回答进一步的问题时，吴先生说移民没有进入日本人控制的领土，而是仅仅进入中国当局控制的领土。除了 400 万移民外，每年春天都会有大批人涌入这里工作。

9 月 18 日，在沈阳共有约 600 名日本士兵，加上民兵和预备役人员，人数也不超过 1 700 人。如果三万中国士兵决定抵抗，日本永远也不可能占领沈阳，但由于中国的和平意愿，少帅电话命令不抵抗，日本人才能够占领这座城市。不仅中国政府官员受到了迫害，而且中国平民也受到了迫害，二十多万中国人逃离了沈阳。许多人在沈阳被杀，但日本人现在已经清除了所有的痕迹。在天津和北平有许多难民。

李顿爵士问，如果日本在面对充满敌意的民众和这么多中国士兵的情况下，打算征服满洲，那么它为什么一开始只有 600 人呢？

吴先生说，他们以少数人开始，是将此作为一种蓄意挑衅的行为，如果他们遇到抵抗，朝鲜和租借地的军队很快就会增援。事实上，日本在几天内就引入了几个师。冲突的起因是日本士兵、民兵和便衣人员袭击沈阳市，以及铁路沿线部队袭击中国兵营。袭击铁路的故事纯粹是个借口。当晚铁路上什么也没发生,如果发生爆炸,那是日本人造成的。随后发生的事件证明,这仅仅是行动的借口。

吴先生的秘书潘先生说,9 月 19 日,北宁铁路局派车务处处长史梯理(Steele)先生去检查被炸毁的铁路,日本人拒绝让史梯理先生检查铁路的损坏情况。

吴先生说,从 9 月 18 日起,日本人就组织了促进自治委员会。这些委员会由两名日本成员和一名中国人构成,他们强迫地方执法官执行他们下达的命令。日本的第一步是停止满洲和中国内地之间的通讯与新闻。满洲没有中国的报纸出售,中国的报纸除非用快件或挂号信邮寄,否则无法到达满洲,但如果收件人被发现这样做,他们将受到惩罚。这些事实可以向邮政专员核实。如果说一张在天津出售的中国报纸是两便士,那么在满洲卖给中国人将是两先令。

就在几天前,在沈阳日本人抓住一名穿着考究的中国人,并询问他的国籍。当他回答说他是中国人时,他们殴打了他,并重复了这个问题。这发生了两次,中国人说:"您想要什么答案?"日本人说:"你必须说你是'满洲人'而不是中国人。"当他这么说的时候,他们就不再打他,让他走了。

戴(Tai)先生是沈阳南洋(Nanyang)烟草公司经理,他有一个十四岁的女儿在天津学习。他女儿在信中邮寄了一份中国报纸的剪报,内容是关于日本人在满洲虐待中国人的事。打开这封信后,她的母亲就在沈阳被日本人逮捕了。日本人拒绝释放母亲,直到女儿回到沈阳并被交到日本人手上。经过长时间的协商后女儿才被释放,现在全家都在广州。对于在满洲的中国人的意见,日本人企图制造一种假象。自从调查团前来的消息宣布后,日本人已经在村镇周围发起了支持新政府的请愿活动,并强迫村民签名。来自满洲的消息只能通过中国难民传到中国内地。

吴先生说,满洲没有自发的自治运动。不存在单独的满族种族。满洲的语言和文化与中国相同。自治运动应该来自大多数人民,而不是来自少数官员。中国的其他分裂主义运动是国内政治问题,但在满洲的这一运动企图改变东三省的主权,并采取了不同于中国的名称。中国有责任建立一个能够维护和平与秩序的政府,为对外贸易提供充分的机会。自革命以来,人们曾多次尝试建立这样一个政府,但都因日本的干涉而受挫。如果各国给中国一个机会,她固有的组织能力将产生一个对人民负责、对各国友好的好政府,但如果她的领土和行政完整受到侵犯,那么这就不可能实现了。

(资料来源:日内瓦国联与联合国档案馆藏李顿调查团档案,S30－NO.2卷宗。)

41. 调查团与天津教工商界代表的谈话记录
(1932年4月9日)

与天津知名人士的谈话记录

1932年4月9日上午,星期六

出席人员:调查团全体成员

哈斯先生

卡尔利(Charrere)

派斯塔柯夫

派尔脱先生

以及以下知名人士:

张伯苓先生,南开大学校长

张炽章先生,《大公报》总编辑

胡霖先生,《大公报》总经理

卞白眉先生,银行业公会会长

张品题先生,商会主席

时子周先生,教育界代表

黎绍芬先生,妇女教育促进会代表

王文典先生,商会常务委员

代表团向调查团提交了三份文件:关于1931年11月天津事变的备忘录,关于绑架溥仪和其他地方事件的备忘录,关于反日抵制的备忘录,以及一本由新闻界代表准备的小册子,其中包含有关中日争端的各种文章。

李顿爵士向代表团提出了各种问题,但似乎他的所有问题在上述备忘录中都能得到解决。

不过,该代表团希望补充一点,即满洲地区的公众舆论受到日本严格的审查。他们自己的信息几乎完全是通过走私信件和设法越过边境的人获得的。

代表团向调查团指出,在听取中国证人证词方面将有很大困难,必须要保证这些证人的安全。一般来说,日本警察在密切监视着记者、邮政官员等以及任何试图向占领区外民众提供信息的人。代表团的一位成员举出了他的姐夫吉林商会会长的案子,该会长给天津的朋友写了一封信,信被日本当局扣押了。他被传唤到警察局,从那以后就再也没有听到他的消息。

(资料来源:日内瓦国联与联合国档案馆藏李顿调查团档案,S30－NO.2卷宗。)

42. 天津暴乱事件的备忘录(1932 年 4 月)

1931 年 11 月天津暴乱事件的备忘录

天津市人民提交

中华民国二十一年四月

目录

---

① 编者按:地图从略。

第十五节:从塘沽重新招募便衣人员

第十六节:土肥原再次来天津,日本司令官二次炮击天津

第十七节:日本司令官炮击城市12个小时后发布的最后通牒

第十八节:日本在天津的行动与第一次进攻锦州同步进行

第十九节:撤回保安队的决定和便衣队的最后攻击

第二十节:中国当局提交的伤亡和损失清单

第二十一节:结论

1931年天津暴乱事件备忘录

致国际联盟调查团:

你们好!

天津人民对你们所做的一切表示诚挚的感谢,并对你们在天津短暂停留表示衷心的欢迎。他们通过以下签字的代表,简要说明去年下半年发生在这座城市的特别事件,这些事件被称为"1931年11月天津暴乱"。

本市人民衷心希望调查团对所提出的事实进行独立调查,收集所有可确认本报告所作声明的信息,并对这些问题寻求合乎逻辑的答案,这些问题包括暴乱的潜在动机以及与满洲、上海最近发生的其他事件之间的关系。

1. 中国当局和四国领事预感有麻烦。正如每一个大规模的阴谋一样,泄露并非不可能,因此1931年11月天津暴乱的阴谋被泄露给中国地方当局,中国地方当局在11月的第一个星期内向法国、英国、意大利和美国的领事代表至少两次传达了他们的机密信息。鉴于可能影响到外国人在天津的生命和财产,向外国领事代表提供机密信息被认为是明智的,因为根据1901年《辛丑条约》的规定,上述国家在天津驻有军队,而中国军队被要求与城市保持20里的距离。从相关领事馆可以确认这些事实。

2. 11月8日晚。大约在11月8日晚上9点到10点之间,中国行人和其他人在中原公司后面的日本宪兵司令部附近以及福岛路附近看到大量身穿深色长袍的人聚集并领取武器。有人拿了步枪,有人拿了手枪,还有人两种都拿了。上述地点相当靠近日租界北侧的华界边界。如果需要证词,我们可以出示这些事件的目击证人的证词。

当天晚上十点半左右,武装的便衣人员开始从日租界的三个主要地点蜂拥而出,即旭街、闸口的北端和海光寺,而在整个北部边界与华界相邻的日租界的每一条街道上,都有一些小规模队伍在行进。他们的最终目标是:(1)公

安局总部,(2) 省市政府大楼,(3) 北宁路总站。便衣人员离开日租界后,立即向中国警察发动暴力攻击,特别是集中攻击日租界附近的中国各区署所。在保安队的协助和加强下,普通警察部队成功地应对了这一险情。毫无疑问,中国地方当局事先掌握的信息增强了警察处理暴乱的信心。

……①

要求警察和保安队后撤至距日租界三百米以外的地方,并威胁要采取他们认为必要的任何行动,以防当天早上六点之前未达到他们的要求。中国军司令部通过其顾问,立即通过电话向天津英美特遣队司令部通报了日军的要求,并得知日本军队司令已经把他对中国当局的要求通知了所有在天津的外国指挥官。经过仔细考虑,为避免与日本发生任何冲突事件,在同一天早上大约五点半,中国军司令部通过电话通知日本司令部我方将接受他们的要求。同时,英军和美军司令部也收到了同样的电话信息,请求他们分别通知日军司令部,中国已宣布接受日本的要求,以避免在天津与日本发生任何冲突。接到中国电话信息的英国和美国特遣队的军官们,当即欣然同意了这一请求。

5. 日本于要求满足后仍炮击中国城市。11 月 9 日上午大约 6 点 50 分,在中国保安队按日军要求撤退后大约一个小时,日军在其租界使用战壕迫击炮向中方发射了约 30 枚炮弹。几枚炮弹落在了公安局总部附近,而其他许多炮弹造成的受害者,大多是无辜的中国平民。一位日本高级军官在接受天津英文日报《华北明星报》(the North China Star)的采访中坦言,日本军队确实使用了战壕迫击炮,这违反了国际法、国际公约和人道主义禁令,该报纸于 11 月 10 日发表了该说法。外国驻天津的领事馆和军事特遣队也一定有记录可证实这一暴行。

6. 日本司令官之宣言。请注意日军司令官香椎(Kashii)将军在 11 月 8 日暴乱后的几个小时内发表的宣言。以下内容摘自日本官方新闻社发布的公报,除了斜体字②是我们自己的:

“华界发生了意想不到的混乱。日本军队不知道这些混乱的本质是什么。”……

“这些混乱只不过是由于中国政治事务引起的冲突,日本军队不愿意干涉

① 编者按:原件遗漏第 3 页。

② 编者按:原件中没有斜体字,但个别句子有下划线,编译时保留了这些下划线。

这些问题,因此将保持严格的中立,不站在任何一方的立场上。”……

根据第3部分所述的描述骚乱地点的细目,以及由从北平来天津实地调查的中立和公正的观察员所做报告作为补充,这些报告无疑将在适当时候提交调查团,没有人会认同日本司令官香椎将军所说的,11月8日晚上的暴乱“发生在华界”,或者“意想不到”。这里须指出的是,如果香椎将军所说的混乱在华界已经发生,那么这些便衣人员在逻辑上应该选择一个更近的集中点和更短的路线来到达他们的军事和政治目标,如公安局总部、省市政府大楼、北宁路火车总站等。香椎将军在宣言中引用他的声明的根本动机是什么,似乎这份文件是在暴乱之前准备好的?除非前款所列的细目是完全错误和毫无根据的,否则香椎将军通过声明想否认事先知道所谓的便衣人员利用日租界作为针对公认的中国当局的行动基地而制造混乱,或是想逃避有关此事的法律责任,必定被认为是徒劳的。

7. 中国当局要求日本领事逮捕阴谋策划者。在中国地方当局掌握的秘密信息中,在暴乱爆发前的一段时间里,有两个臭名昭著的前军人,叫张璧和李际春,在几位日本顾问的帮助下,正在招募失业的中国人和无业游民,并安排他们住在中原公司西侧的大同公寓、芙蓉街的万国公寓,以及蓬莱街太平里的5号和7号房间,这些地方都在日租界。这些流氓被分成不同组彼此隔离,一个小组的成员不允许与另一个小组的成员交谈。除特别许可外,流氓一经进入,不得离开指定的场所。为了参加这次暴乱,一些精明的小头目每人得到100美元,而大多数被招募者每人得到40美元的钞票。在获得这些事情的情报后,公安局局长不止一次要求日本总领事逮捕和引渡阴谋策划者,但这些要求没有结果。

8. 捕获便衣人员并缴获其武器。11月8日,有几十名便衣人员被俘,每人身上有四十美元的钞票。他们的证词在各个方面都与上一段所述的情报信息相吻合。无一例外,所有人都证实是日本人掩护他们冲出的日租界。与这些罪犯一起被缴获的还有:(1) 日本制造的第38种型号的步枪;(2) 由沈阳兵工厂制造和存放的步枪,没有通常的花押字,这个标志一般都会刻在正式发给部队的武器上,这一点证明了这批步枪是在1931年9月18日日本占领沈阳后运到天津的,以及(3) 标有大正十五年即制造年份的手榴弹。这些证据和其他破坏性证据,如日本军刀等,都由公安局缴获、拍摄和保存。去年11月10日和随后的几天,这些证据出示给了从北平派来调查的中立国官员们。

可以进一步指出,在被逮捕的中国便衣人员中的大多数是吗啡成瘾者,由于日本人在天津日租界进行的大量非法贩运,这些人沦为了被称作“白粉”的麻醉品的奴隶。在暴乱发生前一两年,中国地方当局一直在抗议,但没有结果。

9. 日军占领日租界以外的重要地点。几乎与所谓的便衣人员所造成的骚乱爆发的同时,日军占领了日租界西北和西南的几个地点,这几个地点都深入到了华界 300 米之外,特别是第二区第六所。即使在 11 月的暴乱之后,日本国旗也在这些地方飘扬了许多天。无论故意与否,占领这些地点有助于便衣人员在炮台庄、孝悌里、徐胡圈等村庄内的活动,这些连成一片的村庄是与海光寺平行的狭长地带,距离海光寺日本兵营只有 200 码。11 月 9 日至 26 日,躲藏在这一带的便衣人员给中国当局造成了很大的困扰,并导致日军对平民更为严重的轰炸,这将在稍后进行叙述。

10. 日本炮击造成的不安和高度紧张。回到 11 月 9 日那个严峻的早晨,在没有任何警告的情况下,30 枚炮弹射向了不具攻击性和不设防的平民,在这座中国城市制造了恐慌。从前一天晚上宣布实行戒严,并在第二天白天继续有效的戒严增加了人民的困难,因为他们的粮食供应不足。所有的外国租界都充斥着疯狂的谣言。在日租界的北部边界,经常能听到步枪射击的声音。至于谁和谁之间、为了什么目的射击或互相射击,没有人能诚实地说出来,因为那是一段令人不安的时期。到了同一天中午,整个日租界都变成了一个不折不扣的兵营,实施了最严厉的戒严令。到处都充满了紧张的气氛。随着夜幕降临,人们对恶魔的恐惧有增无已。七点过后不久,每隔一段时间就会听到枪声,偶尔也有机枪的轰鸣声。所有这些射击的现场似乎是在日租界的西北边界,在日军占领的一线地区内。这种焦虑的时刻贯穿了九日的整个晚上,而九日白天和夜晚的情况,在 10 日同样上演,民众愈发紧张不安。

11. 绑架前皇帝溥仪。11 月 19 日晚上,有人向公安局局长报告,当晚约 11 点,十几个穿着制服的人站在一艘汽艇的甲板上,沿着河流朝塘沽驶去。甲板上的人在经过天津市辖区内的某一地点时,也许是为了确保小船安全脱险而发射了一颗炮弹。11 月 11 日,中国当局有充分的理由相信前皇帝溥仪已经从天津被带走。经过调查与这位年轻的前皇帝关系密切的人,下面的消息被揭露了出来。11 月 8 日和 9 日发生的事件严重影响了溥仪的健康。据报道,11 月 10 日上午,溥仪接受了一名德国医生的治疗。最终迫使溥仪离开他在日本租界的住所以及天津的最佳手段,据说是切断了他的供水。虽然不可能直接举出任何证据证明前皇帝溥仪是在不情愿的情况下被日本总参谋部的土肥原(Dohihara)大佐带到大连的，对此人声名狼藉的职业生涯我们还有更多的话要说，但现在毫无疑问的是，溥仪确实在11月暴乱期间离开了天津。关于这一点，我们必须依据溥仪在3月9日成为所谓新"满洲国"伪执政之日发表的声明，他在声明中坦率地告诉公众，"由于天津的骚乱，他只能在海边寻求和平。"在这方面，溥仪是一个重要的证人，他的声明是重要的证词。这里应该回顾一下，全世界舆论都曾关注到了溥仪在11月16日或之前抵达大连及他的隐性目的地沈阳，以领导据报道的君主立宪制政体的"新满洲"，为的是在国联理事会于预定日期开会时，将既成事实展示给国际联盟。当然，这样一场帝制演出是荒唐可笑的，日本内阁中较为深思熟虑的一部分人最终成功地将溥仪的就职典礼推迟到一个相当晚的日期，如果有的话，这场演出应该在长春而不是在沈阳举行。

12. 天津暴乱与满洲事变之间的关系。正确认识天津暴乱的意义，最终将有助于准确理解日本对满洲的真实意图和日本军国主义者为完善这些意图所采用的方法。天津暴乱的第一部分旨在两件事：第一，从天津绑架溥仪；第二，从天津驱逐张学良元帅的统治和权力，并代替张学良建立一个傀儡组织作为临时政权，以确保同傀儡新"满洲国"保持友好关系。

就绑架溥仪而言，日本人是成功的，尽管他们的行动并非没有通常的过激行为。至于从天津驱逐与废止张学良元帅的统治和权力，日本人雇佣便衣人员为盟友，似乎低估了他们明显的对手的抵抗能力，但依旧指望着在控制天津的宝贵军事优势可以有利于他们向锦州和山海关推进的计划。天津位于两条重要铁路线的铁路首端：北宁线和津浦线。因此，天津的战略地位不容忽视。天津的骚乱和混乱自然会削弱驻扎在锦州的中国军队的士气和抵抗力，当时日本在沈阳的司令部正计划攻占锦州，尽管国际联盟一再表示反对，但是大约在今年1月1日他们仍然占领了锦州。

13. 土肥原及其在中国的政治活动。在此，我们不妨就我们所知，简要介绍一下日本主要的阴谋策划者之一——土肥原大佐，他在满洲和天津的事件中发挥了突出的作用，据一家日本新闻社消息，他最近被提升为少将。除了以上与我们所述的事件有关外，事实还表明，土肥原去年11月两次到访天津，同时天津发生了两起暴乱。因此，土肥原在今年1月底到访哈尔滨，哈尔滨很快就在2月5日左右易手了，也就不足为奇了。

土肥原一直是日本驻满洲部队现任指挥官本庄的得力助手。当本庄是日本驻北京公使馆的武官时，土肥原就是本庄的助手。通过日本政府的大力推荐，他在北京担任中国陆军部的顾问多年。安福系在北京垮台后，徐树铮将军是躲避在日本公使馆的逃亡者之一。不久之后，土肥原实现了一个计划，即当时驻天津日军司令官南次郎(Minami)将军用一个大的藤条行李箱把徐将军带出了北京，并使他安全到达天津。当郭松龄的反叛军向沈阳进军时，正是通过本庄和土肥原为中间人，时任日本关东军总司令，现任驻上海日军司令的白川将军对张作霖元帅的事业产生了兴趣。郭松龄的军队就这样土崩瓦解了。当时本庄是张作霖元帅的顾问。当本庄辞去顾问职务时，土肥原被再次推荐接替他的位置。由于怀疑土肥原至少事先知道将张作霖元帅被炸成碎片的皇姑屯事件，迫使受害者的儿子张学良元帅终止了土肥原的顾问合同，以及合同中包括的全额付款、工资和费用。大约在1931年中期，当本庄被任命为日本关东军司令时，土肥原同时被任命为奉天特务机关长。就在那之后不久，东京参谋本部指派土肥原研究中国事务三个月，其间他在天津逗留了很长时间。我们记得，当时发生了著名的石友三叛乱，其双重目的：一方面是将张学良元帅赶出北平，另一方面是为了推翻蒋介石在南京的统治。石友三叛乱失败后，土肥原曾在去年9月18日日本于沈阳发出通牒的前几天回过东京，正如当时的日本媒体报道的那样，该军官给本庄带去了东京的指示，给予后者在满洲采取行动的处置权。说着中国话，像中国人一样的土肥原，在从事最为警惕的政治活动时，结识中国人的人数可能比任何活着的中国人都要多。早在土肥原只是日本公使馆的一名助理武官的时候，大家就认为他对山西省太原府的人和事相当了解。这样的人物出现在天津或中国北方的任何地方都是不可忽视的。在过去，土肥原一直跟本庄将军联系在一起，土肥原访问的目的总是与本庄将军当前所承担的任务分不开。

14. 日本挑衅中国当局的措施。如前所述，土肥原绑架溥仪事件发生在11月10日晚上或前后。从11月11日到24日，日本驻天津总司令的精力一直致力于与中国警察局交涉，指责后者未能将保安队完全撤离300米地带等失信行为，直到最后香椎将军宣布日租界处于被包围状态。显然，日本不遗余力地试图说服其他外国租界当局，中国人试图仓促地接管日租界，而另一方面，想方设法地刺激中国当局，希望他们真的会犯这个错误，以便让全世界认为他们计划11月26、27日从沈阳到天津采取的措施更为合理。然而，当时和现在一样，中国当局把他们的信仰寄托在国际联盟上，一直相信人类的正派观点将在适当的时候体现其权力和权威。在那段艰难的日子里，每晚都有几个所谓的便衣人员和步兵从日本军营海光寺附近出来，向撤离300米以外区域的中国新阵地发起猛攻。每一次这样的情况，中国警察都予以还击，击退攻击，但仅此而已。在这种情况下，中国保安队的流弹打到日租界是不可避免的。在每一个这样的情况下，日本司令部立即抓住这个借口，打开机关枪向中国阵地开火，这令人强烈怀疑他们是为了掩护和支持当时从租界中出来的便衣人员，如果日本当局愿意的话，他们本可以因非法活动而逮捕他们。

15. 从塘沽重新招募便衣人员。11月14日，几名便衣人员从塘沽（天津以东约30英里的一个车站）乘坐开滦矿务局的煤炭列车，在抵达目的地后立即被逮捕。11月15日，一名来自北平的外国军官在公安局总部第二次研究了这一情况。这名军官漫不经心地问他能否看一位便衣人员。于是，11月14日被捕的一名便衣人员被带到这位外国军官面前。在盘问中，囚犯说，他是日本人在日本大院中招募的，该地方是1901年《辛丑条约》规定的塘沽日军驻地，该囚犯在被送到天津前，在那里吃了六顿饭，并且在工作完成后，会得到丰厚的报酬。这一特别证据载于该军官给其公使馆的报告中，这是不容置疑的。

16. 土肥原再次来天津，日本司令官二次炮击天津。大约在11月24日，中国方面得到消息，土肥原又回到了天津。

11月26日晚8时左右，一小群便衣人员出现在日本兵营海光寺以西约200码的孝悌里住宅区。当这些人向前推进并进行攻击时，中国警察和保安队为了自卫，也为了阻止这些侵略者的前进，对他们进行了还击。中国警察和保安队并没有为进攻目的而配备武器，他们很清楚地意识到日租界就在几百米之外。但是，日军指挥部以中国子弹射入日军营房这一老掉牙的借口，立即开始用重炮轰击中国阵地和中国城市，并持续到27日上午。该声明的证据可通过独立调查获得。在那紧张的几个小时里，中国人准备占领日租界的谣言再次泛滥。为了应对中国军队和火炮进驻天津的毫无根据的指控，河北省省长两次认真邀请几位外国领事代表进行个人调查，以确认中国军队在方圆20里以外，以及在距离天津50里的半径范围内，中国人没有任何火炮。

现在可以进一步指出，从11月13日晚上开始，为了实现天津人民的愿望，河北省主席亲自向除日本以外的主要大国的领事代表提出申诉，请求他们行使职责，暂时在日中之间建立缓冲区，由一些与当前冲突无关的外国军队巡逻。做出以上申述的理由如下：第一，在一个不设防的城市里，对平民的炮击是残忍和不人道的；第二，由于1901年《辛丑条约》的限制，中国在天津没有军队；第三，当时天津的情况严重危害了天津所有居民的生命和财产，包括外国人和中国人，而北平与海洋的通信也受到了同样的威胁；第四，1901年《辛丑条约》所载关于在天津等地驻扎外国军队的规定，就是旨在保护外国人的生命和财产，并使上述通信不受任何来源的危险。

17. 日本司令官炮击城市12个小时后发布的最后通牒。随着日本军队继续发射大口径炮弹，其中一些炮弹被发现打到了中国城市内，省长再次向外国领事提出申诉。与此同时，11月27日上午10点左右，日本副领事向省长递交了一份由香椎将军签署的说明，该说明实际上是一份最后通牒，包含以下条款：(1) 即时中止敌对之行为；(2) 中国军队须退至离外国驻军地20里以外，即时实行；(3) 中国武装警察部队（保安队）须退至南运河及金钢桥以北；(4) 驻在河北省内之军队一律中止移动；(5) 取缔排日及侮日行为。要求在12点前答复。

当天下午4点，省主席答复日本指挥官如下：

(1) 中国当局为自卫计而对便衣队保持警惕，绝非是针对日本人；(2) 根据《辛丑条约》换文精神，已将临时驻在天津之少数中国军队，撤至距天津20里以外；(3) 天津市保安队有维护和平与其他方面工作的之责。由于便衣人员制造了混乱，倘保安队立即撤出，则撤退区域内中外人民生命财产必无法保护。但是，若能促使驻天津各友邦当局同意为维持和平秩序而制订其他有效措施，此种建议将得到积极考虑；(4) 中国军队已经撤至方圆20里以外，没有其他军队向天津移动；(5) 排日行为早经取缔，今后更当注意。

18. 日本在天津的行动与第一次进攻锦州同步进行。几天后有独立来源的消息称，11月26日和27日日军向锦州移动，并向天津派遣了一支军队。在日军移动的同时，在没有任何正当理由和警告的情况下，日军轰炸了天津市的平民，再次制造了恐怖统治。

从一位公正的读者的视角来说，综合日本11月27日在天津发出的最后通牒和采取的行动，并同时从沈阳周围的情况看，可以得出一个不可避免的结论：沈阳的本庄和天津的土肥原同时行动，目的是占领从沈阳到锦州，直到天津甚至更远的所有铁路要点。香椎将军的第四项要求清楚地表明日本人想要达到他们的侵略目的。

由于在其他地方所施加的道德影响以及驻天津领事机构所做的斡旋，日本在当时对锦州的进攻受到了遏制，对天津的轰炸也几乎立即停止了。

19. 撤回保安队的决定和便衣队的最后攻击。11月28日下午，中国当局决定主动将保安队撤至南运河以北，因为他们相信在便衣队可能藏身的地方也没有多少便衣人员了。该建议立即告知了领事机构。原计划从当晚开始撤军，但日本领事担心如果保安队在夜间撤离，便衣队可能随后就制造麻烦，因此，日本领事建议第二天再开始撤离。然而，下达给保安队的总命令是采取掩护自己的立场；如果开火，在任何情况下，他们都不能用步枪还击，只能使用手榴弹。以下引自11月29日上午发给法国、意大利、英国和美国领事馆的公报：

"简要叙述1931年11月29日星期日凌晨发生在整个动乱战线上的事件。

午夜12点15分，在日军营房附近的岳家大楼，大约有12支步枪向中国阵地开火。

午夜12点40分，据报告，从南市清河大街方向（中国武装警察第18中队占领的阵地南侧约200米处）向日租界开枪射击3次。

这一事件立即通过电话报告给了日本领事。

午夜12点45分，王树常将军和张市长派得力助手对中方上述有关状况进行了调查，经查证，中国警察绝对没有开枪3次。

早晨4点30分，在美以美会（American M. E. Mission）附近的南关下头，有人听到从日本军营海光寺方向传来枪声。

早晨5点10分，董（Tung）参谋长报告说，在过去的半小时里，有步枪、机关枪分别从岳家大楼和海光寺方向射向中方阵地。

早晨5点56分，从东边闸口到西边怀庆里的整个前线，敌人的机关枪向中方阵地上开了火，同时听到了八声大炮的声音（无论有没有装炮弹，报告时都不能明确说明）。在这场枪战开始后，身穿深色长袍的敌人（有一部分被第18中队看到）立即向中国前线前进，直到他们到达距离中国前线大约30米（在这个范围内，中国人可以使用手榴弹）的地方，因为中国警方在严格的命令下，没有反击一枪，一长队的敌人停下来撤退了。

在这几个小时内，中国当局一直通过电话与日本当局保持着联系。

上午6点30分，整个战线上敌人的炮火都停止了。

上午6点55分，一声炮响又从一门大炮里传来。

在写这些报告时,中国的伤亡和损失估算还没有完成。”

20. 中国当局提交的伤亡和损害清单。1931 年 11 月在天津发生的两起暴乱造成的人员伤亡和财产损失清单,必须交由中国有关部门在适当的时候公布。

21. 结论。在上述各节中,陈述了下列事实,这些事实或有直接证据为支持,或以有关资源为支撑,而从这些资源中可以获取更多的信息。

(1) 中国地方当局对 11 月暴乱阴谋曾提前预警,并在暴乱之前将此信息告知了法国、英国、意大利和美国的领事。

(2) 中国警方的线人从日租界内获取了有关阴谋的情报。

(3) 中国警方曾要求日本领事逮捕这些密谋者,并将他们移交给中国当局。

(4) 所谓的便衣队在前往华界制造动乱之前,确实在日租界的某个地点集合并接受了武器。

(5) 中国警方缴获的所谓便衣队所使用的武器证明,这些武器要么来自日本,要么是通过日本获得的,因为由沈阳兵工厂生产的一种特殊类型的步枪,除非有日本的帮助,否则是不可能得到的。

(6) 11 月 9 日上午,日军在天津使用迫击炮不仅没有必要、毫无根据,而且违反国际惯例和法律。

(7) 在第一次天津暴乱期间,前皇帝溥仪确实离开了天津在日租界的住所。当时在天津的情况,连同今年 3 月 9 日在长春所做的公开声明的第一部分,清楚地表明,从去年 11 月的第一天开始,或许在那之前更早时候,溥仪一直受胁迫,至今仍处于胁迫之下,因此,他的一切行为都是被迫的。

(8) 在过去的 20 年里,日本军官本庄和土肥原已经进行了合作,至少在影响中国的事务上进行了合作。去年 11 月,土肥原两次访问天津,与天津的两次暴乱时间出奇地同步。

(9) 被逮捕的便衣人员所做的证词证明,他们得到了日本人的援助和协助,至少在一个案例中,有证据表明,日本在塘沽的军事哨所参与了招募便衣人员,以便在天津的骚乱中使用。

(10) 第二次天津事变与日军第一次进犯锦州同步,当时有一部分军队正在天津做准备。11 月 27 日,香椎将军向河北省主席发出的最后通牒中所记载的第四项要求是明确承认了当时在天津制造骚乱的动机。

(11) 11月26日和27日,中国天津市遭到重炮轰击,这是有预谋的,目的是帮助日本在不顾条约、国际法、国际公约和基本人道主义原则的情况下,部分实现所谓"日本的国家政治"。

最后,以下签名者恳切地请求国联调查团有必要采取司法行动,调查本备忘录中的声明以及去年11月在这里发生的臭名昭著的暴乱的其他情况,原因有三:第一,自去年9月18日以来,从沈阳到北平的铁路沿线发生的事件已经使中国地方当局受到胁迫,而且这种胁迫尚未解除。第二,国际联盟对天津事件的权威裁决,将为今后各国的行为剔除一个非常有害的先例。第三,国联调查团关于天津暴乱的报告和调查结果,无论如何都将确保中日两国人民更有效地早日重建信任和恢复正常关系。世界人民的利益和福祉正迅速变得越来越相互联系和相互依存。对中日两国人民来说的善与恶,同样适用于太平洋地区的人民,太平洋地区人民的命运与他们的祖国是分不开的。因此,对于全世界人民和生活在天津的中国人民来说,当务之急是,必须由国联调查团依据管理国家行为的普遍原则,彻底调查日本军国主义代理人去年11月在天津犯下的罪行,并由国联做出公正与庄严的裁决,完全驱逐策划这些暴乱和憎恶人类正派观点的侵略者,以使这种暴乱不再重演。

1. 卞寿孙,天津银行业同业公会主席、天津中国银行经理①
2. 杨德森,天津银行业同业公会常务委员、天津交通银行经理
3. 朱邦献,天津银行业同业公会常务委员、天津盐业银行经理
4. 许福昞,天津银行业同业公会常务委员、天津大陆银行经理
5. 雍涛,北京教育会会长
6. 王抚洲,前北京教育会会长、美国欧海欧省大学硕士
7. 张恪惟,柏林大学经济学博士、东北大学教授
8. 张国键,国立北平大学俄文法律系学士、北平大同中学教务主任
9. 张英华,前财政部总长
10. 杨豹灵,总工程师,中美工程师协会会长

---

① 编者按:原件为表格,每页有10人的中英文签名,均标有序号。个别无序号的签名,系在表格之外额外增加的签名。编者在录入这些签名者信息时,以中文信息为主,不详之处参考英文补充完整。若中英文信息不完全吻合处,一般以中文为主。因签名者范围较广,故格式各有不同,编者在录入时均将姓名置于前,其他信息则在姓名之后按原文顺序依次排列。

---

1. 张伯苓,天津南开大学校长
2. 杨绍曾,天津南开大学理学院院长兼化学教授
3. 陈逵,天津南开大学文学院院长兼英文教授
4. 何廉,天津南开大学经济学院院长兼商学院院长兼教授
5. 黄钰生,天津南开大学秘书长兼教授
6. 华午晴,天津南开大学会计主任
7. 伉乃如,天津南开大学注册科主任
8. 张蓬春,天津南开学校中学主任
9. 喻传鉴,天津南开学校中学部教务主任
10. 钱伯超,天津南开学校小学部主任

---

1. 张品题,天津市商会主席
2. 杨晓林,天津市商会常务委员
3. 王晓岩,天津市商会常务委员
4. 王文典,天津市商会常务委员
5. 杨西园,天津市商会常务委员
6. 王翰臣,天津市商会执行委员
7. 赵真吾,天津市商会执行委员
8. 王辅臣,天津市商会执行委员
9. 杨德森,天津市商会监察委员
10. 孙俊卿,天津市商会执行委员

黎绍严,天津市教育局

---

1. 王晓岩,天津市钱业同业公会主席
2. 张云峰,天津市钱业同业公会常委
3. 朱余斋,天津市钱业同业公会常委
4. 沈雨香,天津市钱业同业公会常委
5. 么献臣,天津市钱业同业公会常委
6. 宋雨三,天津市洋广货业同业公会主席
7. 张子卿,天津市门市布业同业公会主席

8. 徐振东,天津市鞋业同业公会主席
9. 谷宝山,天津市帽业同业公会主席
10. 韩岐山,天津市砖业同业公会主席

陶伟铎,天津市公安局督察长

---

1. 王文典,天津市卷烟业同业公会主席
2. 刘翼秋,天津市卷烟业同业公会交际主任
3. 崔桐轩,天津市卷烟业同业公会执行委员
4. 胡少云,天津市卷烟也同业公会执行委员
5. 郝斐然,天津市卷烟业同业公会执行委员
6. 王景山,天津市卷烟业同业公会执行委员
7. 王艺圃,天津市卷烟业同业公会执行委员
8. 杨佩卿,天津市卷烟业同业公会执行委员
9. 陈启勋,天津市卷烟业同业公会执行委员
10. 尚子志,天津市卷烟业同业公会执行委员

---

1. 张季鸾,《大公报》
2. 胡霖,《大公报》
3. 傅立鱼,《大公报》
4. 刘季仙,法商学院讲师
5. 金修卿,老顺记
6. 郭玉山,商人
7. 刘树墉,安利洋行
8. 金峻轩,天津纽约花旗银行买办
9. 关颂凯,土木工程师
10. 胡礽豫,土木工程师

---

1. 罗隆基,《益世报》主撰
2. 唐漈清,《益世报》编辑
3. 汪佛生,《益世报》编辑
4. 刘明川,《益世报》主编

5. 林殊晖，信中公司
6. 许佛罗，派拉蒙影片公司
7. 刘濬卿，《益世报》助理编辑
8. 李砥中，《益世报》助理编辑
9. 解幼圃，《益世报》助理编辑
10. 王廷绅，《益世报》助理编辑

---

1. 董显光，《庸报》社长
2. 蒋光堂，《庸报》经理
3. 张琴南，《庸报》总主笔
4. 刘述至，》时事新报》驻津记者
5. 李志远，《上海大晚报》驻津记者
6. 桂继宪，《体育周报》主笔
7. 姜公伟，《庸报》主笔
8. 王汰甄，禅臣洋行机器工程司[师]
9. 陈骏声，海京洋行工程司[师]
10. 金东，天津电话局工程司[师]

---

1. 李翊赞，天津商报记者
2. 谭天，荣华工程总工程师
3. 叶庸方，《天津商报》记者
4. 鲁炎庆，《天津商报》记者
5. 罗光道，高等商业学校校长
6. 张贵彤，天津华商公会
7. 李□，李组才，利济公司总经理
8. 陈锡爵，医师，法【租】界廿四号路《商报》馆对过
9. 朱晓芙，上海《申报》《世界日报》，北平《晨报》、时闻社驻津记者
10. 王镂冰，天津《商报》经理

---

1. 鲁荡平，天津《民国日报》社长
2. 蒋逸霄，天津中山中学校长

3. 薛玉衡，天津市政府秘书

4. 章少枏，天津北洋美术印刷所经理

5. 赵道生，大华饭店经理

6. 张聊公，交通银行行员

7. 谭林北，同生照相馆经理

8. 李寿初，冠生园食品公司经理

9. 唐国明，广正隆百货公司经理

10. 张杰臣，文化斋纸局经理

---

1. 濮舜卿，律师，天津市妇女文化促进会常务干事

2. 李如璠，天津市妇女文化促进会常务干事，总务兼社会科主任

3. 孙雅平，天津市教育局民众学校办公处教务股主任，天津市妇女文化促进会干事

4. 张芳，天津市妇女文化促进会干事

5. 童锡桢，天津市妇女文化促进会干事

6. 杨蔚青，天津市妇女文化促进会干事

7. 杨若兰，天津市妇女文化促进会办事员

8. 张剑侠，天津市妇女文化促进会文牍

9. 张章翔，中国垦业银行员工

10. 周联奎，中国垦业银行员工

---

1. 杜泽光太太

2. 严智安女士

3. 天津基督教女青年会干事全体

4. 张子翔太太，代理总干事

5. 高仁瑛女士，教育干事

6. 刘纯懿女士，职工干事

7. 王淑贞女士，少女干事

8. 赵俊忱女士，宿舍干事

9. 裴蓉思女士，学生干事

10. 海世伯女士，职工干事

---

1. 赵天麟太太,天津基督教女青年会董事长
2. 全希伯太太,天津基督教女青年会副董事长
3. 孙印之太太,书记
4. 卞淑成太太,司库
5. 刘幼村太太
6. 董乐轩太太
7. 秦振鹏太太
8. 刘荣笏太太
9. 张瀛斋太太
10. 朱彬太太

---

1. 田智英,天津市妇女救国会执行委员
2. 华璧,天津市妇女救国会执行委员
3. 言应荷,天津市妇女救国会执行委员
4. 邢育先,天津市妇女救国会常务委员
5. 阎淑惠,天津市妇女救国会常务委员
6. 陈清华,天津市党务整理委员会工作
7. 徐俊卿,天津市党务整理委员会工作
8. 李惠昭,天津市妇女救国会监察委员
9. 罗象兰,天津市妇女救国会会员
10. 江月华,天津市青年救国会监察委员

---

1. 刘禹三,天津市商会执行委员
2. 刘锡田,天津市斗店业同业公会主席
3. 萧景舫,天津市金银首饰业同业公会主席
4. 纪钟淇,天津市绸布棉纱呢绒业同业公会主席
5. 宋则久,天津市前任会董
6. 张柱臣,天津市酱园业同业公会主席
7. 张生竹,天津市旅栈公会主席
8. 韩伯言,天津市竹货檀木公会主席

9. 金瑞堂,天津市糖果公会主席
10. 徐懋岩,天津市商会监察委员

---

1. 杜筱琴,天津市染商同业公会主席
2. 刘馨甫,天津市皮货业同业公会主席
3. 陈秀普,天津市报关业同业公会主席
4. 刘筱斋,天津市纱厂业同业公会主席
5. 张润生,天津市衣业同业公会主席
6. 刘芳圃,天津市干鲜果品业同业公会主席
7. 王春轩,天津市眼镜业同业公会主席
8. 张豪臣,天津市汽水业同业公会主席
9. 王本乡,天津市渔业同业公会主席
10. 李琴舫,天津市电业同业公会主席

---

1. 孙永福,天津市饭馆业同业公会主席
2. 刘庆山,天津市胶皮车业同业公会常务委员
3. 侯博平,天津药业同业公会主席
4. 原德菴,天津市典业同业公会主席
5. 富焕卿,天津市茶食商同业公会主席
6. 李敬山,天津市五金业同业公会主席
7. 吴恩立,天津市菜业公会主席
8. 刘子忠,天津市秤商同业公会主席
9. 常秀岩,天津市烟商同业公会主席
10. 周国恩,南纸书业同业公会

---

1. 边筱峰,天津商会执行委员
2. 王子明,天津商会监察委员会
3. 杨西圆,天津磨房同业公会、机制面粉同业公会主席
4. 许子书,天津市席业同业公会主席
5. 杨子秋代,天津市转运业同业公会主席
6. 杨沛霖,天津市灰煤业同业公会主席

7. 杨沛霖，天津市商会监察委员
8. 郭丽泉，天津市肠业同业公会主席
9. 王紫久，天津市麻袋业同业公会主席
10. 赵真吾，天津市商会执行委员

---

1. 刘潄莹，芦网公所网总
2. 卢宠之，天津商会执委
3. 王瀚臣，天津丝染公会主席
4. 叶文楼，天津油漆颜料公会主席
5. 张庆林，天津地毯公会主席
6. 齐周辅，天津市皮革公会主席
7. 李稚香，天津市酒业公会主席
8. 高雅林，天津猪肉业公会主席
9. 张润甫，中国无线电公司员工
10. 王永清，中国无线电公司员工

---

1. 华璧廷，天津永立成鞋庄经理
2. 刘学礼，同益织工厂主任
3. 刘次闻，商人
4. 傅景韩，诚裕工厂经理
5. 华连彬，天津万丰靴鞋庄经理
6. 赵锡九，天津利华袜厂经理
7. 马寿颐，天津复和工厂经理
8. 宋钰礼，天津六合玩具工厂经理
9. 李宗林，天津东广泰广货庄职员
10. 高凌恺，天津福生银号会计

---

1. 刘仙舫，五十一岁，天津人，美术业，住河北宇纬路四号
2. 满华亭，四十二岁，天津人，瓷器商，住西广开大街
3. 倪士海，二十九岁，天津人，故物业，住北开
4. 荫可图，五十九岁，天津人，古玩商，住西窑洼摆渡口

5. 牛文藻,三十二岁,天津人,电科商,住西广开教堂
6. 宋荣圃,四十九岁,天津人,故物业,住三马路
7. 严吉秀,五十四岁,天津人,饭馆业,河北关上
8. 张宝成,四十四岁,天津人,蔴刀业,住西门内
9. 王秀亭,四十四岁,天津人,叫卖商,住南开大街
10. 尹宝和,四十九岁,天津人,木业,住西马路

---

1. 年光垚,三十四岁,天津人,旅栈商,住河北元纬路
2. 孙凤山,四十一岁,天津人,鞋商,住西门内
3. 王金铭,三十九岁,天津人,铜锡商,住北开先源里
4. 管玉良,四十六岁,天津人,饭馆业,住南开大街
5. 刘德田,四十五岁,天津人,叫卖业,住南开大街
6. 王汉卿,二十七岁,天津人,鱼商,住西窑洼
7. 王永胜,五十九岁,天津人,铜铁商,住南开大街
8. 徐凤池,五十二岁,天津人,叫卖业,住南开大街
9. 张少甫,四十五岁,天津人,旅栈商,住河北大街
10. 贾笑圃,二十六岁,天津人,估衣业,住西南城角

---

1. 宋朝义,五十一岁,叫卖商,住西窟洼公所胡同5号,天津人
2. 邢子畏,三十岁,天津人,保定军官学校第八期毕业生,住西广开
3. 崔兴业,二十一岁,天津人,汇文中学校毕业,住西门内大街
4. 黄子巘,二十岁,天津人,省立第一中学毕业,住南开大街
5. 王惠臣,三十五岁,天津人,叫卖商,住广开大街
6. 郑文亮,二十一岁,天津人,叫卖商,住河北三马路
7. 尚海泉,五十二岁,天津人,自行车商,住南大道
8. 徐德林,三十四岁,天津人,估衣商,住南市庆有里
9. 单国柱,二十八岁,天津人,鞋商,住西南城角
10. 杨庆云,二十九岁,天津人叫卖商,住南开电车公司前

---

1. 杜禹铭,字克臣,前任天津总商会会长、英国平和洋行华经理
2. 王云洲,德华银行会计

3. 张鹿泉,南大校医
4. 毛式唐,商人
5. 沈鸿翔,医师
6. 翁文澜,行医
7. 孙璧儒,行医
8. 田大文,行医
9. 杨鹤峰,医师
10. 唐棣春,医师

---

1. 陈趾祥,商,利济公司,副经理
2. 王芷洲,企业,利济公司,进口部经理
3. 胡复仪,利济公司,主任会计
4. 吴禹秦,商,克达洋行,经理
5. 李子明,六河沟煤矿局,副经理
6. 刘友銮,字仲鸣,商,利济公司,助理
7. 高质斋,商,同上,商人
8. 娄子臣,永兴洋行出口账房经理
9. 徐冠候,商人
10. 郭绍周,林记,商人

---

1. 崔永安,四十九岁,天津人,叫卖商,住西门内
2. 孙田华,三十六岁,天津人,故物商,住河北小王庄
3. 张子泉,五十三岁,天津人,叫卖商,住佟家楼
4. 吴秀波,三十七岁,天津人,钟表商,住南市庆有里
5. 张效房,四十七岁,天津人,叫卖商,住广开
6. 皮玉麟,二十七岁,天津人,布商,住河东柴家大坟
7. 郝义臣,五十六岁,天津人,叫卖商,住北开
8. 王庆锡,三十七岁,天津人,铜锡商,住南开大街
9. 王宝山,五十一岁,天津人,糖商,住南市
10. 陶文有,四十四岁,天津人,叫卖商,住广开

---

1. 刘芝田,三十七岁,天津人,富顺估衣商,住北营门
2. 王玉林,二十六岁,天津人,木器商,住西马路
3. 吕振庭,四十八岁,天津人,木器商,住广开
4. 刘万才,四十八岁,天津人,机器电料商,住南马路
5. 李顺清,四十八岁,天津人,木业商,住河北关下
6. 马书贤,二十四岁,天津人,船商,住三马路四号
7. 王天成,五十四岁,天津人,叫卖商,住南开
8. 屈振起,四十七岁,天津人,鞋商,住西南角广仁里
9. 张平发,四十二岁,天津人,糖果商住河北小红桥
10. 耿玉璞,四十八岁,天津人,商人,住富贵庄

---

1. 杨华民,玉华林国布庄经理
2. 王乃春,国货售品所经理
3. 丁文同,天津同立成鞋店职员
4. 任伯年,天津明光料器公司职员
5. 张品丰,天津义涌织袜工厂职员
6. 王介眉,天津卫生造胰公司职员
7. 张枟龄,天津大生五金行经理
8. 徐津杨,天津铭津工厂经理
9. 刘学儒,天津荫生工厂经理
10. 戴廷楳,天津福元工厂经理

---

1. 吉玉如,职业国货售品所经理
2. 萧荫崐,大陆实业社经理
3. 王天民,天津天声工厂经理
4. 杨荫楼,天津华源工厂经理
5. 张汉民,天津民生铁工厂经理
6. 徐云亭,天津德发合工厂经理
7. 杜安元,天津庆和工厂经理
8. 陈宝昌,天津生昌工厂经理
9. 王洪寿,天津洪记工厂经理

10. 赵亶本，天津大隆工厂经理

---

1. 齐国樑，河北省立女子师范学院院长
2. 李霁野，河北省立女子师范学院英文学系主任
3. 程国璋，河北省立女子师范学院史地学系主任
4. 胡国钰，河北省立女子师范学院教育系主任
5. 王文培，河北省立女子师范学院教授
6. 曾浩然，河北女子师范学院国文系主任
7. 孙家玉，河北省立女子师范学院家政系主任
8. 朱肇洛，河北省立女子师范学院国文学系教授
9. 杨鹤昇，河北省立女子师范学院中学部主任
10. 贺昌群，河北省立女子师范学院国文学系教授

---

1. 宋锐庭，河北省立工业学院体育教员
2. 张书田，河北省立工业学院染织科主任
3. 张润田，河北省立工业学院讲师，国立北洋大学工木系主任教授
4. 邝北祁，河北省立工业学院机电工程学系主任
5. 刘润身，河北省立工业学院高职机工科主任
6. 魏元光，河北省立工业学院院长
7. 路荫柽，河北省立工业学院秘书
8. 马沣，河北省立工业学院高中主任
9. 李昺春，河北省立工业学院注册课主任
10. 何尹超，河北省立工业学院化学系主任

---

1. 陈锡三，天津基督教青年会副总干事
2. 张崇恩，律师
3. 云成麟，医师兼化学师
4. 侯学成，河北省立工业学院教员
5. 王安宅，天津汇文学校国文教员
6. 王健，华北制革公司经理
7. 刘兰甫，天津商务印书馆副经理

8. 孟闻道，天津地方法院法官
9. 周振勇，天津海关
10. 钟嗣庭，天津基督教青年会会计主任

---

1. 李友珍，天津基督教青年会体育部主任
2. 王振鏻，华北水委会
3. 乔知儿，天津中华基督教会主任牧师
4. 王警斋，天津鼓楼西基督教会主任牧师
5. 刘芳，天津私立中西女子中学校兼汇文中学校校长
6. 郝德安，天津维斯礼堂牧师
7. 宋愚溪，天津基督教青年会
8. 关叔和，中国红十字会北京女界分会驻津事务所
9. 张廷翰，海军医学校校长
10. 桂钟骐，天津基督教会青年会干事

---

1. 刘和民，天津工商学院教授
2. 伍克潜，天津工商学院教授
3. 范又博，天津工商学院教授
4. 王则民，天津工商学院教授
5. 涂道民，天津工商学院教授
6. 尹凤藻，天津工商学院教授
7. 方东，安徽会馆董事
8. 陈澈清，私塾教授
9. 娄裕焘，天津浙江公学董事
10. 翁之憙，天津高等商业学校校董

---

1. 张立菴，广东学校教员
2. 高绂青，广东学校教员
3. 李东圆，天津老西开【中】学理化教员
4. 李秉之，天津老西开小教部教员
5. 姜建候，天津老西开中学英文教员

6. 田文翰，天津老西开学校事务主任
7. 葛振东，天津老西关学校小学教员
8. 孟庚南，天津老西关小学教员
9. 郝铭，天津市私立培才学校校长
10. 李兴全，天津高等商业学校教员

---

1. 黄文卿，天津高等商业学校文书主任兼新学中学校教员
2. 张鸿宾，天津扶轮第一第三秀山第一教员
3. 范鹤龄，天津高等商业学校汉文主任
4. 吴世奇，天津高等商业学校英文教员
5. 王子华，天津新学中学学校体育主任
6. 刘健伯，天津新学中学校数学主任
7. 孙懋昶，天津新学中学校教员
8. 朱宾琛，天津新学中学校英文教员
9. 李明显，天津新学中学校算数教员
10. 朱华轩，天津新学中学校理科教员

---

1. 康德馨，牧师，天津法租界海大道教会
2. 雷振汉，医士，天津法租界马大夫医院
3. 宋哲敏，教员，天津私立浙江学校
4. 严克明，教育界，天津私立浙江学校
5. 张佐贤，教员，天津私立培才学校
6. 屈利亚，教员，三八女中职学校
7. 乔铭勋，教员，英界大同学校
8. 郭凤山，教员，英界大同学校
9. 郝大同，校长，英界大同中学校
10. 余宗毅，校长，慈惠女学校

---

1. 张志娴，教员，慈惠女学校
2. 郭荫轩，天津高等商业学校体育主任
3. 罗有成，天津高等商业学校事务主任

4. 张笏，天津高等商业学校英文教员
5. 刘宁愚，天津高等商业学校数学主任
6. 胡世荣，天津《华北明星日报》记者
7. 王清泉，旅津广东中学监学
8. 王法三，旅津广东中学教务主任
9. 陈云章，旅津广东中学教员
10. 周林基，旅津广东中学校长

---

1. 李鹤鸣，天津老西开中学校校长
2. 刘右民，天津老西开中学校训育主任
3. 刘铭西，天津老西开中学校教务主任
4. 郭鸿钧，天津老西开小学教员
5. 马春沂，天津老西开中学教员
6. 吉焕章，天津老西开小学教员
7. 盛德忱，天津老西开小学部教员
8. 张秀峰，天津老西开中学部教员
9. 张志林，天津老西开小学部教员
10. 李□民，天津老西开小学部教员

---

1. 柴子厚，天津私立商业学校教员
2. 邓海农，天津私立商业学校职员
3. 赵宝桐，天津私立商业学校教员
4. 张吉贞，天津私立商业学校教员
5. 牛瑞臣，天津私立商业学校教员
6. 陈炳华，天津私立商业学校教员
7. 周伯虎，天津私立商业学校教员
8. 刘化成，天津私立商业学校教员
9. 张省三，天津私立商业学校教员
10. 王仲福，天津私立商业学校教员

---

1. 陈永寿，天津私立商业学校校长

2. 陈锦韶，天津私立商业学校教员
3. 陈义临，天津私立商业学校教员
4. 李致良，天津私立商业学校教员
5. 杨文运，天津私立商业学校教员
6. 王季贤，天津私立商业学校职教员
7. 金文蔚，天津私立商业学校教员
8. 陈世达，天津私立商业学校教员
9. 贾羽熙，天津私立商业学校教员
10. 曹汉生，天津私立商业学校教员

---

1. 郭世珍，法商学院教授
2. 沈观华，法商学院教授
3. 许兴凯，同上
4. 王桂照，法商学院秘书
5. 王文豹，河北省立法商学院教授
6. 林天枢，陆军大学教官
7. 朱毅生，法商学院教授
8. 候曜，法商学院教授
9. 苏荣轩，法商学院中学部主任
10. 张树义，法商学院文牍主任

---

1. 刘孟扬，天津回教联合会主席
2. 王墨林，天津市第一自治区区长
3. 徐翰臣，天津市第二自治区区长
4. 董绍轩，天津市第三自治区区长
5. 李少棠，天津市第四自治区区长
6. 蒋志林，天津市第五自治区区长
7. 苏竹湘，天津市第六自治区区长
8. 刘鸿绩，天津市第七自治区区长
9. 李泽霖，天津市第八自治区区长
10. 邵从燊，荣华工程公司经理

---

1. 李世琦，天津《商报》馆德育编辑
2. 宋廷琳，天津志同公司经理
3. 赵泉，律师
4. 陈国珍，商人
5. 毛从周，商人
6. 杨宪昭（Yang Hsieh-chao），省政府秘书
7. 王瑾，商人
8. 刘靖邦，大华饭店董事
9. 屠鼎，大华饭店监察
10. 涂培源，天津《商报》编辑

---

1. 张颂宣，北宁路局
2. 刘琼，北宁路局
3. 段茂瀚，北宁路局
4. 卢翼，英工部局
5. 陈广沅，津浦路局
6. 顾鼎祥，北宁厂务处
7. 吴庸元，北宁铁路局
8. 俞亮，北宁路局
9. 高泽厚，整理海河委员会
10. 张倬甫，北宁路局

---

1. 嵇铨，津浦铁路津济工务总段正工程司
2. 高镜莹，整理海河委员会工务处长
3. 汪禧成，号志总工程师
4. 杨公庶，渤海化学工业公司专务董事
5. 沈祖衡，电话局工程师
6. 谢鹤龄，中国无线电公司工程师
7. 邱凌云，拨柏葛公司工程师
8. 华南圭，北宁铁路工务处长

9. 杨先乾，北宁铁路厂务处课长
10. 陈靖宇，倪克纺毛厂工程师

---

1. 茅以升，大陆商业公司
2. 萧家麟，津浦铁路津济段副工程司[师]
3. 黄文龙，津浦铁路津济段副工程司[师]
4. 王文棣，津浦铁路津济段帮工程司[师]
5. 叶良骥，津浦铁路津济段工务员
6. 张云玺，津浦铁路津济段工务员
7. 白福山，津浦铁路津济段绘图员
8. 朱成珏，津浦铁路津济段工务员
9. 邵家鲲，津浦铁路良王庄分段副工程司[师]
10. 纪鸿训，津浦铁路良王庄分段工务员

---

1. 张忠信，海军医院医师
2. 张子修，海军医院外科主任
3. 徐维华，医师，法租界廿六号路一百二八号
4. 陈灿，医师，英租界十七号路九十四号
5. 王政平，医师，法租界基泰大楼
6. 沈拜言，医师，南门西小马路内城台子
7. 杨修理，调剂师，北洋药房
8. 梁浩泉，北宁铁路局运输处
9. 孙荣生，同兴公司，法租界二十四号四一四号
10. 朱金涛，泰兴营造厂，特别一区芝罘路

---

1. 黄作霖，海关服务
2. 黎宗尧，美国医学博士
3. 朱彬，基泰建筑工程司工程司[师]
4. 耿昌绩，前农商部秘书
5. 方祖庚，市政府秘书
6. 金绳其，天津电话局营业科长

7. 张志潭，前内务部长等
8. 高凌霨，前国务总理
9. 何恩溥，前陆军次长
10. 张志澂，前政府官员

---

1. 左熙，整理海河委员会秘书
2. 陈润棠，天津市党新宣传科主任
3. 王一凡，天津《民国日报》总编辑
4. 杨厚成，天津广发原皮木行经理
5. 王楚章，天津惠福木器公司经理
6. 奚士林，天津紫竹林宴厅经理
7. 庞毓臣，天津广隆泰百货商店经理
8. 常济安，河北省政府秘书
9. 谢学涛，北宁铁路局首总稽核
10. 周恩绂，北宁铁路局助理机械工程师

---

1. 章以吴，大通银行华经理
2. 阮渭泾，大来木行主任
3. 杨宽麟，基泰工程公司工程师
4. 林景帆，【基泰工程】公司工程师
5. 梁宝和，美术广告公司总理
6. 杜用文，商人
7. 杨锦魁，恒丰公司华经理
8. 关项启，基泰工程公司工程师
9. 陈辑班，商人
10. 王鹏云，商人

---

1. 赵炳甫，中原银行
2. 黄培生，北宁路局
3. 马昌澄，华达公司
4. 周传芳，胜利公司

5. 严逸文,永兴洋行
6. 洪谓渔,中国实业银行副经理
7. 邓庆澜,天津市教育局局长
8. 时作新,天津教育联合会会长
9. 张锐,市政传习所主任
10. 李吟秋,北洋大学教授

(资料来源:日内瓦国联与联合国档案馆藏李顿调查团档案,S30-NO.2卷宗。)

43. 关于满洲危机若干基本事实的备忘录(1932年4月)

关于满洲危机若干基本事实的备忘录

华北工业协会提交

1932年4月

关于满洲危机若干基本事实的备忘录

致国际联盟调查团

先生们:

华北工业协会与全国其他地区一道,向国联调查团表示诚挚和衷心的欢迎。调查团在中国人民的心目中象征着国际联盟所倡导的理想:和平、安全和正义。调查团的目的是通过公正的调查阐明事实,促进解决满洲危机。我们相信,在访问了满洲、上海和中国其他已知存在日本暴行的地区之后,调查团将毫无疑问地确定,日本在中国的行动是按照精心策划的征服大陆的扩张计划来进行的。我们希望调查团根据正义原则实地调查的结果,能够作为永久解决满洲问题的基础,从而证明中国及其人民对国际联盟的高度信任。

我们也许没有必要去回顾1931年9月18日以来发生的事情,当时驻满洲日军一部在没有正当理由的情况下,占领了沈阳,由于中国政府的不抵抗政策,在短短的两天内日军成功占领了奉天、吉林两省的所有战略要地。显然,从那以后,在最初的和轻而易举的成功的鼓舞下,军部已经完全主导了日本的政策,并向全世界宣告他们打算全面违反国际义务。他们占领了北满,占领了锦州,冷酷地轰炸了上海,现在又于中国的土地上建立了所谓的“满洲国”。华北工业协会出于维护和平与正义的渴望,恳请调查团注意某些事实,这些事实将决定未来的中日关系。

I 中国不反日

首先,必须强调的是,中国对日本和日本人民没有恶意,但强烈反对日本堕入军国主义,军国主义是日本对华友好关系的主要障碍,是对世界和平的威胁。在我们这样一个现代世界里,没有一个国家是孤立存在的,我们在经济上相互依赖,这种经济上的相互依赖在中日两国尤为密切。日本需要中国为其提供原材料,并作为工业制成品的市场;而中国在其经济发展的现阶段,需要日本的资本和技术指导。这种合作将给有关国家带来最大限度的互惠利益,因此应尽一切努力进一步促进这种合作。事实上,日本为不断增加的人口找到工作的能力在很大程度上取决于中国对外贸易的扩大,促进和平的通商应是中日关系的一项基本原则。但是日本军方并没有通过正常的通商来扩大贸易,而是在中国实行了政治渗透的政策。随着日本人的每一次公开侵略行为,日本对中国的出口贸易都被反日抵制深深地打乱了。简要回顾抵制运动的历史,就会发现一个令人痛苦的事实,即所有这些运动都是日本自找的。

第一次大规模的反日抵制发生在1909年9月至10月,这是为了抗议日本在满洲的侵略。直接原因是日本坚持中国同意延长吉林—会宁铁路和重建安东—奉天铁路。北京对日本的妥协不仅在吉林、安东遭到了中国人民的强烈反对,而且在香港、上海、天津、北平及其他地区都遭到了中国人民的强烈反对。然而,双方达成了协议,面对既成事实,这种不安情绪逐渐平息了。接下来的对日大抵制是1915年"二十一条"的结果,"二十一条"严重破坏了从那时直到今天的中日关系。尽管在日本的压力下北京官方于7月强制命令中止了抵制活动,但"二十一条"带来的羞辱和愤恨仍令人耿耿于怀,于是当1919年凡尔赛和会接受了日本对山东的主张并将其写入和约时,抵制力量进行了加倍反击。抵制行动自1919年5月开始,一直持续到1920年和1921年。在此期间,日本政府一次又一次地对中国北京官员施加压力,结果出台了许多禁止抵制的命令。但是,由于发动这场运动的条件依然存在,这些命令自然是无效的。日本坚持与中国直接谈判山东问题,中国则希望在华盛顿召开的限制军备会议能够主持解决这一问题,这使抵制运动在1921年重新被点燃。1923年原租约到期时,日本拒绝归还关东,并且坚持根据"二十一条"将条款延长至99年,这为再次发起抵制行动制造了机会。1927年,由于日军在青岛杀害中国公民,又引发了抵制运动。第二年,日本对济南的轰炸和占领又引发了另一场抵制行动，但随着济南事件的解决和日本撤军，这场抵制活动也告结束了。日本故意无视万宝山事件和朝鲜大屠杀是1931年春夏抵制运动的原因。毋庸置疑，入侵满洲只会加剧事态的恶化。

因此，很明显，每一次抵制都是日本在华活动的结果，每次抵制都伴随着日本贸易的损失。说中国人民是反日的，就是犯了"因果报应"的错误。中国人民不反日；迫切需要日货的他们不是为抵制而抵制。他们仅仅把这种经济上的不合作作为自卫的手段和对政治侵略的抗议，同时希望通过这样做，能使日本认识到自己的错误，并在处理中国问题时修改自己的政策。为制止抗日运动而对中国政府施加的军事和政治压力可能会产生暂时性的影响，但最终会证明这种压力是徒劳无功的。因此，对中国采取和解政策是制止抗日运动、实现经济合作的唯一途径。

日本人口快速增长的就业能力在很大程度上取决于工业化，而日本工业化的进展很大程度上取决于日本扩大对外贸易的能力。在日本发展起来的所有现代工业，要么依靠外国的原材料来源，要么依靠外国市场来消化其产品。在这些产业中，无论是在劳动力方面还是在生产价值方面，棉织品和丝织品都是最重要的。1928年，他们在中国雇用了占其总数52%的产业工人，生产了日本总产值的40%。日本的棉纺工业实际上全部进口原棉，并且依靠国外市场来消化价值60%以上的产品。丝织工业从其国内获得原材料，但82%的生丝产量出口到国外——相当于其价值的88%。铁和煤是工业化的基本要素，但日本的钢铁工业进口了90%以上的铁矿石和近一半的生铁。日本的煤炭储量相对较大，但其炼焦煤数量有限，所用的炼焦煤大部分是从国外进口的。

中国在日本工业发展中所起的作用是至关重要的。在原材料方面，中国平均每年出口到日本的铁矿占其年消费量的40%，生铁占其年进口量的35%，以及日本工业所需的全部炼焦煤。此外，中国80%的原棉出口都流向了日本。实际上，就总价值而言，中国向日本出口的这三种基本原料，即铁、煤和原棉，从1913年（16 450 000 *海关两*）到1930年（50 034 000 *海关两*）增长了三倍。相对而言，这一增长尤为显著。1913年，中国的铁、煤和原棉出口总额中有68%流向了日本，而1930年，这一比例已升至78%。在工业制成品的销售方面，日本工业对中国同样是不可抗拒的。日本的出口贸易分为两个流向：她的奢侈品、生丝，销往美国；而她稳定的工业制成品，主要是棉纺织品，销往亚洲大陆。日本的棉纺织业几乎完全依赖中国和亚洲其他地区的出口市场，近90%的棉制品出口到亚洲大陆，其中52%出口到中国。1930年，中国进口棉制品的74%来自日本，比1913年增长了四倍。因此，从经济角度看，日本对中国的依赖不言而喻。只有通过促进与中国人民和中国政府的友好关系，日本才能从与中国的这一重要关系中获得最大的利益。日本与中国在许多方面的地位与一百年前的英国相似，她应该像英国一样，以和平的商业往来方式，通过将原材料转化为成品，在邻近大陆不断扩大的市场上销售，努力实现增长和繁荣。日本有才能的领袖们意识到了这一事实及其所具有的意义，但在日本军方主导下，他们的目标远远超出了对中国的经济渗透和控制。在她成功地吞并朝鲜，并在满洲建立一个特殊的势力范围之后，日本现在公开行动，准备吞并满洲，作为征服整个中国的垫脚石。日本军方认为，保障中国行政和领土完整的九国公约，是美国和英国以牺牲日本的代价对中国进行经济渗透的工具。毫无疑问，日本军方的真正目标是什么！

Ⅱ 中国永不放弃满洲

日本无视所有已知的国际法和国际义务规定，以武力占领满洲已经半年了，满洲是中国领土的一部分，是日本国土面积的两倍。日本确实流过血，并在满洲投入了大量的资金，这些都是中国人民没有拒绝承认的事实。虽然满洲的大部分铁路和矿业利益都掌握在日本人手中，而长期租约到期的大连和旅顺仍属于日本政府管辖，但中国丝毫没有通过武力夺回这些利益和领土的意图。但是，即使只是满洲的一小部分，中国也决不会容忍日本的政治吞并。

尽管满洲在日俄战争后不久被日本视为一片充满希望的土地，尽管日本政府曾满怀希望在10年内派遣100万殖民者进入日本控制的领土，但在日俄战争25年后的1930年，关东88.4万人口中，只有约10.7万日本人。在南满铁路附属区，34.2万人中有9.6万人是日本人。在不受日本控制的满洲其他地区，日本人口不超过1.68万人。在整个满洲的日本人合计21.98万人，而满洲总人口是2 900万人。更重要的是，在满洲只有三分之一的日本人是农民，余者或是商人，或是南满铁路及其附属企业雇员。由于满洲的土壤、气候、风俗习惯差异很大，日本农民已经发现不可能在满洲移民定居。然而，从朝鲜来的移民比从日本来的要多，1930年在满洲的朝鲜人超过60.7万人。中国并不反对朝鲜人涌入满洲；但是，中国反对日本担任朝鲜人的领事，对朝鲜人行使警察管辖权，并将这些服务于政治目的。

满洲之于中国不仅仅是中国人的财产。它是2 800多万中国人的家园，那里的中国人和其他民族一样拥有自己的政治、经济生活。此外,满洲已经成为异族占据并发动对中华民族战争的历史性基地,也是华北内地省份剩余人口的唯一出路。事实上,在 1923—1930 年间,有 500 多万中国人从山东、河北和河南移居到满洲,其中约 150 万人定居在满洲各地。中国不接受与其他国家分享满洲的控制权,她永远不会这样做。如果日本用武力将满洲从中国夺走,那么它将被武力夺回。简而言之,满洲问题,除非按照正义和法律解决,否则将永远对世界和平与安全构成威胁。

Ⅲ 中国永不承认所谓"满洲国"

我们必须强调,所谓的"满洲国"或"满洲政权"纯粹是日本在中国领土上的产物。事实上,满洲所有所谓的"高官"都是由日本任命的,他们的行动受到日军的严密监视。事实上,所有的政治组织都挤满了以"顾问"为名的日本行政人员。在 1931 年 9 月 18 日夜日本人潜入满洲之前,没有任何"独立国家"运动。在满洲没有一个负责人的中国人想要独立。群众憎恶它。2 月 26 日,《北华捷报》的哈尔滨通讯记者撰文称,尽管日本飞机在 24 日散发传单,"镇上成吨的传单呼吁人们支持新政府";尽管事实上警察去了所有的中国公司,要求他们至少派一名代表参加"公共游行",甚至威胁说"不派代表就要对公司处以罚款";尽管如此,在 25 日,"仪式定于中午举行,但是中午公共广场上的人数不超过 300 人,其中大多数人是俄国移民";而且更进一步表现出中国人情绪的是,"张贴在公共广场墙上的公告在晚上晚些时候被撕掉了,在傅家甸,许多灯笼被踩在脚下"。

这不是一个孤立的事件;许多类似的事件每天都在满洲的其他地方发生。这些事最终证明了满洲人对所谓"满洲国"的真实态度。

日本将满洲与中国分离的野心由来已久。虽然表面上,日本在条约中一再承诺尊重中国在满洲的领土和行政完整,但她始终认为后者是未来日本的一部分。日本一直在积极地研究考古学和历史,以确定事实,或者至少是表面上的事实,即不仅满洲从不是中国整体的一部分,而且在情感上和民族上,它与日本有着相当密切的关系。在这一点上日本失败了;而在这一次失败之后,日本现在正以"自决"为主题而改变自己的姿态。我们不反对真正意义上的任何自决运动。但我们反对没有种族和文化基础的任何自决。满洲 95%的人口是中国人,他们不想"独立"于中国其他地方。他们没有"自决",只有日本的自决。可以说,即使是前皇帝溥仪,也不抱有"满洲国"的幻想。去年 11 月,他在天津事件中被土肥原大佐绑架到“满洲某处”。在他接受“执政”的职位之前,“新政府”已经任意地宣布政策了。

在满洲建立一个“新国家”为日本的最终吞并铺平了道路。根据路透社11日从东京发来的消息,日本内阁决定无限期地在满洲驻扎日本军队,因为“‘新满洲国’的形成改变了整个局势,保留军队目的是协助维持和平与秩序,至少是在‘新国家’证明其有能力在无外援的情况下可以确保和平状态之前。”这的确是日本政府的声明,它认为“满洲国”是它的保护对象。吞并的最后一幕即将到来,就像朝鲜实现“独立”之后那样。

鉴于满洲是中国不可分割的一部分,是2 800多万中国人的家园,中国不能也永远不会承认所谓的“满洲国”,即日本创造的国家。

华北工业协会欢迎国际联盟调查团光临中国,衷心希望调查团铭记中国既不反日也不排斥日本人。本着公平互利的原则,中国过去与日本合作过,今后也愿意与日本合作。但中国决不会容忍日本假借“自决”的名义从中国主权中攫取满洲的政策。

范旭东

华北工业协会会长

(资料来源:日内瓦国联与联合国档案馆藏李顿调查团档案,S30－NO.2卷宗。)

44. 调查团在北平的访谈计划(1932年4月12日)

访谈计划

4月12日批准

4月13日,

上午10点—11点:

荣臻将军,东北军参谋长

王以哲将军,东北军旅长

上午11点—11点30分:

东北大学教员

东北难民代表

11点30分:

阿尔贝尔·伦德尔先生
下午 3 点：
吉田先生
3 点 30 分：
顾维钧博士
4 点：
张学良将军
4 月 14 日，
上午 10 点—11 点：
蒙古王公和满洲王公
11 点：
日本代表
4 月 15 日，
上午 10 点—10 点 45 分：
东北民众团体
上午 10 点 45 分—11 点 45 分：
文化机构，包括胡适博士
上午 11 点 45 分—12 点 15 分：
北平市各大学教职员
上午 12 点 15 分—12 点 45 分：
新闻界领袖，提供有关满洲的信息

（资料来源：日内瓦国联与联合国档案馆藏李顿调查团档案，S30－NO. 2 卷宗。）

45. 上海日本商工会议所代表致哈斯的信函（1932 年 4 月 13 日）

上海，1932 年 4 月 13 日

罗伯特·哈斯先生，国际联盟调查团秘书
先生：

很高兴您和调查团的成员们能于 3 月 22 日在华懋饭店接受我们的采访。

当时我们竭力向您摆明一些事实，以回答您向我们提出的问题，可惜时间太短。为此目的，我们现在谨就一些较重要的事项提出一个简短的意见陈述，并请您给予考虑。

1. 由中国排外政策引起的上海事变。

我们认为，最近发生在上海的不幸事件，只不过是南京政府近几年来一直奉行的排外特别是反日政策的必然结果。

中国士兵在公共租界以外的道路上对外国人的凶残袭击、学生暴徒的活动和中国士兵根深蒂固的威胁性的态度，证明了事件爆发前已存在高度紧张与极端敌对气氛，这种气氛是可悲而又不可避免的，是由政府成立并领导的组织持续而广泛地宣传仇恨与敌视日本人的结果，这导致我们的海军陆战队前往防务委员会分配给他们的防区时受到了中国人的攻击。

2. 抵制活动是战争行为。

抗日救国会执行委员会由几位有影响力的国民党领导人组成的，该会一直在指挥着一场彻底的敌对运动，其目的显然是迫使日本投降，为此他们破坏了一切商业关系并拒绝向日本人提供生活必需品。

抗日救国会在努力把它的意志强加于人民的过程中，颁布了未经授权的刑法条例，并事实上以没收财产、示众等方式惩罚那些犯事者，理由无非是因其经营日货或与日商做生意。一直以来，尽管日本领事馆和外交代表多次抗议，南京政府仍未做出任何努力以制止各种反日组织的暴行，从而暴露出他们实际上是这些敌对活动的幕后主使。虽然对于我们来说总是很难找到书面证据去证明这种内部关系，但幸运的是，我们掌握了政府与之串通一气的确凿证据，即中国天津航政局发布的一项命令，该命令被送到了天津东海运输株式会社(Tokai Unyu Kaisha, Tientsin)，这显然是中国人关心的问题。本文件在采访时呈交给了贵调查团。我们在附于本函的声明中，进一步向您提供了一些证据。

此外，中国法院在上海公共租界中发挥的作用明显受到国民党的影响，没有表现出公正执法和维护法律秩序的倾向。这些反日活动的罪犯被起诉后，要么被释放，要么只是受到名义上的惩罚。

中国政府参与反日抵制活动，以及未能制止民间组织的这些非法活动，都明显违反了保障日方人人享有商务和居住自由的条约，危害了与日本的和平关系，并制造了导致战争与敌对行动的条件。在我们看来，事实上，这些行为可以被认为等同于战争行为。

3. 通过必要的条约明确禁止抵制。

我们认为,在日本将来可能与中国签订的任何条约或协议中,最好有一项具体的规定,明确禁止任何组织、公众或其他方面,抵制、起诉缔约任何一方的人民和货物。这将特别有助于促使公众注意到抵制和类似运动的严重性质。

事实上,在我们看来,为了国际友好,禁止一国人民抵制另一国的货物和人民的高明之处在于,很容易得到世界各国的承认,因此这一原则应当适当地体现在有关国际贸易的条约和协定中。因为很明显,一国人民对另一国人民采取抵制和类似的方法是导致国家间敌对和战争的最有效方式。

4. 中国的实际情况和日本的立场。

我们真诚地希望中国各地和平与繁荣,因为这样的情况对日本人来说也是一个福音,我们坚定地坚持门户开放、机会均等的原则,因为这正是我们所希望的。不幸的是,中国过去从来没有出现过这样的景象,相反,这个国家却陷入了内战与叛乱,混乱与无序。近年来,中国从未有过一个足够强大的中央政府来遵守条约,以及适当的保护外国人的生命和财产。这些情况使日本有必要坚持强调中国遵守条约和设法保护日本侨民,当这些都不能实现时,日本除采取自我保护措施外别无选择。

5. 中国境内租界的重要性。

因为中国不能保护外国人,所以租界得以存在并不断发挥其重要性。今天,在中国的混乱状态中,租界比以往任何时候更加重要了。

和平与安全的避风港,近年来外国人将无法留在中国,与中国的贸易和商业如果不是彻底灭绝的话也将遭遇最严重的倒退。因此,我们应大力鼓励和支持维护中国境内的租界。

6. 上海公共租界。

特别是谈到上海公共租界,正如日本一再宣称的那样,最近日本方面的军事冒险是出于想要保护日本侨民及其生命与财产的愿望,以及公共租界本身不受中国士兵的威胁的愿望,而且我们毫不怀疑日本军队行动的正当性,以及凡是熟悉当地情况的人都认可日本所宣称的目标。

在这方面,我们可以说,上海公共租界之所以存在,是因为有利害关系的列强的海军和军事力量给予了保护,而且如果没有来自他们的保护,这些租界早就被不复存在了。

在中国目前的局势下,公共租界绝对有必要坚持对其辖区内的中国人拥有管辖权的法院，在不受外界意见影响的情况下正常运作。否则，在租界内维持法律和秩序将成为一件不可能的事，租界的基础将受到危害。

7. 我们的诚意

我们相信，日本人民有充分理由希望中国和平与繁荣，他们当然希望与邻国和睦相处。

因此，如果中国实现统一，并组成一个负责任的政府，向日本寻求解决所有现存分歧的办法，那么我们就认为，找到双方都能接受的方法一点也不困难。

贵调查团在这方面的任何努力都将得到日本人民的深切赞赏和感激。

我们很荣幸，
阁下，
您恭敬的，
□①

（资料来源：日内瓦国联与联合国档案馆藏李顿调查团档案，S30－NO. 2卷宗。）

（以上 S30 卷宗内容，费凡翻译，屈胜飞、陈海懿校对）

① 编者按：手写英文签名，辨认不清，约有 6 人。

(三) 李顿调查团档案,S31 - NO.1 卷宗选译

1. 调查团与河本中尉及岛本中佐的会谈
(1932 年 6 月 3 日)

与冈本(河本?)中尉①及岛本(Shimamoto)②中佐的会谈记录

沈阳,1932 年 6 月 3 日

(在铁轨发生爆炸的地方,随后在北大营)

出席人员:调查团所有代表

莫思(Moss)

勃来克斯雷

万考芝

爱斯托

渡(Watari)大佐③

金井(Kanai)先生④

墨田(Sumida)先生(翻译)

住田(Sumita)中尉和其他日本人

---

① 译者按:冈本(Okamoto),河本(Kawamoto)。"(河本?)"为原文所有,"河本"应指河本末守。后同。

② 译者按:"岛本"指岛本正一。后同。

③ 译者按:"渡大佐"指渡久雄。后同。

④ 译者按:"金井"指金井章次。后同。

墨田先生向调查团代表介绍了冈本[①]中尉:他是发现铁路路轨爆炸的军官。

李顿:我们现在是在铁轨爆炸的地方吗?

冈本:是的。(指向铁轨被毁的部分。)

李顿:我们能听听当时发生的事情吗?

冈本:我很乐意向诸位讲述 1931 年 9 月 18 日发生的事件的情形。碰巧,当时我就在被炸毁的铁轨附近,我将告诉诸位那天晚上发生的事情。

我手下有 5 名士兵,我当时正朝南边走去,一边跟他们说明保护铁轨的正确方法。当我们到达距离这里约有一百码的地方时,我听到了身后的爆炸声。所以我们立即回到了这个地方,发现一部分铁轨已经遭到损毁。

李顿:你是从哪个方向来的?

冈本:我是朝着沈阳的方向前进的,当我们到这里时,中国士兵朝我们开枪了。

李顿:你记得那会儿的时间吗?

冈本:10 点[②]多一点吧。

李顿:你是怎么确定时间的?

冈本:我没看表,所以没法告诉你确切的时间。但是我估计是 10 点多一点。当我命令我的士兵向敌人开枪时,我立刻指挥他们追踪敌人,他们是朝着那个方向逃走了(指向远离沈阳的方向)。我的士兵紧追其后,在远处你们看到的那两座砖厂之间的地方遇到他们。敌人是约 400 人。

李顿:你们开始追赶他们了?

冈本:是的。

李顿:他们开枪,然后逃跑,随后你们就立刻追赶他们了?

冈本:是这样的。敌人大概有三四百人,他们开始包围我的士兵,继而从三面攻击他们。

麦考益:你有多少士兵?

冈本:5 个,其中 2 个是我的随身警卫。

---

① 编者按:文本中依然是英文“Okamoto”,应该是“河本(Kawamoto)”。为尊重原文,未加以全部更正。请使用者注意辨析。后同。

② 编者按:指晚上 22 点。后同。

麦考益:明白了,是你的联络官。

李顿:他们被400人包围了?

冈本:是的。我命令其中一名士兵①向中队长②报告,让他走铁轨左侧道路,以避开步枪射击。然后我又命令另外一名士兵向驻地报告,驻地在距离这里不远的配电箱那里。我命人前去向中队长报告,中队长正在北大营以北1500米左右的某个地方演习。然后,我就向北走,也向他报告。我还命令一名士兵打电话请求增援,他用的是你们在这儿看到的便携式电话。大约10点30分或者11点的时候,援兵到了,他们立即追击敌人,但是敌人穿过了北大营附近的路堤,躲到了房屋里。

李顿:在你等待的期间,有一列火车经过?

冈本:是的。

李顿:先发生爆炸,之后火车才经过,是这样吗?

冈本:是的,火车是在爆炸发生以后经过的。带来增援部队的中队长立刻就去攻打北大营,而我则留在爆炸现场,守卫此地。

李顿:你一直待在这里吗?

冈本:不,我是先往前走。援兵到了以后,我又回来了。

李顿:火车经过的时候,你在哪儿?

冈本:那时我在战斗。

李顿:火车在这个地方停了吗?还是直奔沈阳去了?

冈本:火车没停,它是另一条铁轨上的特快列车。这是双轨车道。

李顿:这列火车没有经过铁轨断裂的地方?

冈本:它经过了断裂的地方,但是没停。这就是我能说的关于这起事件的全部内容。

李顿:你是今天从边境一路赶回来见我们的?

冈本:是的。

李顿:我明白了,上次我们在沈阳的时候,你离我们有点远。

冈本:我在……③

---

① 译者按:此处"士兵"指日军传令兵令野。

② 译者按:此处"中队长"指日军独立守备队第二大队第三中队长川岛正大尉。

③ 译者按:此处"……"为原文所有。

(李顿勋爵因冈本中尉对这一事件的描述向他致以谢意。)

万考芝:什么样的爆炸会造成这种破坏?

麦考益:你第一次路过的时候,有没有注意到什么可疑的事情?

李顿:那天晚上很黑,你带手电了吗?

冈本:没有,我是摸黑前行的。

李顿:你是沿着铁轨走的?

冈本:我的士兵分成了两组,各自沿铁路的一侧行进。

李顿:当你们经过的时候,你有没有注意到什么?

冈本:我什么都没有看见。

李顿:爆炸是如何造成的?万考芝先生的这个问题,我不知道你们当中是否有人能回答。是有东西被固定在铁轨上了?或者有人扔了炸弹?还是其他什么情况?

冈本:因为铁轨的破坏非常明显,我认为肯定是某种威力巨大的粉末物质或者是某种奇怪的装置(串行接口引擎),但我想不出其他可能的东西。

李顿:不可能是用炸弹把铁路炸毁的吗?

冈本:我不这么认为,肯定是有什么东西被固定在铁轨上了。

李顿:如何引爆固定在铁轨上的爆炸物?通过定时引信还是电线?

冈本:引起爆炸的方法有很多,但是我没法确切地告诉你们这次爆炸是如何造成的。

李顿:参谋本部有什么推测吗?

冈本:没有。

李顿:发现电线了吗?

冈本:没有,我认为可能是定时引信。

(另外一名军官认为可能是定时引信,敌人点燃了定时引信,然后逃跑。冈本中尉解释说,爆炸发生的时间可以随意确定。)

李顿:你是说你正经过现场并且沿铁路前进?

冈本:在我过去之后,引信肯定已经被点燃了。

李顿:那些人从路边过来,点燃了引信?爆炸物在此之前肯定就已经固定好了,然后呢?

冈本:我猜测,在我路过之前,它就已经被固定好了,而敌人就藏在某个地方。

李顿：我认为，要是铁轨上有什么东西，你们会因为天太黑而看不见吗？爆炸发生的时候，你和你的士兵就像我们现在这样站在这个路堤上？

冈本：是的，我就在铁轨上。

李顿：射击发生后，你紧接着做了什么？

冈本：我命令我的士兵散开并开始反击。

李顿：在这种情况下，“反击”是什么意思？

冈本：我命令我的士兵开枪。

李顿：他们是趴在铁轨上的？

冈本：是的。

李顿：你们开枪之后，那些人就跑了？

冈本：是的。

李顿：然后射击就停止了？

冈本：是的，暂时停止了。

李顿：开始时是有大量步枪朝你们射击吗？

冈本：我没法确切地说出有多少，但我估计约有五六支。

李顿：那么，开始时的射击是来自像巡逻队一样的小队人马？

冈本：是的。

李顿：你们尾随着该小队人马，然后遭遇到大队人马，是这样吗？

冈本：是的。

李顿：就是在这个地方吗？

冈本：是的，这就是关节点（指向铁轨）。

李顿：你能不能给我指出来射击来自哪里？是这边吗？

冈本：大致是在铁轨附近砖窑的左侧。因为他们趴在地上，所以很难准确看出他们在哪里。

李顿：他们几乎都在铁路上。你们沿着这条路走了吗？

冈本：我的士兵分散开来，有些人也沿着这条路走。

李顿：再次发生交火之前，他们走了多远？

（冈本中尉指了指远处的一座土坯房，在那儿开始了第二次交火。）

马柯迪：你的5名士兵没有任何伤亡？

冈本：是的，他们中没有人受伤。

马柯迪：那敌人呢？

冈本：我们发现了三具尸体，不是我发现的。天亮以后，我们在那个方向（他指了指）发现了血迹，所以我们判断，他们在试图逃跑时被击中或被杀了。

（调查团现在行至铁路上某个靠近北大营的地方。）

岛本中佐：你们看到的位于你们前面的建筑物就是北大营。第三中队试图在诸位的火车正好经过的地方向东前行，以攻打北大营，但因为有沼泽便放弃了。因此，中队长派遣一部分人攻打北大营的大门，中队其他人则来到了这个地方。来到这里的士兵就立即朝敌人开枪，敌人在另一侧（铁路和兵营之间）。当第三中队其他人推进路堤附近时，敌人撤退到了营房内，开始从里面开枪。然后，日本士兵前进并靠近路堤，最终进入营房内。当时，营房里电灯闪烁。第三中队占领了营房左翼。而后，我从沈阳带来的第一中队和第四中队到达这个地方，安排第四中队在中间，第一中队在右侧，攻打北大营。

李顿：你是乘火车过来的？

岛本：我乘火车来到不久之前我们停下的地方，那儿有 12 名士兵驻守，我从那里行军到了这里。攻打右翼的第一中队有 6 名士兵受伤。现在，我会向你们说明第三中队攻打左翼时采用的战术。其他中队也采用了同样的战术。现在我们就去现场。

（在前面提到的路堤处）

当日本士兵经过的时候，这整块地还是菜园。为了靠近兵营，士兵们不得不穿过去。

（在营房内）

这些就是第三中队最先占领的兵营。占领之后，该中队必须等待大队的其他人。你们看到的墙上的那个洞，是第三中队为了反击那些攻打营房的中国士兵而挖的。稍后，第四中队和第一中队来到营房，第三中队离开，他们一同向东推进。

李顿：这些营房被烧毁了吗？

岛本：当晚就有一些营房失火，还有一些营房是第二天烧毁的。

李顿：第二天营房已经被占领，为什么还要烧毁？

岛本：因为我们担心可能会有中国士兵藏在地下（?）①。

（更东侧的第二组营房附近）

---

① 译者按：此处“（?）”为原文所有。

大约凌晨2点30分(?)[1],第一中队在大门附近的那个角落遭遇两个中队的中国士兵,第一中队向前推进,占领了营房右翼。然后,他们与守卫无线电台的一个大队的中国士兵作战并占领了电台。第四中队从另一端进入院内,然后推进到兵营的左翼——就是角落的这栋建筑。他们到达这个地方的时间大约是凌晨3点30分。第四中队到这儿的时候,碰上了这个院子里的中国士兵,战斗异常激烈。他们在围墙的另一侧找到了椅子,就站在这些椅子上朝这栋建筑物开火。要想进入这座兵营,只有一条路(门?)……[2]宽。所以第四中队的士兵们爬上这栋建筑屋顶的最高处,从那里丢炸弹,但实际上所有的炸弹都被这棵柳树挡住了,没能到达目标,日本士兵未能进入兵营。他们在这堵墙附近的屋顶上架设了一挺机关枪,诸位可以在墙的另一面看到机关枪子弹留下的痕迹。当时有一部分日本士兵在这条壕沟里,有一名日本士兵被杀害。凌晨3点30分,原本驻扎于抚顺(?)[3]的第二中队赶到。大队长将第二中队安排在第四中队和第一中队之间,于是第二中队就处于中间位置。第四中队想要进入这个院子,但是大门紧闭,要想强行进入,他们面临巨大困难。就在那个时候,他们发现了中国人留下的一门机关炮和两枚炮弹,第四中队就用它们击穿并打开了这个大门。

李顿:非常方便。

岛本:凌晨5点,日本士兵得以进入。敌人从另一边用机关枪攻击日本士兵,有一些日本士兵受了伤。大约6点的时候,敌军开始向东逃跑。

(调查团被带到更东边的一个地方,从那儿可以看到另一组建筑。)

在上午6点左右,第三中队被安排到那座小山上,第四中队和第二中队被安排在这里的右边。

李顿:我们前面的那些建筑是什么?

岛本:是兵营。那时候,日本士兵几乎完全包围了那座兵营里的敌人——就是第六团和第十九团(?)[4],他们没能向东逃跑。大多数敌人被杀,因为他们未能逃跑,而且日本的机关枪火力非常密集。旧北大营的大部分士兵逃到

---

① 译者按:此处"(?)"为原文所有。

② 译者按:此处"(门?)……"为原文所有。

③ 译者按:此处"(?)"为原文所有。

④ 译者按:此处"(?)"为原文所有。

东大营。9月19日中午，我们攻打东大营，但敌人已经不见了。

李顿：那些建筑看起来一点都不像发生过战斗。

岛本：你看到墙上的大洞了吗？如果走近点，你会看到很多小弹孔。关于北大营附近的战斗，我就讲到这里了。

李顿：你觉得没有必要把那些营房烧了？

岛本：是的，因为我们发现没有中国士兵被留在那儿。

爱斯托：战斗中有多少中国人被杀？

岛本：我方埋了320个中国人。但实际被杀人数可能更多。

爱斯托：有多少人受伤？

岛本：因为很多人逃向东大营，我没法确切地告诉你有多少人受伤。但是有很多人被安置在医院。

爱斯托：没有受伤的中国人被留下来？

岛本：他们通常是带着受伤的人一起走，被留下的那些人由红十字会照顾。

李顿：但是没有人被留下来。

岛本：有的，大约是20人。

关于北大营的战斗，我就大体介绍到这里。但是我认为，外行是很难理解的，因为这纯粹是一个军事问题。而且对外行而言，他们也没有时间来理解。

李顿：我们非常感激。在访问关东军司令部的时候，我们已经就这一问题获得了相当充分的解释。所以我们很容易理解你之前对我们做出的解释。

（资料来源：日内瓦国联与联合国档案馆藏李顿调查团档案，S31－NO.1卷宗）

2. 调查团与本庄繁将军的会谈（1932年6月2日）

绝密

与本庄繁（S. Hongjo）将军的会谈

关东军司令部，沈阳，1932年6月2日

团长先生及尊敬的调查团各代表：

诸位满洲之行历时颇久,对该“国”[①]实际情形亦有直接观察,亦曾与多人进行会谈,我相信诸位已对存在于满洲的某些现实状况有所了解,对与这些现实状况有关的日方立场亦能有一定理解。

现在,诸位行程即将结束,借此最后机会,我希望就满洲与日本国防的关系讲几句话。然后,我期望就“满洲国”的建立表达我的看法,“满洲国”之诞生完全是自然而然的,亦有其至关重要之处,即它为日本的国防创造了极为有利的形势。且更进一步,我希望坦率地补充几点一般性的评论,可供诸位将来参考。

然而,这些完全是我个人的观点,我确信这些观点与我的政府可能持有的观点不一致。并且我尤其希望诸位能理解,我所说的超出军事问题之外的任何内容完全是个人观点,而非军队指挥官的观点。

首先,我想陈述这一事实,即满洲构成了日本的绝对“生命线”,或者说是日本帝国的大动脉。一个国家的防卫问题与它的经济存在是不可分割的,这几乎不需要解释。为此,我必须毫无保留地说明日本的情况。日本国土面积极小且备受物质资源匮乏的限制,这是人所共知的事实,还应该注意的是,日本每年的人口增长超过一百万。毫无疑问,这些都是威胁今日日本国家生命之存在的明显事实。面对这些困难,除了正在建立关税壁垒以抑制日本商品的正常流通之外,实际上所有国家的大门都对日本移民紧闭。

为了日本的经济发展,日本至少应该在满洲和蒙古寻找出路,这是自然的,除非日本自身屈从于自然死亡和毁灭的命运。作为俄日战争(the Russo-Japanese War)的结果,日本获得了在满洲的合法权益,这些权益已经通过逾十五亿日元的巨大支出和超过一百万日本臣民的努力与牺牲而获得进一步的发展。然而,他们的经济活动遭到了张氏政权(the Changs' regimes)公开制造的各种阻碍,以及张学良的直接武力行动。此种情形之下,日本被迫诉诸行动以求自卫,维护国家生存。归根结底,1931 年满洲事变的爆发是各种情势下产生的自然而然的、不可避免的结果。

华盛顿会议以来的十年间,日本与满洲的经济关系发生了显著变化。越来越清楚的是,目前满洲作为日本的“生命线”,已经获得了绝对价值。从这一

---

① 编者按:指代伪满洲国。后同。

角度来看，我觉得满洲和蒙古必须被置于日本的完全保护之下，以维护和平与秩序，清除各种混乱与干扰因素。

接下来，我希望就外部强权采取的侵略政策来观察满洲和蒙古所处的位置。在北方，苏联有绵延 3 000 千米的边界线。为了把整个世界变成赤色，苏联在和平时期拥有一支超过 70 万人的军队，据说其中超过 8 万人分布在远东，这使北满和外蒙古成为这支准备就绪的军队的前哨，它几乎可以随时向南方伸出罪恶之手。据说，为应对紧急状况，这支力量可以轻易地将实力上增至三倍。完成第一个五年计划后，他们已经进入第二个五年计划。他们的军事准备不容许我们闲散放松。

在此特殊时期，据说张学良元帅在中国北方统率着一支超过 15 万人的军队，他反对新建立的“满洲国”，并且不愿意与日本建立良善友好的关系。我们也知道，张学良的力量得到了蒋介石的支持，后者统率着一支 50 万人的庞大军队。我们担心，这些武装力量随时会与苏联军队合作采取联合行动。

为了确立我们的国家安全和种族安全，我们必须守卫并保护我们在满洲和蒙古已获得的权益和经济活动，避免遭受来自外部的威胁。当我们从地理上考虑我们国家应对敌人的战略地位时，对日本而言，满洲的地位与朝鲜(Korea)相同。朝鲜是置于日本边上的匕首，而满洲则是这把匕首的把柄。我们不能将这个把柄拱手让与我们的敌人。因此，一旦允许在这些地区进行敌对活动，他们的威胁将会延伸到黄海沿岸，就像俄日战争前存在的状况一样。那么，不仅是朝鲜，连日本帝国本身都将面临极端的危险。

在过去的四分之一个世纪里，日本一直致力于在满蒙保护和守卫其国家的“生命线”，对抗来自外部的威胁性力量。我们相信，这种情况今天仍然存在，我们认为有必要在将来某些时间里采取同样的措施。既然新的“满洲国”已经建立，为了从地理的角度获得更全面的安全保障，帝国的第一道防线必须沿北方的阿穆尔河[①]和兴安岭山脉建立。只要满洲目前的状况继续下去，并且“满洲国”的军事力量仍处于不可依恃的状态，那么就需要最少约 3 万日军，包括和平时期增设的四个师团的力量。（自从我们上次会谈后，增加了一个师团。）为了防范内乱及外部威胁，将分散于广袤领土上不同地方的小股军事力量在最短时间内集中动员起来，我们必须与“满洲国”政府一同筹办，完善交通

① 译者按：阿穆尔河，我国称黑龙江。

运输网络。

为此,我希望就帝国防线再补充一些话。我相信,我们采取的政策不只是为了保护日本的利益免受共产主义政策的威胁,同时也站在了保护西方文化和文明、捍卫世界和平的前线。第三国际的赤色宣传在西欧遭遇失败,最近则正在远东集中活动,尤其是在太平洋沿岸。通过北满和外蒙古,来自西伯利亚的运动直指满蒙。华中有共产主义军队的存在。因此,我们注意到赤色威胁正将中国这个大国完全包围。在此关键时期,由于中国军队的能力不足和不可依靠,中国不仅不能保护自身免于毁灭,还有一个巨大的危险——中国可能会因为倾向与红军互相利用而落入陷阱。

在这个关键时刻,要是日本军队从满洲撤出,中国北方和南方的"赤色"阵营会很容易就联合起来,中国各地的共产主义活动将蔓延开来并更为"猖獗"。

简而言之,我想重申,不论是从经济角度还是地理角度来看,满洲和蒙古都构成了日本的绝对"生命线";与此同时,它们也构成了日本为自卫以及保存先进国家的文化、文明而对抗赤色威胁的前沿阵地。

第二,"满洲国"的建立已经为日本的国防提供了非常有利的条件。我已经提到,如有必要,日本必须为保卫满洲而动用它的军队。然而,如果这一地区的行政当局和人民充分理解日本为其合法权益而持有的观点和主张,并且表示他们渴望践行我们民族的"共存共荣"原则,日本自然就会在最为和平的条件下开展经济活动,并能共同反对各种形式的,无论是看得见的还是看不见的,来自外部的入侵,从而减轻国防支出的负担。在我看来,这就是我们极为乐于接受的条件,事实上,这在俄日战争后日本和满洲之间的关系中也可以注意到。但是,在去年事变之前的数年间,情况到了最坏的阶段。

今年年初产生的"满洲国"是建立在王道之上的,王道是历史悠久且备受尊崇的"称王"原则,它以民族的合作与和谐思想为基础。建立在这一王道原则之上的政治理论在中国有悠久的经验,它被证明最适合中国人民。这是一种建立在民主原则之上的政治哲学和形式,统治者理解人民的意志和愿望,并为了人民的利益努力实现它们。

通过迄今我们已经目睹的经历,革命①之后的中国所采纳的西方国家的民主原则被证明是不适于中国的。特别是国民党模仿的共产主义政党的政治

---

① 译者按:指辛亥革命。后同。

制度，给中国人民造成了非常有害的影响。在这一特殊时期，现代化的王道政治理论对中国的现状而言似乎是最适合且最可行的。

我们注意到，现在领导人和人民的强烈愿望是建立一方和平与安全的土地，以使三千万人民从军事统治的腐败及国民党政治的激进中彻底解脱出来。他们也十分希望在日本的合作及帮助下恢复他们的国民生活，并理解日本帝国关于满蒙的立场。在这种情形下，不难理解，我们为开发满洲所提供的援助会更有利于日本的国家生存和国防。从各个角度来看"满洲国"的成立，我们认为它的产生完全不是人为的。从长时段和广阔的视野来看满洲，我们注意到，自肃慎(公元前 1150 年)时起，满洲曾几次拥有独立的国家地位。在中国四千年的历史中，满洲有两千年维持着相对中国内地的独立地位，满洲和蒙古还曾建立统治中国的中央政权。就此而论，无疑你会发现今天依然存在的中国长城的重要意义。其后，诞生于满洲的清王朝统治满洲及中国内地长达两百年，直至二十年前清朝灭亡。甚至是在革命之后，满人处于汉人的统治之下，张作霖的政权也无异于一个独立政权。张作霖曾两次在直奉冲突中与中国内地抗争。俄国与奉天政府签订的《俄奉协定》对国际关系具有重要影响。当张作霖带领他的军队进入长城以内的北京时，他本人进一步宣称冠有最高统帅之荣耀。这些都可表明，不论是从地理的视角还是历史的视角来研究，满洲都拥有独立的品质和天性。

然后，根据业力法则(Law of Karma)——原因和结果，我们认为"满洲国"的诞生是一个自然的结果。贵调查团想必已经研究过【满洲】军事统治者在过去很多年里所采取的对外及对内政策，那就是：军事当局为国内政治而利用外交政策，更确切地说是滥用对外政策；他们压迫与日本人有联系的商人和无辜民众，采用非法压榨手段，未经审讯就逮捕很多无辜民众；他们以管控对外贸易为借口，用政府的官方援助买光本国的主要产品，大肆发行数百万、数千万的纸币，从而任意操纵市场价格；然后造成金融混乱时，转嫁于可怜的无辜民众；人们背负着沉重的赋税。这些都是满洲事变发生之前所发现的军事统治的一些显著特征。因此，满洲民众由于国家内部原因而渴望摆脱他们的统治者，这是很自然的。可以这么认为，新政府的成立是建立在公平与正义之上的革命思想的表达。

据信，治理下的满洲人民一致称赞"新国家"的产生。毫无疑问，满洲需要很多年才能充分形成一个理想的政府，并得到人民的理解。我们注意到，前军事政权的一部分人开展了一些反对新政府的活动，但这些活动不会让我们对新政府丧失信心。

接下来，我希望探讨"满洲国"作为一个独立国家所具备的能力这一问题。作为一个国家，"满洲国"拥有广阔的土地和三千万人口。她有天赐的丰富的农矿业方面的自然资源。正如我们被告知的那样，新政府的预算据说将在半年内维持预算收支平衡。当建设工作取得进展时，政府的支出就会增加，这是很自然的事情，但只要当局采取正常的方针，收入的增加也是确定无疑的。因此，关于预算问题的悲观情绪很容易消除。

尽管"满洲国"拥有独立国家应具备的所有必要条件，但为了维持目前的这一地位，其大部分国防力量必须依赖日本军队。之所以需要这样，是因为"满洲国"仍处于形成的早期阶段。尽管前军事政权剩余的军队已被重新组织为政府军，据说达到8万至9万人，但其中一半人没有受过充分的训练，主要是因为缺乏资金。但如果强行组建一支军队，考虑到"满洲国"的国内外关系，需要超过20万人的军队才可适应这些状况。毫无疑问，这将需要一笔巨额开支，而这是目前阶段的新政府无法承受的。当我们考虑到中国军队的素养，很容易发现，如果这支不健康的军队被匆匆组建起来，伴随的危险将是巨大的。"满洲国"很难组建一支能够抵御外来侵略的一流军队。若是我们在这一点上犯错，最大的危险就是，这支军队可能会变成强盗，可能会导致旧军事力量的复辟。

目前的状况需要日本军队留在满洲，通过向满洲政府以及未能充分组织的"满洲国"军队提供支持，以抵御将来的外来侵略，同时也维护这个"国家"内部的和平与秩序。尽管所需要的日本军队是应日本帝国自身所需而驻扎，但同时，这也有助于维持"满洲国"内部的和平与秩序，减轻"满洲国"的财政负担，推动根据王道原则制定的政府建设计划。

张作霖时期，这种事态在某种程度上就已经存在了。直奉战争爆发时，我们曾两次发表关于由日本军队维护满洲和平与秩序的声明，借此提请中国当局注意。现在随着"新国家"的建立，形势已经发展到了这样的程度，两国军队将共同合作以承担守卫和平和秩序的责任。

关于镇压满洲土匪的问题，很难说这个国家何时会免遭土匪的威胁，何时会恢复和平。然而，人们可以期望，在这一年之内，逃兵和旧土匪混合组成的较大的土匪团体会受到有效镇压。要彻底扫除较小的有组织的团体和那些职业团体，可能需要五到十年。与此同时，“满洲国”军队将得到逐步的组织和训练，但在未来几年内，维持目前日本军队的力量是必要的。不过，我可以再次坦白地说，“满洲国”的建立已经使日本帝国“生命线”的防卫更加安全和容易。

第三，要解决满洲问题，我有很多想法。（一）我们必须理解既有现实的全部意义；（二）必须引导外部势力介入，请求并敦促中国进行自省；（三）同时我们必须密切关注目前状况的变化和进展。可能会有人提出这样的观点，即如果中国对满洲的主权得到承认，中国未必会否认日本在满洲和蒙古的权利主张。然而，一旦中国的主权获得承认，“满洲国”就会失去其存在的全部意义，那时中国中央政府的行政机关就会回归，日本将再次面临去年事变发生前即已存在的危险局面。虽然【日本】可以通过与中国签订新条约来保障权利要求，但这与国民党政府过去二十年所实行的国民教育和排外政策是难以相容的。因此，很容易就可以想见，这种性质上缺乏永久性的条约可能会被单方面废除，组织极不完善的中国政府不会承担责任。这是日本多次重复的经历，在过去的许多年里，日本一直是这种游戏里的唯一输家。（很显然，如果中国忠实地遵守俄日战争后缔结的《北京条约》的精神和条文，去年的事变就不会发生。在这一点上，应该牢记这一事实：1929 年俄奉争端过去三年了，中国与俄国之间还未达成协议。不仅是日本有过这种性质的经历，其他国家肯定也曾有过同样的经历。）将日本军队从满洲撤出，依靠旧军事政权的中国军队保卫这一地区，这是不可想象的。

还有人提出了另一种观点，即承认中国名义上的宗主权，在内外政策上赋予满洲以自治权。在此事中，因为名义宗主权的模糊性，【我们】很难对它做出解释，【它】存在被滥用的危险，“新国家”的理想主义难以充分实现，这将造成“满洲国”的基础逐渐遭到破坏。当中央政府派遣代表时，这种情形会更加严重。

有人将满洲与外蒙古进行了比较，在外蒙古，在中国宗主权之外延伸的俄国实际权力已经得到了承认。但是，这种类比提供的论据非常薄弱，因为外蒙古是一个遥远而隔绝的地区，人口稀少，几无经济利益可寻。而满洲则位于跨越了西伯利亚、中国和日本利益的三重线上。因为这些原因，两者不能相提并论。此时就很容易理解一个问题，即对满洲哪怕是名义上的宗主权，也与“满洲国”的存在不相容。因此，现存状况源于自然过程的绝对必要性，不择手段强行改变不会产生令人满意的解决方法。必须牢记这一事实，因为我所陈述的，不仅仅是“满洲国”拥有成为独立国家的必要条件，而且她已经完成了建“国”仪式，并诚恳而真挚地致力于巩固国民生活。在这方面，我们发现新政府的政策和目标与日本帝国的是一致的，这构成解决中日之间悬而未决的问题的最重要的因素。日本帝国第一次发现，为国家防御及通向实现“共存共荣”原则的道路所必需的条件已获满足。这有可能会最终促使安居乐业之地的建立，而中国民众可能会受此刺激而进行自省。这会推动中国抛弃内部纷争和排外活动，因为这样做时，他们就会意识到政策的愚蠢性，中国的统一和团结必将到来，这不仅会给中国带来幸福，也会给中国以外的世界带来幸福。

纵观中国历史，我们发现，中国在对外关系上采取的是建立一个对立政权来反对另外一个政权的方式。要么是出于地理原因，要么是出于其他一些具体原因，世界各国未能看出这种政策的意义，或是有意忽略它的应用效果。这种状况可以解释，为什么中国有着如顽童一般的态度，致使国际纷争发生，正如我们今天见证的那些。为中国的利益考虑，【我们】有必要把她拎出来，让她亲眼看一看自己制造的愚蠢，也让她意识到，满洲的目前状况仅仅是中国过去二十年所采取的最不可靠且最为危险的对外政策所导致的因果报应。

简而言之，和平解决的途径之一是先如实地理解和确认目前的现实。我们获悉，“满洲国”已经宣布其政策，将以合理的方式履行国际义务，并承诺维持机会均等和门户开放政策。值得注意的是，即便外国势力没有提供积极援助，这些活动也会按部就班地进行。在这种情况下，最可行的计划便是，密切关注未来几年将发生的事件的自然原因，必要时视情况而定，采取合适的政策。

（资料来源：日内瓦国联与联合国档案馆藏李顿调查团档案，S31－NO.1卷宗）

3. 调查团与本庄繁将军的会话记录（1932年5月1日）

已由日方校正

与本庄繁将军的会话记录

关东军司令部，沈阳，1932年5月1日上午10点

出席人员：调查团代表

万考芝

助佛兰
本庄将军及参谋
川崎(Kawasaki)先生(翻译)
吉田(Yoshida)[①]先生
汐崎(Shiozaki)先生和秘书们

本庄:我希望进一步解释说明昨天我的参谋谈到的存在于沈阳的特殊情形,以及军事占领和戒严令问题。沈阳城是满洲的政治中心,9月18日晚,事变爆发后,敌对行动蔓延到整个城市。警察实际上消失不见了,这个城市的全部人口都处于极端的危险和焦虑中。必须记住的是,沈阳是反日运动的中心,当时的情况是这样的,即领导人失踪了,反日分子借此机会在这个城市开展敌对活动。土匪当然参与其中。这些情形是沈阳独有的。哈尔滨和齐齐哈尔没有发生敌对行动,因为日本在这些地方的军事行动开始得稍晚,民众知道会发生什么,也不会感到恐惧。满洲事变后,军事行动很快在吉林和长春展开,上述地区也有敌对行动发生。但总的来说,这些城市的人民未受到打扰。没有高级官员逃跑,市政当局的高级官员和警察力量仍在城内,并履行他们各自的职责,市政事务得以一如既往地维持。

沈阳的情形则大不相同。这座城市实际上已经没有行政组织或警察力量了。相应地,军事当局在沈阳所采取的措施与在其他城市采取的措施并不相同。我希望把这种区别说清楚。

本庄:关于关东军军事占领以及宣布戒严令的谣言,我还希望补充一些解释。

我所指挥的这支军队没有建立军政府,也没有宣布任何法律。正如我刚解释过的那样,也正如一名高级参谋昨天陈述的那样,沈阳的状况是没有行政组织和警察机关。因为这个缘故,军事当局针对电话和电报系统、银行及其他机构采取了监督与保护措施。关于这些措施的细节,我已经指示高级参谋向诸位提交书面说明。除了将以书面形式做出解释的各点之外,针对张元帅和其他军事领导人的电报通信也在一定程度上受到了限制。我们还制定了限制性措施,不准携带含有反日文章的报纸、宣传册和传单。

---

① 译者按:此处“吉田”指国联调查团的日本参与员吉田伊三郎。后同。

关于事变后日本领导人参与沈阳市政事务一事,我还想对高级参谋的说明多解释几句。当时,与主持沈阳市政事务的领导人进行合作是困难之事,因为他们没有受过相关的培训,所以我们选派土肥原大佐负责这些领导人的工作,他对这里的中国人和日本人都有比较广泛的了解。这是当时参与市政管理的日本领导人的特殊要求。当然,土肥原大佐当时是日本军队的现役军人,我很怀疑这一事实是否可以解释为日本当局在这里实行军事统治。大概土肥原大佐的出现会让人有这种想法。

还有谣言说,日本军事当局当时在营口宣布实行军事统治。营口有一段很有趣的历史。俄日战争期间,日本军队在那里宣布了戒严令。

麦考益:那时候叫牛庄,是吗?

本庄:是的。从军事角度来看,为了确保当地的安全,我们在那里部署了一些日本军队,这一事实给了居民一种军事统治已经建立的印象。这是因为他们已经有了先入为主的想法,即军队进入时就会宣布实行军事统治。还有,上述军队的指挥官曾暗示将建立军事统治,指挥官觉得会是那样的。但是,当关东军司令部接到关于他这些错误声明的报告时,我司令部曾放话告知情况并非如此,不会建立军事统治。舆论媒体讨论了这个问题,就军事统治发表了一些不正确的新闻报道。这些报道传到了东京的参谋本部那里,他们针对沈阳以及营口的实际情况向我发出了询问。我在24日提交了一份报告,称谣言不实,然后就目前的状况报告了准确信息。

我不认为在其他城市可以找到导致人们对这种情形产生误解的任何实质性证据。简言之,我可以说,作为一种自我保护的措施,我们在必要的地方部署了军队,但严格来说,这并不是麦考益将军在某种意义上理解的军事占领。事实是,我们采取措施是因为军事上的必要性,也是为了确保这座城市人民的安全。日本领导人参与了沈阳的行政事务,也参加了公共事业的管理,比如电话电报系统、自来水厂以及银行;但没有为军事目的而进行的征用(无论是人力还是财产),也没有民事或刑事处罚措施是出于军事目的。因此,我认为很显然没有建立军事统治,没有宣布戒严令,民政管理也未实行军事管理,正如戒严令的例子一样。

麦考益:将军可能有兴趣知道,从接管监督的意义来看,他的行动与我在古巴的一段经历非常相似。在古巴,我们进驻了哈瓦那,在那里发生了一起严重事件,但在哈瓦那以外的地方不存在这样的状况。应古巴政府的要求,我们掌握了控制权，采取了与我所理解的本庄将军在这里采取的行动十分相似的行动——使用顾问。

本庄：在此之后，我想让我的参谋继续讨论在锦州和哈尔滨采取的行动。还有，当诸位继续北上的途中，你们可能会对听到的那一地区土匪活动的情况感兴趣。

李顿：我非常感谢您所做的陈述。这已经让我们的问题更加清楚了。我想再确认一下日期，土肥原大佐的临时政府持续了大概一个月，是吗？

本庄：从 9 月 20 日到 10 月 20 日。

李顿：在他之后是由一位中国人继任市长的吗？

竹下(Takeshita)：从 10 月 20 日起直到组织"满洲国"政府成立，市长一职一直由赵欣伯担任。

麦考益：我想问问关于土肥原大佐的情况。他在沈阳的整个事务中起到了重要作用。我知道他现在位于哈尔滨，所以我想知道我们是否有机会见到他。如果可能的话，请他协助我们进行调查。

本庄：他现在就在北满，但是在 4 月 10 日的全体现役军官的大规模调动中，他已经晋升为少将，并被任命为国内的旅团长，所以当你们北上的时候，他可能不在北满。

(注释：日本军队的军官调动，例如军官人事变动、晋升、退役等，依照定则，每年进行三次，即 3 月、8 月和 12 月，其中 8 月的洗牌规模最大。关东军的重要职位，包括总司令一职在内，1931 年 8 月发生了很多变动。)

不过如果可能的话，我们能让他留在这里；如果不行，诸位可以在东京见到他。在我们继续这个故事之前，清单上是否还有一些其他的问题？

李顿：我想就此再问一个问题。我们被告知只有沈阳建立了一个委员会，但我从驻日内瓦的日本代表团处知道另一个建立公共安全委员会的地方，比如说安东。对此我想了解一下。

竹下：我们听说了在安东维持和平与秩序的这个委员会，但该委员会的活动性质似乎与沈阳委员会的大不相同。对此，我会以书面形式充分说明。

本庄：关于第 12 号问题，我想我们在哈尔滨的领事官员可为诸位提供全部信息。如果不能令你们满意的话，我们可在诸位返回时补充任何所需的资料。

李顿：关于第 11 号问题的结尾，我想了解一些关于它的信息。

本庄:在长春可能会更好地获得这种信息,但在这一问题上,我们会很乐意向诸位提交我们掌握的任何情况。

石原(Ishihara):接下来,我们会继续描述针对锦州的行动。事变发生后的9月及10月期间,南满铁路全线都非常安静。设立于锦州的临时政府的官员和代理人把土匪和逃兵组织成所谓的义勇军,借此来制造令人不安的状况。(在地图上指出该区域)

从辽阳到大石桥的全部铁路都面临土匪组织的威胁。11月期间,为守卫该段铁路而驻扎的日本军队多次遭到土匪的进攻;11月期间,约有505名土匪在不同的交战中被杀,可见他们的活跃程度。从军事角度来看,我们认为利用土匪是他们采取的最懦弱的举措。我们制订了镇压这些土匪的计划,但为了不恶化局势,并给外界留下我们没有采取过激侵略行动的印象,我们没有实施计划,并且避免镇压任何土匪活动。

11月27日午夜2点30分,我们接到报告,称驻扎在天津的日本军队正遭到攻击,日本军队将对中国军队采取惩罚行动。当时我赶到了沈阳总司令办公室,提议:驻守天津的五个步兵中队正处于被针对他们的大量军队消灭的极端危险当中,为了拯救他们,我们应当取道锦州,派遣增援部队。这个提议立刻就被将军接受了,我向他统率的所有军队发出集合的命令,准备向西进发。27日下午,我们的军队行进到大虎山以东,但那时我收到了来自天津的消息,称日本军队未如我们先前获悉的那样处于这样极端的危险当中,然后我们让所有军队返回沈阳。我在27日【下午】5时发布了撤退的命令,第二天完成了撤退。之所以有耽搁,是因为在铁路运输上遇到了一些困难。

我知道这次行动在全世界都有报道,并在一些国家引起轩然大波,如美国。但正如我所解释的那样,严格地从军事角度而言,紧急措施是绝对必要的,这就是当时引起全世界广泛评论的这一事件的始末。

在初冬时节的十二月,辽河结冰,而后开始崩裂,河面上的浮冰给土匪过河开展活动带来困难。但是,据我们所知,这些土匪和义勇军正制定计划,拟在河流完全封冻之时发动全面进攻。我认为,正是在12月20日,国联行政院讨论了满洲土匪活动的问题,并赋予日本军队针对土匪采取讨伐行动的权利。随后,我们制定了一项将土匪从该区域完全驱逐的计划,河水封冻时,这里就会有他们的据点。12月28日,第二师团前去剿灭这一地区的土匪。与此同时,中国正规军则从盘山向南派遣一辆装甲列车,并开始从车上炮击日本军队。他们还炮击了为营口市供应水源的水库。意识到土匪在中国正规军的配合之下正开展针对日本军队的行动,第二师团的指挥官遂计划前往沟帮子。本庄将军同意了这个计划,但当时飞机侦察员带来一份报告,称中国增援的重兵正派往盘山。12 月 30 日,意识到第二师团可能会在此地陷于孤立而身处险境,司令部遂发布命令,要求第二十师团进军,它从朝鲜刚刚抵达沈阳,然后奉派从沈阳沿铁路前往锦州。敌军可能发现了日本军队的数量。他们开始逐渐从这一地区向南撤退。如果我们想要攻打并消灭剩余的中国军队,当时我们就可以这么做了。但是,参与实际战斗并非我们的意图,所以我们没有穷追不舍,仅仅是在中国军队撤退时尾随其后,并于 1 月 3 日进入锦州城。这一结果是为确保南满地区的安全,因为我们能够驱逐土匪以及中国军队。11 月有 505 名土匪被杀,12 月是 25 名,1 月是 300 名,2 月是 30 名,自 3 月起则几乎没有。与此前存在的状况相比较,这一地区已经变得非常平静了。这并不是驻守此地的日本军队施以援手的结果,而更多是因为“满洲国”军队的努力,他们在讨伐行动中训练有素。然而,必须记住的是,土匪的力量与“满洲国”军队的力量是持平的,在实际交战中,后方驻守的日本军队有必要在需要时提供道义上的支持和援助,这包括针对锦州的行动。

吉林政府与丁超将军之间的关系日渐恶化。最终,大约是在 1 月 26 日,吉林军向哈尔滨推进,与丁超将军的武装发生冲突。司令部多次接到报告,称哈尔滨的日本侨民非常不安,且处境相当困难。我们派出飞机,其中一架飞机因机械故障被迫降落在哈尔滨附近,飞行员清水(Shimizu)大尉被抓并遭到丁将军军队的杀害。当时,丁将军声称,杀害日本飞行员的不是他的军队,而是吉林军。然而,后来我们占领这一地区时,在丁将军的桌子抽屉里发现了一本由清水大尉保存的染满血迹的日记。1 月 27 日 5 时,在哈尔滨北部,一辆悬挂日本国旗、载有 1 名日本人和 5 名朝鲜人的汽车被丁将军的军队拦截,乘客遭到屠杀。哈尔滨的几处日本人住所遭到袭击,我们的司令部多次收到请求,要求派遣军队以缓解那里的紧张局势,同时,我们也收到东京本部要求派遣我们的军队到哈尔滨的指示。【我们】发布命令,运送一门野炮和两个步兵大队到哈尔滨。命令是在 28 日凌晨 4 时发布的,但因为与中东铁路当局在运输问题上有一些误解,他们的出发时间被推迟了。直到当天晚上,才从长春离开。除此之外,铁路雇员在长春以北铁路沿线设置了障碍物,我们也遭遇了中国军队的一些进攻。我们最初的目的是行进到哈尔滨,以和平的方式保护哈尔滨及其附近的日本侨民，我们认为中国军队的这种抵抗仅仅是惯例的一部分。我们多次给丁将军发电报，声明日本军队不会支持某支军队或另一支军队，只是想要保护在这个城市的日本侨民。经过艰难的行军，日本军队于30日晚抵达双城堡。他们在那里扎营，至31日凌晨，意外遭到丁将军军队的袭击。日方有50多人的伤亡，中方则有约600人的伤亡。司令部收到来自哈尔滨的紧急呼叫，不仅有日本侨民的，也有中国居民的，所以总司令向驻扎在长春的第二师团指挥官发布命令，【要求他】派遣一切可能的力量协助在哈尔滨的日本人。几乎没有交通运输设施，军队要很久才能到达，以至于在双城堡的军队不能等待援兵的到达，只好先行向北行军。2月4日在哈尔滨外围与中国军队交战。他们于第二天进入哈尔滨。日本军队没有追赶中国军队，因为他们来此仅仅是为保护日本侨民，并希望与丁将军达成某种谅解。

丁将军的部队在哈尔滨东部的一个区域集结，开始威胁到中东铁路的部分地区。该地区的日本侨民面临极端的危险，保护在那里生活的数十万朝鲜人也很有必要。土肥原大佐与丁将军达成某种谅解的努力未获成功，主要是因为铁路官员的反对，日方在派遣必要的军队以保护该地区方面也遭到了极大的阻碍，这就是那里的状况仍不安宁的原因。我们手上有一条可靠情报，称因为国联调查团正在满洲，张元帅的司令部已经发布命令，要求在满洲各地制造骚乱，特别是丁将军控制的这一地区。在诸位访问那里时，马【占山】将军也与张元帅保持联系，并与丁将军在哈尔滨及其附近进行合作。还听说，他有另外一个计划，即在诸位从齐齐哈尔返回沈阳的路上，破坏嫩江上的桥梁。我们获得的机密情报是，动乱是有组织的阴谋。哈尔滨西南地区约有一万名土匪获得丁将军的资助，现在他们被煽动起来制造动乱，尤其是在哈尔滨以南破坏铁路。我们还听说一个传闻，即热河北部的武装正在集结，准备骚扰齐齐哈尔至四平街一线。当然，我们主要是对重建这里的和平与秩序感兴趣，并且会尽我们所能让这一动乱地区稳定下来。我们正努力确保调查团在该沿线的安全。

李顿：如果给你们添加了太多的麻烦，我想表达我们的歉意。对于你们正在为我们的行程所做的准备，我也想表达我们的谢意。

本庄：我收到了东京本部发来的指示，要全力提供保护，尽一切可能让诸位一行安全而舒适。当然，这些也是我自己的愿望。正如高级参谋解释的那样，情况已到了这样的地步，我已经向北边派遣了一些军队。因为这片土地十分辽阔，加之现在我指挥的军队人数很少，仅两万多一点。我认为，我的军队不足以确保该地区的全部安全，因此我已经提议，请求从其他地方派遣更多的军队。我已经向东京本部提出了此项特殊请求。如果条件允许，诸位在北满调查期间，可以要求我向北满调动一些日本军队。

在满洲，我们还没有接触到赤色威胁的问题，但有大量证据表明它的存在。就在最近，有大约50或60名日本士兵在一段遭到破坏的铁路处被杀，可能是哈尔滨附近的赤色分子干的。来自上海的消息在我们的脑海里依然鲜活。但是请放心，在你们的路途上，我们会竭尽所能予以保护，尽管我们也要求诸位照顾好自己。（李顿代表调查团表示感谢）

（资料来源：日内瓦国联与联合国档案馆藏李顿调查团档案，S31－NO.1卷宗）

4. 调查团与本庄繁将军的会话记录（1932年4月30日）

已由日方校正
与本庄繁将军的会话记录
关东军司令部，沈阳，1932年4月30日上午10点
出席人员：调查团代表
派斯塔柯夫
本庄将军及参谋
川崎先生（翻译）
吉田先生
汐崎先生及秘书

李顿：关于我们在北平看到的布告的纸张颜色，我希望能对我做出的陈述进行修正。我的同僚告诉我，布告不是写在红纸上而是白纸上。我肯定是想成了其他某个文件。

然后，在我继续我的问题之前，我想针对我们已经被告知的内容提出两个问题。我们都收到了一份9月19日的《满洲日报》（*the Manchuria Daily News*），我注意到，报纸上说19日上午8点，沈阳宣布了戒严令，还提到日方发射的炮弹落在中国机场。因为我们未被告知关于这一炮击的事情，所以我

们想了解一下使用炮弹的情况。

本庄:没有宣布戒严令。这肯定是新闻人员所犯的错误,他们可能是把当时为达保护目的而采取的严格措施当成了戒严令。我会请负责的参谋解释炮击的情况。

松井(Matsui)中佐:关于布告,我想补充几句话。除了全城范围内张贴在墙上的这些布告之外,可能有一些报纸发行的号外(extras)在19日下午被用作招贴(posters),尽管它们不可能在那天早上被张贴,因为直到下午才向媒体提供了这些材料。

本庄:关于炮击机场的说法是对的。因为担心中国人会利用机场来危害铁路区域和日本侨民,我们就采取行动以阻止这种可能性。

李顿:那是自然的。我只想知道哪支部队参与了炮击?

石原中佐:近年来,张学良元帅的空军在实力上和数量上都一直在增长,其飞机经常威胁性地在铁路区域上空飞行。我们多次提出抗议,但无人理会。我们也曾向东京本部发出请求,要求派遣一个航空队来此,但我们的请求遭到了拒绝。到1930年年底,我们请求东京参谋本部为我们提供两门大炮,其射程是从日本兵营到机场,去年春天它们被运送至此。因为这里没有炮兵,所以铁道守备队的步兵士兵接受培训,在紧急情况下使用这两门炮。守备队士兵不是专家,但他们发射了18枚炮弹,阻止了飞机的进攻。这两门炮就在铁道守备队的兵营里。

本庄:诸位就满洲的政治运动提出了询问。

李顿:关东军总司令10月4日发布的布告第二段称:"建立一个新政府的运动已经在满洲和蒙古各地开始了"。我要求对此做出解释。

竹下中佐:我会向你们提交一份书面说明,但我也趁此机会回顾几项要点。独立国家"新政府";它不意味着在满洲建立一个统一的中央集权政府。无论何时,当中央政府被推翻和摧毁时,不同地区的领导人就会聚在一起,建立行政组织,这是中国多年来的惯例。9月18日,沈阳的重要行政权力被瓦解,实际上消失了。因此,不同地方的领导人建立了新的行政组织。这些运动发生在9月底和10月初,这些领导人则包括哈尔滨的张景惠将军、吉林的熙洽和洮南的张海鹏。譬如蒙古部落聚在一起,在通辽建立维护独立的行政权力机构。沈阳的和平与秩序委员会[①]和恭王领导的组织也与所提及的"新政府"具有类似的性质。"新政府"这个词仅仅是指新的地方行政机关。但是,在沈阳及其周边地区,形势的发展则比较特殊。在那里有日本军队驻扎,我们也发现,这一地区的很多对立派系都在努力建立地方行政机关,所以我们对任何派系活动或领导人之间的冲突都不予承认是很有必要的。在这种情况下,军事当局采取了预防措施,以免这一地区陷入中国人自己的政治斗争当中。

李顿:我们还没有听说接管私有财产的情况。

竹下:我会提供一份涵盖第 7 号问题提出的各点的书面说明。但我现在会做一个总体陈述,不涉及细节。电话电报系统、天然气、水路以及铁路关系到这个城市居民的切身利益,军事当局未对这些公用事业进行监督或控制。18 日的事变之后,因其无组织管理及公务人员、雇员的消失,军事当局采取了保护性措施,直到各机构的官员回到他们的岗位,或者直至这些机构相对完善。对某些机构,我们继续提供保护性的措施和监督,直到它们被很好地组建起来。在这样一个混乱时期,我们觉得有必要进行自我保护,有必要维持公众利益的和平与秩序。当官员和民政当局回到他们的岗位,并且重新组织了行政机构后,军事当局的监督和保护就会逐渐撤销。

李顿:这在常规报告中非常清楚,但我认为我们昨天被告知,沈阳的民政管理短时间内是由一位日本人负责的。

竹下:是的,一直到 10 月 20 日。

李顿:那是谁?

竹下:事变之后参与沈阳市管理的人都是比较重要的日本侨民。

李顿:我想知道的是,这种管理或者控制是谁下令进行的?是目前担任沈阳地方行政机关的负责人,还是军事当局?

竹下:日本军事当局与中国市政当局之间的联系是完全隔绝的。(在李顿进一步解释之后)作为军事当局,我们认为有必要为建立当地的和平与秩序做一些事情。因此,我们咨询——不是命令——沈阳日本侨民中的领导人,并与他们保持合作,制订了一项由日本人协助市政事务的计划。

---

① 编者按:英文为"the Committee of Peace and Order",有时写作"the Committees for the Maintenance of Peace and Order"或"the Local Peace and Order Committee",即通常所称的"地方自治维持委员会"。后同。

麦考益：一支军队占领一个国家时，会有一种叫作军政府的明确状态，这是一种非常直接的控制；还有未宣布成立军政府的实际军事占领；然后就有戒严令的问题；这些都是不同的东西。据我的理解，9 月 18 日的事变发生之后或者"满洲国"政府成立之前，满洲未建立国际法所理解的军政府。我说的对吗？

竹下：是的，任何地方都没有建立这样的军政府。

麦考益：也没有宣布戒严令？

本庄：既没有宣布成立军政府，也没有宣布戒严令。

麦考益：那么，它可能会被描述为军事占领。

本庄：即便是军事占领，也没有随之发生的状况。

希尼：是【中国】官员仍在其位，还是你们的官员被安排进来？

川崎：我来解释一下将军的回答。我们没有建立军政府，也没有宣布戒严令。中国的领导人不见了。在这种情况下，我们请求当地的日本人协助建立市政秩序。这就是产生的状况。

麦考益：其他城市是不是也是这种情况？还是只有这个特殊的省份是这样？

本庄：仅限于沈阳这个城市。

希尼：省政府和其他省城镇里的中国官员是继续留用，还是你们的官员被安排进来了？

竹下：沈阳是唯一有必要采取这种紧急措施的城市。举个例子，在吉林，市里和省里的旧官员维持原样。在长春，市政官员原封不动。在齐齐哈尔，市政警察负责市政事务。所以除沈阳之外，没有其他城市或地方经历过动荡。

李顿：但是，这里建立的和平与秩序维持委员会也是遍布全国[①]，不是吗？

竹下：只在沈阳成立了一个和平与秩序维持委员会，因为其他城市旧有的民政当局未受影响。只有沈阳因为存在特殊情况，才需要这样做。

麦考益：民事法庭还在继续发挥作用吗？

竹下：法庭的领导人不见了，但到 10 月底，大约是 20 日，中国人自己重新组织了民事法庭，但我们当局与他们还没有打过交道。那时，市政官员照看监狱里的一些囚犯，因为随着形势的动荡，就连监狱的看守人员都不见了。

---

① 编者按：原文为"all over the country"，意指整个东北地区。

李顿：然后是第8号问题。你们的陈述是讨论银行的，对吗？

竹下：是的。

李顿：然后是关于私有财产的。

竹下：我可以提交一份书面说明，但是现在想简单回顾一下这个问题。在沈阳，日本当局没有介入私有财产，或者是介入银行的私人存款。我们所说的"介入"是指征用或者提取银行存款。

李顿：没有征用私有财产？

竹下：可能是我们采取的措施让大家误会了，留下了日本军方介入私有财产的印象。总体上，银行业务几乎没有变化，除了东三省官银号和边业银行之外，它们在事变发生之后都关门歇业了。这两家银行事实上构成了东北各省(the Northeastern Provinces)的中央银行，有权在东北各省发行纸币，并进行兑换。所以需要对这两家银行的开业给予特殊的考虑。边业银行实际上是由张学良元帅建立的，东三省官银号则是由东三省官方建立的。大众正密切关注这两家银行的事务，这是很自然的事情，他们也担心这两家银行在重新开业的时候会出现挤兑情况。

李顿：19日晨，日本军队去过银行吗？

竹下：9月23日和24日，为了查看张元帅和其他军事领导人拥有的资金不会被从银行拿走，军队到过银行。这是一种自我保护的措施，是为了防止敌对派系的资金被拿走。

李顿：为了这个目的，你们采取了什么行动？

竹下：我们在这两家银行安排了警卫。

李顿：保险箱密封了吗？

竹下：我们对记录以及张元帅和其他军事领导人拥有的现金资金进行了检查。

李顿：你们在保险箱上贴了封条？

竹下：保险箱未被封起来。我们是根据与银行高级职员之间达成的一项协议检查账簿和资金的。检查是经过他们的同意的，并且是在他们在场的情况下进行的。

这能回答你关于银行重新开业的问题吗？

(李顿勋爵做出了肯定的答复)

竹下：那么回到事变发生之后的混乱状况上。当银行重新开业时，民众当然处于非常不安的状态，第一个危险就是银行会发生挤兑。考虑到这一点，银行职员采取了紧急措施——对提取存款的数量施以限制。我个人认为这项措施很合理，既保障了储户的利益，还给了他们一个保证，即他们的利益会受到保护。我怀疑人们是不是误以为这个措施是军事当局强制银行采取的。

关于张学良元帅的财产，我想补充几句话。张学良元帅的情况有些不同。张元帅和他的部下针对日本军队采取敌对行动，我想这是大家都很清楚的。因此，属于张学良的资金依据实际情形而受到看管。

李顿：你们没收了他的财产？

竹下：不是，这不是没收。我们对记录和资金进行了检查，并防止这些资金从银行落到张元帅的手里。有些可以搬走的家居用品可能是被弄走了，我可以想象不同房屋里的大部分家具和陈设都被雇员拿走了。事变发生后大约两天，由于我们拥有的力量有限，无法在这些房屋里安排警卫。不法分子和逃兵肯定趁着形势混乱，进入不同的房屋进行抢劫。

李顿：我可否进一步问一下，你们使用的“看管”这个说法是什么意思？你们以何种方式看管它们？

竹下：使用“看管”的说法，我是指我们在必要的地方安排了警卫。然后那些警卫就能阻止针对这些地方的进一步抢劫。经过本庄将军的特殊考虑，元帅私人府邸里的个人物品和家具被装船运往北平。我们的军事当局仍占用着一些房屋，它们属于旧政权的军事领导人所有。自长春政府建立后，我推测新政府会看管这些财产。

李顿：有一点，我不太清楚。你们说针对元帅的财产与其他人的财产采取的行动之间存在区别。这种区别是什么？

竹下：元帅的私人资金仍保存在银行，原封不动。那就是看管它们的意思。坦白地说，我们已经阻止元帅提取它们。元帅财产的处理方式与其他人财产的处理方式的不同在于这一事实，即其他人的个人财产仍为他们所有，只有很少的限制，但是，我们不会让张元帅的资金落回他的手里。

李顿：已经离开的其他人的财产怎么样了？

竹下：只有少数军事领导人在这里留下了资金，但是他们被放在了与元帅相同的类别里。

希尼：元帅经营的兵工厂和其他工厂的雇员怎么样了？

竹下：大多数老雇员回到了他们原先受雇的机构，除了兵工厂以外，当然它目前没有运转起来。实际上，兵工厂的所有雇员都被移交给了市政办公室，很多人分到了资金后，回到他们各自的家，我们也给很多人提供了其他的工作。

李顿：接下来我们第9号问题涉及导致占领齐齐哈尔的行动，第10号问题则是关于锦州的。

石原：我会按照时间顺序讲述从齐齐哈尔到哈尔滨的故事。（在地图上指出一片方圆12公里的沼泽地区域，它是冲突发生的地方。还展示了摄于10月3日的航拍照片。）10月15日，马将军的部队破坏了5座桥中最大的一座桥，有700米长。一个跨径(span)被破坏了。还有一座桥长100米，完全毁于大火。这条线路的铁路当局与马将军的武装达成谅解，要修复这座桥梁，并在10月28日派遣一支铁路工程师分遣队而不是军队到这个地方。双方的代表隔着一段100米的距离进行对话。听说驻守另一边的军队知道这些人不属于□[①]，马将军的士兵就用机关枪朝工程师开火。自10月29日起，铁路当局向日本驻齐齐哈尔领事提出一项特殊请求，即修复工作应该由黑龙江省当局来实行。黑龙江当局未做出答复，所以日方向对岸的反对武装发出了特殊请求。这些武装中有一支是在张海鹏的指挥之下，与马将军的武装隔河相对。日方的请求是，他们应该被允许修复桥梁，但不会把它用于军事目的。他们要求，在11月4日中午之前，两边的中国军队都从遭毁的桥梁处后撤10公里。后来，日本军事当局就撤退完成的日期发出照会。如果这些要求不被接受，日本军队将采取必要措施。我们的一般理解是，驻守在河两岸的中国军队任何一方都不会制造干涉或者混乱。然而，为了保护修复工作，11月3日最低限度的军事力量被派往河流南岸，他们由一个步兵大队和一个野战炮兵大队组成。当然，如果中国武装有意针对修复工作采取任何进攻行动的话，这两个大队是完全不够的。负责这两个大队的军官受到指示，一旦发生任何敌对行动，应停止修复工作，直到增援部队到达。我们知道，在那里不可能有军事行动发生，到11月底、12月初河水结冰的时候才可能发生军事行动。11月4日晨，我们派出了一个前哨，它被部署在第一座桥上。这一日期是为答复而设定。约上午8时，马将军的一批传令兵在日本驻齐齐哈尔领事的陪同下抵达前哨基地。来自马将军的消息大意是，黑龙江军队无意抵抗任何武装力量。我们反复要

---

① 译者按：原文难以辨认。

求中国军队像最初要求的那样后撤。直到那天中午,由于浓雾,视野十分狭窄,我们相信他们的武装正在像要求的那样后撤,前哨在队伍前方携带一面巨大的日本国旗,沿河岸向北移动,因为每一侧都有很多水。当他们走了大约还不到一千米的距离时,他们突然遭到枪林弹雨的袭击。浓雾消失后,前哨分遣队开始向桥上撤退,途中遭遇了12或15人的伤亡。听到射击时,桥梁附近的分遣队向北前进。前哨和分遣队之间的徒步联系花了一个半小时,因为桥梁已遭毁坏,而且没有其他的通讯方式。我们在江桥站西面的炮兵离得太远,不能对敌人的据点进行炮击,所以分遣队在如此困难的条件下前进并最终到达河流北边。其他主力进攻正返回据点的敌人的左翼。在那种情况下,我们的军队激战了两天两夜,但随着6日增援部队的抵达,军队就能向北击退敌人了。

与此同时,这些桥梁被修好了,但马将军指挥的军队还是能在此地以北20公里处组织积极的或进攻的行动,所以日本军队不能撤退,直到桥梁的安全获得保证。我们向马将军提出抗议,因为他的行动违反了第一次协议,我们要求他保证桥梁的安全,一次是在11日,一次是在15日。他不仅拒绝遵守我们的要求,而且增加了前线的武装力量,还派遣一大队骑兵扰乱日本军队的侧翼和后方。11月13日开始,我们的增援成为必要。第二师团的指挥官无法等到援兵的到来,他被迫继续进军,11月18日针对从北方聚集起来的武装发起了进攻行动。扫一眼这张地图,我相信你就会清楚地明白,日本军队不希望在这一地区实行进攻行动。没有军人敢冒险针对十倍于己的武装开始军事行动。我相信,这就是在嫩江附近的大兴(Tashing)发生的行动的全部内容。

(资料来源:日内瓦国联与联合国档案馆藏李顿调查团档案,S31-NO.1卷宗)

5. 调查团与本庄繁将军的会话记录(1932年4月27日)

已由日方校正

与本庄繁将军的会话记录

关东军司令部,沈阳,1932年4月27日下午2点

出席人员:调查团代表

万考芝

助佛兰

本庄将军及参谋

川崎先生(翻译)

吉田先生

汐崎先生及秘书

川崎:这两位是堀江(Horiye)先生和三宅(Miyake)先生,他们负责修理被炸毁的铁轨。

李顿:听说他们在,我们很高兴。你能请他们说一下发生了什么吗?

堀江(总工程师部,沈阳):大约晚上 10 时 30 分,收到据说铁轨被炸的消息时,我正在沈阳的私人住宅里。我立即打电话给我的上级,然后去了我的办公室,准备好两辆我工作中经常使用的轨道汽车。派遣士兵陪同修理人员是通常做法。于是,我们——工人和士兵——就朝着铁路指示的方向前进,直到大约晚上 11 时 50 分我们到达一处正在交火的地方,我们的工作无法继续。我们在那个地方等到了凌晨 3 时 30 分,一些用于修理的铁轨被放在铁路边上。总的来说,修理材料,特别是一定数量的铁轨是按每公里放置的,我们所在的地方就是这些地点的其中一个。后来火力逐渐变弱,我们前进到了所说的断裂处。【修复】工作于凌晨 5 时 15 分完成。

李顿:你能描述一下你发现了什么吗?

堀江:两根铁轨的接合处被炸毁了,铁轨北段末端大约有 10 厘米被炸掉,南段的则有 70 厘米。

李顿:枕木遭到破坏了吗?

堀江:北侧的枕木从铁轨下面被炸掉了,南侧的枕木也是这样。

李顿:每一侧铆接铁轨的金属板呢?

堀江:内侧的金属板弯曲变形了,外侧金属板的某些部分断裂了。

李顿:铁轨的剩余部分还是直线排列?

堀江:是的,它们是直线排列,没有弯曲。

李顿:那么,进行的修理工作是什么?

堀江:我们铺设了两块新的枕木和两段新的铁轨。铺设的铁轨长度是 10.05 米。

(调查团代表检查了从爆炸现场拿回来的损坏的铁轨和枕木。)

本庄:关于昨天讨论的岛本中佐的行动,我可以详述一下中佐所说的内容吗?我是指克劳德将军所说的海外对该行动的解读。这一问题是绝密军事战略之一。我们一直都有确定的军事计划可供实施,以应对任何进入关东租借地(the Kwantung Leased Territory)的敌军以及可能构成该租借地干扰因素的力量。我们没有太多关注满洲的中国军队,直到最近几年。我们确信,满洲的中国军队不会对我们的军队采取进攻行动。但是,诸位可能还记得一位高级参谋就满洲的中国民众以及中国军队的态度谈到的内容,形势逐渐变得十分紧张。因此,我们认为有必要制定军事计划,为可能出现的任何紧急情况做准备,譬如中国军队可能会对我们的军队采取进攻行动。我确信,这些与各国在任何殖民地所采取的进攻性军事计划可能是相同的。我们的计划几乎每年都会根据情况进行修改,我们军队的训练和纪律也是根据这些计划进行的。

昨天,参谋提到,中国士兵未受过良好的训练,但令我们极为担忧的是,他们的兵力远大于我们在这里的兵力。因此,我们使如下内容成为我们策略的重要组成部分,即我们的军队应该尽快在某些地方接受训练,准备集结,以及在任何情况下主动采取进攻行动,因为他们总是会遇到非常强大的敌人。在我们的训练中,最重要的一点是,为了弥补兵力的不足,在这种情况下我们就必须最大可能地利用其他一切因素。我们的军官充分理解这两项基本原则的主旨,并坚决遵循它们。岛本中佐的主要职责是保卫铁路。过去,铁轨上曾多次被放置了诸如成堆的石头一类的障碍物,但中国正规军使用炸药炸毁铁路,这是第一次。他还发现,他手下的人正遭到中国军队的袭击,双方的情绪都深受刺激,不仅仅是双方的军队,中国和日本的民众也是这样。鉴于我所说明的情况,以及岛本中佐被特别指派负有保卫铁路的职责,还考虑到根据制定的原则实施的纪律和训练,当他的中队遭到中国正规军的袭击时,在未等到命令到达的情况下,他决定采取主动,反击敌人,这是十分自然的事情。他的所作所为,只是他作为铁道守备队指挥官履行职责时被期待做的事情。换句话说,当岛本中佐没有等待来自上级的命令就对中国采取进攻行动时,作为铁道守备队的地方指挥官,他只是做了合适且合理的事情。他的行为完全符合他的角色以及军队指挥官制定的训练原则。

李顿:非常感谢!

松井中尉:我有关于布告的信息。沈阳事变爆发之后,发布过三种不同的布告。第一种是沈阳宪兵司令发布的布告,第二种是关东军司令发布的布告,第三种是第二师团长发布的布告。这三种布告中，宪兵队的布告是最早发布的。准备和发布布告的时间与方式如下：9月19日上午约10时准备布告，约正午时向新闻记者宣布。大约有40份，每一份都是用毛笔手写而成。抄写完毕后，这些复印件按每份五本或六本分发出去。9月20日的《满洲日报》给出了详细的报道。我们从这张照片中可以看到笔迹(展示照片)。下午2时或3时之后，这些布告就被张贴在城里。

然后，我再谈谈将军发布的布告。19日12时5分，本庄将军和参谋到达沈阳站，他们在那里的二等候车室举行了约20分钟的参谋会议，在此期间，沈阳的指挥官提交了关于事变的报告。本庄将军向臼田(Usuda)少佐口头给出了布告要包含的内容。臼田少佐准备好了手稿，然后把它提交给了高级参谋板垣(Itagaki)大佐。下午4时左右，板垣大佐予以同意。该布告的要旨被提供给了媒体——向新闻记者宣读布告，每位记者都领取他自己的一份。那时，中文草稿是在关东军司令部的这栋楼里准备的。我不确定，但大约下午5时左右，可能就已经有一些包含这一布告的新闻号外发表了。

关于沈阳城里【布告的】印刷和分发，我现在简单地介绍一下。用于平版印刷的原件是由其中一名职员在司令部这里准备的。9月20日下午5时，原件完成了。然后，这份稿件被送到南满印刷公司，21日下午约7时，完成了5 000份印刷(它们都是手工制作的)。有一个字出了错，所以每一份都用墨水进行了修改。因此，当时发布的所有布告都有这个修改。我们还发现，除非布告盖有发布者的印章，否则它就是无效的，所以我们制作了一个关东军司令的特殊橡皮章。布告的平版印刷件按每包1 000份送到这里的办公室，上面盖有红色墨水印章。后来我们发现，第一批的5 000份不敷使用，所以我们又订购了另外5 000份。印刷第二批时，在图版上进行了修改，并且印章不是橡皮章盖上去的，而是印上去的。22日分发了第二批印刷品。这是订购和分发的记录，以及该印刷公司文件中保存的订单收据。

李顿：这些公告第一次出现在墙上，是什么时候?

松井：21日下午7时之后下达分发命令，可能是到21日午夜时才开始真正分发。其中一些布告可能是在晚上出现的，还有一些经由火车运往不同地区的指挥官那里。

李顿：那么，它们不可能在22日早晨之前公开出现。它们是印刷在同样的纸张上，还是印刷在不同颜色的纸张上?

松井：同样的纸张上，都是印刷在白纸上的。

麦考益：将军发布的手写布告，有没有一些是早于印刷的布告的？

松井：没有。第三种布告是第二师团长发布的。原始手稿是在19日下午准备的，到那天晚上才公诸媒体。我认为该布告是在21日之后在大街上张贴的。很抱歉，我未能与该布告的负责人取得联系。

我发现，宪兵队的布告也是在白纸上的——所有布告都是。

李顿：我们在这里听到一种说法，即平田(Hirata)大佐[1]指挥的第29联队开始进攻沈阳各处的中国军队，试图在午夜之前将他们全部驱逐出去。

平田大佐：我想借助地图来解释一下。事变爆发在当晚10时40分左右，我在自己家里接到了当地的铁道守备队指挥官岛本中佐的电话。他告诉我，中国军队破坏了北大营附近的南满铁路路轨，并开始向柳条口(Liu-tiao-kou)采取进攻行动，他已经向其军队发出紧急呼叫(emergency call)，将立即开始进攻敌人。我同意了他所采取的行动，并承诺我也会向我的联队发出紧急命令。我立即通过那天的军官发布了进行紧急呼叫的命令，并亲自前往兵营，第一次呼叫后大概20分钟时，我到达那里。然后，我派遣我的一名军官前往特务机关处，一是获取进一步的消息，二是报告我已批准岛本中佐进攻北大营的决定，我本人也决定与他合作，进攻驻守沈阳城的中国军队。不久，岛本中佐亲自到我的联队指挥部进行报告，他对我的决定表示满意。然后，我请求驻守于此的特务机关向师团长指挥部和关东军司令部转达这一消息。大约是晚上11时30分，我的联队集结完毕。（然后，大佐用地图解释了他的军队占领沈阳城内中国军队驻守的各军事基地所采用的战术行动。）到了次日凌晨3时40分，实际上中国军队已经在这些不同的军事基地中被全部击退了。

李顿：没有任何抵抗？

平田：有的。我指挥的人有7人受伤，在不同地方发现有大约30个中国人死亡。有一些抵抗。驻扎在铁路区域外面的中国警察武装袭击了联队各部。中国的正规军武装也在这些不同的兵营里进行抵抗，但他们很快就被赶走了。凌晨2点50分，这些中队（地图）爬上城墙的最顶端（继续解释）。凌晨约4点50分，我接到消息，称驻扎于辽阳的第二师团司令部以及第16联队之一部已经于凌晨3点30分左右向沈阳进发。凌晨5时许，第二师团的一名参

---

① 译者按：此处“平田”指平田幸弘。后同。

谋到达我指挥部，与此同时，第16联队也到了(解释对这些增援部队的安排。)凌晨6时，我们完成了对东部城墙的占领。到上午7点30分，日本占领了兵工厂和机场。奉师团长的命令，有一个大队前去内城(the city within the wall)守卫，其余的武装则被派去攻打东大营。19日下午1时许，完成了对东大营的占领。

李顿：我想知道你是什么时候决定要推翻当时存在的民政当局的?

本庄："推翻"一词可能不是正确的用法。建立某种形式的民政机关(civil administration organization)是必要的，因为在军事行动之后，前民政领导人立刻逃跑或是消失了。主管行政部门的高级参谋会向诸位做出解释。如果需要更多的信息，我们可以推荐森岛(Morishima)总领事。

竹下中佐：首先，我想对"推翻"这个词进行修正。我们没有推翻任何事物的意图。(李顿勋爵接受了带有说明性质的修正。)尽管为了确保日本侨民的安全与和平，为了自卫，日本军队被迫与中国军队交战，但同时，我们亦针对民众的福祉提供所有可能的帮助。我们未针对民事的或政治的行政组织，抑或针对该城市的广大民众采取任何敌对行动，除非他们首先针对我们采取了敌对或侵略行动。我们对中国人持有友好和合作的态度。我会解释一下当时存在的普遍情形。

吉林省和黑龙江省的情况与当时奉天省存在的情况大不相同。稍后，我会谈到前者。关于沈阳城的情况，平田大佐已经做出了充分的说明。这个城市变成了一个敌对的营地。就在事变爆发之后，几乎所有的武装警察都从视线中消失了，当然一同消失的还有他们的武器。因此，整座城市面临逃兵的威胁，还有非法的抢劫者遍及全城，到处都可以听到持续不断的枪声。该城市的全部人口都处于极端的恐慌当中，城市的公共机构以及商店和商铺都关门了。那时候，沈阳城的政治和行政组织里的很多领导人都与张元帅一起待在北平，当然事变发生的时候，余下的人仍在沈阳城里。但是，18日晚上之后，那些余下的领导人很多经由平奉铁路离开沈阳前往北平。而那些留在这个城市的少数领导人也消失了一段时间。我认为很显然，由于这些情况——市政管理负责人的消失——无疑是需要有某个组织出面来管理这个城市的。

李顿：如果就这一方面向我们提供一份陈述更为方便的话，我不会再做进一步的提问。

竹下：我能再补充几句吗?在其他省份——吉林和黑龙江，民政当局没有瓦解。因此,这两个省份的行政组织照常维持。它们没有受到我们的军队的干扰。然后,我需要进一步说明的可能是第7号问题,即关于对电报系统与电、气、水系统的管控,对铁路的掌控以及对主要银行(特别是东三省官银号、边业银行、中国银行、交通银行)的管控,军事当局采取了什么措施?什么时候采取的措施?关于城市行政机构的重新组织,采取了什么措施?——我的话可以回答最后一点。

在这种情况下,当时几乎不可能去找那些留下来的民政官员。但我们意识到,没有一个和平城市的人口可以在没有民政权力机构的情况下继续生活。因此,成立某种形式的其他行政组织势在必行。我们选择了几个日本人,他们在沈阳生活了很长时间,非常熟悉沈阳的情况,我们要求这些日本人加入沈阳的城市管理。这些领导人请来级别比较低的中国市政官员,这些官员留下来帮忙了。在日本人的帮助之下,9月20日市政机构得以重组,也发布了通知和公告,为人民带来了安全感。因此,大概到了月底,相当多正躲藏在某个地方的中国官员逐渐回来了。10月15日,东三省官银号和边业银行重新开业。总体而言,这带来了很多的改善,民众开始信任这个城市的行政机构。10月中旬,这个城市的中国领导人组织并公开宣布了和平与秩序维持委员会。事实上,先前它就已经存在了。10月20日,市政当局的事务被移交给了这个中国委员会。然后,日本人从市政管理中退出。

李顿:与此同时,这个城市是否曾有一位日本市长,抑或这个省是否曾有一位日本省长?

竹下:是的。大致同时,辖区的事务以及奉天省的事务都移交给了上述中国委员会。因此,从9月20日到10月20日,日本领导人向留在民政机构的中国官员提供帮助。在当时的情况下,这是最符合民众利益的唯一的和暂时的措施。现在,我希望我能够消除关于我们企图推翻当时沈阳市政组织的谣言的误会。

(资料来源:日内瓦国联与联合国档案馆藏李顿调查团档案,S31-NO.1卷宗)

6. 调查团与本庄繁将军的会话记录(1932年4月26日)

与本庄繁将军的会话记录

关东军司令部,沈阳,1932年4月26日上午10点

出席人员:调查团代表

助佛兰

万考芝先生

本庄将军及参谋

川崎先生(翻译)

吉田先生

李顿:9月18日晚上,北大营的左侧区域被日本军队占领,我们已经到达这个地方。

岛本中佐:第三中队——你会记住的——进入了这栋建筑。它遭到来自四面八方的猛烈射击。第三中队和第一中队。这三个中队都向东进军①。次日凌晨1时,也就是19日1时,这些前线【部队】朝这个方向(指了指地图)前进。3时许,第四中队在这个特殊区域(地图)遭到了非常猛烈的袭击,因为最具战斗力的中国士兵就在那里。我们有2人死亡,几人受伤。3点30分,从抚顺赶来的增援部队第二中队到达,激烈的战斗持续到5点30分,最终占领了这个地方。中国军队逐渐开始从该地向东撤退。到6点时,整个北大营都掌握在日本军队手中,大约有300名躲起来的中国士兵走到了露天的院子里。我告诉来到院子里的这300人,如果他们不再与日本军队作战,他们就可以回去,所以我送他们离开了。然后,中国红十字会抵达,并被允许进入和进行搜寻。后来,受伤的中国士兵也受到日本红十字会的照顾。那时候,日本军队朝东大营前进,我们在那里没有发现中国军队。

李顿:我听说,战斗一直持续到早上6点营房被占领。你能告诉我们伤亡情况吗?

岛本:日方有2人死亡,22人受伤,中方则有320人死亡,并由日方埋葬。

---

① 译者按:原文如此。推测这句话之前的第三中队应该是指第四中队。

确定有多少中国人受伤是十分困难的,因为很多伤者在撤退时被带走了。约有 15 名伤者由日本红十字会照顾。当然,这些数字是不准确的。

李顿:所有的战斗都是同铁道守备队进行的,对吗?

岛本:进入沈阳内城的是另外一个师团。当晚只有铁道守备队(没有正规军师团)参与了战斗。

李顿:第 29 联队呢?

岛本:第 29 联队是正规军,不是铁道守备队。

本庄:我们在满洲有两种部队,即铁道守备队和正规军师团。前者为该目标[①]而几乎是永久驻守,后者则是每两年就要更换。攻打北大营的部队是铁道守备队,在沈阳内城采取军事行动的部队是第 29 联队。

李顿:据称,由 6 个中队组成的第 29 联队开始进攻沈阳城内外的中国军队,他们试图在午夜之前将中国人赶出去。

本庄:如果诸位想了解第 29 联队在沈阳城进行的战斗,我可以打电话给该联队的指挥官平田大佐。

麦考益:据我所知,中佐大约是在 8 月中旬开始担任指挥官的。

岛本:是的。我是从东京过来的。

麦考益:他[②]是否从他的前任或其他一些人士处了解到这些情况,即当时存在一些特殊危险,中国和日本之间的关系正日益紧张,他是否预料到会有某种冲突发生?

岛本:我没有在沈阳见过我的前任,但是我十分清楚地被告知这里存在的冲突危险及其状况,包括军界和来自国内的情况。总体而言,日本人对满洲的形势相当紧张,尤其是满洲首府,因为当时反日的煽动和宣传相当激烈。

麦考益:这就是为什么你要求进行夜间特殊演习的原因?

岛本:不是因为这个。我们经常进行夜间训练,因为夜间训练对守卫铁路而言最为重要。除此之外,因为检阅迫在眉睫,不仅是第三中队,其他中队亦不得不进行夜间训练,从而为检阅做准备。

麦考益:当你们进行这些演习的时候,有没有这样的惯例,即向中国指挥官通知你们拟在兵营附近进行演习?

---

① 译者按:指守卫南满铁路。

② 编者按:此处询问对象应为翻译,“他”代指岛本。

岛本:没有。

麦考益:在一支一万人的军队附近进行夜间演习和射击,你不觉得这是带有挑衅性质的吗?

岛本:不存在危险。这些建筑和铁路路堤之间有大约100米的距离,铁道守卫整晚都在巡逻。这是常规行动,过去一年就这样做了。除非中国军队在兵营里采取挑衅的态度,否则不会有麻烦。

麦考益:中国人称,迄今为止【日方】进行演习时,中方都会被告知以避免误解。我想知道,你对此是否有所了解。

岛本:可能有时候会在必要的时候事先通知,但并不总是这样做。

石原大佐:对于沿铁路轨道进行的训练,通常是不会事先通知的,铁路轨道当然是铁路区域的一部分。但是,如果军队要进入农村地区或者进入内地,那么我们会通过领事机构通知相应的地方当局。但是,像这些频繁在夜间进行的训练是不会通知的。

麦考益:事变发生时,在沈阳的高级军官是谁?

岛本:是平田大佐。

麦考益:那天晚上,岛本中佐是否亲自向平田大佐报告了一些情况?

岛本:是的,我打电话通知平田大佐,南满铁路的路轨被中国军队炸了,第三中队已经开始在北大营同中国军队作战,其他中队已经被派去增援。这是履行我的职责。

麦考益:大佐谈到他曾经在其指挥部接到紧急电话,联系他说的话,我想要一个解释。这是报告给大佐的一个地方事件,而且他发布了紧急呼叫。这仅仅是为了一次地方行动,还是为了通过这次行动攻击满洲境内所有的中国军队?是什么导致了如此大范围的进攻?这是提前安排好的行动吗?

国际媒体指责称,这里有一条铁路被炸毁,这是要发生巨大冲突的信号。一般情况下,如果他接到铁路被炸的报告,他会采取措施修理铁路,并联系中国当局,向他们通报此事。这一事件怎么会成为日本军队进攻一万名中国士兵的信号?在没有任何将军在场的情况下——本庄将军当时正在旅顺——这里的一名下级军官就负责进攻兵营里的一万人。对欧洲人而言,这看起来很奇怪。我们想知道对此的解释。

本庄:我的高级参谋可以更直接地告诉你,但我要说的是,在只有少数军队,并且知道正遭遇大批军队的情况下,岛本中佐当然已经尽了他最大的努力。所以,为了履行职责并保护他指挥下的其他所有中队,在这样的情况下,他采取了他认为可以采取的最好的措施。

麦考益:十分清楚的是,公众舆论可能误解了这里发生的事情。我们不是想去发现什么而置人于困境,但是,当日本被误解的时候,针对给日内瓦国联以及广泛而言的欧洲和美国留下的所有这些印象进行解释,这很重要。我们与其操心于小细节,倒不如去探究事情发生的原因。

岛本:我想我对你提到过,日本第三中队遭到了中国军队的射击和进攻。我想你们也十分清楚,无论何时日本遭到敌对武装的进攻,日本军队就会参加战斗。唯一的选择就是彻底失败或者赢得战斗。这是很清楚的。

克劳德:当我在法国获悉这个消息时,我认为是一小群日本人在对抗大量的中国军队。我想日本人已经准备了应急计划,以防发生袭击,并且他们正在遵循大概很久以前就制定的关于碰到任何麻烦时如何行动的应急计划。关键是要知道,中佐是自己主动采取行动,还是根据此前收到的命令而采取行动。

岛本:是我自己主动采取行动的。

李顿:这样说吧,麦考益将军想要关于这些事实的解释,即18日夜间发生事变,中佐已向我们作了讲述。同日夜晚,吉林、辽阳、长春等地同时采取了行动。同日夜晚,军舰奉令从旅顺开往营口,朝鲜指挥官则被训令派遣增援部队。

麦考益:这样一个小事件是怎么造成如此普遍的冲突,欧洲和美国存在着误解。

岛本:我想为自己再补充一点解释。铁轨遭到破坏和中国士兵袭击我指挥下的军队是不同的事件。这样说可能清楚了。

本庄:我认为,岛本中佐在北大营进行作战是他自己主动采取的行动,这是很清楚的。

石原大佐:我来回答麦考益将军的问题。四年前,当我来到满洲任职的时候,中国军队和日本军队之间的关系是,我们双方合作对抗其他敌人。在军事行动中,我们与中国军队一起并肩作战。这意味着那时日本军队没有同中国军队交战的想法。三年之间,情况越来越糟糕,我们逐渐开始制定计划和方法,为紧急情况做准备。我几乎没有必要指出分散的日本军队在发生紧急情况时所处的危险。他们将处于十分危险的境地。我们战略的主要一点是,迅速在沈阳集结所有分散的兵力,我们在训练军队时就强调这一点。根据计划,我们可以在20分钟内集结所有的铁道守备队，在1小时内集结所有的师团部队。通过无数次的演习和经历，我们有信心能做到这一点。事变发生前三天，即9月15日，举行了一场关于第29联队演习的检阅。这次检阅是为了确定如果发生紧急情况，在沈阳这个公开场所会发生什么。关东军司令官做出了评论，他指出了最为充分地利用军队进攻沈阳内城以及北大营的必要性。有两组中国士兵，一组在北大营，一组在中国内城，问题是要最为充分地组织他的军队应对这两组士兵。从军事战略的角度来看，中佐在这种紧急情况下已经采取了可能的最佳做法。平田大佐的首要职责是照看沈阳城，而岛本中佐则要照看铁路。平田大佐有两个选择：一是只守卫铁路区域，二是在敌人进攻他之前实施攻击。我认为，平田明显是采纳了摆在他面前的最佳方案。然后，我们将转到旅顺事件上。18日晚约11点40分，我们在旅顺接到有关事变的消息。午夜12时许，当我到达关东军司令部时，关于该事变是一起地方事件，或者它是否涉及更大规模的行动，所有的参谋都对此有疑问。然而，【19日】凌晨0点30分，我们收到如下的消息或报告：北大营的中国军队已经炸毁了南满铁路的路轨，中国军队的兵力大约是3个或4个中队；11时许，第三中队与北大营的中国军队交战，并在激烈战斗后占领了北大营的一部分；野田①(Noda)中尉身受重伤。收到的这份报告表明了局势的重要性和严重性。收到这一报告后，我们就做出决定。就在那时，司令官到了，我们提出了我们的意见，即所有军队都应在沈阳集结。参谋继续进行十分艰难的讨论，凌晨1点20分做出最终决定，我们向第二师团指挥官发出了通知，凌晨2点向营口和安东附近的凤城下达了命令。这两项命令是，为保护铁路运输设备，向中国人实施进攻。为了确保铁路通道的安全，我们一直在考虑维持安东和沈阳之间的铁路线完全免受来自外部的任何袭击。旅顺到沈阳的铁路线也是一样。另一方面，中国有一个旅驻守昌图，但我们意识到这个旅没有危险性，就未下令进攻它。

一个重要问题是，怎么处理长春。我们认为，长春的中国军队不会与沈阳的中国军队合作，因此我们甚至考虑带领日本军队从长春到沈阳。长春驻扎着中国军队的一个步兵旅和一个炮兵团，他们离日本军队非常近。我们发布的命令是，如果有必要，就进攻中国军队，但首先要确保在长春的日本侨民的

① 译者按：此处“野田”指野田耕夫。后同。

安全。发布这一命令是为紧急情况下进攻中国人而做准备。该命令是在凌晨约2点30分发出的。

在发布了这些命令之后，位于旅顺的司令部于凌晨3点30分开始向北进发。在我们乘火车前往沈阳的途中，将军要求从朝鲜派出增援，并且从旅顺海军派出增援至营口。但是，甚至在命令到达各地之前，驻扎在这些地方的军队就已经主动集合起来，奔赴沈阳集结，因为他们接受了三年的实践和训练。但前往营口和凤城的军队则是到当天黎明才抵达，因为他们是在接到命令之后才开始行动。在长春，长谷部[①](Hasebe)少将在本庄将军的指示到达之前就已经开始行动了。

李顿：你告诉我说，将军是在火车上发布的命令。我可以问一下在沈阳发布的布告吗？它也是在火车上起草的吗？抑或它是提前或后来起草的？我指的是本庄将军抵达之后的第二天向沈阳民众发布的布告。

石原：在火车上的时候，我们不可能确定沈阳到底在发生什么。然而，布告是其他某个部门起草的。我们可以帮你找一下。

李顿：辽阳有交战吗？

松井中佐：没有。

麦考益：我想我们应该说，有人告诉我们，18日晚，在这里的战斗发生之前，辽阳的日军指挥官通知当地的治安官(magistrate)，称沈阳会有战斗，他应该采取必要措施以维持秩序与安全。

岛本：这件事不可能是真的。

麦考益：还有人称，19日上午9时在沈阳张贴的同一布告，同时也在辽阳张贴了。

松井：你会回想起来，本庄将军是中午才到达这里的，所以这是不可能的。驻守辽阳的师团指挥官去找地方治安官并请他采取预防措施，这是不可想象的，因为采取预防措施完全是在指挥官的权力范围之内。那里没有中国军队驻守，所以不存在冲突的危险。

如果诸位去长春的话，就能看到该地的地理情况。中国军队有两个营地，一个在日本铁路区域的北侧，一个在日本铁路区域的南侧。中国没有集权化的军事组织，所以尽管这些中国军队属于吉林省，但并不意味着当沈阳发生交

---

① 编者按：即长谷部照吾。后同。

战时,吉林军队会与沈阳军队合作。起初,我们认为可以把【长春的】日本军队调往沈阳,如果我们【从长春】撤离,我们会觉得很安全,因为【长春的中国】军队不会袭击那里的日本人。但是,【长春的日军】指挥官对那里的处境感到不安,因为他没有绝对相信中国人不会进攻他们。所以,他有些迟疑。该指挥官收到了来自本庄将军的指示,要为紧急情况做好准备,但是指挥官认为有必要实施进攻,于是他自己就采取了主动行动。【长春的】日本军队处于相当不利的位置,因为决定没有及时到达,而未能最为充分地利用时机。

吉林的形势则完全不同。我们在沈阳收到的报告大意是日本军队正遭到中国军队的艰难袭击,袭击持续了一整天,但只要可能,就会从沈阳向长春派遣增援部队。因此,第二师团的全部兵力都在长春集结。与此同时,吉林的三千名日本侨民认为情况正变得具有威胁性,请求派遣日本军队,这是在20日。从那以后,他们就一再请求派遣日本军队保护那里的日本侨民。但是,司令官遵循了东京本部发出的指示——勿恶化局势,或者扩大行动,他犹豫是否要遵从这一请求。然而,最终来自吉林的报告称,日本侨民受到中国军队赤裸裸的威胁。21日下午4点,我们决定向吉林派遣军队。这整个问题十分严重,因为牵涉政治问题,但幸运的是未经战斗,中国士兵就被解除了武装。

松井中佐:这是一份布告,日期是19日,但它有可能是在19日晚上印刷,第二天才张贴的。

李顿:布告已经分发了吗?因为它出现在了第二天的报纸上。

松井:布告是20日分发的。它没有出现在19日的媒体上。

李顿:大连20日的报纸报道了布告,所以他们肯定是19日就拿到了布告。

松井:手稿是19日准备的,手稿副本被送到了各家报馆。

李顿:布告是何时起草的?

松井:在我们到达沈阳之后。

李顿:布告是在哪里印刷的?

松井:沈阳。

本庄:在未经我同意的情况下,参谋准备了第一份草稿,然后他们就把草稿送到了各家报馆。后来,我做了一些修正,诸位会在城里出现的印刷招贴上注意到。

李顿:最初是什么时候印刷的?

松井:我记得是在20日的下午,不过我可以联系负责人。

李顿:它同时出现在其他城镇,不是吗?

松井:它不可能是在19日晚上送出去的。

麦考益:有人告诉我们,布告是19日上午在沈阳张贴的,同时还出现在其他地方。

松井:最好的办法就是去印刷厂进行调查,看看它是什么时候印刷的。负责印刷的人现在没时间。

麦考益:那么,我希望请求安排某个人与万考芝一起确认这一说法正确与否。这是一个很重要的问题。

本庄:负责这部分的参谋现在不在这里,不过我可以让他明天过来。

李顿:如果本庄将军说,布告是在他到达沈阳之后起草,稍后印刷的,这对我们来说就足够了,但如果有进一步的证据,我们很乐意倾听。

本庄:当然,我可以让负责的参谋准备一份陈述,但就我自己的回忆,我们是到了这里以后才起草原件,然后第一份原始手稿被送到了印刷厂,而复印件则在19日晚上被拿去分发给了媒体。第二天,印刷的布告张贴在城市的不同地方。我不知道它们是在什么时候被送出去的。余下的大量印刷布告是在这里的战斗结束以后送到其他地方的,不过当然都是在同一天,即19日。

关于麦考益将军对兵力说明的询问,我们提供如下的粗略估计:(见附加说明。)

张学良元帅的兵力

1. 事变之前的兵力计33万:

正规军　25万

关外　14万

关内　11万

非正规军　8万

2. 事变之后的兵力:

(1) 撤退到关内的武装　4万

(2) 成为"满洲国"军的武装　6万

(3) 留在吉林省东北部的武装　3万(其中1万是新组织的军队)

(4) 失踪的武装(他们多数成了义勇军)2万

注释:

(1) 目前张学良元帅在关内的兵力数大约是15万,包括事变后撤退到关内的 4 万人。他们中有约 1 万人作为义勇军被派遣至满洲。

(2) 非正规军主要变成了“满洲国”的警察部队,但也有一些与土匪联手。

在炸毁路轨之后,中国士兵立即开始进攻一小群日本铁道守卫,并开始行进至柳条口,那里有日本永久铁道守备队(the Japanese Permanent Railway Guard)的少数兵力驻守。

注意:划线处是指河本中尉指挥的 6 名士兵。

(资料来源:日内瓦国联与联合国档案馆藏李顿调查团档案,S31 - NO. 1 卷宗)

7. 调查团与本庄繁将军的会话记录(1932 年 4 月 25 日)

已由日方校正

与本庄繁将军的会话记录

关东军司令部,沈阳,1932 年 4 月 25 日上午 10 点

出席人员:调查团代表

助佛兰先生

万考芝先生

本庄将军及参谋

川崎先生(翻译)

吉田先生

汐崎先生及秘书

李顿:我知道,9 月 18 日晚上,你们是在大连的司令部。

本庄:是在旅顺的司令部。8 月下旬,我来到旅顺任职,9 月上旬,我进行了一次视察。那晚正是我视察结束回来的时候。

李顿:能不能告诉我们,你什么时候接到铁路发生事故的消息?

本庄:报社人员将消息传到我这里,肯定是晚上 11 点左右。约晚上 11 时 20 分,我在参谋长的住处进行询问,那时我发现他有类似的报告。我不知道确切的时间,但可能是在晚上 11 点 30 分到 12 点之间,我给参谋长打电话时收到了他的报告。

李顿:我们可不可以知道,新闻记者报道了什么?

本庄：我记得，他们说安奉铁路（Antung-Mukden）靠近沈阳一带有人开枪，中国士兵和日本士兵之间发生某种冲突。

李顿：什么时候收到了第一份官方消息？

本庄：第一份官方报告，是我打电话时从参谋长那里收到的，报告称沈阳以北的南满铁路路轨遭到中国军队的破坏，中国和日本之间发生冲突，一部分日本军队在北大营进行艰苦的战斗，我们的援兵正赶往现场。

李顿：这第一个消息是以什么方式传达给你的？

本庄：是通过电话传到了我的住所。消息来自旅顺的常驻新闻记者，他们明显是从其他渠道得到这一消息的。

李顿：参谋长是在什么时候收到这一消息的？

本庄：当晚 11 点 46 分，参谋长收到了一份电报报告。这是关东军司令部收到的第一份官方报告。（*展示了文件中该电报报告的记录*）。报告来自关东军在沈阳的特务机关，报告称，18 日晚 10 点左右，中国军队在沈阳以北的北大营西部破坏南满铁路路轨，并袭击了铁道守备队，与我们驻守在那里的守备部队发生冲突。铁道独立守备队的第二步兵大队与敌人发生了战斗。

李顿：你第一次询问参谋长时，他什么都没听说？

本庄：正如我说的那样，当我第一次从新闻记者那里收到消息时，我无法相信，也未加注意，但稍后我感到有些不安，所以就给参谋长打电话，他已经收到了这些报告，正在召集他的参谋人员。我记得不太准确，但我肯定是晚上 10 点 30 分或者 11 点收到了新闻记者的报告。

李顿：从参谋长那里收到这个消息后，将军你采取了什么行动？

本庄：我察觉到了事件的严重性，因为有强大的中国军队驻守在北大营。那时候，我决定尽快集结驻守在沈阳铁路沿线的所有军队，以备出现紧急情况。所以我决定亲自去司令部。

李顿：当晚，你离开了旅顺？

本庄：在向卫戍部队的各个驻地下达了必要的命令和指示之后，我们就准备出发前往沈阳。我们肯定是 19 日凌晨 3 点 30 分左右才离开旅顺，不可能更早离开。

李顿：你们什么时候到达沈阳的？

本庄：19 日中午。

李顿：你能否对 18 日晚上和 19 日发生在沈阳的各项军事行动做一个总

结性的描述?

本庄:岛本中佐是当时参加北大营战斗的部队指挥官。

李顿:他就是发送报告的军官吗?

本庄:他的报告被提交给了关东军司令部设在这里的特务机关(情报),然后他们将报告转交给位于旅顺的关东军司令部。

岛本中佐:8月23日,事变发生前一个月左右,我抵达沈阳任职。在来沈阳之前,我担任东京第一高等学校(the First Higher School in Tokyo)的教学人员已有三年。在那之前,我是陆军汽车学校(the Army Automobile School)的教练(instructor),实际上很长一段时间内没有在联队服役。在沈阳,我是第一次服役。因此,与我服役有关的一切以及留在沈阳对我来说都是非常新鲜的。我可以简单地提一下8月23日我抵达这里之后看到的情形吗?我认为你们应该知道事变前沈阳存在的实际情况,这很重要。可能需要花些时间做出说明,但我还是想充分说明该地区的反日和排外活动。在说明军事行动时,你们必须承认,我们一直是看着敌人而不是看着手表,来进行我们的活动,所以有时候军人不可能确定准确的时间。正如你们参与推动世界和平,我们同时也在从事类似的工作。我们认为必须反对会成为维护和平的干扰因素的任何类型的教育。我现在就随身带着一套这里的小学使用的教科书,它们是教育委员会正式通过的。我想知道诸位此前是否注意到这些书籍。我认为,诸位十分有必要知道这些问题的事实,以便明了建立与维护和平的相关事实。这些是面向学校小孩子的教科书。在这些书中,你会发现一些章节不仅涉及日本的侵略或扩张,而且也涉及所有欧洲列强的侵略或扩张,如英国、美国、德国、法国等。

李顿:我们在日本看过这些。

吉田:这些是在沈阳出版的。

岛本:那么,我相信诸位已经认识到,这里的困难不单单是中国和日本之间的困难,而且同时还有中国和其他国家之间的困难。这是一本讨论压制基督教教义的书,因为它声称外国通过宗教教义在中国进行侵略活动。这些是我们在军营里发现的招贴,上面写有"打倒帝国主义"①,既针对英国、美国、法

① 译者按:原文是"Down with imperialistic aggrandizement",直译是"打倒帝国主义的扩张"。

国，也针对日本。它们被贴在北大营的墙上以及第七旅的住处。很多招贴是张贴在房间里面的。

李顿：零散的招贴呢？这些都是从墙上撕下来的吗？还是你们发现了存放这些东西的地方？

岛本：我没有发现任何存放的地方。这些都是墙上的。那是一张强烈要求中国废除与外国列强之间所有条约的招贴。它是在兵营里被发现的。另一张则涉及《南京条约》。还有一张是关于香港的。有一张招贴涉及经济、文化和政治的扩张。这是一张关于赎回所有铁路线的招贴。我提到这些只是想让诸位看到，【沈阳】正在进行什么样的排外教育活动。以上就是我的第一次观察，因为我仅仅是在事变前一个月才到的。

李顿：在你进入兵营之前，你不知道这个？

岛本：不知道。

李顿：教科书也是在兵营里发现的？

岛本：教科书是事变后在沈阳附近的小学发现的。我认为它们是国家教科书。我说过我是在事变后发现了这些招贴，但是，事变之前的一些日子里，我手下的几个士兵去了城外的某个地方，在学校里发现了这些招贴和教科书中。然后，他们就徒劳地劝说学校的老师停止这样危险的做法。这些是在兵营里发现的日报，它们由中国军队的军官保存，你们会在日报里发现有些章节涉及煽动士兵头脑中的反日情绪。这不单单是一种反日情绪，而且也是一种排外情绪。我认为，如果我们不先消除这些教育方式的话，就不可能实现中国和日本之间的友好关系。

因为这种类型的教育活动，事变发生前的几个月里，南满铁路路轨上的障碍物数量增加了。当然，就个人而言，我期望避免所有这些令人不快的、不必要的事情，但中国军队并没有表现出令我们满意的态度。中国士兵针对铁路设置障碍，有很多这样的案例。其中的一例是，5月18日，一些中国正规军在铁轨上堆起了会使火车翻车的石头（作为对问询的答复）。我们的士兵试图阻止他们，但中方有300名士兵，他们威胁这些日本铁道守卫。森（Mori）将军是铁道独立守备队的司令官，针对此类行动，他向中国陆军司令部（the Chinese Army Headquarters）提出抗议，声称要是这种情况再次发生，可能出现无法预料的、令人不快的事件。我们还经常被告知，中国军队的年轻军官谈及要收回日本铁路区域的主权。这些消息是在宪兵队服役的人告诉我们的，他们懂汉语。还有一例是，一名中国军官告诉日本军官，如果与日本发生战争，中国会获胜。这样的谈话经常发生，在宴会中，或是在随意的闲聊中。另外一例是，一名上了年纪的中国军官曾经向日本高级军官抱怨，说其下属的年轻军官们不好管控，因为他们没有意识到日本军队的真正力量和效率。

李顿：在9月18日障碍物被放置在铁轨之前，5月18日的事件是唯一的案例吗？

岛本：有很多性质相同的案例。比如说，4月29日，一群日本妇女在沈阳内城中心区遭到中国警察的侮辱。我有些犹豫要不要提她们是怎么被侮辱的。

李顿：我不想要含糊地报告很多事情发生了。相反，如果可能的话，我想要一份阐明事件及其发生日期的书面陈述。

岛本：当我把它翻译好了，我会提交给你们的。

（参考脚注）

脚注：5月18日，一队正在行进的中国士兵来到北大营附近的南满铁路线。在有日本巡逻士兵在场的情况下，他们中一人在铁轨上堆起了石头，当日本人抓住中国人时，很多中国武装士兵从营房里冲出来，包围并威胁日本人。但日本扣留了这名中国人，直到一名中国军官到那里，写了一封道歉信。日本人将这封信带回交给一名军官以报告此事，但是他不懂中国文字。这名军官发现信上写着："在没有任何理由的情况下，日本士兵打断了正在行进的我方正规军"。这件事由我们各自的官员进行处理。

6月3日，我们发现有块石头插在铁轨里，地点是在南满铁路沈阳站院子的西端。

6月23日，一小队中国武装警察穿过了浑河站以南2 000米处的南满铁路路轨，车站的日本官员告诉他们不要越过铁轨，他们拒绝对此予以任何注意，反而端扛着枪继续行进。

7月14日，当时看守南满铁路和京奉线①平面交叉路口的一名日本巡逻兵在谴责一名中国人侮辱日本士兵时，差点遭到中国警察的逮捕。

8月16日，在北大营附近，南满铁路上的一列火车，其车厢的一面窗玻璃

① 编者按：原文为P-M line，即Peking-Mukden Railway，1929年该铁路线改称北宁铁路。后同。

被扔过来的石头砸碎了。

8 月 31 日，一节货运车厢的货物在文官屯南部被盗。

干扰日本铁路交通的案件增加，是因为中国人蔑视我们的权威。

9 月 10 日，几乎一个营的中国士兵进入沈阳的皇姑屯，中国士兵在南满铁路桥下自由往返。这将给予他们绝佳的机会，让他们可以突袭驻军总部以及日本租借地。

9 月中旬，他们忙于在靠近日本租借地的工业区北部挖掘一道堑壕，他们还在北大营附近进行炮术和步枪打靶练习，也许是为了威胁，实际上也是为进攻我方驻军做准备。某日晚，中方要求我们的步兵第一中队停止训练。

18 日，看守南满铁路和京奉线铁路交叉路口的第四中队菊池(Kikuchi)中士称，当日电话联络频繁中断，中方拒绝让我们的人往北走超过北陵路。第三中队的小杉(Kosugi)中士报告称，他看到防护北大营并且面向南满铁路线的泥巴墙上有数量异常的中国哨兵。在那特殊的一天，没有一个哨兵位于他们平日的位置。他们经常阻止我们的巡逻人员沿南满铁路线进行巡逻（北大营泥巴墙上的哨兵能够听到我方巡逻人员的脚步声）。

现在，我希望或多或少地讨论一下 9 月 18 日事变的细节。当时，为了 9 月 20 日及其后军队夜间演习的检阅，我有我的训练计划。检阅的目的是检查我指挥的铁道守卫人员在最困难局势下的效率。因此，我大队的所有中队都在进行艰苦的训练，为即将到来的检阅做准备。（展示地图，以南满铁路为参照物，指出北大营的位置。）18 日晚，我指挥的一个中队在北大营以北进行训练。这是因为我计划在 20 日进行检阅。当然，类似的训练此前已进行过很多次。

李顿：在 9 月 18 日的事变发生前，这些夜间训练或演习就已经是惯常的做法了？

岛本：是的，在我们的军队里，我们会在特定时期检阅军队，对于这样的检阅，会指定要检查某些问题。20 日的检阅已经强调的重要问题是如何在夜间守卫铁路，所以在即将于 9 月 20 日举行检阅之前，我指挥的所有中队几乎每晚都在为此做准备。

李顿：这样的训练意味着什么？有开枪吗？

岛本：是的，我们在这样的训练中使用了空弹。在这里，我必须说明一下铁路沿线军队的部署情况。铁路线上的所有车站，都驻有一定数量的人员，他们被分配了守卫的职责。只要当值,他们就不会外出参加训练。中队其他人员留在营房,外出参加训练时会携带空心弹以及 30 发实心弹,这是他们常规装备的一部分。

第三中队定期驻扎于北大营以北大约六千米处的虎石台。那天晚上,第三中队在他们兵营附近的某个地方进行训练,训练期间,河本中尉和六名士兵受到派遣沿铁轨向南巡逻,四名士兵走在他前面,两名士兵与他并排走,他们是朝沈阳方向走的。河本认为应该是晚上十点左右,在经过北大营西南五百米或六百米处的砖窑时,他听到了爆炸声。一冲到现场,他就看到有几个人正跑向北大营,于是他命令士兵朝他们开枪。与此同时,他注意到了一阵猛烈的步枪射击,可能是来自两个或三个中队,这些人就藏在爆炸发生地以北两百米或三百米处的高粱地里。

李顿:河本中尉是如何辨别这两百名士兵的?

岛本:他在后方大约 200 米的地方发现了他们,他们正向北逃跑,他朝他们开枪。然后,河本中尉就发现路轨已经被炸。稍后,河本中尉和他的士兵发现,有三名中国士兵死在路轨的东侧。在爆炸的地方和发现尸体的地方之间还看到了血迹。

李顿:损坏的是什么?

岛本:一条铁轨的一部分被炸毁了。我们把它带回来了,稍后你们可以看一下。一条铁轨上的两节枕木之间被炸毁的铁轨长度(测量后)大约是 15 英寸。

李顿:爆炸的证据仅仅是一块铁轨?

岛本:两三天后,我们对这三名中国士兵进行了彻底的调查。所有的细节都在《中日冲突简史》(*A Brief Resume of Sino-Japanese Clashes*)一书中有所描述。这是一份官方陈述。

李顿:这些文件是什么时候准备的?

岛本:每一章节都是在事变刚发生之后写的。让我们回到河本中尉的小队人马上来,他们正向中国人开枪的时候,发现砖窑所在的这个地方(指向地图)有两百或三百名中国士兵,他们胡乱地朝河本中尉和他的士兵射击。

李顿:在一个漆黑的夜晚,他是怎么知道有多少士兵的?

岛本:他们可以通过步枪的闪光来加以确定。当然,不可能准确地确定,不过闪光大致表明有两到三个中队。当然,这仅仅是一种猜测。然后,他们注意到敌人正向南移动。

李顿:这个时候,有 6 人遭到 200 人的射击?有人受伤或者被杀吗?这 200 人射击了多长时间?

岛本:大约持续了 40 分钟,日本士兵在铁路一个小路堤后面的西侧。他们交火时相距 200 米左右。

李顿:200 人朝着 200 米外的地方持续射击 40 分钟,没有人被击中?

岛本:中国士兵的射击不是很准。与此同时,一名传令兵受到派遣向中队司令部发送报告。当时,中队的大部人马正在北边——该地以北大约 1 500 米——进行训练。他们也听到了爆炸声,立即开始向南移动。从交火地点派出的传令兵遇到了往南来的中队大部。所以他们赶紧去援助 6 人的小队。河本中尉隶属于这一中队。

李顿:第一批增援来自进行训练的那些人?

岛本:是的。中队一到那个地方,就遭到以高粱丛为掩护的同一批中国士兵的射击。这说明,是中国士兵朝日方开枪的,是中方挑起了战斗。所以日本军队被迫向中方开枪还击。然后,中国军队开始逐渐撤退。第三中队决定追击中国人。铁轨东侧有一两条水沟,大规模的人群很难穿过去。当然,个别士兵可以穿过它们,不过约 120 至 130 人要在敌人的枪口之下跋涉过去有着巨大的危险。为了切断中国士兵的退路,该中队三个分队之一的指挥官野田中尉被派去沿铁路拦截正在撤退的中国士兵。他手下的兵力十分单薄,所以执行这一任务时遇到了巨大的困难。中队的其余兵力则向北行进,从兵营的西北角发起进攻。现在,我可以顺便提一下我自己吗?

李顿:在这本书的第 2 页[《满洲中日冲突的回顾》(*A review on Sino-Japanese Clashes in Manchuria*)],页底称日本守卫在漆黑的夜晚赶到现场。这是中佐所指的中队吗?

岛本:是的,这是川岛(Kawashima)大尉指挥的中队。

李顿:这里说,他们已被电话告知这起事件。(为了与任何警卫站通话,每个铁路巡逻队都携带一个可适用于轨道沿线电话线杆上的配电箱的电话设备,本章稍后对此进行了说明。)

岛本:18 日晚,我受邀前往大和旅馆(Yamato Hotel)参加聚会,受到了相当不错的款待。后来,我累了,很早就回家了。接到那天当值军官打来的电话时,我已经上床睡觉了。他告诉我第三中队遭到中国军队的袭击,我当时就知道中方在北大营的兵力超过一万人；我还知道，万一我的军队遭到中方的进攻，他们会采取什么步骤。我指挥的军队，两个中队在沈阳，一个中队在北大营以北，一个中队在抚顺。军队从抚顺乘火车到达沈阳需要一个半小时，所以我指挥的军队当时只有三个中队可以集结。这三个中队的兵力大约是 500 人。我知道，如果我的军队遭到袭击，应当采取的措施就是实行进攻。这是唯一可能的做法，因为我指挥的兵力仅有 500 人，而中方的兵力则有 10 000 人。所以我向那些军队发出立即集合的紧急呼叫。我的计划是，让他们在沈阳站集合以便前往现场。这是铁路区域里的日本车站。我们的兵营和车站就隔了一条路，我指挥的军队在回应呼叫集结方面受到了良好的训练，因为在与土匪作战时，他们习以为常了。我的军队在匆忙之中行至柳条口的小火车站，然后下了火车，因为我担心该地以北的铁轨可能被炸毁了。他们沿着铁路向北冲去，到那个地方的时候(在地图上指出来)，他们遭到其余的中国军队从铁轨东侧展开的射击。这是午夜 12 点多一点。两支中队在往前推进时遭遇了袭击，时间是在 12 点 20 分。他们一前进，敌人就从兵营外面低矮的河岸后方向他们倾泻巨大的火力(在地图上指出来)。于是，我们就让两支中队兵力撤回来，行军到接近建筑物那里的位置(在地图上展示)。有 6 个日本人受伤。兵营里面灯火通明，中国人从建筑内部向外射击。我们对此是占有优势的，他们在明，我们在暗。他们还朝头顶上方开枪，子弹在空中飞得很高。因为这种射击方式，我们的伤亡相对较小，只有 6 人受伤。结果，我们很快就占领了兵营的这一区域。随后，第三中队推进到兵营的北端。

李顿：是你给旅顺方面打的电话吗？你什么时候打的电话？

岛本：我本人没有发送电报信息，但是我的报告到了沈阳特务机关，随后就被转交到了旅顺。我是在出发去前线的时候把报告交给的特务机关。虎石台是第三中队所在的地方。通过那里电话线杆上的配电箱打了电话。急件一般通过传令兵送达，同时也通过电话传达。

吉田：可以通过电话联系到兵营，但实际上士兵在战场上四处走动，所以就向他们派了一位传令兵，并且向指挥部打了一个电话。他们也给火车站打了电话。

岛本：(答复进一步的提问)碰到这样的情况，就会发送很多电话信息。在这种情况下，也会使用传令兵。

李顿：这里说："炸毁铁轨之后，中国士兵就立即开始袭击驻扎于柳条口的一小队日本铁道守卫。”这就是你提到的 7 人小队？

岛本：铁道守卫一直驻扎在柳条口，他们是第三中队的一部分，但不属于河本中尉的队伍。这些是当时正参加夜间训练的中队主力中派出去的一个巡逻分遣队。这句话的意思是指，中国军队向由一小股日本军队定期驻守的柳条口发起了进攻行动。他们发动了【进攻】，但没有到达那里。

李顿：那么，这里提到的“分遣队”是一小队铁道守卫。

岛本：谈到电话信息，我必须在这里解释一下。铁路沿线都有所谓的“配电箱”，安装在电话线杆上，任何携带电话设备的巡逻人员都可以使用，以便与任何警卫站进行联系，不管什么时候发生事变，警卫巡逻队都会采取行动通知铁路沿线的其他军队。这一次是向虎石台发送了电话信息。

李顿：但是，中国人在这个地方的南向行动是什么？

岛本：对于中国人的行动，我还没有进入详细解释的阶段。爆炸发生后，他们显然向南边行动了，然后电话信息就从那个地方发送到了北边的车站。

麦考益：河本中尉手下的这一分遣队不是铁道守卫，而是外出举行夜间演习的中队的一部分，此外铁路沿线有永久性的铁道警卫站。我可以这样理解吗？

岛本：我的军队是铁道守卫，我的职责是保护一定距离的铁路，所以我派遣守卫前往所有小站。我的军队主力是在沈阳，直接由我指挥。我的军队称为铁道独立守备队第二大队。他们不是定期驻扎满洲的师团的一部分。9 月 18 日晚上，我大队的第三中队的主力外出参加训练，在柳条口负有守卫职责的这一小分遣队未参加训练，仍留在他们所在的地方。由参加训练的中队派出去的河本中尉所在的 6 人小队在向南行进时听到了爆炸声，他们中有一人通过配电箱向柳条口车站做了报告。

渡大佐：中佐的意思是，来自现场的报告发给了柳条口的分遣队，也发给了大队指挥部，报告称日本军队遭到中国军队的袭击，彼时中国军队正在为进攻柳条口而向南行动。

麦考益：小册子里说的是，他们正在向南行动，以袭击永久性的小分遣队。

李顿：那么，我们就有了两个叙述。

麦考益：这确实就是我们了解到的情况。

军官：事情的细节这里没有写。这个小队和七人小队是不同的。

李顿：那么就有两次袭击，一次针对七人小队，一次针对小车站。这个书面叙述里没有提到七人小队，我这么说对吗？如果这是同一个小队，那么这个叙述与中佐所讲的就是一样的。如果有不同的小队，那么我想听到更多关于这个中佐没有告诉我们的叙述。

岛本：真正的事实正如我所陈述的那样，但是翻译时可能存在一些错误，所以我必须调查一下才能做出进一步的解释。（第2页的这个句子本应该翻译为："炸毁铁轨之后，中国士兵就立即开始袭击一小队日本巡逻队，并且开始行进到柳条口，有一个小分遣队的铁道守卫驻守在那里。"。）

李顿：我们已经离开了受到破坏的铁路。能告诉我们发生了什么吗？

岛本：南满铁路的工程师（平民）赶去现场开展修复工作。他们在其工作所在的沈阳站被告知了这一事变。

李顿：发现爆炸的小队有没有向沈阳站发送电话信息？

岛本：驻守柳条口的小部分铁道守卫部队甚至可以观察到正在发生的事情并报告。当我们向北行进的时候，修复工作同时也在进行。

李顿：长春至大连的火车于晚上10点30分到达，它能通过爆炸的地方吗？

岛本：是的，火车通过了。这些人向火车发出了爆炸信号，但火车没有注意到信号就过去了。但是，这些人注意到，火车经过爆炸处的轨道时，倾向了一边。

李顿：两根枕木之间有一条铁轨的一部分缺失了，火车还能从上面通过？

岛本：是的，在火车通过了以后，这部分就被修好了。铁道守卫的职责是一种形式十分专门化的职责，不容易理解。如果你愿意的话，我可以提供更多的细节。

李顿：我认为应当在这个时候暂停休息一下。

（资料来源：日内瓦国联与联合国档案馆藏李顿调查团档案，S31－NO.1卷宗）

8. 调查团与本庄繁将军的会话记录（1932年5月1日）

与本庄繁将军的会话记录

关东军司令部，沈阳，1932年5月1日上午10点

出席人员：调查团代表

吉田先生
万考芝先生
助佛兰先生
本庄将军及参谋
川崎先生(翻译)

本庄:我希望进一步说明昨天我的参谋谈到的存在于沈阳的特殊情形以及军事占领和戒严令问题。沈阳这个城市是满洲的政治中心,9月18日晚事变爆发后,敌对行动蔓延到整个城市。警察实际上消失不见了,这个城市的全部人口都处在极端的危险和焦虑中。必须记住的是,沈阳是反日运动的中心。当时造成的情况是这样的,即领导人失踪了,反日分子借此机会在这个城市开展敌对活动。也有土匪参与其中。这些情形是沈阳这个城市所独有的。哈尔滨和齐齐哈尔没有发生敌对行动,因为日本在这些地方的军事行动开始得稍晚,民众知道会发生什么,也不会感到恐惧。吉林和长春也存在一些敌对行动,因为在沈阳事变后,军事行动很快就在那些城市相继展开,但总的来说,那些城市的人口没有受到打扰。没有高级官员逃跑,市政当局的高级官员和警察力量仍在城内,并履行他们各自的职责,因而市政事务得以一如既往地维持。

沈阳的情形则大不相同。这座城市实际上已经没有行政组织或警察力量了。相应地,军事当局在沈阳采取的措施与在其他城市采取的措施并不相同。我希望把这种区别说清楚。

本庄:关于关东军军事占领以及宣布戒严令的谣言,我还希望补充一些解释。

我所指挥的这支军队没有建立军政府,也没有颁布任何法律。正如我刚解释过的那样,也正如高级参谋昨天陈述的那样,沈阳的状况是没有行政组织和警察机关。因此,军事当局针对电话和电报系统、银行及其他机构采取了监督与保护措施。关于这些措施的细节,我已经指示高级参谋向诸位提交书面说明。除了将以书面形式做出解释的各点之外,针对张元帅和其他军事领导人的电报通信也在一定程度上受到了限制。我们还制定了限制性措施,不准携带含有反日文章的报纸、宣传册和传单。

关于事变后日本领导人参与沈阳市政事务一事,我还想对高级参谋的说明再补充解释几句。当时，协调沈阳市政事务的领导人们的工作是困难之事，因为他们没有受过相关的培训，所以我们选派土肥原大佐负责这些领导人的工作，他对这里的中国人和日本人都有比较广泛的了解。这是当时参与市政管理的日本领导人的特殊要求。当然，土肥原大佐当时是日本军队的现役军人，我很怀疑这一事实是否可以解释为日本当局在这里实行军事统治。大概土肥原大佐的出现会让人有这种想法。

还有谣言说，日本军事当局当时在营口宣布实行军事统治。营口有一段很有趣的历史。俄日战争期间，日本军队在那里宣布了戒严令。

麦考益：那时候叫牛庄，是吗？

本庄：是的。从军事角度来看，为了获得当地的安全，我们在那里部署了一些日本军队，这一事实给了居民一种军事统治已经建立的印象。这是因为他们已经有了先入为主的想法，即军队一进入就会宣布实行军事统治。还有，上述军队的指挥官曾暗示将建立军事统治。他觉得会是那样的。但是，当我们的司令部接到关于他错误声明的报告时，我们从司令部传话称情况并非如此，不会建立军事统治。媒体讨论了这个问题，就军事统治发表了一些不正确的新闻报道。这些报道传到了东京的参谋本部那里，他们针对沈阳以及营口的实际情况向我发出了询问。我在 24 日提交了一份报告，称谣言不实，然后就目前的状况给出准确信息。

我不认为在其他城市可以找到导致人们对这种情形产生误解的任何实质性证据。简言之，我可以说，作为一种自我保护的措施，我们在必要的地方安排了我们的军队，但严格来说，这并不是麦考益将军在某种意义上理解的军事占领。事实是，我们采取措施是因为军事上的必要性，也是为了确保这座城市居民的安全。日本领导人参与了该城市的行政事务，也参加了公共事业的管理，比如电话电报系统、自来水厂以及银行；但没有为军事目的而进行的征用（无论是人力还是财产），也没有民事或刑事处罚措施是出于军事目的。因此，我认为很显然没有建立军事统治。没有宣布戒严令，民政管理中也并未实行军事管理，与戒严令一例一样。

麦考益：将军可能有兴趣知道，从接管监督的意义来看，他的行动与我在古巴的一段经历非常相似。在古巴，我们进驻了哈瓦那，在那里发生了一起严重事件，但在哈瓦那以外的地方不存在这样的状况。应古巴政府的要求，我们掌握了控制权，采取了与我所理解的本庄将军在这里采取的行动十分相似的行动——使用顾问。

本庄:在此之后,我想让我的参谋继续讨论在锦州和哈尔滨采取的行动。还有,当诸位继续北上时,你们可能会对听到的那一地区土匪活动的情况感兴趣。

李顿:我非常感谢您所做的陈述。这已经让我们的问题更加清楚了。我认为土肥原大佐的这一临时政府持续了大概一个月,是吗?

本庄:从9月20日到10月20日。

李顿:他是由一位中国市长接替的吗?

竹下:从10月20日起直到组织"满洲国"政府,市长一职一直由赵欣伯担任。

麦考益:我想问问关于土肥原大佐的情况。他在沈阳的整个事务中起到了重要作用。我知道他还在哈尔滨,所以我想知道我们是否有机会见到他,如果可能的话,并请他协助我们进行调查。

本庄:他现在在北满,但是在4月10日的全体现役军官的广泛调动中,他已经晋升为少将,并被任命为国内的旅团长,所以当你们过去的时候,他可能不在北满。不过如果可能的话,我们能让他留在这里;或者如果不行,诸位可以在东京见到他。在我们继续这个故事之前,清单上是否还有一些其他的问题?

李顿:我想就此再问一个问题。我们被告知只有沈阳建立了一个委员会,但我认为,在日内瓦的日本代表团还提到了另一个建立公共安全委员会的地方,比如说安东。对此我想了解一下。

竹下:我们听说了在安东维持和平与秩序委员会,但该委员会的活动性质似乎与沈阳委员会的大不相同。对此,我会以书面形式充分说明。

本庄:关于第12号问题,我想我们在哈尔滨的领事官员可为诸位提供全部信息。但如果不能令人满意的话,我们可在诸位返回时补充任何所需的资料。

李顿:关于第11号问题的结尾,我想了解一些关于它的信息。

本庄:在长春可能会更好地获得这种信息,但在这一问题上,我们会很乐意向诸位提交我们掌握的任何情况。

石原:接下来,我们会继续描述针对锦州的行动。事变发生后的9月及10月期间,南满铁路全线都非常平静。在锦州设立临时政府的官员和代理人

把土匪和逃兵组织成所谓的义勇军，借此来制造令人不安的状况。（在地图上指出区域）

从辽阳到大石桥的全部铁路都面临土匪组织的威胁。11 月期间，为守卫该段铁路而驻扎的这些日本军队多次遭到土匪的进攻。11 月期间，约有 505 名土匪在不同的交战中被杀，可见他们活跃的程度。从军事角度来看，我们认为利用土匪是他们采取的最懦弱的举措。我们制定了镇压这些土匪的计划，但为了不恶化局势，并给外界留下我们没有采取侵略行动的印象，我们没有实施我们的计划，并且避免镇压任何土匪。

11 月 27 日深夜 12 点 30 分，我们接到报告，称驻扎在天津的日本军队正遭到攻击，日本军队将对中国军队采取惩罚行动。当时我赶到了沈阳总司令办公室，提议：驻守天津的六个中队步兵正处于极端危险当中，为了让他们不被大批军队消灭，我们应当取道锦州，派遣增援部队。这个提议立刻就被将军接受了，我向他统率的所有军队发出集合的命令，准备向西进发。27 日下午，我们的军队行进到大虎山以东，但那时我收到了来自天津的消息，称日本军队未如我们先前获悉的那样处于极端危险当中，然后我们让所有军队都返回沈阳。我在 27 日【下午】5 时发布了撤退的命令，第二天完成了撤退。之所以有耽搁，是因为在铁路运输上遇到了一些困难。

我知道这次行动在全世界都有报道，并在一些国家掀起轩然大波，如美国。但正如我所解释的那样，严格地从军事角度而言，紧急措施是绝对必要的，这就是当时引起全世界广泛评论的这一事件的始末。

在初冬时节的十二月，辽河结冰，而后开始崩裂，河面上的浮冰给土匪过河开展活动带来困难。但是，据我们所知，这些土匪和义勇军正制定计划，拟在河流完全封冻之时发动全面进攻。我认为，正是在 12 月 10 日，国联行政院讨论了满洲土匪活动的问题，并赋予日本军队针对土匪采取讨伐行动的权利。随后，我们制定了一项将土匪从该区域完全驱逐的计划，河水封冻时，这里就会有他们的据点。12 月 28 日，第二师团前去进攻这一地区的土匪。与此同时，中国正规军则从盘山向南派遣一辆装甲列车，并开始从车上炮击日本军队。他们还炮击了为营口市供应水源的水库。意识到土匪在中国正规军的配合之下正开展针对日本军队的行动，第二师团的指挥官遂计划前往沟帮子。本庄将军同意了这个计划，但当时飞机侦察员带来一份报告，称中国增援的重兵正派往盘山。12 月 30 日，意识到第二师团可能会因在此地陷于孤立而身处险境，司令部遂发布命令，要求第二十师团进军，它从朝鲜刚刚抵达沈阳，然后奉派从沈阳沿铁路前往锦州。敌军可能发现了日本军队的数量。他们开始逐渐从这一地区向南撤退。如果我们想要攻打剩余的中国军队，当时我们就可以这么做了。但是，参与实际战斗并非我们的意图，所以我们没有穷追不舍，仅仅是在中国军队撤退时尾随其后，并于1932年1月3日进入锦州城。这一结果是为确保南满地区的安全，因为我们能够驱逐土匪以及中国军队。1931年11月有505名土匪被杀，12月是25名，1932年1月是300名，2月是30名，自3月起则几乎没有。与此前存在的状况相比较，这一地区已经变得非常平静了。这不是驻守此地的日本军队施以援手的结果，而更多是因为“满洲国”军队的努力，他们在讨伐行动中训练有素。然而，必须记住的是，土匪的力量与“满洲国”军队的力量是持平的，因而在实际交战中，后方驻守的日本军队有必要在需要时提供道义上的支持和援助，这也包括针对锦州的行动。

吉林政府与丁超将军之间的关系日渐恶化。最终，大约是在1932年1月26日，吉林军向哈尔滨推进，与丁超将军的武装发生冲突。司令部多次接到报告，称哈尔滨的侨民非常不安，处境相当困难。我们派出飞机，其中一架飞机因机械故障被迫降落在哈尔滨附近，飞行员清水大尉被抓并遭到丁将军部队杀害。当时，丁将军声称，杀害日本飞行员的不是他的军队，而是吉林军。然而，后来我们占领这一地区时，在丁将军的桌子抽屉里发现了一本由清水大尉保存的染满血迹的日记。1月27日5时，在哈尔滨北部，一辆悬挂日本国旗、载有1名日本人和5名朝鲜人的汽车被丁将军的军队拦截，乘客遭到屠杀。哈尔滨的几处日人住所遭到袭击，我们的司令部多次收到请求，要求派遣军队以缓解那里的紧张局势，同时，我们也收到东京本部要求派遣我们的军队到哈尔滨的指示。【我们】发布命令，运送一门野炮和两个步兵大队到哈尔滨。命令是在28日凌晨4时发布的，但因为与中东铁路当局就运输问题有一些误解，他们的出发时间被推迟了。军队从长春的出发时间耽搁了下来，直到当天晚上才出发。除此之外，铁路雇员在长春以北铁路沿线设置了障碍物，我们也遭遇了中国军队的一些进攻。我们最初的目的是行进到哈尔滨，以和平的方式保护在哈尔滨及其附近的日本侨民，我们认为中国军队的这种抵抗仅仅是惯例的一部分。我们多次给丁将军发电报，声明日本军队不会支持某一支军队或另一支军队，只是想要保护在这个城市的日本侨民。经过艰难的行军，日本军队于30日晚抵达双城堡。他们在那里扎营，至31日凌晨，意外遭到丁将军军队的袭击。日方有50多人的伤亡,中方则有约600人的伤亡。司令部收到来自哈尔滨的紧急呼叫,不仅有日本侨民的,也有中国居民的,所以总司令向驻扎在长春的第二师团指挥官发布一道命令,派遣一切可能的力量协助在哈尔滨的日本人。几乎没有交通运输设施,军队要很久才能到达,以至于在双城堡的军队不能等待援兵的到达,就只好先行向北行军。2月4日在哈尔滨外围与中国军队交战。他们于第二天进入这个城市。日本军队没有追赶中国军队,因为他们来此仅仅是为保护日本侨民,并希望与丁将军达成某种谅解。

丁将军的部队在哈尔滨东部的一个区域集结,开始威胁到中东铁路的部分地区。该地区的日本侨民面临极端的危险,保护在那里生活的数十万朝鲜人也很有必要。土肥原大佐与丁将军达成某种谅解的努力未获成功,主要是因为铁路官员的反对,日方在派遣必要的军队以保护该地区方面也遭到了极大的阻碍,这就是那里的状况仍不安宁的原因。我们手上有一条可靠情报,称因为国联调查团正在满洲,张元帅的司令部已经发布命令,要求在满洲各地制造骚乱,特别是丁将军控制的这一地区。在诸位访问那里时,马将军也与张元帅保持联系,并与丁将军在哈尔滨及其附近进行合作。还听说,他有另外一个计划,即在诸位从齐齐哈尔返回沈阳的路上,破坏嫩江上的桥梁。我们获得的机密情报是,动乱是有系统的阴谋组织的。哈尔滨西南地区约有一万名土匪获得丁将军的资助,现在他们被煽动起来制造动乱,尤其是在哈尔滨以南破坏铁路。我们还听说一个传闻,即热河北部的武装正在集结,准备骚扰齐齐哈尔至四平街一线。当然,我们主要是对重建这里的和平与秩序感兴趣,并且会尽我们所能让这一动乱地区稳定下来。我们正努力以确保调查团在该沿线的安全。

李顿:如果给你们添加了太多的麻烦,我想表达我们的歉意。对于你们正在为我们的行程所做的准备,我也想表达我们的谢意。

本庄:我收到了东京本部发来的指示,要全力提供保护,尽一切可能让诸位一行安全而舒适。当然,这些也是我自己的愿望。正如高级参谋所解释的那样,情况已到了这样的地步,我已经向北边派遣了一些军队。因为这片土地十分辽阔,加之我现在指挥的军队人数很少,仅两万多一点。我认为,我的军队不足以完全确保这一地区的安全,因此我已经提议,请求从其他地方派遣更多的军队。我已经向东京本部提出了此项特殊请求。如果条件允许,诸位在北满调查期间,可以要求我向北调动一些日本军队。

在满洲，我们还没有接触到赤色威胁的问题，但有大量证据表明它的存在。就在最近，有大约50或60名日本士兵在一段遭到破坏的铁路处被杀，可能是哈尔滨附近的赤色分子干的。来自上海的消息在我们的脑海里依然鲜活。但是请放心，在你们的路途上，我们会竭尽所能确保行程安全，尽管我们也要求诸位照顾好自己。（李顿代表调查团表示感谢。）

（资料来源：日内瓦国联与联合国档案馆藏李顿调查团档案，S31－NO.1卷宗）

9. 调查团与本庄繁将军的会话记录（1932年4月27日）

与本庄繁将军的会话记录

关东军司令部，沈阳，1932年4月27日下午2点

出席人员：调查团代表

吉田先生

万考芝先生

助佛兰先生

本庄将军及参谋

川崎先生（翻译）

川崎：这两位是负责修理被炸毁的铁轨的人员。

李顿：听说他们在，我们很高兴。你能请他们说一下发生了什么吗？

某人（Man）：大约晚上10时30分，当我收到据说铁轨被炸的消息时，我正在沈阳的私人住宅里。我立即打电话给我的上级，然后去了我的办公室，准备好两辆我工作中经常使用的轨道汽车。派遣士兵陪同修理人员是通常做法。于是，我们——工人和士兵——就朝着铁路指示的方向前进。直到大约晚上11时50分，我们到达一处正在交火的地方，使工作不可能继续。我们在那个地方等到了凌晨3时30分，一些用于修理的铁轨被放在铁路边上。通常情况下，修理材料，特别是一定数量的铁轨是按每公里放置的，我们所在的地方就是这些地点的其中一个。后来火力逐渐变弱，我们前进到了所说的断裂处。【修复】工作于凌晨5时15分完成。

李顿：你能描述一下你发现了什么吗？

某人:两根铁轨的接合处被炸毁了,铁轨北段末端大约有 10 厘米被炸掉,南段的则有 70 厘米。

李顿:枕木遭到破坏了吗?

某人:北侧的枕木从铁轨下面被炸掉了,南侧的枕木也是这样。

李顿:每一侧铆接铁轨的金属板呢?

某人:内侧的金属板弯曲变形了,外侧金属板的某些部分断裂了。

李顿:铁轨的剩余部分还是直线排列?

某人:是的,它们是直线排列,没有弯曲。

李顿:那么,进行的修理工作是什么?

某人:我们铺设了两块新的枕木和两段新的铁轨。铺设的铁轨长度是 10.05 米。

(调查团代表检查了从爆炸现场拿回来的损坏的铁轨和枕木。)

本庄:关于昨天讨论的岛本中佐的行动,我可以详述一下中佐所说的内容吗? 我是指克劳德将军所说的海外对该行动的解读。这一问题是绝密军事战略之一。我们一直都有确定的军事计划可供实施,以应对任何进入关东租借地的敌军以及可能构成该租借地干扰因素的力量。我们没有过多关注满洲的中国军队,直到最近几年。我们确信,满洲的中国军队不会对我们的军队采取进攻行动。但是,正如诸位可以从一位高级参谋就满洲的中国民众以及中国军队的态度所做陈述中回想起来的那样,形势逐渐变得十分紧张。因此,我们认为有必要制定我们的军事计划,为可能出现的任何紧急情况而做准备,譬如中国军队可能会对我们的军队采取任何进攻行动。我确信,这些与各国在任何殖民地所采取的进攻性军事计划可能是相同的。我们的计划几乎每年都会根据情况进行修改,我们军队的训练和纪律也是根据这些计划进行的。

昨天,参谋提到,中国士兵未受过良好的训练,但令我们极为担忧的是,他们的兵力远多于我们在这里的兵力。因此,我们使如下内容成为我们策略的重要组成部分,即我们的军队应该尽快在某些地方接受训练,准备集结,以及在任何情况下主动采取进攻行动,因为他们总是会遇到非常强大的敌人。训练中最重要的一点是:为了弥补武装力量的不足,我们必须尽可能地利用其他因素。我们的军官充分理解这两项基本原则的主旨,并坚决遵循它们。岛本中佐的主要职责是保卫铁路。过去,铁轨上曾多次被放置了诸如成堆的石头一类的障碍物,但中国正规军使用炸药炸毁铁路,这是第一次。他还发现,他指挥下的人正遭到中国军队的袭击。那个时候,双方的情绪都深受刺激,不仅仅是双方的军队,中国和日本的民众也是这样。鉴于我所说明的情况,以及岛本中佐被特别指派负有保卫铁路的职责,考虑到士兵们是根据上述准则进行有组织的训练,当他的中队遭到中国正规军的袭击时,在未等到命令到达的情况下,他决定采取主动,反击敌人,这是十分自然的事情。他的所作所为,只是履行他作为铁道守备队指挥官的职责,以应对铁路受到爆炸的威胁。

李顿:非常感谢!

松井中尉:我有关于布告的信息。沈阳事变爆发之后,发布过三种不同的布告。第一种是沈阳宪兵司令发布的布告,第二种是关东军司令发布的布告,第三种是第二师团长发布的布告。这三种布告中,宪兵队的布告是最早发布的。准备和发布布告的时间与方式如下:9 月 19 日上午约 10 时准备布告,约正午时向新闻记者宣布。大约有 40 份,每一份都是用毛笔手写而成。抄写完毕后,这些复印件按每份三本或四本分发出去。9 月 20 日的《满洲日报》给出了详细的说明。我们从这张照片中可以看到笔迹。下午 2 点或 3 点之后,这些布告就被张贴在城里。

接下来,我再谈谈将军的布告。19 日 12 点 5 分,本庄将军和参谋到达沈阳站,他们在那里举行了约 20 分钟的参谋会议,在此期间,在沈阳的指挥官提交了关于事变的报告。本庄将军将布告里要包含的内容口头告诉臼田少佐[①],臼田少佐准备了手稿,然后将手稿提交给了高级参谋办公室的 Agaka 大佐[②]。下午 4 时左右,板垣大佐表示同意。布告的内容给了新闻界——我们将布告向各位新闻记者宣读,每一位记者都有自己的稿件。草稿是在司令部这栋大楼里准备的。我不确定,但是大约 5 点的时候,可能有一些报纸已经刊登了这份公告。

我现在简单介绍一下奉天城里的公告的印刷及分发,我们准备了平版印刷,9 月 20 日下午 5 点的时候完成,然后拿到印刷厂,通过使用特殊墨水的特殊工艺进行复印。21 日晚上大约 7 点的时候,5 000 份印刷完成(都是手工制

---

① 编者按:原文为"Wasuda"的日文译名,根据前文由日方修改后的会谈纪录,该少佐是指臼田少佐。后同。

② 编者按:原文为"Agaka"的日文译名,根据前文由日方修改后的会谈纪录,该大佐是指板垣大佐。

作的)。因为有一个字出了错,所以每一份都用墨水进行了修正。因此,所有发出的公告都有这个修正。我们也发现,若公告未盖有发布人印章,则视为无效,所以我们制作了一个特殊的关东军司令的橡皮章。平版印刷的公告是按每包 1 000 份的规格拿到这里的,盖上印章。第一批的 5 000 份远远不够,所以我们又订购了另外 5 000 份,在第二批印刷的时候,我们在印刷的图版上修正了之前的那个错误。另外,图章也不再是橡皮章盖上去的,而是印上去的。这是订购和分发的记录,以及印刷公司保留的订单收条。

李顿:这些公告第一次出现在墙上,是什么时候?

松井:我们于 21 日晚上 7 点后下达分发命令,可能要到 21 日午夜时才开始真正分发。其中一些公告可能是晚上出现的,还有一些公告经由火车运往不同地区的指挥官那里。

李顿:那么,这些公告的出现不可能早于 22 日早晨。它们是用同样的纸张印刷,还是印刷纸张颜色不同?

松井:是同样的纸张,它们都是印在白纸上的。

麦考益:将军的公告有没有一些是手写的,要比印刷的公告更早公布?

松井:没有。第三种公告是第二师团长发布的。最早的手稿是在 19 日中午准备的,那天晚上才公诸新闻界。我想,这些公告是 21 日之后才在街上张贴的。很抱歉,我没能与负责这份公告的人取得联系。

我发现宪兵队的公告也是在白纸上的——所有都是。

李顿:我们听说,由平田大佐指挥的第 29 联队开始进攻沈阳各处的中国军队,企图在午夜之前将他们全部驱逐出去。

平田大佐:我想借助地图来解释一下。事变爆发当晚的 10 点 40 分左右,我在家里接到了铁道守备队指挥官岛本中佐的电话,他告诉我,北大营的中国军队开始向柳条口行军,他已经向其军队发出紧急呼叫,将立即开展对敌人的进攻。我同意了他的行动,并承诺我也会向我的联队发出紧急呼叫。我立即通过当时的军官发布了紧急呼叫的命令,并前往营房。在第一次呼叫后大约 20 分钟的时候,我到了营房。在那儿,特务机关告诉我,岛本中佐正在攻打北大营,所以我觉得有必要在事情发生之前进攻驻守在城里的中国人。过了一会儿,岛本中佐到了我的联队指挥部,他对我的决定十分满意。然后,我要求指挥部的特务机关将这一消息递送给师团长指挥部及关东军司令部。约深夜 12 点 30 分时,我的联队集结完成。(然后,大佐使用地图解释了他的军队占领沈阳城内中国驻军驻守的各军事基地的战术行动。）到了次日3点40分，实际上各军事基地的中国军队已经被全部击退。

李顿：没有任何抵抗？

平田：有的，我手下有7人受伤，而在不同地方发现有大约30个中国人死亡。有一些抵抗。驻守在铁路沿线的中国警察武装袭击了联队的各部，中国的正规军武装也在各个军营里实行抵抗，但他们很快就被赶走了。凌晨2点15分时，这些中队（地图）爬到了城墙的最上面（继续解释）。到凌晨4点50分，我接到消息说，驻守辽阳的第二师司令部以及第16联队的一部分人在凌晨3点30分左右时朝着沈阳出发了。凌晨5点多一点，第二师团的一名参谋到了，与此同时，第16联队也到了。（解释这些增援部队的安排。）早上6点，我们完成了对东墙的占领，到7点30分时占领兵工厂和机场。因为师团长的命令，有一个大队离开去守卫内城，其余的武装则被派遣袭击东大营。19日下午1点左右，东大营被占领。

李顿：我想知道你是何时决定要推翻当时的民政当局的？

本庄："推翻"可能不是正确的用词。那时候，建立某种形式的民事行政组织是必要的，因为军事行动之后，前民政领导人们立刻就逃跑或是消失了。主管行政部门的参谋会向诸位解释说明。如果需要更多信息，我们可以推荐森岛总领事。

竹下中佐：首先，我想对"推翻"这个词进行修正。我们没有推翻任何事物的意图。（李顿勋爵接受了带有解释说明的修正。）尽管为了确保日侨的安全与和平，为了自卫，日本军队被迫与中国军队交战，一个民事管理组织是有必要的。我们没有对民事或者政治行政组织、或城市大众的福祉采取敌对行动，除非他们先对我们采取敌对的或是侵略性的行动。不然的话，我们对中国人持有友好和合作的态度。关于当时的大致情形，我会做一点说明。

吉林和黑龙江省的情况和奉天省当时的情况大不相同，稍后我再来谈谈前者。关于沈阳城的情况，平田大佐已经说明得很完备了。沈阳城变成了敌对营地，就在事变爆发之后，几乎所有武装警察都从视线里消失了，当然还有他们的武器。因此，整座城市受到了逃兵和不法分子的威胁，枪声传遍全城，持续不断。整座城市的民众都面临着极端焦虑，公共机构，还有商铺商店都关门了。事变发生的时候，沈阳的政治和行政组织机构的不少领导人跟着张元帅去往北平，余下的人则还在沈阳城里。但是在18日晚之后，还在沈阳城里的领导人们，他们中的不少人都经由平奉铁路离开沈阳前往北平。而那些留在城里的少数领导人也消失了一段时间。我认为很显然，由于这些情况——市政管理负责人的消失——无疑是需要设立一些机构来管理沈阳城的。

李顿：如果您能就这一方面给我们提供一份陈述，我不会再进一步提问。

竹下：我能再补充几句吗？在其他省份，在吉林和黑龙江，民政当局没有陷入无组织的状态，因此上述省份的行政组织一如从前。我们的军队没有介入其中。我要进一步说明的是第 7 号问题，关于对电报服务、水电气服务以及铁路、主要银行（特别是东三省官银号、边业银行、中国银行、交通银行）的管控，军方采取了哪些措施，何时采取了这些措施？关于城市管理的改组，军方又采取了哪些措施？——我的话可以回答最后一点。

在这种情况下，当时几乎不可能去找留下来的民事官员。然而我们意识到，没有一个和平城市的居民能在没有民事行政机构的情况下继续生活。因此，组织某种形式的其他行政组织势在必行，我们挑选了一些在沈阳生活了很长时间、对沈阳相当熟悉的日本人，要求他们参与沈阳的城市管理。这些领导人带来了级别比较低的中国市政官员，他们留在沈阳城里提供了帮助。在日本人的援助之下，9 月 20 日市政机构得以重组，同时发布了布告和宣言，给人们带来了安全感。因此，大概到了月底，相当多正躲藏在某个地方的中国官员逐渐回来了。10 月 15 日，东三省官银号和边业银行重新开业。总体而言有很多的改善，民众开始信任市政公署。10 月中旬时，沈阳城的中国领导人们组织并宣布成立和平与秩序维持委员会。事实上该委员会之前就存在了，10 月 20 日，市政事务移交给了该委员会。然后，日本人即从市政管理中退出。

李顿：与此同时，沈阳是否曾有一位日本人市长，抑或这个省是否曾有一位日本人省长？

竹下：是的。与此同时，治下辖区以及奉天省的事务都移交给了上述中国委员会。因此，从 9 月 20 日到 10 月 20 日，日本领导人为留在市政管理当中的中国官员提供了协助。这是当时情况下最符合民众利益的唯一措施。

（资料来源：日内瓦国联与联合国档案馆藏李顿调查团档案，S31 - NO. 1 卷宗）

10. 全满妇人团体联合会的诞生及其活动（日期不详）

全满妇人团体联合会（The All-Manchuria Womens' Federation）

它是如何诞生的：我们生活在满洲的日本妇女们，心碎地目睹了掠夺者和土匪的蹂躏，他们不断扬言要危害我们的生命和财产，因其压迫，日本军队不得不动员起来。在此关键时刻，作为母亲和姐妹，我们感到有责任尽可能地为和平与人道事业提供服务，我们看到了组织强有力的联合活动的必要性。

全满妇人团体联合会

它的活动：通过建立医院、图书馆、俱乐部、幼儿园等慈善机构，减轻中国人和朝鲜人遭受的痛苦，通过建立"日本士兵之家"来慰劳我们的士兵，这些项目正在着手进行。

联合会的成员正日夜祈祷，努力争取东方这些地区的和平、正义与国际友谊。令人高兴的是，她们已经在全日本及其殖民地的姐妹中找到了大量真诚且坚定的支持者。

（资料来源：日内瓦国联与联合国档案馆藏李顿调查团档案，S31－NO.1卷宗）

11. 调查团拜访奉天省长臧式毅的记录（1932年6月2日）

拜访奉天省省长臧式毅先生

沈阳，1932年6月2日

出席人员：调查团代表

秘书长[1]

助佛兰

莫思

万考芝

皮特尔（Biddle）

派斯塔柯夫

[1] 编者按：国联调查团的秘书长是指哈斯。后同。

臧式毅省长
吉田先生
渡大佐
秘书

关于新政府的政策，臧先生说，它会回归到过去的伟大王朝所开辟的道路，这些王朝是以道德原则为基础的。他认为道德原则是一个成功国家的第一要务，在这个原则之上，政府将谋求实现国家的繁荣与全体民众的福祉。门户开放政策将予以维持，并已经宣布对所有国家实行平等机会和建立友谊关系。在政治领域，所有人将获得平等对待，强制手段会被摒弃。针对不同种族群体的歧视将不复存在。这个国家目前最关心的两个问题是和平与秩序问题，以及金融繁荣问题。

关于外国的权利和债务，已经组织了一个省级委员会进行处理，臧省长希望能够很快达成令人满意的解决方案。该委员会只处理奉天省的债权，而国际债权则由长春的中央政府负责处理。任命债权委员会的这一事实及其成员的正式职务已经公布，然而，委员们的姓名没有公布。外国领事也已收到通知，他们正准备对他们侨民的债权进行调查。在委员会任职的将会是"国家"银行的董事、财政部总长以及其他官员，总计十余人。委员会已经举行了几次会议，它正在检查外国领事提交的材料。在回答李顿勋爵的进一步提问时，省长解释说，该委员会只处理奉天省的商业债权。

关于在沈阳发生几名人员被"满洲国"警察拘留逮捕一事，李顿勋爵向臧省长提出了询问。他特别提到了荷兰港口工厂（the Netherlands Harbour Works）的雇员张先生（K. P. Chang），张先生在旅店拜访了中国顾问所属党派[①]的一名成员后遭到逮捕。李顿表示，他得知张先生现在已被扣留超过了一个月。臧省长表示没有听说过这些案件，但他向李顿勋爵保证，会公正地处理这些案件。有些人士因受怀疑而遭到逮捕，麦考益将军对这种情况的法律程序很感兴趣，而李顿勋爵则特别想知道，一个人未经审判会在监狱被关押多久。臧省长不了解讨论中的案件的细节，但他表示未有拘捕令就逮捕平民是不可能的，也不可能未经审判就被拘留超过一两天。他主动提出要对张先生

① 译者按：此处"党派"指国民党。

和齐博士(Dr. Chi,音译)的案件进行调查。

(资料来源:日内瓦国联与联合国档案馆藏李顿调查团档案,S31－NO.1卷宗)

12. 丁超与田中关于“满洲国”的讨论(日期不详)

强盗

丁将军说,中国最糟糕的强盗便是苏州附近太湖以及香港附近大亚湾的强盗。在这两例中,这些强盗均是1910年解散的中国炮艇舰队(Chinese gunboat flotillas)船员的后裔,他认为应对这些强盗最好的方式便是将他们纳入军队。

日本的田中(Tanaka)大佐认为“满洲国”的居民一致支持这个“新国家”,丁将军对此提出了异议。丁将军说,他认为,至多可以说下列人员是支持“新国家”的:

200万满族旗人;

200万汉族旗人;

100万蒙古人;

90万朝鲜人;

大约25万日本人。

关于中国居民之间的偏向,丁将军认为,许多在满洲定居已有几代的老人极有可能欢迎独立。但是新近定居的中国人则有明显的敌意。无论如何,做出如此明确的断定为时过早。“满洲国”诞生仅82天,而执政居其位也仅73天。在满洲的中国人圈子里,要想让他们的公众舆论支持满洲,就需要在安全、减税及与日方的共同利益方面使他们获得实实在在的好处。然而,丁将军认为,要让农民的意见从憎恶转变为被动的感激,这只是时间的问题。

丁将军认为,满洲的历史一直是沿着边缘国家历史的传统路线发展的。在中国历史上,满洲、内蒙、西域(Turkestan)、西藏常常发生叛乱,更不用说东京(Tonking)①、安南(Annam)。这些叛乱在中国历史中常被描述为外族入

① 编者按:东京,即北圻,指旧时越南北部十六省。

侵,但在很多情况下,都是当地人的成功叛乱,由半自治的小国君主领导。中国与罗马在边陲省份有着同样的殖民体系,地方酋长和小国国王享有相当程度的自治权,中央权力对地方掌控的放松鼓动了叛乱。在中国崛起之时,边陲之地是中国的前哨,而在中国内部虚弱之时,边陲之地成了中国的威胁。

田中大佐顺着这一观点指出,就他个人看法而言,"满洲国"很快将吞并整个中国。丁将军认为这极有可能,但他认为这件事在很长的一段时间内不会发生。在这一过程中,"满洲国"将被纳入中国之中。

田中大佐说在所有关于现代中国的讨论中,每个人都应当自问,"中国"一词有何含义。目前,在一个中国民族的意义上,中国是不存在的。中国分裂成了若干个半独立的领土单元,其中一些领土单元——比如四川——甚至是完全独立的。将中国作为一个整体而提出任何解决方案是不可能的。他认为,中国的任何派别都不会同意一个整体的解决方案,因为这个方案立刻就会被其他党派和部分地区以派系的原因予以否定。

其后,当问及日方将如何提议重建日本在中国内地的商业及地位时,田中大佐说,据他估计,日本在中国内地的损失仅占此前的30%到40%,有人提议在上海召开会议来处理这一问题。当问及他如何调和这种乐观主义与此前他对中国的看法时,田中表示中国人自己应当寻找能够使上海商人满意的解决方案,上海商人对抵制日货并不欢迎。丁将军说唯一能够宣布为了中国而进行谈判的是国民党政权。问题是,国民党现在声名狼藉,中国许多重要的地区都憎恨国民党。由孙逸仙夫人及孙科领导的粤系认为,其他党派应在政府中拥有代表。这会导致国民党的瓦解,如果国民党未能与日本达成解决方案,他们将因国家的持续不安而受到指责。另一方面,如果他们同意解决方案,则其条款将遭到否认。无论国民党政府多么的温和与健全,他们的方法都是没有希望的,因为这些方法建立在排外情绪和排外政策之上。田中认为中国早晚会有另一种制度的政府,如果"满洲国"的建立证明是成功的,那么中国的其他地区也极有可能宣布独立。然后,日本及其他外国势力能够与每一个"新国家"进行有利条款的谈判,或者是在他们合并之后予以承认,并只与事实上的当局打交道。不过,田中承认这纯粹只是一种猜测。不管怎样,他认为国民党政权已经过了巅峰,时代精神的指向是:中国将分裂为地区性政府,其后可能产生联邦制。另一种可能则是混乱和共产主义。他推测,如果产生共产主义(换句话说,组织松散的"土匪")威胁的话,中国的富人会搬到"满洲国",其他地方会被“满洲国”吸引——或是被地方独立吸引。

(资料来源:日内瓦国联与联合国档案馆藏李顿调查团档案,S31－NO.1 卷宗)

13. 莫思与金井等人的会谈(日期不详)

金井先生告诉莫思先生,日本政治局势极其紧张,比外国人以为的还要严重得多。国家命运被押在同中国人关于满洲问题的解决方案上。人们生活在紧张和兴奋的状态中,这真是危险。他们认为西方大国给予了中国过度的支持和保护。譬如,中国在日内瓦得到了【与日本】平等的对待;但在中国,美国和其他国家的船只一再遭到射击,却没有任何明显的不利回应。另一方面,如果日本步兵对美国船只发射一枚炮弹,结果都会是一场战争。对于不一样的待遇,日本人民既困惑又难过。中国和满洲对日本人来说极其重要,他们因政治本能也深刻地认识到了这一点。对显而易见的误解,以及日内瓦未能鉴别中国的实际情况,日本人民深感失望和受伤。金井说,在日本政府因利益遭到威胁而决定在满洲采取积极行动之前,东京已召开了一个重要会议。会议后,金井先生立刻提醒币原(Shidehara)外相,并问他,有关日本的案件可否提交给国联。币原微笑并回复:我不这样认为,让兄弟们自己在内部解决这个问题吧。金井先生说,他认为币原在此是犯了大错,作为外相,他应该更好地认识到国联的重要性;但这一决定也显示,即便是像外相这样的人,也与日本人民同样认为,【国联】对日本的外交政策是不公的,对世界也是不公的,【国联】对低效率、不诚实且不道德的【中国】政府给予了过多关注,而束缚了那些真正支持现代世界政治结构与经济的国家的双手。

金井先生说,内田(Uchida)①和顾维钧博士在大连交换了诗歌。据说内田的诗传递了这样的意思,是时候了,两兄弟应当停止争吵并帮助幼弟——这是暗指“满洲国”。

然后,金井先生说,日本人的想法是,他们确信日本正面临着一场国家危机,日本也准备直面来自国际联盟的敌意,即便会有经济抵制。在日本,很多

① 译者按:即内田康哉。后同。

有想法的人认为，日本的生活水平提高得太快了，而“勒紧裤腰带”将会是人们最终的道德优势。

金井承认，政治局势陷入了困境，他们已经犯了错误。但金井坚持认为，日本人民坚信他们的政府有权保护日本在满洲的经济及战略地位。金井也坚持认为，日本政府与整个中国达成解决方案是必要的。他相信，人们的政治本能是正确的，最终西方国家将看到这一点。这一点不该因过多坚持政治和法律上的细节而蒙上阴影。这是人民和国家反对政治家和律师的本能问题。金井重申，日本已经准备采取行动，准备过危险而英雄式的生活。民众对于政党政客和政党政治的谴责即是一个标志。

在另一场谈话过程中，田中大佐则表示，日本人民敬佩英国领导人在国家危机时期的态度，超过 170 个英国议员在战时加入了军队，而没有一个日本议员有这样的牺牲精神，日本人民对此事有深刻印象。在日本，人们对本国政客产生了一股反对情绪，他们觉得遭到了政客的背叛。

（资料来源：日内瓦国联与联合国档案馆藏李顿调查团档案，S31－NO.1卷宗）

14. 莫思关于与丁超将军谈话的笔记（1932 年 6 月 2 日）

与丁将军谈话的笔记
莫思先生
沈阳，1932 年 6 月 2 日

1. 丁将军说他是满族肃亲王的代理人，被三位年轻的亲王视为兄弟，这三位亲王是在长春的“满洲国”执政溥仪的常伴。这三名年轻人在日本接受了骑兵军官的训练，是非常友善且有男子气概的人。他们与溥仪一起打台球和草地网球。丁将军说，溥仪现在更支持“满洲国”了，因为溥仪被说服了，相信“满洲国”会成功。溥仪勤勉工作，看起来乐观而开朗。

醇亲王先是说服溥仪同意在其天津住所出发的蒸汽轮船中被劫持。他心甘情愿地走了。醇亲王已经退居幕后，作为金钱交换，他可以从溥仪皇室每月的 8 万美元里拿到数目可观的津贴。

2. 一家日本公司为间岛（Chientao）地区水力发电计划花费了一亿日元，

以开采朝鲜北部的矿藏。该公司希望能够为定居此处的朝鲜人提供在工厂的工作,这样,朝鲜人就不会变成土匪或是共产主义者。丁将军说,希望此事能够吸引许多在俄罗斯境内定居的朝鲜人到这个地区。日本人觉得他们是一个巨大的威胁,因为苏联无疑会鼓动这些朝鲜人进攻满洲边境。

3. 本庄将军曾问过丁将军如何处理土匪的问题,丁将军建议,从“满洲国”的一万四千个村庄中召集一万四千名“满洲国”骑兵,再精选六千名蒙古骑兵,组成一支队伍,每个村庄要为新兵的忠诚和良好行为提供集体保证。他建议通过建立烟草专卖为该计划筹备资金。

4. 污蔑张景惠将军、臧式毅将军和其他很多人是国家的叛徒时,中国人已经犯了一个大错,因为沈阳的兵工厂被占领后,他们仍身在其位。起初,他们认为动乱很快就会过去,同时可以照顾到中国人的利益。但是,他们遭到如此公开的诋毁,便帮助并不断鼓动醇亲王及其他拥护君主制度的人,从而对建立以溥仪为执政的“新国家”的想法感兴趣。有人说这个想法是由日本政府首先提出的,这是不对的。是这些愤怒的前中国官员与日本的投机分子一起想出来的,他们的想法符合日本军队的意志,剩下的就自然而然了。

（资料来源:日内瓦国联与联合国档案馆藏李顿调查团档案,S31－NO.1卷宗）

15. 调查团与“满洲国”协和会代表的会谈（1932年6月2日）

莫思先生代表调查团与“满洲国”协和会(Manchu Hsieh-Ho Hui)三名代表的会谈

沈阳大和旅馆,1932年6月2日

代表团由三人组成,分别是一名中国实习医生;一名前中国官员——他声称只为协和会工作;一名日本煤炭商人小山(Oyama)先生。

他们解释说,他们代表了协和会在“满洲国”境内各处的四万名成员。协和会成员几乎都来自工人阶级——铁路工人、工厂工人、农民。协和会也有几百个日本成员,也几乎都是工人阶级。协和会对其成员的种族及信仰没有限制,他们唯一的希望便是推动“满洲国”不同群体的和谐相处,尤其是保护工人阶级的共同利益。

协和会得到了官方承认,但并非官方机构。他们认为,除非构成这个国家的平民之间可以友好和睦,除非每个成员都能在无关种族的情况下获得帮助与公正对待,否则"满洲国"将会失败。那是他们唯一的目标。他们希望让调查团知道,平民百姓——日本人、中国人、满人、蒙古人、朝鲜人——有推动争端事件和平解决的影响力。他们不会像中国内地的国民党那样有所偏袒并煽动仇恨,但如果他们觉得存在分裂的危险,那他们会努力将劳动者与资本家、军队与民众、民众与官员团结起来。

协和会最先由中国劳工建立,并从日本成员那里得到了帮助。去年九一八事变之前,由于前政权对任何新的工人组织都持有怀疑态度,前政权认为任何工人组织都天然地反对军事主义,因此协和会必须秘密地开展工作。不过,他们和公开叛乱的大刀会或其他组织没有联系。

考虑到满洲境内对军事主义的普遍不满,他们认为,如果军政府没有被日本军队驱逐出去,民众革命也会将其驱逐出去。

协和会与任何的官方使命都没有关系,但他们设法推动"满洲国"境内各民族建立和谐关系。他们希望小规模地促成和谐与和解,因而非常欣赏国联正在大规模开展的工作。

他们希望莫思先生能转达他们对于国联成功的良好祝愿。

(资料来源:日内瓦国联与联合国档案馆藏李顿调查团档案,S31-NO.1卷宗)

16. 大日本联合妇人会满洲本部致调查团函
(1932年5月20日)

沈阳,1932年5月20日

寄给调查团

由大和旅馆转交

沈阳

阁下:

我们谨以"大日本联合妇人会满洲本部"(Federation of the Japanese

Women's Societies in Manchuria)①所有成员的名义，向国联调查团致以诚挚的欢迎。诸位为给远东带来永久和平而长途跋涉到达此地。

首先，我们希望说明，本会由南满铁路沿线17个主要城镇的各个妇女组织构成，我们的成员有近一千人，大部分是日本人，还有一小部分怀有同样理想的满洲人。

正如我们在1931年11月16日致国联行政院的电报中叙述的那样，（随附复印件）②我们对事变的发生感到遗憾，但因为中国人的反感与蔑视，数年来，我们这些在满洲的日本人都身处持续不断的危险之中。我们那些无辜的孩子，我们那些亲爱的兄弟姐妹，都成了受害者，在经历这些痛苦之后，我们以为事情已经过去了。

一个冷酷严厉的旁观者也许会说，日本人缺乏耐心。但对生活于此的我们来说，事变看起来就像是外科医生针对肿瘤的必要治疗，我们相信这个病人将得到一个称职的护士的照顾，我们作为女性必须承担起护士的工作。

女性天生便有着超越种族和习俗差异的母性，母亲般的爱是上帝之爱的象征。我们没有政治或社会的野心，我们唯一的愿望便是养育天赐我们的孩子，让他们生活的世界更加舒适而和平。我们相信，这是每个母亲心中的愿望。我们相信人们会正直地活着，社会将因母亲的爱与祈祷而得到安抚。

这个愿望和信念让我们自发地站起来了。生活在南满铁路沿线，我们无法对自1931年9月18日冲突以来发生的诸多不幸事件闭目无视。帮助那些因败兵或土匪剥夺生计而逃亡的中国人和朝鲜人，照顾那些受伤的士兵，抚慰并激励那些日夜为和平秩序的建立努力工作而得不到休息的士兵、警察和年轻人们，这些不只是本会的工作，更是满洲每一位女性的工作。

近七十位妇女，还有一些小女孩，她们眼含泪水，在数日里尽全力抚慰受伤的士兵。在某个镇，护士总数达到了714名，另一个镇有406名。她们的付出让镇上的乡民流下了眼泪，因为乡民们看到，她们在寒冷的、零下二十度的雪夜里站在空地上鼓舞着士兵。在某个镇，她们编织了600双袜子。在另一

① 编者按：日本的官方援军妇女团体较多，1901年成立的“爱国妇人会”，以保护伤兵和战死者亲属为宗旨，曾支援日俄战争；1931年成立的“大日本联合妇人会”，致力于与家庭相关的启蒙和教育；1932年成立的“大日本国防妇人会”，由陆军创办，旨在“解除军人后顾之忧”，“清除不良思想”。1942年，分散的妇女团体合并为“大日本妇人会”。

② 编者按：即下一条致德拉蒙德的函电。

个镇，她们为病人做了240套衣服。还有一个镇，她们为士兵的3 200件外套缝上了衬里。

除此之外，我们还竭尽全力救济那些逃亡的中国人和朝鲜人。有大约两万名朝鲜人以及大量的中国人在南满铁路地区避难。这些难民在严寒之中无衣无食，我们把从家里收集来的衣服和食物给了他们。我们在一个镇上发放了200套衣服，在另一个镇上照顾37 500名难民。

救济工作暂时结束了，但我们知道，我们必须致力于他们将来的生存问题。因此，在日本妇人会支持之下，我们决定继续为贫穷的朝鲜人和中国人开展救济工作，并建立士兵之家。

尽管我们在过去的六个月里做了很多事情，但我们发现，与我们应为"满洲国"的未来而做的事情相比，我们已做的真是太少了。我们怀疑自己是否能够承担这一重大责任，但是我们决心竭尽我们所能。

我们真诚希望能够得到世界范围内妇女们的友好帮助，能够携手并进，继续这个关于爱的工作。

敬启

阁下的，

非常忠诚的仆从

大日本联合妇人会满洲本部

（资料来源：日内瓦国联与联合国档案馆藏李顿调查团档案，S31 - NO. 1卷宗）

17. 大日本联合妇人会满洲本部致德拉蒙德的函（1931年11月15日）

沈阳，1931年11月15日

埃里克·德拉蒙德(Eric Drummond)先生

秘书长

国联行政院

由外交部门转交

巴黎，法国

阁下：

我们这些生活在满洲且热衷和平的妇女们，相信并期待国联能够确保真实而持久的和平。日内瓦行政院所做的决定使我们深感失望。尽管如此，我们仍然相信行政院成员的善意，我们冒昧地认为，他们采取如此立场是因为他们对满洲的情形缺乏了解。正因为这一原因，我们妇女希望根据实际情形记录表达我们的观点。

日军的行动是被动的。现在我们不讨论这种说法，但是请允许我们告知诸位一些简单的事实。中国士兵比土匪好不到哪里去，中国人自己也承认这一点。无论他们什么时候去镇上，去村里，他们都会纵火焚屋，对居民实行劫掠屠戮。甚至是在南满铁路附近的地区，有超过两千名的朝鲜人被杀，他们也是我们的兄弟姐妹。无辜孩童的手指被勒索赎金的士兵切掉，男人们的脸被打得皮开肉绽，女人们受到了侵犯。很多上了年纪的男人被逼疯了，有些母亲则因畏惧暴行而丧失母乳①。成千上万无助的人受苦于冬季的寒冷和日重的饥荒。

这些并非地狱中发生的传说，正是我们眼前发生的事情。亲见这些暴行之时，作为母亲和女性，我们还能无知无觉吗？如果诸位曾看见此地所犯的众多暴行中的任何一例，必将与我们有同样的感受，10 月 24 日那场令人难忘的投票②也定会有所不同。

虽身为女性，我们也不想变得感情用事。我们希望能清楚地表示，我们盼望实现的和平是无法掩盖这种性质的暴行。我们相信，您会同意我们的想法。

我们无法对受害者的痛苦情形闭目不见，我们正努力寻找一些办法来缓解他们的痛苦，并随后呼吁全世界的同情，我们希望您到时能给予我们慷慨的支持。

敬启

阁下的，

非常忠诚的仆从

大日本联合妇人会满洲本部

（资料来源：日内瓦国联与联合国档案馆藏李顿调查团档案，S31－NO.1 卷宗）

---

① 编者按：推测暗指“失去孕育能力”。

② 编者按：国联行政院于 1931 年 10 月 24 日进行议决案投票，因日本 1 票反对而未获得一致通过。

18. 大日本联合妇人会满洲本部的发起书(日期不详)

发起书

选择此地建立乌托邦,以实现我们国民的繁荣及与其他种族之间的和谐关系,是我们生活在满洲的日本人的光荣职责。为这样的神圣工作付出努力,是所有生活在满洲的日本女性怀抱的希望。

在当前形势的推动之下,我们起来了,用我们自己的方式参与这场行动。在满洲各个地区,女性社团有如雨后春笋,每一个机构都有其目标。但考虑到女性生存于世的生物学意义,及其对社会的服务,公众要求这些组织能够合并成为一个。根据这一愿望,这些女性团体最近建立了一个名为"大日本联合妇人会满洲本部"的组织。如果没有女性的帮助,社会的进步、文明的推动都无法实现。意识到我们对于公众的可用之处,以及我们对于人类的热爱的重要性,我们最终克制但也勇敢地站起来了。借助这个难得的机会,我们联合了所有的力量,尽我们所能,致力于满洲三千万人以及我们的一百万同胞的繁荣,支持祖国的公正,维护世界的永久和平。

新生的喜悦让我们的心跳加速!噢!我们感觉灵魂充满了服务的愿望。来吧,朋友,让我们一起奋进,实现这一崇高而永恒的使命,为人类指出通往真诚、希望和爱的世界的道路。

大日本联合妇人会满洲本部

(资料来源:日内瓦国联与联合国档案馆藏李顿调查团档案,S31-NO.1卷宗)

19. 大日本联合妇人会满洲本部关于救援工作以及组建士兵之家的资金筹备的通知(1932年1月)

关于救援工作以及组建士兵之家的资金筹备的通知

沈阳,1932年1月

随着日军占领锦州,满洲的事变终于告一段落。现在,美好的建设工作正在展开。不用说,日本军队的行动是为了守卫我们的民族气节,也是为了保护我们的民族利益。这是日本对远东的和平负有责任的表现,也是对可怜的邻居的道德关怀的表现,而不是战争。在过去的二十五年间,军阀们扰乱和平,破坏友谊,镇压三千万民众,他们理应受到严重的惩罚。我们保证,日本人完全无意伤害善良的人,也愿意救济那些因事变发生以致生命和财产遭受威胁的贫穷且善良的中国人。尤其重要的是,要解救朝鲜受害者。

幸运的是,他们的生活至少因诸位的同情而得以保障。但经认真考虑,我们认为必须由文化机构来保证他们的永久福利。基于这一目的,经过全盘考虑,我们决定承担救济工作,将此事业视为我们将来缔造世界和平与友谊的使命的一部分。

此外,我们荣幸地向诸位介绍另一个计划,即组建士兵之家。勇敢的日本士兵正遭受严寒,面临着凶残的土匪带来的极端危险,与此同时,他们正为自视远东和平守护者的日本的公正而战。为了表达感激之情,我们这些在满洲的日本女性同意建立士兵之家借以抚慰他们。

但是,因为我们已经花了大笔的钱用于欢迎、欢送我们的士兵,用于亡者的葬礼,用于伤者的照料,用于受害者的救济,所以我们需要更多的钱。无论诸位是身在日本本国,还是身在满洲,恳请施以金钱上的援手。让我们共同期待上述两项计划得以实现,新的满洲将因日本女性的人性而得荣耀。

大日本联合妇人会满洲本部

(资料来源:日内瓦国联与联合国档案馆藏李顿调查团档案,S31 - NO.1 卷宗)

20. 沈阳报人协会关于满洲问题的声明(日期不详)

关于满洲问题

沈阳报人协会(The Pressmen's Association in Mukden)很荣幸向国联调查团代表及其随员表示欢迎,我们认为有此机会与他们会面并讨论世界和平与远东安宁是难得的特权。

日本长期受苦于人口问题,她的过剩人口迁往他国时,在任何地方都遭到了拒绝。世界大国尚未承认各族权利平等的原则,他们肯定不会想到封锁满洲和蒙古即是针对日本,从而使这个快速发展的国家走向极端。现在这些就是整个世界仅有的留给我们过剩人口的土地。如果没有满洲和蒙古,日本将不复存在。无论是在我们的意图和目的中,还是在我们的信念中,满洲和蒙古都是我们生存的"生命线"。我们真诚地希望,调查团的诸位成员能完全感知我们的处境。

中国政府,特别是张学良将军领导的旧东北政权,竭尽全力给日侨施加了过多的压力,他们遭受了难以形容的磨难和苦痛,这样的事例太多了,在此不加详述,但世界上没有一个国家或是组织想过要介入此事以制止严重的不公。除非我们从这片土地撤离,当然这对我们来说意味着死亡,很容易看出我们别无选择,只能依靠自己进行补救。

可能没有必要在此对日本与满洲、蒙古在历史上和地理上的关系做详细的说明。过去,日本以自己的生存为赌注,参加了两次由于这片土地而起的战争。对领土的野心不会诱使一个有自尊心的国家发动如此之大的战争。我们一次次遭到侮辱、威胁和挑战,直到最后我们发现,任何进一步的拖延都意味着我们的毁灭。就在那时,我们决意拔剑出鞘。过去的两场战争,我们是被迫加入的,但我们都赢了,这令世界震惊,我们是赌上我们的所有去作战的。我们为这片土地做出了如此巨大的牺牲,并且它对我们的国家安全意味着是极为重要的保护,所以我们非常关注这片土地,这不是很自然的事情吗?我们寻求在满洲和蒙古的特殊地位,这不合适吗?

在过去的四分之一个世纪里,为开放这一地区,日本在经济和文化上所做的事情,没人会否认。到目前为止,日本在满洲的投资达到了17亿。因为有此巨大投资,铁路建设、煤矿开采、商业发展都已正在进行。每年有数十万人从中国的其他地区涌入这里。据粗略估计,过去20年的人口增长总数约为一千万。对外贸易几乎从零开始,实现了跳跃式的增长,其总量占据整个中国的35%。如今,满洲可谓是中国最富裕的地区,因为日本人的努力,此地居民享受到了和平和富足。至少在日本一方,所谓的"两国民众共存共荣"并非空洞的口号。这些事实将让人们理解,为什么日本人对关于满洲和蒙古的所有问题都过于敏感。

自古以来,俄罗斯针对远东的行动便是其国家政策。海参崴港口是俄罗斯位于亚洲太平洋沿岸的唯一海港,俄罗斯对此并不满足。通过对满洲旧政权的威胁和哄骗,俄罗斯横扫北满及南满,直至大连和旅顺,结果便是危及日本安全、破坏东亚和平。这当然是旧沙皇俄国所为,但谁能说,现在已经取代旧政权的苏联在长时间内不会把手伸到满洲来呢?日本为防止这种意外出现而做的事情,并非仅是为了自己,更有助于维护世界和平。

“赤化”世界被认为是苏联国家政策的基础。她曾试图通过各种狡猾的手段使中国“赤化”。这次尝试因某些情况以惨败告终,但她并未放弃这种尝试,我们常听闻,在中国几个地区搞破坏的“赤匪”很显然便是苏联宣传者播种的结果。众所周知,外蒙古现如今正在苏联的完全控制之下。事实上,苏联现在也正向华北和间岛伸出邪恶的双手。如果不对他们加以干涉,他们必然会成功将远东诸多地区置于共产主义控制之下。日本通过制止共产主义的宣传攻势,对世界和平与安宁做出了小小的贡献,在这一点上,日本不能自夸一下吗?假设日本从满洲撤离,谁将取代日本来充当守卫者的角色,以应对这些危险思想的进攻?

谁会信任中国?谁会根据被普遍接受的“国家”这个词而视中国为“国家”,并与之打交道?年复一年在中国内地盛行的动乱(disorder),而不是混乱(chaos),是什么意思?自所谓的辛亥革命开始,中国便未曾享有一天的和平与秩序,也未曾建立一个稳定的政府统治。她正稳步走在国家崩溃的道路上,我们不能期待她对外国人生命及财产安全做出保证。事实上,各个大国仍选择保留对中国海关的控制,在主要的城市和港口保留自己的特许权,看起来也不急于放弃他们的治外法权。这些难道不是在表达他们对中国的不信任吗?

就各国而言,中国确实不值得信任。假使我们相信她能承担保卫满洲和平,并实现门户开放,那么我们自己的国家会变成什么样?

满洲事变的真正原因是根深蒂固的,只有肤浅的观察家才会对我们的军事行动大呼小叫,并认为我们的军事行动违反了国联盟约和其他公约。

同中国人生活在一起的我们常有机会观察他们内部的争吵和争斗。无论是苦力工人还是军阀的内部争吵和争斗,他们所钟爱的手段总是呼吁第三方为他们站队,以占据上风。依靠别人的帮助并疯狂地利用这种帮助,这些构成了他们传统外交政策的基础。这种对于第三方的自私利用是他们人生哲学,也是他们为人处世所用的老把戏。任何不能为自己谋利的事物,对他们来说都是没有价值的。

自从经历了华盛顿会议后,中国已经懂得利用国际会议的价值。现在,在不抵抗与热爱和平的幌子之下,她再次致力于以国联的帮助来镇压日本的公正主张。根治一个被宠坏的孩子的坏习惯,应该是让他成为一个独立而理性的人,最好的方法就是对他所企图获得长辈注意,并让长辈卷入纠纷之中的尝试充耳不闻,所以国联能为中国做的最好的事情便是保持冷静,不那么轻易地听取她的诉求,这些诉求总是让人半信半疑。回顾中日关于满洲和蒙古的争端的历史,我们看到,中国只需放弃这种无视条约权利的做法,放弃她最爱的反日行动的外交武器,这些争端就有机会很容易地解决掉。但是那些日子里,事情已发生了改变,其进展迫使我们转变解决问题的方法。如今,两边实际上已经开火了,张元帅正试图以军事力量破坏满洲的秩序,一个"新国家"正在组建当中。到别处寻找这些问题的令人满意的解决方案是正常且自然而然的。

如果不适度考虑事物已发生改变的情况,满洲问题将永远得不到圆满解决。因此,首要条件便是对所有关于满洲的事项进行全面精确地了解,包括现在如何、过去如何。为了全面洞察事物的真实状态,中国自身,尤其是满洲,它的现在和过去,必须从所有可能的角度进行仔细地研究,涵盖种族、经济、历史、地理等等。仅对当前事件的原因和结果进行调查当然是不够的。简而言之,在满洲问题得到圆满解决之前,我们必须回答那个著名的问题——"中国是什么?"这些关于中国和满洲的研究不仅会帮助解决满洲问题,亦能使国际联盟更好地了解远东。相应地,这也将长久地帮助国际联盟实现为世界带来和平的崇高使命。

(资料来源:日内瓦国联与联合国档案馆藏李顿调查团档案,S31-NO.1卷宗)

21. 麦考益致怀南斯函(1932 年 4 月 25 日)

沈阳,中国

1932 年 4 月 25 日

怀南斯(E. J. Winans)先生,干事

美国教会

昌黎,河北

亲爱的怀南斯先生:

我已收到您 4 月 18 日的来信,关于您以及您的十二位美国同事对我们目前的工作所表达的关注和信心,我希望表示谢意。

我将把你们表达的想法转达给调查团的同事们,我相信他们将与我一同对你们表示感激。

致以诚挚的问候。

您真诚的，

（资料来源：日内瓦国联与联合国档案馆藏李顿调查团档案，S31－NO.1卷宗）

22. 美国传教士致麦考益函（1932年4月18日）

昌黎，河北，中国

1932年4月18日

弗兰克·麦考益将军

美国代表

国联调查团

亲爱的先生：

我们是13名住在昌黎的美国传教士，我们工作的医院、农业实验所、学校、教堂在我们自己的小城里，遍及这一地区，长城内外皆有。我们是离你们调查的特殊区域——中国东三省最近的美国团体。我们应当在你们经过的时候与你们见面，但考虑到你们调查行程的紧迫性，我们只是递交了这份记录，对你们致以欢迎，祝愿你们艰难但至关重要的任务能取得成功。

我们在这一农村地区工作已有多年，当地那些富有现代思维的中国领导人努力在工业、农业、教育和宗教方面带给他们的民众一个新的国家意识以及新的社会秩序，我们逐渐理解了他们这些理想遭遇的困难，我们希望表达我们对这些领导人改革民众——甚至是最落后的农村民众——以及建设他们梦想的新中国的能力的信任。为了实现这一目标，他们必须要有机会自我拯救，特别是免受外来入侵，以便他们实现和平与团结，关注未开民智者的福利。

令我们印象深刻的是，即使以巨大的个人不便和痛苦为代价，他们仍然忠诚地采取贸易抵制，作为他们帮助国家以抗议军事侵略的方法。有些人捐出了薪水的十分之一来帮助政府，更多的人则倾其所有。他们渴望恢复正常的贸易环境。这些民众都希望通过各位的斡旋，实现公正和平等。中国的基督徒们正在为日本的基督徒祈祷，真诚地希望兄弟情谊、善意以及爱意能够代替军事力量和威压。

作为基督教传教团体，我们代表中国的农村大众向你们吁求正义、公正，以及实现自我拯救的机会。

致以敬意，

十三位美国人

E. J. 怀南斯，干事

（资料来源：日内瓦国联与联合国档案馆藏李顿调查团档案，S31 - NO. 1卷宗）

23. 调查团关于与“日满”佛教联合会代表会面的记录（1932 年 4 月 27 日）

沈阳，1932 年 4 月 27 日

1932 年 4 月 27 日，我会见了【“日满”】佛教联合会的四位代表，其中两位是日本僧人，一位属于净土真宗本愿寺派，一位属于日莲宗，另外两位是属于临济宗的中国僧人。有一名日本人陪同他们，即满洲地区佛教联合会的秘书。东京外务省事务官吉富(Yoshitomi)[①]先生担任翻译。

他们带来了一份提交给调查团(见附件)[②]的英文声明。在此声明中，他们强烈谴责了旧政权的行政失当，并表达了对新政府提升物质和精神的信心。

当问到他们个人是否有一些关于被不公平对待的抱怨时，他们说，因为中国当局不允许日本传教士进行佛教宣传，所以他们在城内没有宗教场所，他们不会去那儿。因此，他们也没有个人经历，但是他们曾与普通教徒有充分的联系，得知了前政权的恶劣，从所有真正信仰佛教的教徒的角度来看，前政权理应受到谴责。

事实上，新政府仍没有实现完全组建及完善稳固，新政府如何成功地创造更好的局面，也没有绝对的确定性。但是，我们可以从它的公开宣言中推断出它有这样的意愿，即确保在满洲建立人们到目前为止还没有过的良好政府。因此，人们愿意给予他们的信任和支持。

---

① 译者按：此处“吉富”指吉富正臣。后同。

② 编者按：即本文献集下一条内容。

开脱盎葛林诺(A. D. A. de Kat Angelino)

(资料来源:日内瓦国联与联合国档案馆藏李顿调查团档案,S31－NO.1 卷宗)

24. “日满”佛教联合会致调查团的函(1932 年 4 月)

致国联调查团各位尊敬的代表

来自

“日满”佛教联合会

(The Federation of the Japanese and Manchurian Buddhists' Associations)

沈阳,1932 年 4 月

阁下:

我们非常荣幸能够代表沈阳十万佛教徒,向诸位提出此项诉求。

佛教的最终目的是,遵守佛陀的教诲,推进人类的福祉,实现共存共荣的原则。

一个国家只有在正义和道德的统治之下,才能繁荣昌盛,而正义和道德只有受到忠实的遵守才是高尚的。

可悲地说,张氏家族的绝对专制长期统治满洲,神圣佛法亦屈服于争斗和争吵,所有人民不得不长期受苦于动乱及行政失当,除了张氏家族的亲属以外,没有人能享受生活。

在这些情形之下,我们常致力于传播佛陀实现世界和平的教义。然而,持续不断的行政失当以及内乱迫使民众挨饿,更迫使他们开始诅咒并对尘世生活绝望,最终把他们变成了土匪和不法分子。造成此种困境的人,是有罪孽的。

然而现在,随着独立的“满洲国”的出现,满洲三千万民众已从军阀的枷锁中解脱出来,深感宽慰,如久旱逢甘霖。

诸位无疑已经注意到,满洲人民已重获他们抛弃已久的“亚洲精神”,如今他们正勇敢而积极地集中努力承担高尚的工作,将满洲变成一个乌托邦,享受共存共荣,远离世界其他地区的各种纠纷和混乱。

就“满洲国”建立的历史而言，这个国家非常年轻；为实现她的使命，仍需经历一些困难。但如果时间允许的话，她无疑会成功地让自己成为“远东的瑞士”，我们真心希望能够帮助她实现这一目标。

因此，我们真诚地希望，作为世界和平缔造者的诸位，将会彻底调查满洲事件的真实情形，友好地协助我们实现理想。

总之，诸位远道而来，我们致以诚挚的谢意，我们将向上天祈祷，诸位能够成功完成使命。

“日满”佛教联合会

沈阳，1932 年 4 月

（资料来源：日内瓦国联与联合国档案馆藏李顿调查团档案，S31－NO. 1 卷宗）

25. 关于沈阳商会与同业公会向调查团提交声明的说明（1932 年 4 月 26 日）

沈阳，1932 年 4 月 26 日

沈阳商会与同业公会于 4 月 25 日向调查团提交了一份书面声明。他们没有要求调查团代表或是代表他们的任何一名成员接待他们。

声明的目的仅是为了欢迎调查团代表，并预祝他们的调查取得圆满成功，并请他们注意前政权实施的压榨性税收、通货膨胀以及公平缺失带来的破坏性的结果。

声明中也提到了 1931 年 9 月 18 日后“土匪”的渐增，据说民众深受此苦。

最后，他们表达了对新政府的赞扬，新政府已经宣布要取消压迫性税收，开始减少各种税收。商人和实业家心中有了新的希望，未来的商业繁荣得到了保证。

沈阳商会与同业公会印章

1932 年 4 月 21 日

（资料来源：日内瓦国联与联合国档案馆藏李顿调查团档案，S31－NO. 1 卷宗）

26. 调查团与铁岭、长春、安东和沈阳等地朝鲜侨民代表会面的记录(1932 年 4 月 26 日)

沈阳,1932 年 4 月 26 日

1932 年 4 月 26 日,我与四名朝鲜侨民代表见面,他们来自铁岭、长春、安东和沈阳的城镇地区,他们是在上述四个城镇的领事区成立的朝鲜人民会①的会长。东京外务省事务官吉富先生担任翻译。

铁岭地区的朝鲜人协会据说有 25 000 名成员,长春有 5 000 人,安东有 63 000 人,沈阳有 13 000 人。因此,这四位代表覆盖的范围相当广泛。他们都是有能力且受过良好教育的人,能说流利的日语。

他们随身带来了两份声明的若干复印件,即"中国官民对满洲朝鲜人实施的压迫"(Oppression of Koreans in Manchuria by Chinese officials and people,1931 年 11 月 22 日发表)和"流亡士兵和土匪对朝鲜人造成损害的统计观察"(Statistical observations on damages done to Koreans by fugitive soldiers and bandits,1931 年 12 月 5 日发表),他们还带来了大量的信封,里面有遭受中国士兵和土匪酷刑的受害者的照片。一些照片展示了非常残忍的处理,举些例子:尸体变成两截;用婴儿来勒索赎金,婴儿的几根手指被切下来送到他的父母那里,以催促他们尽快送来赎金;一个男孩身体右侧的皮肤被烧掉了。

这些来访者指出,自 1926 年起,对满洲的朝鲜定居者实施的迫害越来越严重,且变得制度化了,这些迫害源自省长及效力于省长的地方行政官员的衙门(yamens)。他们曾经见过反朝鲜的指令,会尽力获取一些以作为证据呈现给调查团。中国和朝鲜的农民之间没有天然的敌意,但是不少将房屋和土地租给朝鲜人的中国人遭到了官员和警察的迫害,官员和警察强迫他们驱逐那些朝鲜人,这样的例子数不胜数。

关于这种驱逐方式,他们以万宝山事件为例。朝鲜定居者已经租借了土地,他们得到了书面合同中的许诺,即中国方面的地主将与同一家族的另外三

---

① 编者按:日本自 1928 年起在中国延边地区设立的特务机构,日方委派朝奸担任机构领导人,监督控制当地朝鲜族人民的言行。

个地主商定，以保证【朝鲜人】挖掘引水渠的权利，这条引水渠必须从属于其他三个人的田地中通过。没有这条引水渠的话，种植水稻的朝鲜农民租借的土地无疑是没有价值的，万宝山的每个人对此都很清楚。双方联合签署了合同并盖章，村长把这件事定为节日聚会的对象内容，中朝农民之间建立了良好的关系。

朝鲜农民支付一年的租金，想要在此地居住，但是长春警察局长拒绝许可。在向局长支付 500 元①，又向地方行政长官的妻子和母亲送去一些金手镯后，大约 300 名朝鲜人终于得到了万宝山的居住许可。他们随即租了一些房子，开始在长达几英里的沟渠上工作。当水渠挖掘工作正常进行时，出人意料的是，从长春赶来的警察逮捕了十二名朝鲜人，禁止挖掘工作继续，他们甚至告诉朝鲜人，因为吉林省长的命令，朝鲜人必须全体离开此地。据朝鲜人的说法，部分官员对此事的态度变化，可能是因为相较于警察局长收到的钱，地方行政官员收到的钱太少了，他将关于此事的报告进行了"修饰"，递交给了省长，后者遂不能应允朝鲜人的计划。

事情发展到这个地步，朝鲜人向日本驻长春的领事提出上诉，该领事与警察当局交涉，成功使被捕的朝鲜人立即获释。然而，正是从那天起，真正的困难才开始。中国当局未能公开攻击朝鲜人，开始对那些将房屋和土地租借给朝鲜人的中国人实施迫害，并逮捕了已经这么做的 13 个家族的首领。中国人对被捕的家族领袖们的忠心就转变为反对朝鲜人。据说除非朝鲜人被驱逐，否则这些家族首领是不会被释放的。后来，就是自此以后，中国农民开始迫害朝鲜人。他们开始拒绝为朝鲜人提供食物，甚至是饮用水，朝鲜人不得不走 5 里地(2 英里)才能取到水。

与此同时，朝鲜人修筑的引水渠已经到了合同中书面许诺涵盖的那片土地，但正如预期的那样，在当时的情形下，这片土地不可能被租借，挖掘工作必须停止。朝鲜人想要继续，但是 600 名从长春来的警察阻止了他们，还有 2 000 名中国农民现在与警察结盟了。朝鲜人被告知要撤离该地，但他们没有，情形十分危急。日本领事馆派出了 30 名警察，发生了枪击事件，但没有人受伤。其后，双方进行谈判交涉，问题得以解决。

朝鲜代表希望调查团能在万宝山当地进行调查，因为这个案例是成百上

① 编者按：本条中的所有货币单位为＄M。应为墨西哥银圆。后同。

千个类似案例中的典型。这些案例中，中国官员让中国地主们与朝鲜佃户抗衡。

他们还抱怨说，警察用不同的借口不断逮捕他们，以期驱逐朝鲜人或是迫使他们屈从于敲诈。指控他们参与共产主义的阴谋是警察最喜欢的借口。有一个代表，他个人就知道一个案例，一对六十岁的老年夫妇拒绝支付警方要求的敲诈勒索，他们被当作共产主义者逮捕，而后送往长春。在日本领事的陈述中，官方对此进行了否认，其后他们承诺进行调查，再次否认在长春有这样一对夫妇。

大量的朝鲜人被借口实施共产主义革命而遭到杀害。日本领事的保护活动非常困难，因为中国当局尽可能地否认了所有的指控，或者声称提到的人是归化中国人等等。事实上，在大量的案例中，有不少朝鲜人是被中国当局恳求成为归化中国人，那样的话，他们将有权拥有自己的土地。而后他们需要支付12元的注册费，并被告知要等一段时间方可拿到从南京送过来的正式文件。但是，他们从未拿到这些文件，他们只是被骗了，后来也没有得到更好的待遇。

来访的所有代表们都说没有任何秩序和安全可言。警察和当地官员可以在没有任何指控和审讯的情况下逮捕一个人，并将其关押在监狱数年。有很多案例，无辜的人被监禁六年，虽然法律是禁止此种行为的。他们说，满洲是没有法律的，也不会有这样的东西，尽管现在所有的文明国家都享有这样的安全感。每个官员自身就是法律，只要他坚决拥护自己的上级——大部分都是军人。除了给当权者及其亲友送钱送礼外，没有比这更好的拥护方式了。职务和军衔可以买卖，买一个地方行政官员的职务要给省长送1万元，买一个城镇警察局长的职务要给省长送5 000元等等。通过这种方式，整个政府腐烂到了骨子里，每个人都只看到自己和家族的利益，用各种方式压榨。才能和品质都不作数，只要军队领导人里有朋友或者亲戚，年轻无知的人也可有高级别和高报酬的职位。

当问到对这些个人统治者的行政或财务问题是否没有控制或监督时，其中一个人说，听到这样的问题，他感到很难过。因为这个问题证明了，外界的人是有多不了解这里的情形，与世界各个文明国家相比，满洲的政权是多么落后。他说，在某种意义上，由于满洲目前的实际情形，调查团将需要把行政、立法、财政、警察等所有概念从脑海中忘掉，因为不忘掉的话，调查团没办法理解军阀统治之下那惊人的性质。税收也不是基于公共和常规程序建立的法律，而是遵循各个官员的需求和突发奇想，一般来说收据是没可能的。有土地税、灌溉税、流转税、房屋税、登记费，更不用说多多少少有些常规的勒索了。无论如何，一个朝鲜农民必须至少拿出收入的25%。据说，一个朝鲜农民至多能耕种20亩地，可能有20石大米的纯收入，其中60%通常作为每年的租金交给中国方面的地主。剩下的8石大米，差不多价值40元，其中10元无论如何都会落到官员手里，在农民辛苦之后只留下了30元。

当被问到在新政府治下，绝大部分官员可能仍由中国人担任，他们是否期待这个国家的事务有所进步时，他们回复说，这方面没有绝对的必然性，但是他们从新政府不再由军阀管理这一事实中看到了希望。他们补充说，就他们而言，他们并不关心满洲会建立什么样的政府，他们只对和平与安全感兴趣，只要好的政府能够对朝鲜人保证这种幸福，他们就会欢迎并支持那个政府。

开脱盎葛林诺

（资料来源：日内瓦国联与联合国档案馆藏李顿调查团档案，S31－NO.1卷宗）

27. 调查团与“满洲国”报界联合会代表会面的记录 （1932年4月26日）

1932年4月26日下午3时，派尔脱和莫思先生在大和旅馆接待了“满洲国”新闻界的代表团。

代表团带来了自己的翻译，他曾在德国学习，选择用德语翻译，由莫思先生进行核对。他被证明是一位称职的翻译，但是很容易插入自己的评价。从其评价来看，该翻译是张学良统治下的一名失望的求职者，他对前警宪总监陈兴亚(Chen Hsin-ya)有特别的恨意，他也是新政权全心全意的支持者。

代表团的主要发言人是一名土生土长的四川人，他问调查团对“满洲国”有何印象。派尔脱先生回复说，调查团在沈阳待的时间还不够长，没有鲜明的印象，继而把访谈转变成了对代表团的一场调查。他与莫思先生引出了以下几点内容：

1. 代表团所代表的报刊在“满洲国”境内分布的阅读公众有一百万人（付费及免费，包括学校）。他们在各个城市的中心都有记者，通过记者获取地方新闻，并与民意舆论保持联系。可以说，他们代表着这个“国家”的新闻界。他们的报纸(附上样本)是独立且有竞争力的。他们是新闻的传播者,非为政党利益而出版。

到目前为止,没有一个明确的政党在这个"新国家"出现。满洲没有党报,这里所有的报纸都发行多年了。大约是三年前,一份国民党党报公开发行,但很快就停止出版了。他们不太清楚原因,但推测是因为张学良政权的施压。前政权统治时,他们只印刷政府向他们传达的政治新闻。审查制度在一定程度上是存在的,他们当然不享有出版任何想要出版的新闻的自由。目前的政府发行了一份官方公报(该公报的代表没有出席),他们从公报中获取有关政府行动的信息。总的来说,他们声称拥有比以前更多的自由。

他们获取的外国新闻来自联合社(Rengo Agency)和路透社(Reuter Agency)。他们很难从国闻社(Kuowen Agency)拿到新闻。关于外国新闻,他们回复说主要是从外国报纸上复制。他们没有为复制的东西付过钱。路透社已经离开了沈阳。他们表示已经没有常规的路透社每日服务,他们只能间接地每月付 2 美元而获取一份复印件。(在这一点上,他们的回答不是很清楚。)

他们都声称代表了"满洲国"人民的意见,他们认为自己是这个"新国家"的公民,与中国或其他任何一个国家都没有关联。在问到他们如何区分"满洲国"及其他国家的公民,以及"满洲国"境内的朝鲜人是这里的公民还是日本人时,他们说,政府正在考虑制定一项规范公民身份的法律,目前还没有任何明确的决定。在问到他们是否认为新政府得到了民众的赞扬时,他们声称附件中的声明[①]表达了他们的正式立场。他们强调,自张学良离开后,情况有了很大改善,例如,政府服务部门的任命现在是按功劳奖励;此前任人唯亲,徇私猖獗,当权者肆无忌惮地控制,将人民当作奴隶来压迫。他们说,张作霖的儿子曾在警察局长的陪同下闯进锦州的一所住宅里实施强奸。这是翻译可以担保的一个重要的案例。民众和商人享受不到自由,货币因官员投机而被故意贬值,税收成倍增加,农民遭到肆意剥削。这些恶习正在被迅速清除。军队大幅度裁减,土匪也比以前少得多。据估计,其中一个数字已经减少了 60%。

在问到当地人和朝鲜人的关系是否有所改善,以及是否已经就影响朝鲜人的土地的问题达成解决方案时,他们回答说,还没有正式的解决方案,也没有必要。这些动乱完全源于前政权的排外政策,不仅给外国人和朝鲜人带来

① 编者按:即下一条——"满洲国"报业协会代表的声明。下划线为原文所有。

各种困难，也严重压迫了来自中国内地的汉人。现在“新国家”境内的所有民众将得到平等对待，没有区别，中朝之间的困难自然而然地消失了。

他们说没有真正的土匪了，只是还有由前政权资助的义勇军和游击队制造的骚乱。

当问到农民是否支持新政府时，他们回复说农民会支持任何一个减轻他们税收的政府，新政府会那么做的。问会怎么做？他们回复说，废除前正规军并代之以警察和保卫团力量，将会极大地节省【开支】，税款也会降低。他们不害怕外国侵略。

总之，他们强调，“新国家”将获得人民的支持，也将为人民的利益而实行统治。

整个访谈中，很显然，代表团是由其中一位强烈支持新政府的人主导的。他们没有说任何对新政府有敌意的、批评的话。

访谈开始时，一名新闻摄影师在拍照之前被穿便服的日本警察叫出了房间。这名陪同代表团的警察未公开身份，但在访谈开始前离开了。

莫思

（资料来源：日内瓦国联与联合国档案馆藏李顿调查团档案，S31－NO.1卷宗）

28. “满洲国”报界联合会代表的声明（日期不详）

声明

满洲是各个种族的家园，长期以来都维持着和平的态势。然而近年来，自私的军阀攫取政权，所做的一切皆有违外国利益及民众意愿。士兵的非法行为远比真正的强盗更加有害。政府如此糟糕，剥夺了民众的所有权利，工业因流通不畅及税收繁重而陷入僵局，货币不稳定致使市场价格上涨。我们所受的痛苦要比南美洲黑人奴隶更甚。受武力统治，民众只敢心生怨愤，希望能长久摆脱残酷政府的压迫。

幸运的是，我们的邻国对遭受苦难的民众抱有极大同情并给予了友好帮助，驱逐了军阀，我们得以从旧政权的暴政中解脱出来，重获昔日的幸福。有此建立“新国家”的好机遇，我们选择了前皇帝“亨利·溥仪”为国家首脑。自他执政以来，尽管时间不长，但已取得诸多改进。例如：(1) 货币的稳定，确保物价不会大幅跌涨。(2) 新政府的忠诚,民众可以行使权利。(3) 军队的严控,民众可以生活无乱。(4) 民众的和谐,外交关系不会出现动乱。请注意,这些政策与前政权的政策不同。此外,"新国家"意欲制订新宪法,决定外交措施,改善流通和发展工业。所有国家机会平等且其利益将得到保护。实现满洲境内各族人民繁荣昌盛是我们三千万居民的唯一目标。

"满洲国"报界联合会(the Manchuria Newspapers Association)代表

M K. Chang

W□ l. l.

L. Wang

B. J. [①]

(资料来源:日内瓦国联与联合国档案馆藏李顿调查团档案,S31-NO.1卷宗)

29. "满洲国"报界联合会代表的声明[②](日期不详)

声明

满洲为众人家园,数年来处于巨大和平之中。几年前自私的军阀夺取了政权,损害欧洲列国之利益与民众之意志。士兵们的暴行比真正的强盗更为恶劣。政府如此糟糕,剥夺人民权利。缺乏流通以及繁重的税费导致工业衰落。行情低迷,推高了市场价格。我们所遭受的苦难比之南美黑人奴隶更甚。民众无能为力,只愿尽快从残暴的政府手中解脱。

幸而在对我们予以关爱的国家的帮助下,军阀被驱逐了,该国对我国民众极富同情心。现今我们已摆脱了无情的政府,恢复昔日之安宁与幸福。建立一个"新国家"的有利时机业已出现,我们选举前皇帝亨利·溥仪为行政长官。此事尚未过去许久,我们已获得许多改善,最重要的几点如下:1) 行情稳定之任务,即货物价格涨跌不迅猛。2) 新政府之忠于职守,即民众可行使其权利。3) 控制一切军队,以免民众受其烦扰。4) 民众之和睦,避免与国外交往之中之不便。新政府与旧政府间差异多么大呀!不仅如此,我"国"还将颁布新法,

① 编者按:签名为草体,难以辨认。
② 译者按:原文为德文。该条由华东理工大学德语系专业李慧翻译。

决定外交之程序，改善交往，发展工业。所有国家享有同等机会，以保护其利益。给予满洲各种族民众有利的生存机会，是我们三千万坚强民众唯一的愿景。

"满洲国"报界联合会代表

（资料来源：日内瓦国联与联合国档案馆藏李顿调查团档案，S31-NO.1卷宗）

30. 调查团与朝鲜人代表团会面的记录
（1932年4月24日）

附件1

沈阳，1932年4月24日

1932年4月24日，在调查团代表缺席的情况下，派尔脱先生和我会见了一个朝鲜人代表团。该代表团由40名农民组成，代表沈阳附近的朝鲜侨民，他们希望向调查团提交一份请愿书。当得知调查团代表正在其他地区活动时，他们请我将他们的请愿书转交给调查团，请我提供这些他们希望能够呈现在调查团面前的信息。

请愿书以日文写就，内容如下：

1. 我们朝鲜农民约有一百万人，数十年前便来到满洲，开垦了中国人忽视的沼泽地和荒地，并将它们变成了肥沃的稻田，年产量曾达到两百万担。

2. 不幸的是，中国当局为中国居民考虑，决定实行垄断满洲和蒙古以及驱逐朝鲜人的政策。鉴于驱逐朝鲜人这一目标，中国政府开始向省及县政府下达秘密指令，要求征收不合理的重税，剥夺我们租借土地和定居此地的权利。此外，许多无辜的朝鲜人被送进监狱，许多朝鲜妇女遭到中国警察和士兵的殴打和侵犯。很多朝鲜人遭到杀害，他们的钱款和其他财物被抢走了。

因中国官员的不公压迫和非法抢劫，一百万朝鲜人沦为乞丐。我们祈求，尊敬的调查团代表能调查我们在这一国家的悲惨境遇的事实。

3. 近来，自政权变更后，失败的中国士兵便极为残忍地对待我们的孩子们。在经历无法言说的恐怖之后，几百个孩子惨遭杀害。几千处朝鲜侨民住所遭到抢劫和纵火。很多朝鲜妇女和女孩被这些恶棍侵犯，妇女或女孩被无数男性先后侵犯的案例很多。

我们祈求，调查团能确认我们在这一方面遭受的暴力的事实真相。

4. 正因满洲曾是朝鲜民族的属国，中国汉族无权声称这个“国家”仅为他们独有。有鉴于此，我们希望调查团能仔细调查朝鲜人在满洲的境况，能够向国联提交关于我们悲惨处境的详细报告。我们希望，通过这种方式，调查团能尽其所能，确保此地成为中国人和朝鲜人都能居住的、和平和幸福的国度。

我们相信尊敬的调查团代表的正义感和人道情感，我们冒昧地请求他们关注我们的悲惨境况，并祈求他们能帮助我们。

恭敬提交，昭和七年四月二十二日（22.4.32）

签名（39）[①]

印章（39）[②]

东京外务省事务官吉富先生翻译了一个说日语的朝鲜人提交的关于请愿书的口头总结。在其后有很多朝鲜人参与的谈话过程中，据说中国地主对他们进行驱逐的情况经常发生。朝鲜人租借荒废的土地，将其变成肥沃的土地，然后又收到了他们必须离开的布告。【朝鲜人的】投诉是无效的，因为中国当局支持苛刻对待朝鲜人。有大量的案例显示地主们被迫违背自己的自由意愿，驱逐了他们的朝鲜佃户。

在某个乡村里，每十二户朝鲜人，就有八户被赶走，有一位朝鲜侨民向一名碰巧带着士兵待在该村里的军官上诉。被要求出示契约后，他的契约随即被撕成了碎片，他的抗议换来了“将其拘留三天”的回应。回到家中后，他继续哀叹这个结果，当晚即被无名人士射杀，子弹从喉咙的底部穿过，从颈后射出。

当被问及归化成为中国公民是否更好时，一名男子说，1931年6月，在他的村子里，相当多的朝鲜侨民听从了当地官员的归化请求。他们每个人交了14元[③]的费用，但后来未再听闻有关此事的任何讯息。此外，根据不同案例的经验，朝鲜人在各处都遭遇了歧视，无论他们是否已允许自己成为归化中国人。他们不得不面临着繁重税收和各种勒索，他们同意这种说法：向当地官员投诉是无用的，因为朝鲜人在任何情形下都无法期盼公正。

---

① 编者按：原文如此。

② 编者按：原文如此。

③ 编者按：货币单位为＄M。

在问到如何改善这种情况时，他们没能发表观点，随后他们进行了内部的谈话。最后，他们的共同观点是：他们只是单纯的农民，他们自己给不了建议，但他们希望调查团能够找到让他们摆脱困境的方法，以确保他们此后的和平与安全。

关于1931年9月18日以后的事情，我们问了一些问题。据说，土匪和士兵虐待的案例有很多。其中一个人流着眼泪讲述，他如何发现他的儿子死在家里，而双腿自膝盖以上也被占据乡村的一名土匪切断了。

开脱盎葛林诺

（资料来源：日内瓦国联与联合国档案馆藏李顿调查团档案，S31－NO.1卷宗）

31. 调查团与奉天省农务总会代表会面的记录（1932年4月25日）

沈阳，1932年4月25日

1932年4月25日，派尔脱先生和我会见了奉天省农务总会(the Agricultural Association)的会长和副会长，他们由协会秘书及另一名担任翻译的中国人陪同。他们带来了六份请愿书的复印件（包括中文和英文），提交给调查团代表及调查团的日本顾问，另有一些多余的复印件被分发给调查团的工作人员。

我们发现，他们对满洲“旧政权”最重要的不满涉及随意没收土地，压榨式税收（战时伴随着各种各样的勒索），货币通胀（奉票）。据说，官员的没收行为并不少见，军事当局和民政当局都沉迷于此。在没收充公的案例中，涉及的地主仅是被告知，某些土地的所有权被取消了，土地被租给了其他农民。抵抗是不可能的，从来没有人敢尝试在法庭上采取法律行动。

关于税收，正常的土地税是一英亩地0.30到0.60元[①]不等，或者是其纯收入的10%，但其他各种以金钱或实物收缴的税收（譬如，产品销售中流转税的20%）也或多或少地定期征收。在战争时期，军人们带走了马、马车和牛，他们往往是不给钱的。

---

① 编者按：货币单位为＄M。

最糟糕的是,大量没有保障的纸币无休止发行,造成人们的收入和少量存款不断减少。在商品买卖交付时,人们必须接受这些纸币,且纸币的偏向性亦暗示了农民的惨重损失。此外,政府控制了纸币的发行,大部分作物被出售给那些与当权者有关联的商业企业,确保不让私营企业参与。

当问到他们是否欢迎新政府时,他们不愿意表达自己是支持满洲的旧政权,还是支持独立的新政权。他们坚持这样一个事实:无论政府是什么样的,作为农民,他们对政治不感兴趣,除了和平与秩序,在生命、自由、商业和财产的安全之外,别无他求。但是,与旧政权有关联的军阀不能给予他们和平与安全,他们一点也不同情军阀,不想让他们回到满洲。

开脱盎葛林诺

(资料来源:日内瓦国联与联合国档案馆藏李顿调查团档案,S31－NO.1 卷宗)

32. 1910 年《日俄协定》部分内容(1910 年 7 月 4 日)

1910 年《日俄协定》

(1910 年 7 月 4 日)

第二条　两缔约国相约维持尊重迄今日本国与俄国及两国与中国所订之一切条约及其他协定所发生之满洲现状。上述各协定之抄本,业经日本国与俄国交换。[1]

(资料来源:日内瓦国联与联合国档案馆藏李顿调查团档案,S31－NO.1 卷宗)

33. 1907 年《日法协约》部分内容(1907 年 6 月 10 日)

1907 年《日法协约》

(1907 年 6 月 10 日)

日法两国政府因尊重中国之独立与完整,及各国在中国之商业与臣民同

---

① 译者按:协定内容引自王芸生:《六十年来中国与日本(第五卷)》,北京:生活·读书·新知三联书店,1980 年,第 289 页。

等待遇之原则,并因与两国所统治保护或占领土地接壤之中国地域内,对其秩序与事物和平状态之保障,有特别之关切,故约定互相协助,以确保该地域内之和平与安宁,以维持两缔约国在亚洲大陆各自之地位与领土权利。①

(资料来源:日内瓦国联与联合国档案馆藏李顿调查团档案,S31-NO.1卷宗)

34. 日美关于中国的换文的部分内容(1917年11月2日)

日美关于中国的换文

(1917年11月2日)

合众国及日本国政府均承认凡领土相接近之国家间有特殊之关系,故合众国承认日本国于中国有特殊之利益,而于日本所属接壤地方,尤为其然。②

(资料来源:日内瓦国联与联合国档案馆藏李顿调查团档案,S31-NO.1卷宗)

35. 调查团与日本代理总领事森岛的会话记录(1932年4月23日)

与日本代理总领事森岛守人的会话记录

日本领事馆,沈阳,1932年4月23日

出席人员:调查团所有代表

开脱盎葛林诺先生

杨格先生

万考芝先生

派尔脱先生

哈斯先生

① 译者按:协约内容引自王芸生:《六十年来中国与日本(第五卷)》,北京:生活·读书·新知三联书店,1981年,第51页。

② 译者按:换文内容引自王芸生:《六十年来中国与日本(第七卷)》,北京:生活·读书·新知三联书店,1981年,第104页。

森岛总领事及其工作人员

川崎先生（翻译）

（注释：森岛先生说，他在沈阳的领事馆工作已有 4 年，曾与林［Hayashi］前总领事①一起合作，他现已被派往里约热内卢，其职级几乎相当于大使。）

李顿勋爵要求被告知沈阳现在的情形，特别是现在沈阳城内运转的政府机关。森岛先生认为，这些信息最好从目前在长春的“满洲国”官员那里获取。他提到了内阁成员之一，现任民政部长兼奉天省省长臧式毅。但他又补充说，很难在沈阳见到臧式毅，因为周一到周三，臧式毅要出席在长春举行的每周两次的内阁会议，不在沈阳城内。

森岛先生随后谈到了在沈阳出现的困难，即外国领事与中国当局对国际定居点向外国侨民开放的程度存在分歧。他说，沈阳的外国侨民大多是日本人，所以同沈阳城内其他外国人相比，他们面临更多困难。【日本侨民】对沈阳行政机构的投诉主要与森岛先生所谓的非法征税有关，同沈阳未能维持“开放市场”有关。在港口已支付进口税的商品，在沈阳将被再次征税。他提请调查团注意一个小册子，小册子将以表格的形式列出自 1921 年以来中国当局对日侨实施迫害的大量案例。中国当局采取的镇压措施极其严重，致使日本侨民人口减少了 40%。中国人以他们不承认日本人或是其他外国人是沈阳城的居民为理由，来证明自己的行为是正当的。

李顿勋爵提出了关于九一八事变时中日两国间显著的摩擦冲突的问题。吉田先生回复说，这些案件的数据已经准备好提交给调查团。

李顿勋爵随后询问了在满洲处理这些案件的流程，森岛先生做出如下陈述：

过去的十五年或是二十年，中国的满洲地区维持了它几乎独立于中国南方的地位，我们当然是与地方行政机关打交道。根据案件的性质，我们曾与张元帅本人交涉，有时与省政府交涉，有时与代表中央政府的外交事务地方特派员交涉。外交事务特派员是此前满洲省级政府一个很小的办公室或是部门的新名字，处理与外国侨民有关的事务。自 1928 年这些省份加入南京政府以来，这个部门还在存续，但是改成了外交专员的名字。旧的省政府外交事务特派员

① 译者按：指林久治郎。

甚至要追溯到张作霖之前，但在其统治之时，这里没有中央外交部的代表。

李顿勋爵希望知道，【日本】是否从未与中国的中央政府进行谈判交涉。森岛简单回复道：

地方问题都是与地方政府解决的，但是诸如牵涉日本更大利益的条约之类的案件，我们与中国中央政府谈判交涉，如1915年的谈判交涉。这一地区的情况经常变化，但那时候东三省多多少少受中央政府管辖。张作霖统治时期，这一地区几乎成了一个独立国家。中国人努力重获中东铁路控制权后，于1929年进行的中俄谈判，就证明了这一点。伯力协定(Khabarovsk protocol)是张学良和苏联代表交涉的结果。

李顿勋爵问道，铁路、领事、军队——这三个独立机关通过何种方式进行合作，以处理中日两国在满洲的摩擦冲突。森岛先生说它们相互合作。通常，在沈阳的总领事负责谈判交涉，尽管在有些情况下，上述各个部门进行直接谈判交涉。例如，关于铁路交通运输费用之类的事件直接由铁路当局与地方当局交涉；在政策方面，领事机关根据日本政府的指示或政策行事而后做出陈述。李顿勋爵请求以中村事件(the Nakamura case)作为重要事件处理程序的案例。以下是森岛先生陈述的概要：

生活在中村大尉谋杀事件发生地的一名日本妇女，给齐齐哈尔的日本领事代表带来了消息，有两三个身份不明的日本人遭到了杀害。随后领事官员就对中村一行人在内地的日期和路线进行调查，并假设如果三个日本人被杀，那么其中一人肯定是中村。这一消息在6月底或7月传到了东京，与此同时我们对证据进行了彻底完全的搜寻。在调查的基础之上，林总领事于8月17日与该省省长臧式毅进行谈判交涉。当时，我们曾向臧省长提交一份简短的照会，说明日本参谋总部步兵大尉中村，由一名持有省政府颁发的安全通行证的日本旅馆老板、一名叫——①的俄罗斯人、一名蒙古人陪同，约于6月8日从中东铁路的博克图(Pakto)(?)②火车站离开，前往洮南。6月27日，他们抵达S——③，一行人在当地一个饭馆里吃饭时，被隶属于——④特区第三团的

① 编者按：原文如此。

② 编者按：原文如此。

③ 编者按：原文如此。推测应该为苏鄂公爷府。

④ 编者按：原文如此。应指兴安屯垦区。

正规军俘虏，财物亦遭抢劫。约 7 月 1 日时，他们于晚间被杀害，尸体被埋在附近某处。

省长说，中国的官员没有向上级提交过关于这次谋杀的报告。但是，他会派出调查小组调查事实。张元帅当时在北平，臧省长和参谋长荣臻代表他。8 月 19 日，他们派遣两人对事件进行调查，同日将此举通过电话通知日本领事馆。9 月 4 日，林总领事拜访了参谋长和臧式毅省长，被告知调查小组已于前晚返回，但未发现任何证据能证实中村大尉谋杀事件的谣言。省长说，报告并不让人满意。林总领事希望能有机会对两名调查员提问，中方同意将调查员送往领事馆，但到约定的时间时，调查员没有出现，总领事被告知，无法找到两名调查员。

随后林总领事希望在负责事变发生地的军团长销毁所有证据的痕迹之前，将他弄到沈阳来。中国当局许诺，会将关(Kuan)团长①送来，也将派出第二个调查小组。这是在 9 月 4 日。9 月 6 日，调查小组和关团长都出发了。为确保关团长会来，总参谋派遣了宪兵队的一名高级官员。但是，一份声称来自关团长的声明出现在中国的新闻报道上，该声明否认了关于中村大尉及其一行人的任何信息。沈阳的中国当局宣称声明是伪造的，于 9 月 14 日向一名日本领事工作人员做了口头报告，说日本关于中村大尉谋杀事件的报告是正确的。他们从未以书面形式做出报告。

麦考益将军有一个问题是，这一案件是否已向中国中央政府做出陈述。作为对此问题的回答，森岛先生说，在这一案件中，所有的谈判交涉都是由日本外务省通过日本领事馆与张学良副统帅进行的；张元帅不在时，则同省长臧式毅和参谋长荣臻进行。如果张学良元帅在沈阳的话，谈判交涉无疑是要与他进行的。

李顿勋爵问，日本领事当局是否真的维护满洲朝鲜人的利益。森岛先生说，大约 50％的案件涉及朝鲜人。

李顿勋爵询问，铁路区内的公司是否免缴中国的征税，或在任何方面都比铁路区外的竞争公司处于更为有利的地位。森岛先生表示，他们免缴中国的征税。但是，他们常面临该地区的一种地方政府核定付款额，相当于中国的征税。但他在这一点上没有明确的数据。

---

① 编者按：即关玉衡。

应李顿勋爵的请求，森岛先生讨论了满洲的共产主义宣传的问题，特别是关于朝鲜人。“从1930年的11月11日到19日，我们与中国警察合作，在抚顺(?)[①]逮捕了29名共产党员。与此同时，中国警察逮捕了沈阳城内的一些朝鲜人，指控他们参与了共产主义运动。我们的【领事】官员向中国当局做出了陈述，要求释放这些朝鲜人，他们中的某个人有个大行李箱，里面有共产主义运动的文件。从中我们可以了解到满洲共产主义运动及其组织的发展程度。朝鲜边境的间岛地区和吉林—通化铁路沿线时常发生共产主义暴动。我们发现，不同的分子彼此之间是有联系的，中国人、朝鲜人，还有一些日本共产党人经常一起行事。我对共产主义运动一无所知，但关东厅的警察局告诉我，搜集这些报告需要花费五万到六万日元。”

关于被捕共产党人的处置问题，森岛先生说，他们把中国人移交给中国当局，但是要求中国当局提交所采取的行动的报告，不过这些要求从未得到满足。中国人将朝鲜人移交给日本人，他们因侵犯和平及扰乱社会秩序在刑事法庭上受到审判和定罪。他暗示说，更进一步的信息要从旅顺的关东厅长官办公室才能得到。似乎很明显，莫斯科总部尽最大努力在满洲宣传共产主义，自1929年接管中东铁路，俄罗斯重获在北满的权力后，这一点也非常引人注目。他们在满洲采取的办法与在莫斯科使用的办法一样。在回答麦考益将军时，森岛先生说，满洲的行动与上海【中国】共产党中央是有关联的，来自上海的集会与计划的报告文件的性质，即可证明这一点。

马柯迪伯爵不能理解，南京和莫斯科的外交关系已经断绝，满洲怎么还会有苏联的领事馆。森岛先生解释说，因为东三省与俄罗斯有如此密切的联系，且东三省需要存在处理涉及满洲的俄罗斯人和中国人之间问题的机构，因此领事馆是必须存在的。1929年莫斯科断绝与南京的外交关系时，满洲的俄罗斯领事馆被关闭，但是与满洲当局签署《伯力协定》后，【俄罗斯】领事馆又重新开放。关于在中国，特别是在满洲建立领事馆的流程，领事通常不需要出示资格证件，也没有遵循严谨的制度或流程。领事通常只是简单地宣布，他已抵达。

（资料来源：日内瓦国联与联合国档案馆藏李顿调查团档案，S31－NO.1卷宗）

---

① 编者按：原文如此。

36. 调查团与日本代理总领事森岛会话的拟议主题（日期不详）

调查团与日本代理总领事森岛先生会话的拟议主题

沈阳

Ⅰ. 张学良元帅就职后满洲与中国内地的关系（直到1931年9月18日）。

1. 对于满洲是中华民国不可分割的一部分，日本政府的官方立场是什么？

2. 日本在多大程度上认为，有必要与张学良及其政府打交道，以期解决中日问题？（是否方便描述一些具体事件来解释说明？）

3. 调查团可否被告知，一些由日本当局与张学良政权谈判，未经与南京中央政府谈判，而产生的重要的中日协定，如铁路合同方面？

4. 调查团可否被告知，日本政府对南京政府国民党政权治下的满洲的态度？（日本政策的声明在1928年5月18日的记录中即有表达，旨在“维护满洲的和平与秩序”。关于国民政府旗帜在满洲飘扬，林权助男爵和林久治郎先生[沈阳总领事]于1928年8月向张学良元帅做出的陈述。）

5. 张学良元帅的政权在多大程度上脱离南京国民政府而独立或是自治？（例子：邮政、海关、盐税等机构，教育系统，满洲军政官员的任命。）

6. 如果存在的话，作为满洲的中方最高官员，张学良元帅以何种方式超过其父亲、已故张作霖元帅，而采取了更加有损日本权益的态度或奉行更加有损日本权益的政策？

Ⅱ. 共产主义者在满洲的活动，以及他们同影响日本安全的革命运动之间的关系。

1. 因为满洲的共产主义运动问题自然而然地涉及了大量包含细节情况的讨论，代理总领事可能想要向调查团提交一份关于这个主题的机密备忘录，可能包括对如下主题的处理：(a) 1925年到1931年9月18日，满洲共产主义组织和宣传的范围；如果存在的话，可能会特别提到它们与第三国际联络的证据；(b) 中东铁路在共产主义宣传传播中的地位。

Ⅲ. 满洲土地租借问题。

1. 鉴于1915年5月中日协定中包含的日本国臣民“商租”土地的条款

(“含有不过三十年之长期限及无条件而得续租之意”),除了所谓的“开放港口”(举例,在满洲“腹地”),外国人没有“购买”土地的合法权利,这样总结是否正确?(不动产所有权)

2. 是否方便向调查团提交政府向地方官员发布的命令或指示的复印件,既包括沈阳的中国中央当局,也包括省政府或是地方当局?中国地主根据诸如1915年土地租赁这类的协议将土地租借给日本国民,而这些命令或指示则是限制中国地主这样做。(1915年后不久,或是更近的,特别是1925年后的例子对调查团来说特别有用。)

3. 1929年榊原(Sakakibara)农场与北陵(Peiling)支线案。这个案件可能最明显描述了(参阅《日本参与员文件B日本与满蒙》[①],第94页。)所谓的中国官员对持有土地租赁权的日本人实施压迫的情况,调查团是否有可能从代理总领事那里获取该案件的特别备忘录,涉及如下各点:

(a) 在沈阳向北陵方向的附近及现在东北大学所在地附近,第一批租借土地者,其所拥有的原始土地及其所有权性质;

(b) 为解决这一案件,特别是在1925年及其后,关于沈阳日本总领事馆进行的谈判交涉的描述;

(c) 1929年6月,北陵支线事件;

(d) 租借现状(自1931年9月18日起)。

4. 满洲的日本侨民在多大程度上利用了1915年中日协定中关于土地租借权的条款?(这些租借是否广泛分布于东三省境内?)

5. 除去与朝鲜接壤的鸭绿江以北的所谓“间岛”(延吉)和珲春地区这些有很多朝鲜人的地方,满洲的朝鲜人拿到土地租赁的实例是否比日本人更普遍,且在土地面积上更广阔?

Ⅳ. 满洲的朝鲜人问题。

1. 【代理】总领事是否希望向调查团提交《日本参与员文件B日本与满蒙》描述之外的朝鲜人遭受压迫和虐待的证据?

2. 经济压迫。大量明显歧视在满洲朝鲜人的案件,特别是通过不规范的税收、注册费和压榨性的地主主义,这些案件被报告给调查团。过去,中国地

---

① 译者按:此处文件即国際連盟支那調査外務省準備委員会編「日本ト満蒙」,[出版地不明],1932年。

方官员所持有的这种态度到了什么程度？即认为朝鲜人是日本向满洲腹地进行经济渗透的先锋。

3. 政治压迫。（归化与出籍问题）

(a) 关于朝鲜人移居满洲的权利，日本的法律是什么？

(b) 关于朝鲜人改变效忠的权利，日本的法律是什么？

(c)(b) 所述的情形，是否与中国关于归化的法律有冲突？

(d) 据报道，虽然中日两国有各自的关于朝鲜人效忠及归化权利的法律，但很多朝鲜人事实上已取得了符合中国地方归化法规的中国国民的身份，而地方归化法规与中华民国的归化法律却是对立的。这是事实吗？如果是这样，已经归化的朝鲜人中自愿放弃此前的效忠的人的数量大吗？（有多大？）

(e) 是否可以对九一八事变之前，下列满洲朝鲜人的占比发表看法：(1) 想要成为中国国民；(2) 想要摆脱日本领事馆管辖；(3) 想要维持朝鲜人对日本的效忠。

(f) 日本政策是支持还是限制朝鲜人向满洲移民？

(g) 是否可以就如下方面发表看法：日本政府是否完全致力于这样的政策，即禁止满洲朝鲜人改变效忠？何种情况下，可以考虑修改日本关于朝鲜人出籍的法律和政策？

4. 间岛地区的朝鲜人问题。（1909 年 9 月 4 日中日协定确定了朝鲜与中国的边境，其中也包含了承认那些住在所谓间岛地区并拥有土地的朝鲜人，可以继续拥有那些土地的一项条款。）1909 年有关间岛的协定是否给当局提供了论点，即协定本身给予了朝鲜人在这一地区以租赁或以其他方式获得新土地的权利？

5. 朝鲜人问题与日本领事管辖权。

(a) 鉴于 1909 年中日协定（上文所述）的存在，日本政府是否采取了这样的立场，即 1915 年 5 月的中日协定同样适用于朝鲜人？1915 年的协定是否赋予日本人土地租赁权及在南满“腹地”居住和旅行的权利？

(b) 如果适用于身为日本国民的朝鲜人，日本政府解释的包括“在腹地”可以驻守领事警察权利的日本领事管辖权，是否同样对日本人及朝鲜人适用？

(c) 在涉及土地争端的案件中，中日哪国政府对朝鲜人有管辖权？

(d) 日本政府基于什么理由声称在满洲驻守领事警察的权利是条约中治外法权的必然结果？

Ⅴ. 在南满腹地旅行、居住及组织商业企业的权利。

1. (1915年5月25日的中日条约规定,“日本国臣民得在南满洲任便居住往来,并经营商工业等各项生意”。)关于“南满洲”,就其地理范围,能否向调查团做出官方解释?

2. 同样的,如何定义1915年条约中使用的“东部内蒙古”?是否包括察哈尔?中日之间就“东部内蒙古”是否有过一致的定义?

3. 根据1915年与中国签订的协定,日本国民是否有权在东部内蒙古居住,以及经营商业企业(除了合资农业企业)?

4.《日本参与员文件B日本与满蒙》的第87到88页,描述了在中东铁路南部地区沿线及其他如通常指“北满”的位于松花江上的三兴地区,中国反对日本人和朝鲜人在上述地方居住的诸多实例。日本政府基于什么理由,主张日本人在北满洲腹地居住的权利已得到中国批准?

Ⅵ. 非法的、不规范的且有争议的税收立法问题。

1. 代理总领事是否能够向调查团提交除日本参与员文件B(上述)包含材料之外,关于这一问题的一些信息?参阅第116页到117页。

2. 关于南满洲腹地的日侨,是否有证据表明,他们要比这些地区的中国人税负更重?

3. 南满铁路地区的税收。

(a) 根据国际协定,如果存在的话,满铁公司是否有权向居住在南满铁路地区或“铁路定居点”的外国人征税?

(b) 满铁公司当局向居住在这些地区的中国人征税的权力来源是什么?

(c) 中国当局是否有权对即将进入南满洲铁路的农产品征税?理由是,如果不这样做,就等于制裁有利于日本铁路“定居点”和南满洲铁路的不公平歧视。在任何一个事件中,是否存在原本声称为中国所有的权利被放弃?

Ⅶ. 关于满铁公司的问题。

1. (中国政府声称满铁公司从当地中国业主手中获取的土地,附属于铁路地区或是“铁路定居点”,他们仅被授权获得“供铁路使用”的土地,该权利应当被严格解释。)是否可以向调查团提交一个简短的声明(口头或书面),对满铁公司建立这样的“铁路定居点”的权利做出解释,比如在沈阳?

2. 满铁公司在沈阳的“铁路定居点”是否自去年的九一八事变后,就以各种方式扩大?如果是这样,调查团能否得到关于该项新权利的特性信息,适用于交易的法律以及对此类的地区的描述?

Ⅷ. 满洲的铁路问题。

1. 代理总领事是否能够向调查团提交自九一八事变后已报告的满铁公司参与的各种铁路合同和协定的信息。（调查团想获得这些合同，例如，去年三月的某个合同，将四洮铁路租借给满铁公司，租期五十年。）

Ⅸ. 1931年9月18日之前引发的不同问题

1. 调查团收到了数量可观的关于1925年至1931年9月18日期间中日两国在满洲的机构之间发生的无数所谓“案件”的信息。代理总领事是否方便就如下各个案件提供简短声明?

(a) 中日关于张作霖元帅的死亡原因的调查。

虽然调查团很乐意收到代理总领事可能愿意提供的关于1928年6月张作霖元帅死亡情形的声明，但是调查团特别有兴趣知道(a)中日两国代表是否建立了联合调查，成功确定了张作霖元帅及其属下死亡的真正原因？他的特殊专列的某一段在穿越南满铁路京奉线的高架桥时失事了。(b)是否可能将报告的副本提交给调查团?

(b) 1929年9月23日及其后的所谓铁岭事件。

(c) 有关安东地区中国城市电力供应的争议。

(d) 1929年9月日本铁道警卫在南满铁路以外的长春地区实行演习的情况。

(e) 中国人对《盛京时报》的压迫（日本人在沈阳经营的中文日报）。

(f) 1931年，且在当年9月18日之前发生的案件。

Ⅹ. 九一八事变后的土匪活动。

1. 调查团明白，代理总领事希望提交一些被称为“土匪”的中国非正规军的某些信息，调查团非常渴望能收到代理总领事想要提交的此类任何信息。

2. 在每一个实例中，如果调查团能被告知这些土匪组织的起源，将会非常有用。举个例子，他们是否由解散的中国士兵组成，他们是否从乡下征募?

Ⅺ. 九一八事变后日本侨民及朝鲜侨民遭受的损失。

1. 代理总领事是否愿意向调查团提交一些关于九一八事变后日本侨民及朝鲜侨民遭受损失的声明?

Ⅻ. 【1931年】9月18日至【1932年】3月10日之间的沈阳公共事业。

1. 调查团很乐意接收口头的或书面的关于九一八事变后沈阳的日本“铁

路定居点"外公共服务事业的控制、扩张及改变所发生的变化的描述。如果能包含以下各点信息将会非常有用:

(a) 9月19日即刻发生的变化。

(b) 无线、电报及电话服务的变动。

(c) 如果有的话,日本"铁路定居点"以外的水、气及电力服务的新特许经营权。

(d) 外国顾问在沈阳市政部门及奉天省政府中的地位的说明。

(e) 如果有的话,涉及此类公共事业发展设备供给的合同,以及提供给调查团的机密文件。

XIII.【1931年】9月18日及【1932年】3月10日后银行和货币系统。

1. 代理总领事是否方便向调查团提供9月18日后银行及货币系统的相关事实?

(a) 边业银行及东三省官银号的清算及其身份的更迭。

(b) 中国银行在满洲,尤其是在沈阳的状况。

(c) 针对中国纸质货币采取的措施,包括边业银行、东三省官银号、中国银行及交通银行的纸币。

(d) 新银行有关朝鲜(日本)纸币的发行情况。

(e) 中国储户从其在沈阳的银行账户里提取白银及取款的情况,特别是张学良元帅的前政权或与其相关的提取情况。

XV. 9月18日前满洲的中国政府。

调查团意识到,关于去年九月之前的中国政府的组织和实践的整个话题相当广泛。我们不希望耗费代理总领事的时间来询问细节,但我们很乐意收到他可以对这一话题做出的任何评价,如果能收到任何备忘录,调查团将非常高兴。

(资料来源:日内瓦国联与联合国档案馆藏李顿调查团档案,S31-NO.1卷宗)

37. 克里斯托弗森提交的第90号经济及贸易记录（1932年3月17日）

复印件

第90号经济及贸易记录沈阳,1932年3月17日

由贸易专员助理主管克里斯托弗森(C. E. Christopherson)提交

“新国家”建立的通告①

关于“新国家”——“满洲国”的建立，如下信件已于3月12日送给十七个在满洲设有领事代表的国家的外交部长：

非常荣幸能够通知各位，奉天、吉林、黑龙江及热河各省，东省特别区，蒙古各旗盟等，联合建立“独立政府”，与中华民国脱离关系，于1932年3月1日建立“满洲国”。

各位须知，统治东北各省的旧军政府只顾谋取私利，不顾人民福祉。更进一步，官场腐败以致的横征暴敛使人民备受折磨，排外政策严重损害了对外关系。此外，中国内地未有统一而稳定的政府，因各军阀间杀戮同族的派系争斗，人民没有见过一日和平。

因此，在此旧军政府被推翻之际，满洲人民共同努力，目标一致，建立一个“新国家”。

“满洲政府”意欲完善法律制度，确保人民生命安全，竭尽全力以增进人民的幸福与和平。

在对外关系上，满洲政府已明确决定，外交事务将遵守如下原则：

1. 本政府将本着真诚信任及和睦友好的精神，处理本“国”事务，承诺将维持并推进国际和平。

2. 本政府将尊重与国际法律及公约一致的国际司法。

3. 由中华民国承担的条约规定上的义务，将由本政府根据国家法律及公约继承，本政府也将以诚意履行上述义务。

4. 本政府不会侵犯“满洲国”境内外国人的既有权利，并将完全保护他们的生命财产安全。

5. 本政府欢迎外国人民进入并定居满洲，所有种族将得到平等公正的对待。

---

① 编者按：该外交通告由谢介石送达日本、英、美、法、德、苏联、奥地利、比利时、丹麦、意大利、爱沙尼亚、拉脱维亚、立陶宛、荷兰、波斯、葡萄牙、捷克斯拉夫等十七国，中文版本可参见：《对外通告》，新中国建设学会编：《日人对我东北言论集》，民友印刷公司，1932年，第90—91页。

6. 本政府将促进与各国的商业贸易往来，以促进世界经济的发展。

7. 就各国人民在“满洲国”境内的经济活动而言，本政府将遵守门户开放原则。

本政府热切希望，贵国政府能充分理解前述“满洲国”建立之旨趣，与“满洲国”建立正式的外交关系。

致以崇高的敬意

外交总长谢介石

（资料来源：日内瓦国联与联合国档案馆藏李顿调查团档案，S31－NO.1卷宗）

38. 克里斯托弗森提交的第91号经济及贸易记录（1932年3月17日）

复印件

第91号经济及贸易记录沈阳，1932年3月17日

由贸易专员助理主管克里斯托弗森提交

“满洲国”政府组织法①

如下“满洲国”政府组织法引自《满洲日报》最近一期：

第一章 执政

第一条 执政统治“满洲国”。

第二条 执政代表“满洲国”。

第三条 执政对全国人民负责任。

第四条 执政由全国人民推举之。

第五条 执政受立法院之翼赞而行使立法权。

第六条 执政统督国务院行使行政权。

第七条 执政依法律使法院行使司法权。

第八条 执政为维持增进公共之安宁福利或执行法律，得颁布或使颁布

① 编者按：本条参照中文版予以翻译，参见《政府组织法》，新中国建设学会编：《日人对我东北言论集》，民友印刷公司，1932年，第92—96页。

命令,但不得以命令变更法律。

第九条　执政为维持公安或防遏非常灾害,不及召集立法院开会时,得参议府之同意,得颁布与法律有同一效力之紧急教令,但此教令须于次期立法院开会时报告之。

第十条　执政规定官制,任免官吏,并定其俸给。但由其他法律特定者,不在此限。

第十一条　执政有宣战媾和及缔结条约之权。

第十二条　执政统率海陆空军。

第十三条　执政命令大赦、特赦、减刑及复权。

第二章　参议府

第十四条参议院府以参议组织之。

第十五条参议府院对于下列事项,应执政之咨询,提呈意见。

一,法律

二,教令

三,预算

四,列国交涉之条约,约束及以执政名义所发之对外宣言。

五,重要官吏之任免

六,其他重要之国务。

第十六条　参议府院关于重要国务得提呈意见于执政。

第三章　立法院

第十七条　立法院之组织另依法律之所定。

第十八条　凡法律案及预算案须经立法院之翼赞。

第十九条　立法院对于国务得建议于国务院。

第二十条　立法院可以受理人民之请愿。

第二十一条　立法院每年由执政召集之。常会会期为一个月,必要时执政可以延长会期。

第二十二条　立法院非有全体议员二分之一出席不得开会。

第二十三条　立法院之议事以出席议员过半数决定之。可否同数时,由议长决定之。

第二十四条　立法院会议公开之。但由国务院之要求或立法院之决议得举行秘密会议。

第二十五条　立法院议决之法律案及预算案，由执政裁可公布施行之。执政否决立法院之法律案或预算案时，开示理由交付复议。仍不更改时，则咨询参议院决其可否。

第二十六条　立法院议员于院内之言论及表决，于院外不负责任。

第四章　国务院

第二十七条　国务院承执政之命令掌理一般行政。

第二十八条　国务院设民政、外交、军政、财政、实业、交通、司法各部。

第二十九条　国务院置国务总理及各部总长。

第三十条　国务院总理及各部总长随时出席立法院会议并得发言，但不得参加表决。

第三十一条　法律、教令及关于国务之教书，国务总理副署之。

第五章　法院

第三十二条　法院依法律审判民事，刑事及诉状，但行政诉讼及其他特别诉讼以法律另定之。

第三十三条　法官之资格以法律定之。

第三十四条　法官独立行使其职务。

第三十五条　法官除受刑事或惩戒裁判外，不受免职之处分，不得其同意时，不受停职转官，转署，减俸之处分。

第三十六条　法院之审理案件公开之，但认为有害安宁秩序或风化时，得依法律由法院之决议停止公开。

第六章　监察院

第三十七条　监察院施行监察及审计，其组织及职务以法律定之。

第三十八条　监察院置监察官及审计官。

第三十九条　监察官及审计官非由刑事或惩戒裁判不受免职之处分，不得其同意时，不受停职、转官、罚俸之处分。

克里斯托弗森

贸易专员助理主管

（资料来源：日内瓦国联与联合国档案馆藏李顿调查团档案，S31－NO. 1卷宗）

39. 维纳特提交的第46号特别报告（1932年4月21日）

复印件

第46号特别报告沈阳，1932年4月21日

日本占领满洲的前七个月

由贸易专员助理维纳特（Louis C. Venator）提交

日本占领满洲的前七个月见证了满洲工业、商业及政治形势的显著变化，尽管我们为适应这些变化已经做了相当多的调整，但总体情况远非正常状态。表面的和平与安宁已经重建；致使9月18日武装干预的显著问题显然已经得到解决，达到了日本人满意的程度；某些必要的调整也已经实施，以满足当下新的政治环境的需求。九一八事变后，日本夺取了满洲的政治、工业和通讯中心，彻底破坏了当时的政府机器，致使中国主要官员和商人大规模迁出，正常贸易和工业实际停滞，国内外贸易方面相对而言鲜有复苏。

事变前的商品流通渠道大多遭到彻底摧毁，这种打击极为严重，我们无法期待形势能立即恢复正常，也无法期待商业交易规模能立刻重新达到可观的水平。但总的来说，只要一个新的中国政治机器得以组建，国有工商机构的行政管理得以改革或重组，形势将逐步得到恢复。因日本在【满洲】政治、商业和工业事务上的影响力的增加，我们认为，这些机构将按照日本人规划的路线发展并计划在所有活动领域内进行有益的合作发展及扩张。

满洲破碎的政治机器得以复原，更大的工业和公共事业的重组按照预期进行，并取得了与逻辑上可以预期的一样多的进展。但满洲大部分地区的小工业和零售商业的恢复没能跟上步伐。

下文将讨论一些主要原因，但我们需要用简短的题外话，对满洲政治制度及其与该地区经济结构的密切关系进行评论，对此形成相对准确的理解。这种理解对评估当下的情况非常必要。

中国在名义上是一个共和国，从表面上看，它似乎享有这种先进的政府形式。所有的公共事业，还有大量在其他国家由私人资本运营的企业，【在中国】都由政府拥有并经营，这意味着政府向共产主义和社会主义信条的最佳特征做出了明智的且对公众有利的妥协。但事实上，满洲政府代表了最极端的封

建主义，完全而绝对的权力掌握在一个人或一小群人手里，他们通常借助武力树立权威并加以维持，他们经营各项公共事业和工业，为的是个人的经济利益或政治利益，而非公共利益。通过对经理、董事的任命，通过其他各种能控制金融及政策的手段，他们维持了对各种机构的控制，包括银行、铁路、工厂，甚至包括商品销售机构。因此，在制度未经改变的情况下，政治上的人事变动在短时间内不会出现，直到新统治者能在各个政府下属机构中安插他的亲信。

关于日本【制造的】政变以及随之发生的事件，报章杂志已经写了足够多的内容，说明上述的一般规则仍然适用于这些事件引发的机构重组，无论是工商业的暂时中断，还是各行政部门的永久性变化。在此报告中，如果按时间顺序对上述事件进行回顾便会过于冗长，但为了说明中断的严重性，并呈现重组的趋势，我们给出了简短的摘要。这个摘要也可以在一定程度上对后来的某些心理反应做出解释，这些心理反应阻碍了预期的——至少是希望的——贸易恢复及扩大。

日本在满洲的既得权利，中国对满洲的主权，二者之间存在着各种不同的冲突，这种情况已有数年。对研究远东的人来说，似乎不可避免要发生一场严重的冲突，要么是经济上，要么是现实里。日本人在满洲的投资已经超过 20 亿日本金票(Gold Yen)，他们还采用了某种经营投资模式，使得日本通常能够直接分享这一地区作为整体累积产生的任何利润。此后，但凡遇到有竞争能力的企业成立，日本当然都坚持应遵守优先权，并强烈反对向任何有竞争力的中国机构提供优惠待遇。

另一方面，中国对于日本【在满洲的既得】权利的不满是长期存在的。日本【在满洲的既得】权利，有些是通过条约获得的，中国认为这些条约是【日本】不正当且非正义地利用中国的军事弱势继而缔结的。因此，【中国】对日本的要求采取逃避的态度成了惯例，双方不时产生诸多纠纷。迄今为止，这些纠纷都经由外交途径得以解决，尽管双方可能都不甚满意。

日本于 9 月 18 日采取了令人震惊的行动，导致该行动发生的事件是所谓的一群中国人炸毁沈阳附近南满铁路铁轨的企图。尽管如此，日本的反应如此迅速且行动如此有效，似乎他们此前就已做出决定，在下一次有利或有必要的情况下放弃外交谈判，转而支持武装干预。

在中国人企图炸毁南满铁路后的几个小时内，沈阳境内、满洲南部及中部的几个重要城市的战略要地已被日军占领。他们炮击并占领中国军队的军营，还有兵工厂、存放军需品的仓库和飞机场。政府总部、银行、电报局、警察局总部、铁路办公室，以及所有类似的机构都有重兵把守。

没有【发生】有组织的中国人的抵抗，但还是发生了相当多的伤亡事件，类似戒严令的东西立即生效了，日本军队接管了所有的警察职能。许多与前满洲政府有关联的中国人，他们的住宅和办公室都被占领，所有可视为属于或由这些人拥有的军事或政治物资的资产，甚至包括银行存折和汽车，都被充公和扣押。

正如人们所预料的那样，中国的富人和官员阶层处于半惊慌状态。沈阳被占领后的两到三个星期内，超过十万或是三分之一的中国人口离开了沈阳，前往中国其他各地，他们带走了所有能够搬动的财物。同样的事情在边远地区发生的程度要低，因为军事行动主要在满洲中部和南部展开。各种商业活动自然也都中止了，许多商业机构停止营业或被禁止营业。

满洲正常的商业和工业活动分为两类。几乎所有的大型企业，包括公共事业、煤矿、棉纺厂等等，都由政府所有并经营。例如，前政权经营了两个兵工厂，生产火药和各种工业用品，包括汽车。这些企业不仅带来大量的就业机会，间接推动城市零售业的繁荣，还是购买进口商品的主力。

第二类包括较小的行业，有一百到一万元①资本的工厂，各种批发和零售机构，它们都为私人所有。此前，因为【这些工厂机构的经营者】个人资本很少，他们中的很多人都是贷款维持经营。贷款来自进口商、银行或是其他人，贷款又把借贷的经营者变成了消费者。在腹地地区，这种复杂的贷款结构基于农作物的定期出售，随后煤油商或类似的零售商偿还欠款，钱自然就集中到了更大的城市的集散地那儿。

上述两类机构对日本的占领的第一反应是不同的，但日本占领对第二类机构造成的永久的伤害相当大，目前我们只能注意到第二类机构有轻微的复苏。与第一类或与政府下属机构有关联的中国人，他们逃离了这里或是被赶下台了。他们大都是前政权的代表，因此曾是监督者或审查者，他们身处其位是为了保护其长官的利益，而非参与工作或经营的实际成员的利益。稍后就会看到，他们很容易被取代。

① 编者按：货币单位是 Mex. ＄。推测应该是墨西哥银圆，又称“墨银”或“鹰洋”。后同。

另一方面，私商阶级那些逃走的人是【满洲】已经形成的经济结构的必要组成部分，他们的离开给经济结构留下了很大的缺口。工厂、商铺的老板，私人银行的负责人，经纪人，还有其他人，他们把能换成现金的财产都换了，把剩下的财产锁起来，然后去往天津或中国其他地方。大多数情况下，他们既不结清借款，也不结清存款。信贷机制中不可缺少的这些人离开了，他们的离开自然又会造成金融损失，以至于常规私人贸易和工业的“设施”遭到破坏。处理农业生产的常规“设施”也是如此，此前这些“设施”总要定期地动一动，平衡信贷状况。

对日本占领后数周内的情形进行总结后，我们发现，中国的政治机器遭到破坏：中国的政府资产和公物，包括铁路、银行直至汽车都被扣押；三分之一的富人和官员逃离；商业和通信暂停了；日本军队占领了通信机构、银行以及类似的政府下属机构。我们还发现，大量的政府官员和私人企业主从这个地方消失了，但二者存在区别——前者对政府机构的成功运行并非必要；至于私人商业，很显然，在其主人回来或是将其卖给满洲其他人之前，【私人商业】都会处于停滞状态。

而后进入重建时期，各地区军事问题得到解决后的几个小时内，日本便着手恢复正常状态。这种效率在一定程度上使中国人指控日方是“已有准备”。各种政府下属机构，如铁路、电厂、电话局等，其运营人员被召回工作，失踪的、必要的当事人则由中国人或日本人代替，常规日程安排或活动在数天之内得以恢复。再过了几天，出现了一批新的中国官员，如市长、省长和部长。对浮于表面的肤浅的观察家来说，前次之争端①的唯一证据就是日军实施的明显管制，以及经常发声的报纸对日军与前中国军队残余的交锋的报道。不过，对【满洲的】新成员而言，旧的管控模式显然还没有消散。公共事业中的新官员以及公职人员由日本军部任命，此外，他们每个人都有一个日本顾问，他们显然需要遵照顾问的指令行事。举个例子，就铁路而言，过去与日本【在满洲】所有的铁路构成竞争关系的某些联运交通连接点很快遭到了破坏，名义上是被新的中国政权破坏的。

因此，从纯粹的政治观点来看，从较大的工业和商业行会来看，很显然日本正实行全面控制，且将维持相当长的一段时间。日本当时的声明对强制执

① 编者按：指九一八事变。

行的顾问制度避而不谈，而是不断强调——军事占领武装会撤出，只要土匪和游击队（日本司令部不加区别地用这些词来形容混乱无序的中国军队）被消灭，且一个能够为他们的权利和投资提供保护的新的中国政府得以成立，此前他们没有得到这种保护。

目前的情形是日本人一手造就的，他们的声明没有承认顾问对公共事业和其他政府下属的商业和半商业机构的管控。因此，有些人怀疑这些承诺在不久的将来能否实现。

尽管如此，随着日本指导下的重建和重组工作的进行，满洲和中国内地在占领时期爆发的自然怨恨和反日情绪逐渐消散。对所谓的土匪的清除，正以一种无情的方式进行着；新政府中虽然有大量不情愿的参与者，但新政府逐渐成形并获得声望；从平民和小商人的角度来看，虽然是日本人维持管控，但税收在降低，镇压土匪的活动在增加，贸易环境总体上要比之前的军阀时期更加利好。

政府和公共事业的重组是按照鼓励恢复私人商业的路线进行的，这无疑增加了牵涉其中的困难，但日本人在大部分情况下都遵循了这条路线，他们可能看到了经济需要这样的趋势。举个例子，在铁路重组中，尽管某些竞争行为遭到废止，所有的中国铁路被转变为南满（日本）铁路的支线系统，但日本方面仍努力向公众传达这样的印象——他们恪守中国人的利益。事实上，通过加强集中管理以提高各条路线的合作和效率，可能产生这样的结果——尽管竞争行为遭到强制废止，但利润在增长。

因此，在占领后的两三个月内，所有的公共事业，银行和除兵工厂以外的其他政府下属企业都实现了正常运转。它们由日本顾问管理控制，与相对应的日本服务机构密切合作，这使得日本企业成为最大赢家。但因效率增加、征税减少以及其他的金融需要，因集中化管控，大部分中国机构也像从前一样境况良好，虽然诸如沈阳电厂之类的机构因城内人口及私营企业的减少而收入降低了。

大约在这个时候，中国人以及中国资本对满洲形势的态度有所改善。占领一事在整个中国造成的第一波怨恨，以及满洲的中国中上层民众的恐慌开始消退，这种趋势在个别情况中非常明显，即承认日本管控下中国资本及劳动力的投资机会可以得到增加的可能性。大量土匪被消灭，征税明显减少，私营企业似乎可以得到一切合理的激励。与日本人的可承受能力相比，可能有更多的开发工作可以进行。日方明白，通过控制铁路以及其他的经济结构的基础可以提升日本的利润，在这种情况下，他们似乎打算欢迎中国企业和其他的企业。

但不幸的是，这种趋势在中国人中存在的时间极为短暂。上海爆发敌对行动[①]时，这种趋势已经达到了无法得到认可的程度。众所周知，敌对行动持续了大约一个月，在此期间，上海的一大片地区被夷为平地，无数人丧生。

迄今为止，日本在上海的行动仍没有合理的理由。即便上海的反日活动比其他地方多，抵制情况更为严重，军事行动在许多方面的代价都非常大。这次行动的实际现金花费在一亿日元左右，中国人的反日情绪开始成形，导致中国的抵抗活动持续多年，比本来可能的还要长，并最终使日本为满洲发展而制定的计划无限期延迟。本没有期望中国人会表现出强烈的反抗，但19路军成功抵抗了装备精良的日军，这产生了深远的心理影响。

上海发生动乱的几个星期内，中国人对满洲局势的立场很显然发生了另一个变化，他们利用了每一个可以抵抗的机会。游击队的活动有所增加，人们普遍认为，只要河冰消融、道路解冻，日本军队无法进行机动巡逻，游击活动就会进一步增加。游击队的资金和供给来自中国北方，无组织的中国军队的士气大幅度提升。由日本人安排的中国官员，大部分仍在其位，但其态度发生了显著改变，并节制了合作。此外，私人资本及企业的回归也几乎立刻停止。

尽管日本对大企业和公共事业的控制仍然和之前一样彻底，但很明显，日本必须重新考虑针对满洲商业的未来所制定的计划。正规私营企业和贸易未能恢复，大企业利润不足，以至于影响到持续军事占领带来的沉重开支。政治动荡和威胁性的游击活动，使得临时计划的其他发展事项亦无法进行。

日本各商务代表团于【1932年】1月、2月及3月期间在满洲参观，非官方报道中有大量报告对日方在满洲军事政策中的经济智慧提出了质疑，尤其是对上海的质疑。关于近期日本人在满洲进行私人投资的可能性，很少有报道持鼓励态度，有些报道甚至公开谴责了目前的日本移民活动。其中一个代表团的一名主要成员公开表示，在其团体看来，任何一个国家皆需一年多之后，方可在满洲进行工业和商业的发展。

尽管无法从日本商会或其他官方机构那里获得官方声明，但人们相信，这

① 编者按：指一·二八事变。

些机构向上述代表团[①]所做的报告,将有助于代表团报告的基调的形成。军事占领当局的采购活动使得当地日本公司业务稍有改善,公共事业的采购则由日本顾问指导、通过日本渠道进行。但真正的改善需要依靠商品及货币的流通,而商品及货币的流通则来自该地区各地数千个小型中国机构正常活动的恢复。如上所述,这种恢复在占领后曾短时间出现,但因上海敌对行动的爆发而突然停止。

沈阳市政当局统计显示,【1932年】4月18日有6 000家零售店营业,而【1931年】9月18日则有12 037家。沈阳的六个最大的中国百货商店日收入总计4 900元,去年同期则有11 700元。据估计,沈阳的中国人略少于30万人,9月18日前则几乎有40万人,减少的人口大多为富人及中产阶级。几乎所有生产苏打水、食品、帽子、金属制品等物品的中国小型工厂关闭,其中不少工厂遭到拆除。

因为大连和朝鲜的走私活动盛行,我们无法精确估计占领一事对进口情况的影响。1932年的前两个月的大连海关报表显示了商品价值的增加,达到1 736万日元,去年同期则有1 459万日元,但其增加几乎全部来自中国和日本商品。考虑到中国商品的陆路正常流通已经停止,日本的占领自然就导致了私人和军事用品的需求增加。整个满洲的进口业务很可能已比去年的较差水平还要低。机械和其他类似的重工业生产线尤其如此,特别是对美国的影响。1932年前两月,对美进口总计24.6万日元,去年同期则有88万日元。

阻碍满洲地区正常业务迅速恢复或工业扩大的因素中,最突出的就是:在日本管控的"新国家",现在称之为"满洲国",中国资本及企业未能利用在此进行投资的机会。另外两个值得一提的因素是:目前日本不容乐观的经济状况,以及北满和西伯利亚地区日俄纠纷不断增加的可能性。除在满洲和上海的行动中花费的2亿日元外,日本对外贸易也损失惨重,特别是对华贸易,日本国家经济正处于严峻、甚至关键的时刻。一些较大的日本商业组织,如三井物产株式会社、三菱商事株式会社等,他们也许会发现,通过满铁及朝鲜银行,为满洲企业提供贷款是可能的。但是这些贷款不会得到公众的支持,公众舆论可能会强烈反对因保护贷款而需要的昂贵的军事占领。在这种情况下,推翻现任内阁可能会导致日本对满洲政策的逆转。另一方面,如果主战派继续当权,

① 编者按:原文为commission,但应该是指上述商务代表团。

维持现行政策可能会带来金融危机。

日俄之间爆发动乱的可能性几乎与日俱增。除了引发1905年日俄战争的利益冲突这一背景之外，还有其他一些尚未解决的问题，目前正以具体的形式表现出来，在早期进行调整是必要的。但是这种调整能否在和平基础之上进行非常值得怀疑，目前双方的态度更多地指向战争。

日本目前的经济和金融形势当然不利于进行这样的战争。但是，日本的军部领导人无疑预见到了在未来几年内与俄罗斯进行战争的必要性。他们可能宁愿现在冒着金融崩溃的风险，也不愿在苏联的五年计划完成后，在失败可能性更大的情况下与之做斗争。这也很可能是因为日本确信可以得到法国的经济支持，以及来自法国影响之下的波兰、捷克斯洛伐克和其他的俄罗斯邻国的军事支持。

从当地的情况来看，俄罗斯对中东铁路的管控是日本完全统治满洲铁路的唯一障碍。苏联因铁路管理而在哈尔滨和北满产生的影响阻碍了日本彻底的商业垄断的实现。因此，日本可能希望以非常优惠的条件诱使俄罗斯放弃该地区的利益。那么即便日俄冲突再次爆发，日本也可以借此获得战略优势。

无论如何，如果可以通过日本在满洲的军事代表的行为进行判断的话，日本的态度旨在激怒而非安抚俄罗斯，俄罗斯对中东铁路的利用日趋困难。在很多情况中，日本的这只手多多少少是藏着的，让情况变糟的事通常由"满洲国"官员来做，但俄罗斯人无疑知道这些官员从何处接到命令。

但是，俄罗斯人似乎不打算对日本人让步。相反，俄罗斯人正给人留下这样一种印象——他们不会找麻烦，但他们会毫不犹豫接受日本的挑战。俄罗斯显然清楚日本的金融和经济劣势，他们也准备好利用这一点。十万人的军队在西伯利亚边境沿线和海参崴地区集结，超过两百架配有驾驶员的一级战略轰炸机已经做好从海参崴行动的准备。因为从海参崴到大阪——日本的主要工业城市之一——只有六个小时的航程。这些对日本构成了极端严重的威胁，而随着航空业的发展，这种威胁也将持续增加。

因此，在日本强行占领满洲后的七个月里，不论是从商业还是政治的角度，满洲的形势都未能给予人们一个尤为光明的前景。日本人动用武力以解决中日之间的各种争端，充分控制满洲的公共事业和大型企业，结束了上述二者与日本企业的竞争，将中国企业的收入和利润转移到日本企业里。但是，中国的私营企业处于停滞状态，看起来近期也无法恢复，因为中国人不愿利用而日本人显然不能利用当下的条件,这些条件理论上来说更好。没有这些私营企业,大企业无法获取足够的利润。从政治的角度来看,中国人对日本管控的抵抗似乎相当有效,且在将来一段时间内都能得到保证。另一种威胁也变得明显,即日俄之间的关系渐趋紧张。

不过,门户开放的形势也不容乐观。理论上,这个制度将得到维持,允许外国生产商拥有特权,即他们可以对通知他们的拟议购置的物品进行报价。但人们普遍认为,在目前日本的有效控制下,大部分有利可图的业务将直接进入日本渠道。即使在某些情况下使用外国货物,上述不容乐观的商业发展也可能会压榨【外国】业务,因为这些业务减少了日本可能获得的利润,日本人现在必须连满洲的一分钱都要榨取,来弥补他们过去的行动带来的巨大开支。只要日本企图实行完全控制,该项巨大开支必然要持续更长时间。

维纳特

贸易专员助理

经由贸易专员助理主管克里斯托弗森批准

(资料来源:日内瓦国联与联合国档案馆藏李顿调查团档案,S31 - NO.1 卷宗)

40. 克里斯托弗森提交的第 95 号经济及贸易记录(1932 年 3 月 30 日)

复印件

第 95 号经济及贸易记录

由贸易专员助理主管克里斯托弗森提交

沈阳,1932 年 3 月 30 日

新"满洲国"的产业政策

《满洲日报》引用了新"满洲国"政府实业部总长张燕卿的话,就"新国家"的产业政策给出了如下信息:

"运输之早期建设"

从目前来看，本国的大米产品储备①存在大量的腐烂情况。在吉林和黑龙江两省最远的区域，大豆和小麦成堆腐烂。林业资产也被忽视了。将与交通部的合作，加快完成新铁路的建设。

“野生蚕业之促进与改良”

中国生产的柞蚕丝在出口商品清单上位居第二，前景广阔。设法做到改善质量和增加产出。经营方式亟待改进。

“烟草种植之鼓励”

从国外进口烟草所费甚巨，我“国”迫切需要寻求烟草的自给自足。为此目的，应安排实验农场以鼓励种植并改良品种。

“水稻种植”

水稻耕作处处都有发展空间。稻米可增加产量，可改良食物。开发日本及华南市场，开辟实验农场。

“林产业之促进”

“满洲国”有几乎取之不尽的林业资源，但不得不进口大量木材。开辟林业试验站，以开发林产业。

“致力于农业生产”

农业生产为其他产业提供原材料，其他产业得以获利，设立试验站以生产原材料。

“开垦”

开垦荒地是一项重要的事业。将借由科学来确定何种作物适合于该种土壤，应明确规定土地所有权。

“农产品等之使用”

“满洲国”大量生产的大豆、高粱、小米和木材，应当研究它们最具经济意义的用途，为此目的，应建立实验室。

“社会学及金融机构”

鼓励同行业者相互帮助，应在各地组织合作商铺、出口商人行会及金融行会，对上述机构进行适当监督，帮助它们健康发展。

“贸易发展”

万物只有在转化为金钱时才是有价值的。因此，除去改进业务实践外，应

① 编者按：原文为 the rick produce stocks，疑误，应为 the rice produce stocks。

当开拓海外市场,且为此目的,宣传媒介极有必要。

"生计之稳定"

没有生计的话,很多满洲人将被迫过上土匪[1]的生活。在鼓励产业发展的同时,应当减轻人民的负担,稳定他们的生活。

上述内容听起来都很好,当然,实际上没有资金用以执行此类计划,新政府能否获取大批民众的合作还有待观察。退一步说,若该政府继续当权,今年能否取得可观的进步仍值得人们怀疑。

克里斯托弗森

贸易专员助理主管

(资料来源:日内瓦国联与联合国档案馆藏李顿调查团档案,S31－NO.1 卷宗)

41. 维纳特提交的经济及贸易记录(1931 年 12 月 19 日)

复印件

经济及贸易记录

由贸易助理专员维纳特提交

沈阳,1931 年 12 月 19 日

沈阳市政府的新组织

9 月 18 日实行军事占领后,日本在沈阳建立了临时市政管理机构[2],当时几乎所有的中国官员都已逃离。现在,该临时市政管理机构名义上将政权归还给有此资质的一个中国机构。上述机构由一名市长和九名委员组成,每一名委员负责一个市政部门的事务。

理论上,市长及其他各个部门的负责人是通过选举就任的,但事实上满洲并没有普遍选举权这种说法,所有职务皆来自更高一级的当权者的任命,或者在某些情形中,由一小群有关当事人投票授予。现在这种情况中,代理市长和一些部门的负责人由日本官员任命,一些中国官员和商人参与进行的有些多

① 译者按:原文为"Honghudze",即"红胡子",又称"马贼",是横行东北的土匪。

② 编者按:即由土肥原贤二担任伪市长的奉天市政公署。

余的选举也确认了他们的任命。

人们普遍认为这些新官员受到了日本人一定程度上的影响,已有日本人被任命为委员们的秘书,以及担任委员会中较为重要部门的官员。但是,现如今临时应急的机构被中国人的政府取代,该政府能够为社会公众的利益而运作,这种影响是否还会继续则有待观察。

市政府新任官员及其薪资如下所示:

Ⅰ. 中国人

姓名	职务名称	每月薪俸
赵欣伯(Chao Hsin-Po)	市政府市长	1 000①
1. 冯涵清(Feng Han-Ch'ing)	秘书长	600
2. 邵伸(Shao Shen)	总务处处长	500
3. 赵欣伯	财务处处长	500
4. 梁玉书(Liang Yu-Shu)	行政处处长	500
5. 方毓恺(Fang Yu-K'ai)	工务处处长	500
6. 齐恩铭(Ch'I En-Bing)	警务处处长	500
7. 李祖培(Li Tsu-p'ei)	教育处处长	500
8. 王聘之(Wang p'ing-Chih)	电务处处长	500
9. 张柏森(Chang Po-sen)	卫生处处长	500

Ⅱ. 日本人②

姓名	职务名称	每月薪俸
10. 中野(Nakano)	顾问	800
11. Sodo	评议员	600
12. 伊古田(Ikota)	一等助理	150—450 不等
13. 小坂(Osaka)	秘书	同上

① 编者按:货币单位是 Mex. $。推测应该是墨西哥银圆,又称“墨银”或“鹰洋”。后同。

② 编者按:本表的部分英文无法找到相对应的日本人名,故保留原文文字。请使用者加以辨析。

（续表）

姓名	职务名称	每月薪俸
14. Nesokawa	同上	同上
15. Kuwa Mora	同上	同上
16. 佐久间（Sakuma）	同上	同上
17. Semada	同上	同上
18. Yamaceda	同上	同上
19. 福山（Fukuyama）	同上	同上
20. Takakase	同上	同上
21. Otzubou	同上	同上
22. Menomiya	同上	同上
23. 中山（Nakayama）	同上	同上

关于新政府运作之规章[①]，其翻译如下[②]：

第一条　本市行政区域，以省会及商埠并大东区为管辖范围。

第二条　本公所编制大纲适用于辽宁省城全市。

第三条　本公所设市长一员，由地方维持委员会委托综理全市行政事宜。

第四条　本公所设下列各处。

一、秘书处管理机要综核各处文件，及不属于他处专管各事项。

二、总务处办理文书，预算，决算，编辑，统计，庶务，及不属于他处各事项，并分设下列各课股。

第一课　文书股，会计股，庶务股。

第二课　编制股，统计股。

三、财务处，办理征收市费及市公产公债各事项，并分设下列各课股。

第一课　征收股，出纳股。

第二课　产业股，保管股。

四、行政处办理地产交易提倡保护工商事业，市民卫生，及全市行政兴革

① 译者按：此处“规章”指《辽宁省城市政公所暂行编制大纲》。

② 译者按：规章内容翻译参照陈觉：《九一八后国难痛史资料（三）》，东北问题研究会，上海书店，1932年，第19—22页。

各事项，并分设下列各课股。

第一课　地产股，工商股，调查股。

第二课　卫生股，园林股。

第三课　社会股，救济股。

五、工务处，办理规划及取缔全市工程各事项，并分设下列各课股。

第一课　工程股，材料股，建筑股。

第二课　测绘股，考核股。

六、警政处，办理考察全市治安各事项，并分设下列各课股。

第一课　政务股，教练股。

第二课　司法股，督察股。

七、教育处，办理考核全市公私学校及改良风俗诱导民众各事项，并下设下列各课股。

第一课　视查股，编审股。

第二课　图书股，宣讲股。

八、电务处，办理公用电汽事业，及规划改良各事项，并分设下列各课股。

第一课　有线电股，无线电股。

第二课　电灯股，军车股。

第五条　秘书处，设秘书长一人承市长之命，掌管全所及本处一应事宜。机要秘书外交秘书若干人，承秘书长之命襄理本处一切应办事宜。

第六条　各处设处长一人，承市长之命，掌管各该处一应事宜。各课设课长一人，各股设主任股长一人，并设各等课员。办事员若干人，承各该管长官之命，襄理一切应办事宜。

第七条　各处掌管事务。另订规则办理之。

第八条　本公所管辖各机关如下：

一、保安局

二、自卫警察局

三、电报局

四、电话局

五、电灯厂

六、电车厂

七、公共汽车厂

八、图书馆

九、屠兽场

十、公园

十一、救济院

第九条 本公所管辖权限,得应时势之需要,随时斟酌情形增减之。

第十条 本大纲如有未尽事宜,得随时修改之。

第十一条 本大纲自公布之日施行。

贸易专员助理维纳特

贸易专员缺席

(资料来源:日内瓦国联与联合国档案馆藏李顿调查团档案,S31－NO.1卷宗)

42. 克里斯托弗森提交的第30号经济及贸易记录(1931年11月2日)

复印件

第30号经济贸易记录

由贸易专员助理克里斯托弗森提交

沈阳,1931年11月2日

财政厅

辽宁省财政厅于10月21日重建,为管控该厅,如下规章此前即已制定。①

第一条 地方和平与秩序委员会,在新政权成立以前,为确保公共之秩序,及恢复其生活起见,认为财政厅之重建为必要,依其责任而定临时办法,以期贯彻其目的。

第二条 由地方和平与秩序委员会决定财政厅长人选。

第三条 财政厅之组织及权限,暂仿从前之制,但须止于必要之最小

① 编者按:规章内容引自《辽沈败类何多》,《申报(上海)》1931年10月26日,第七版。

限席。

第四条　为办理财务行政，使其完善，由地方和平与秩序委员会招聘日本方面的顾问及谘议若干名。关于财务行政之运用，财政厅长须尊重顾问及谘议之意见。

第五条　地方和平与秩序委员会设置财政整理委员会，使其制订税制之改正，及预算之编成。关于其他各实行之计划，委员之范围如下：日本方面代表、地方和平与秩序委员会代表、财政厅长、财政科长、财政顾问及谘议、市政公所代表、全省商会代表、全省农会代表。

第六条　财政厅长须咨询地方和平与秩序委员会，自行速为必要之布告。当其实行时，应该得到日本军方之承认。

第七条　地方和平与秩序委员会，规定财政厅临时办法，即将该厅开办之意预先请示于日本军方，而受其承认，急速着手。

第八条　对于旧政权之税吏，如有送交各种征税之行为者，本会即依议决，要求于日本当局严重处分之。

克里斯托弗森

贸易专员助理主管

（资料来源：日内瓦国联与联合国档案馆藏李顿调查团档案，S31－NO.1卷宗）

43. 维纳特提交的经济及贸易记录（日期不详）[①]

……大量的士兵和农场工人，在此前的人口普查中，他们没有被当作沈阳城的居民纳入调查，他们徒步从沈阳向南行进。

因其作为政治中心的重要性，因其近年来作为具有商业重要性的地区而得到发展，沈阳的大部分人口来自中国的其他地区，过去两月内，离开家乡来到沈阳的人又回到了家乡。他们中的很多人来自河北省（直隶）和山东省，其余则大部分来自上海。

人们相信，目前的困难被解决时，大部分人都会回来。但与此同时，他们的离开给沈阳的商业造成了严重的影响，直接影响了零售贸易，间接影响了所

① 编者按：该条记录第一页缺失，从第二页开始。

有进口交易。沈阳附近,大部分由中国人经营的工厂因日本占领者的无形命令已被关闭。退一步讲,他们若获允重新开工,能否在城内找到熟练工人都还是个问题。

9 月 18 日前,沈阳总人口如下:

日本人……22 503

朝鲜人……2 380

其他

本地居民……1 768

中国人……371 183

总计……397 834

因为占领的缘故,有很多日本人和朝鲜人涌入,他们大多与军事占领有直接关联。但是除了中国人以外,人们不相信其他国籍的永久性人口会发生程度剧烈的改变。

维纳特

贸易专员助理

经由贸易专员助理主管克里斯托弗森批准。

(资料来源:日内瓦国联与联合国档案馆藏李顿调查团档案,S31 - NO.1 卷宗)

44. 调查团与何柱国的会谈纪录(1932 年 6 月 5 日)

与何柱国(Ko Chu-Kou)将军的会谈记录

在山海关至北平的火车上

周日,下午六点半,1932 年 6 月 5 日

出席人员:调查团全体成员

顾维钧博士

莫思先生(翻译)

爱斯托先生

赵(Chao)先生

皮特尔中尉

助佛兰博士

万考芝先生

何将军：我希望能谈一谈中国和“满洲国”之间的问题。“满洲国”人民宣称长城是“新国家”的边界。

李顿：迄今为止，哪里被认为是河北省的边界，你能不能在地图上指给我看？

何将军：这张地图上用虚线把边界画出来了。中国军队位于山海关内城，在外面有一个保卫团。不过，一个叫二里店(Er Li Ti)的村里有中国的正规军。我已经向麦考益将军和马柯迪伯爵说明了中国军队的部署。日本人在长城外升起了一面由日本军队守卫的“满洲国”旗帜，我不确定那里有多少军队，但有四辆日本装甲车。在麦考益将军和马柯迪伯爵离开此地前往沈阳后，这面旗就不见了。在昨天诸位的火车到达之前，这里没有一面“满洲国”的旗帜。但就在昨天诸位的火车进站的同时，日本士兵再次升起了“满洲国”的旗帜。一开始，我打算介入此事，把旗帜拉下来；但我意识到，你们的火车正在进站，这种行为可能会引起冲突，所以我决定什么都不做。

李顿：我想问，这条铁路线是在你的管辖范围内吗？(指的是何将军在地图上所指出的管辖范围。)日本人将这条铁路延伸到了山海关，是吗？

何将军：日本军队分成两个机构，山海关段日军设有自己的司令部，但是该司令部受长城内的天津驻屯军指挥，长城以外的关东军则由本庄将军指挥。调查团离开这里前往沈阳时，日本为达监督目的，将“满洲国”宪兵队的一支分遣队部署在这里。

李顿：如果这个边界现在得到了公认的话，那么我们有必要指出，日本不仅占领了东三省，也占领了河北省的部分地区。我们在报告中没有提到这一点，当时我们对此一无所知。但如果现在他们声称长城即为边界的话，他们就占领了河北省的部分地区。

何将军：“满洲国”声称长城是其边界，那结果便是：他们占领的不是河北省的一小部分地区，而是更大的地区(通过在地图上的长城走向对此进行展示)。长城朝西北方向延伸，它的北侧有河北省的一大片区域，这片区域面积比中国的一个行政区还要大(中国的一个行政区，其大小相当于几个郡)。

(将军在这里解释了“满洲国”宣言所涉及的区域。)

“满洲国”的旗帜在这儿附近的村子里升起来了。“满洲国”宪兵队去过一个叫乐善堡[①](Li Ja Pu)的村子,那里有中国保卫团的一支分遣队,这支分遣队被解除了武装,然后日本人在那里升起了"满洲国"的旗帜。

李顿:我想要知道,关于"满洲国"宣言的影响,中国政府是否向国联做过陈述?日本人宣称占领的土地实际上不止东三省,还有河北的一部分,这一点是否曾向国联指出?

顾维钧:还没有。之前他们所确定的满洲和河北的边界,差不多在长城以外六公里左右。但最近他们进来了,"满洲国"的旗帜昨天就在长城以内的火车站(附近?)[②]飘飞。

李顿:是的,我们看见了。我想问将军,长城以内是否有"满洲国"的警察?

何将军:大约有25或者26个"满洲国"警察进入了山海关,现在他们驻守在火车站附近的日本旅馆里。他们说在那儿是为了保护铁路线,并声称这个村里的中国军队应该撤回到山海关火车站,但是我反对他们的主张。我说,如果他们要占领这个村子,就像占领之前那个地方保卫团遭到缴械的村子[③]一样,我会通过逮捕以及对"满洲国"宪兵队实行缴械的方式来反击,这支宪兵队看起来三分之二是日本人,三分之一是中国人。因此,如果发生冲突且有日本人遭到杀害或受伤,即被视为对日本的冒犯。实际上他们用的几乎完全是日本人的军队,但假装成是"满洲国"的军队,这似乎与法律相抵触。就是这种顾虑让我不愿意去打仗。日本的演习阵地多次扩张,阵地面积也已扩大。

李顿:日本人最近是否进行了夜间演习?

何将军:有,5月9日和15日。他们朝镇子方向进行了射击。

李顿:他们事先发过通知吗?

何将军:没有,5月9日那天,中国方面听到了关于枪声的传闻,就问日本方面他们在做什么,日本方面回复说他们在进行演习。接下来的那次,他们只在开始射击以后发出了一些通知。

希尼:演习是在长城以外进行的吗?

何将军:不是,是在长城以内,在日军司令部附近。

李顿:第二天你们抗议了吗?

---

① 编者按:即李家洼。

② 编者按:原文如此。

③ 编者按:指二里店。

何将军：是的，我在抗议时还中弹了，但日本人拒绝承担责任，并说这不是他们射出的子弹。

李顿：他们否认进行了夜间演习？

何将军：没有否认，他们承认了夜间演习，但否认子弹是他们的。随后中国外交部向日本公使馆提出了抗议。但是日本人反复说，他们没有朝我开枪。我要求他们对我的抗议做出书面的回复，但是日本驻屯军的指挥官不敢做出书面回复。他只是说，他们射出的子弹不是实弹。

李顿：他们是否承诺过，不会在没有发出通知的情况下进行夜间演习？

何将军：自犬养(Inukai)被暗杀后，他们的态度就变了，此前日本指挥官确实承诺发布通知。

顾维钧：关于发布通知，将军说的是辛丑条约中规定的内容。现在他们转移了该驻防区哨所，并且还扩大了他们的管控区域。我们发起抗议时，他们说那些哨所安排在那儿是为了进行演习，而不是扩张边界。他们解释说边界标记的用途是双重的，一则对他们训练的边界进行标记，二则表明界限，如果中国军队越界，日本人将有权攻击。

马柯迪：中国人有没有在长城内外修建新的战壕？

何将军：长城内外都没有，日本人在这儿附近倒是挖了很多战壕。

李顿：中国人有没有建一些防守阵地？

何将军：没有。山海关是一座城墙环绕的城市，除了城墙之外，没有任何的防御。

李顿：那中国人在长城以外的前哨是否构成了防守阵地？

何将军：没有。关东军曾两次来过我的前哨基地，他们想要进入其中一栋已被我方前哨占领的房屋。当我问他们在做什么时，他们说在进行反匪工作。然后我要求他们出具一份书面陈述，解释他们演习场的边界线目标，他们拒绝了。每天进入山海关寻找消遣活动的日本军人约有 30 人，天津驻屯军和关东军都这样。因为其他国家的军队(如美国和意大利)携带武器进城，到后山上进行训练，我不能阻止日本军队做同样的事情。

希尼："满洲国"凭借什么权利在那个区域安排宪兵队和旗帜？

何将军：他们没有声称有权这么做。他们只是说，他们在那儿租了房子，然后就把旗帜放上去了。

李顿：只要他们要求有占领山海关房屋的权利，他们也会要求能够派遣他们的军队进入。

何将军：他们已经对牲口的数量进行统计了……[①]并对居民征税……我认为日本驻屯军扩大范围的原因是他们想要得到足够的土地，为“满洲国”修建一个火车站。

李顿：你现在对山海关的形势感到焦虑吗？

何将军：形势的关键是二里店（?）[②]。如果他们攻打二里店的话，那就有麻烦了。

李顿：事变——或是冲突爆发的每一个要素都有了。

顾维钧：大约三个星期前，这里的局势就非常紧张。将军对此可能有话要说。

何将军：在【1932 年 5 月】15 日之前，中方没有为动乱做任何准备。“满洲国”宪兵队到乐善堡（?）[③]，还解除了保卫团的武装，我推测，他们是想找中国军队的茬儿。他们没有给出任何关于宪兵队要来山海关的通告，但他们确实来了。

李顿：这是在山海关以内还是以外，我不是很清楚。我知道的是，当“满洲国”宪兵队到这个村子，并且解除村里保卫团的武装时，他们也向山海关派遣了一队警卫去守卫火车站。将军当时认为，那意味着日本人打算找何将军部下的茬儿，是这样吗？

顾维钧：是的。

何将军：此外，演习是在没有提前通知的情况下进行的。他们在自己营地周边有战壕，还在这座山上挖了战壕，这座山地势高，可以监视着村子。他们解释说，这些防御工事是为了自我保护。长城这儿有个地方叫城门口（Chen men K'ou，音译），靠近城门口的地方是李家堡（Li chia p'u，音译）[④]，“满洲国”宪兵队到了这儿扔了两枚手榴弹。村里有中国保卫团，但是没有正规军。我们问宪兵队是不是扔了手榴弹，但是他们回复说是朝着地上扔的。然后就是犬养毅的死，自那以后，日本人的态度就变了。

---

① 编者按：省略号为原文所有。后同。

② 译者按：此处“（?）”为原文所有。

③ 译者按：此处“（?）”为原文所有。

④ 编者按：应该指乐善堡（Li Ja Pu）。

李顿：变得更加温和了？

何将军：对，更加愿意和解。

（资料来源：日内瓦国联与联合国档案馆藏李顿调查团档案，S31－NO. 1 卷宗）

45. 调查团与程志远的会谈纪录(1932 年 5 月 23 日)

与黑龙江省长、警备司令程志远(Chen Chih-yuan)将军的会谈记录

省长衙门，齐齐哈尔

1932 年 5 月 23 日下午 3 点至 4 点 30 分，星期一

出席人员：

调查团：
万考芝先生
希爱慕(Hiam)上校
莫思先生
爱斯托先生
皮特尔中尉

省政府：
程省长
省政府职员周先生和于先生

日本顾问办公室：
汐崎先生
墨田大佐久保田[1]大尉
林出(Hayashide)[2]先生
木村(Kimura)[3]先生

---

① 译者按：原文为 Kubata，应为 Kubota。

② 编者按：指林出贤次郎。后同。

③ 译者按：指木村锐市。后同。

关东军司令部:

藤本(Fujimoto)少尉

“满洲国”:

于先生

在正式开始会谈之前,程省长对调查团代表自日内瓦经历漫长而疲惫的旅行后的健康表示关心,并对齐齐哈尔的招待不周致以歉意。他解释说,齐齐哈尔在“北方乡村”地区,那里的人生活简单。

作为答复,万考芝先生解释说,调查团只能派遣一个小型代表团到齐齐哈尔来,受到的接待已然足够,非常感激。

然后他请省长就此前已准备的第一个问题做出评论,并提交了调查问卷:

问题一:齐齐哈尔被占领前后的政治形势

程省长回复如下:

“就在江桥战役之前,万福麟省长让马占山将军担任黑龙江省代理省长。当时,万福麟省长在北平,在河北省的南部。他是(1931 年)春天去的,与石友三将军叛离张学良元帅一事有关。万福麟省长不在的时候,他的参谋长谢珂曾代省长之职。收到万福麟将军的消息的时候,马占山将军正在保护铁路,他不在齐齐哈尔,他是到【1931 年】11 月 11 日的时候才去了那里。

之前,马占山将军和我受万福麟省长统管,我们是平级,都是守卫中东铁路的军队旅长。

【1931 年】11 月 8 日,我在满洲里收到了马将军的命令,要求我撤军到呼兰—海伦铁路。我了解到,当时齐齐哈尔的警察正在维持良好秩序,人民非常安全。

马占山将军是 11 月中旬离开齐齐哈尔的,在他离开之后,省内各公共机构请求东北特区长官张景惠担任黑龙江省长。【1932 年】1 月早些时候,张景惠省长接受了这一提议,但他没有带军队过去,是为了避免可能与马占山将军的军队发生冲突。同样的,马占山将军也没有向齐齐哈尔派兵,尽管张省长请他这样做。

张景惠省长只做了很短一段时间的黑龙江省长,马占山将军继他之后。

2 月中旬的时候,马占山将军回到了齐齐哈尔。4 月 2 日,他离开齐齐哈尔前往大黑河‘去看他的军队’，但他再也没有回来。三天后，我收到他的电报，要我担任省长一职。我当时是齐齐哈尔的旅长。4 月 6 日，我收到了来自长春的任命，要我担任黑龙江省长。”

万考芝先生问程省长，1931 年的 9 月和 10 月，他是否在齐齐哈尔。

程省长回复说，那个时候他在黑龙江省，不过是在满洲里和海拉尔之间，没有到齐齐哈尔，一直到【1931 年】11 月 10 日。他补充说，9 月和 10 月的时候，只有万福麟省长的儿子万国斌将军，以及参谋长谢珂将军在齐齐哈尔。

爱斯托先生问，程省长指挥铁道警卫的时候，是否遭到土匪的诸多骚扰。

程省长回复说，他很少遭到骚扰，每一个火车站和每一趟列车上都安排了一小队士兵——这样的制度确保了铁道的正常保卫。为了回应爱斯托先生更进一步的问题，他说中东铁路的俄国当局没有“安排”土匪。

万考芝先生问，去年 9 月在沈阳和满洲其他地方发生的事件，对黑龙江省人民是否有影响。

程省长回复说，唯一的影响就是，土匪和士兵之间没有差别了，人民遭受的苦难增加了。万考芝先生和希爱慕上校就这个主题继续向省长提问。省长说，在旧政权之下，满洲的事务被严重扰乱。民众没有得到好处，他们尤其受苦于征税。因此，旧军事统治被推翻时，人们感觉像是从束缚中解脱出来了。

万考芝先生就压榨性的征税询问了更进一步的信息。

程省长说，作为一个军人，他对征税知之甚少，但他对烟草征收的高额附加税有所耳闻，他个人知道一些与新的军队组织有关的军事附加税。因为万考芝先生和爱斯托先生进一步的询问，他继续说，税收往往需要提前数年缴纳，他确信“满洲国”会改革税收制度，虽然此种改革尚处于筹备阶段。

爱斯托先生问，与张作霖政权相较，张学良政权如何。

程省长回复说，他没法说，两个政权都征收重税，追求自私的目标，并且向山海关派遣大量军队，在长城以内制造动乱。在回答万考芝先生和爱斯托先生进一步的问题时，他说，民众极力反对这些远征和活动。

万考芝先生请省长对问卷上的第二个问题做出评论：

问题二：齐齐哈尔和黑龙江省民众在“新国家”建立中的参与情况

程省长回复如下：

“民众从旧政权中解脱出来后聚集到了一起，构建新的政治秩序。所有人都认为，不能让军事统治回归。当时我在海伦，等我回到齐齐哈尔的时候，‘新国家'已经建立了。所以我不是很清楚'民众的意愿'[1]是通过何种方式表达的。据我了解，沈阳某些机构进行了商议，但'新国家'真的是人民通过其代表——既有官员也有公共机构——建立的。"日前，日本驻齐齐哈尔领事清水[2]先生曾提交关于这一事项的解释说明。据清水先生所说，这些解释说明来自省公署，即：该省之商会、农会、教育会、律师协会及其他几个公共和宗教机构的代表在二月中旬会面，做出了建立"新国家"的决定；二月末，来自全省类似机构的代表齐聚齐齐哈尔，组建"新国家"筹备委员会（New State Foundation Preparation Association），并选举代表前往沈阳出席由满洲和蒙古各地区代表参加的"新国家"成立大会。一开始省长似乎不了解这个解释说明。但是，在进一步询问时，他表示知道这个解释说明，并表示该说明的叙述是正确的。

爱斯托先生问，"新国家"的军队是新近征募的，还是旧政权下原有的军队？武器还是原来的，只是臂章不同了？省长回复说军队和武器都是原来的。

万考芝先生然后请省长就问卷的第三个问题做出评论：

问题三：该省警力的组织、力量及分布情况

省长回复如下：

"我是个军人，所以警察的事我不是很懂。但作为省长，我对我省警力的组织和分布有一些了解。省公署内有警务厅，有一名负责人。全省有55个县长，每人负责一个行政区。除去18人以外，其余县长都有下属地方警察局长，没有地方警察局长的18位县长是在人口稀少的地区，他们个人全权负有警察之责。整个省的警察不到12 000人。当然，大部分的警力集中在省会齐齐哈尔及其周边。政府更迭的同时，本省警察的人事跟以前是一样的。有时候，两个或更多行政区的警力会被集中起来，去应对某些紧急情况。但这通常是不可行的，因为本省太大了，两个行政区之间的距离往往超过100里地，邻近两区的警力就被分开了。如果问题中所说的事变是长时间的，那么警力集结当然是切实可行的。"

万考芝先生接下来就该省的通信询问了省长。省长回复如下："本省通信非常不便，但铁路的发展对通信大有裨益。齐克（Chi-Ko）铁路从这儿的北部

---

① 编者按：原文如此。

② 编者按：指清水八百一领事。后同。

开始，通往边境地区。我们打算把它延伸到大黑河，这个工程在将来会很容易完成的。现在往大黑河去有一条汽车道，这条道通常是从往北 240 里的拉哈(La-ha)开始的。拉哈是始于宁年(Lin Yen)的铁路支线的终点站。宁年到齐齐哈尔与到拉哈的距离一样，宁年也是齐齐哈尔和克山(Koshan)的中点，在齐齐哈尔的东北方向。齐齐哈尔是齐克铁路主线的终点站。本省大部分地区在中东铁路以南。洮南铁路，还有其他许多的道路都可以用，但是，非冬季的时候只有马车才能通过这些道路，也有些道路在冬季适合汽车运输。”

万考芝先生然后问程省长，他是不是也是该省军队的司令。省长的回答是肯定的，而且，因为万考芝先生进一步提出了关于省长在本省建立和平与秩序的计划的问题，省长大致说了如下的内容，“一开始我担心不能完成如此重大的任务，但自从发现我所管的很多军事领导人都是我以前的同僚和下属，我就觉得我的计划能够实行。在黑龙江省的军队里，一个旅就是一个单位。黑龙江有七个旅，自马将军离开后，军队本身没有制造什么动乱。至于土匪的骚乱，大部分都发生在中东铁路以南，肇州和肇东的县长与李海清的军队有分歧。我派了军队过去协助他们。几天前，我的一个旅长在那儿受伤了。牵涉其中的两县的警察也参与了战斗。”

万考芝先生然后请省长对问卷上的第四个问题做出评论：

问题四：自 1931 年 9 月后该省经济和金融形势发展的数据

省长的回复如下：

“我很乐意在我知道的范围内回答这个问题。9 月之前，黑龙江省的年收入超过 1 500 万元，或者说每个月超过 125 万元(本省货币)。现在的收入只有那些数额的三分之一。民众因匪患受了很多苦，不能耕种自己的土地，所以有大量的贫穷和不幸。我将尽我所能提供帮助，其中一个方法就是下令让各县长呼吁各农民协会、该地区的富人帮助穷人。我能够依据从县长那里得到的报告制定进一步的计划。另外一个方法是安排银行发放贷款。本省有一个省级银行，即“黑龙江官银号”(Hei Lung Kiang Kwan Yin Hao)，成立已有三十多年。过去，黑龙江官银号有权发行钞票，但现在没有。现在在用哈尔滨货币(Harbin money)。之前有江钱(Kiang Chen)，是值 500 或者 100 吊钱的钞票，或者更小。现在不流通了。”

万考芝先生感谢省长准许进行此次会谈，并询问省长是否还有其他所希望提出的要点。省长再次提到他的军人背景，并表示，因为他现在是省长，所以他希望能够在该省建立和平与秩序,帮助其治下人民重获繁荣与幸福。

(资料来源:日内瓦国联与联合国档案馆藏李顿调查团档案,S31 - NO. 1 卷宗)

46. 调查团与一个代表团的会谈纪录(1932 年 5 月)

调查团在齐齐哈尔与一个代表团的会谈记录

该代表团由声称代表各自社会团体的五名蒙古青年、两名满洲老人、一名穆斯林老人组成

调查团代表:万考芝男爵

希爱慕上校

爱斯托

莫思先生

会谈以中文进行

代表们依次表达了对调查团的感谢,感谢调查团给予他们说出自己的希望的机会。他们希望国联能够帮助他们,在"满洲国"的保护之下实现其民族和团体的发展愿望。

蒙古人是穿着欧洲服装的年轻人,他们刚从沈阳大学、金陵大学和燕京大学回到齐齐哈尔,他们表示是从齐齐哈尔周边的县里过来的。为了这次会谈,他们等了五天。他们受到推选,成为在距离此地约 100 英里的肇州、肇东、讷河、布西和泰来等地居住的蒙古人的代表。还有更多的蒙古人在北边和西边,但没时间等他们派遣代表。五名蒙古青年代表了"满洲国"28 个主要蒙古部落(旗)的意见。代表团内部有异议并进行了讨论(最终由那个看起来最见多识广且个性最强硬的穆斯林代表做出决定),其后他们说内蒙古有 49 个旗或部落。他们不清楚满洲地区蒙古人的数量,但从老人那里听说估计有 150 万。这无疑是个猜测。他们对外蒙古的情况一无所知,理由是:他们和外蒙古地区的蒙古人没有任何沟通。在他们所代表的蒙古人当中,他们没有听到过任何赤色宣传,他们自己不是共产主义者。他们可以说或者写蒙古语,但大多数蒙古人既不会写也不会读。蒙古人受到中国军阀的诸多压迫,后者剥夺了他们的土地,让汉人在此定居而不支付任何费用,军阀还对蒙古人的牧群征税。中

国军阀们使用的一个方法就是，让骑马的土匪去骚扰劫掠没有武装的蒙古牧民，直到这些牧民离开这些他们垂涎已久的地区。蒙古人逐渐被驱赶到了北面和西面的地区，他们担心自己会逐渐消亡。自成吉思汗时代和蒙元王朝（忽必烈汗）以来，蒙古人苦于汉人入侵，但还没有发生过大规模的有计划的官方压迫。直到袁世凯垮台后，中华民国抛弃了满蒙汉平等的伪装，开始了蓄意的剥削行动。当日本人将中国军阀从满洲驱逐出去的时候，蒙古人加入了建立"满洲国"的行动，迎接改善自身条件的前景。他们的行动非常有自发性，只有抓住机会以自我保护这样的想法才会激励他们。他们的盟旗组织举行了蒙古人会议，选出代表前往长春，以表达他们对"新国家"的忠诚。他们的行动由他们最受尊敬的老旗王齐默特色木丕勒(Chi Mu Su Sempula)领导，这位旗王住在长春，是个富人。他们将另一位发起行动的主要的旗王称为"业喜海顺"(Yeh Hsi Hai Hsun)。

代表们似乎对蒙古人的情况不是很清楚，他们看起来是雄心勃勃的学生政治家，受蒙古青年联盟的指示向调查团进言。

会谈到下午 5 点时休会。

再继续的时候，两名满人代表发言。他们说黑龙江的许多满人团体仍然保留了旧有的旗制和语言，尽管很少有人会读或是会写满语。他们大部分人是汉人的后代，这些汉人以前和满人联盟，并被吸纳成为满族旗制中的"汉旗"，如：汉军旗。现在很难把他们与满族人区分开来。从外观来看，满人和汉人之间几乎没有差别，两个民族之间也没有什么仇恨和敌意。但是，黑龙江的满人，其经济尤为困难，他们几代人都是驻屯军。受清帝统治时，每个满人都要服兵役，每月最少能拿 20 两银子。他们很少打猎、耕种，因为军事训练只是名义上，而且他们不需要认真地耕种，所以他们变成了游手好闲的人。中华民国承诺会继续付给他们每个月 20 两，但这很快证明是军阀总督们造就的噩梦，他们把应该到期支付的钱按白银存入自己账户，而将已经贬值的纸币用于发放，以至于去年，每位本应拿到 20 两银子的满人只拿到市场价值 0.8 元[①]的钱。很多人甚至连这么微薄的钱都没拿到。结果便是，满人被迫在不适合他们的条件下与汉人竞争。这些发言人曾经是满人学者，现在是小店主。有些满人现在住在镇上，还开着店，但大多数满人还住在乡下，耕种土地。一开

① 编者按：货币单位为＄。后同。

始,他们是非常糟糕的农民,种的东西都长不了,但是自然法则一直在教导他们,他们很快取得了进步。除了对原有军饷的抱怨与不满之外,他们没有受到特殊的迫害。但也讲到了他们的同胞对省军政府的不满,他们很乐意看到军阀们被赶出去,建立以他们原皇帝为领袖的"满洲国"。据说,溥仪非常聪明、勤奋,而且心地善良。如果"满洲国"能让这个国家摆脱土匪,实现公正管理的承诺,满人就会强烈地支持溥仪。满人对他们的汉人同胞没有怨恨之感,也无复仇之意,他们希望能平等共享"新国家"的利益。

穆斯林代表说,黑龙江有很多穆斯林,事实上也没办法把他们和汉人区分开来。他的家族来自甘肃。穆斯林认为他们最初来自阿拉伯半岛。在甘肃,穆斯林对汉人没有任何敌意。作为一个团体,穆斯林尤其受到牛肉税的严重打击。他不是作为一个穆斯林,而是作为指导会(Chih Tao Hui,音译),即宪政筹备委员会的一名成员在这里发言。

蒙古人说他们有光荣的血统,非常在意自己的传统。他们不认为日本人会将"满洲国"降到朝鲜的地位。如果他们看到这种趋势出现,就会反对"满洲国"。虽然自元朝之后,他们因内部的纠纷及喇嘛教而遭到削弱。喇嘛教使这个国家人口减少,并且传播了梅毒(喇嘛不娶妻,不检点),但蒙古人最受苦于汉人掠夺土地。然而他们大多数人依旧是游牧民族,擅长骑射。如果能够武装自己,那么他们仍有能力进行自保。

然后,穆斯林代表所有人就征税的话题进行了发言,他对此比较了解。他尤为坚持认为黑龙江的情况在张学良统治下已大为恶化。相对于认真关注政务,张学良更沉迷于挥霍和跳舞。他制造了杨宇霆的去世,他不敢或是因怕麻烦而一次都没去过黑龙江。甚至是与俄罗斯在边境发生战争的时候,他都没有去调查事件。他曾提出派兵前往哈尔滨以巩固其统治,但他从未将嫡系军队派往前线。沉溺于跳舞和善于挥霍的官员们,会被张学良提拔到高位。在一个管控得当的国家里,晋升应当取决于行政上的优点,而不是跳舞。这名穆斯林代表对此问题深感痛苦,表示张学良应负其责。在中国发动战争的时候,张作霖下令,此前 1 000 万的军事税要增加一倍,他在黑龙江征收了 1 000 万。然后,民政当局花了 400 万。省府的官员抓住这个机会,把所有的征税都加倍了。以前他们为军费开支征税 1 000 万,为省府行政征税 400 万,结果他们征收了 2 800 万,其中 1 000 万是转交给张作霖的。民政管理没有取得任何进展,他们还厚颜无耻地将 400 万装进了自己的腰包。人民无疑是厌恶军阀的。

在印度，税收是用在国家上的。张作霖榨干了这个"国家"，而张学良没有实行任何管控，纵容军阀为所欲为。人民无法得到救济，法庭就是个闹剧。在这个本应极其繁荣富裕的"国家"里，黑龙江唯有官员才是富人。税收过多而无法详细论述，他给出了如下关于农业税和肉捐的详细资料，展示民众是如何被勒索的。大部分的税捐都没有合法的依据。地方的县长通常设法安排自己的亲戚作为征税人，利用士兵辅助，征收一切可以拿到的东西。征税人的心血来潮和突发奇想代替了法律。关于到期付款，也没有核对。通常根据征税者的征收能力来估计并进行征收。他们的征收到了极点。

Ⅰ. 农业税（农民）

土地税、警察税、教育税、土地计量税、镇压土匪税、抬迁费（T'ai-chieh-fei，音译）（为罪犯处理提供资金而征收的税种——棺材、运输等等）、卫戍税、保卫团税、工业税、林产保护税、自治税、乡镇行政税、军事防御附加税。

以上十三种税通常由县一级收取。

粮食税（2种）、军事附加税、汽车税、内税、铁路税（铁路修理及建设）、商会税、农会税。

以上八种税由省税捐征收局对在市场上出售的谷物进行征收。

此外，军人们抢夺运货推车，拿了草料和食物而不给钱，等等。

Ⅱ. 肉捐

屠宰税、牲畜税（购买）、军事附加税、皮张税、警察税、内税、牲畜人头税、卫生和道路清洁税。

以上九种税收是屠夫支付的。征税者估计牛的价值在每头50元，尽管市场价可能是10元、20元或者30元。

以上只是压迫的两个例子。附加税要比能数出来的多得多。外国的征税用于公共利益，取之于民，用之于民，所以人民没有受苦于此。但在黑龙江，征税都进了一、两个军阀的口袋。这就是民众仇恨他们的主要原因。

我们要求代表们送来详细的声明（已经收到了，且正在翻译）。

乔治・辛克莱・莫思

1932年5月

（资料来源：日内瓦国联与联合国档案馆藏李顿调查团档案，S31 - NO. 1卷宗）

47. 何柱国提交的关于沈阳事变期间及其后山海关形势的备忘录(1932 年 4 月)

关于说明 1931 年 9 月 18 日沈阳事变期间及其后山海关形势的备忘录
致国联调查团:

我谨代表中华民国陆军步兵独立第九旅热烈欢迎国联调查团各位成员来到山海关。诸位受国联委托调查沈阳事变,可能有兴趣了解山海关和第九旅被要求扮演的角色。自我们的邻国首次在沈阳侵占我们的土地,已经过去七个月了。以下的注意事项可让诸位了解山海关在去年九月十八日至诸位访问之日这一期间所发生的事情。

1. 山海关是中国著名的长城的东部终点,坐落于山脚下,面朝大海。该地以"天下第一关"而闻名,很多人不远万里来参观,既有中国人也有外国人。自《辛丑条约》后,英国、法国、意大利和日本的士兵就驻守在这里(南海),我们已成为一个大家庭在这里共同生活了三十多年。

2. 自沈阳事变后,这里的日本士兵得到增援,并有数量可观的弹药补充。据 1931 年 10 月 13 日日本新闻社消息,日本外务省认为日本在山海关的处境非常危险,就像在锦州一样。驻守此地的中国士兵保护了外国人的生命和财产,而且我认为在我驻守此地期间,没有遇到任何一个带有不愉快性质的事件。此外,中国军事当局赞同这里的日本指挥官,严格禁止各自的武装士兵进入对方的区域以避免可能发生的误会。日本士兵驻守在铁路南侧,我们的士兵在北侧。中间地带则由中国警察守卫。

3. 日方向锦州行军时,有超过 10 艘日本驱逐舰、巡洋舰以及一艘航空母舰在秦皇岛和山海关之间巡航。天空也受到日本空中飞机和水上飞机的威胁。日侨和士兵不断地使用侮辱性语言,拿枪指向我们的士兵,借此挑衅。另一方面,我们的士兵非常遵守政府的命令,保持耐心,同时保护我们的民众,不让他们违反法律和命令。我们很高兴向诸位报告,日本人的生命和财产没有遭受损失。我们其他国家的朋友可以对这一点做出保证。

4. 我们的士兵从锦州撤退后,日本士兵立即占领了绥中地区。中国军事当局成功与日本关东军总司令达成协议,日军不会行军到超过万家屯的地域,中国士兵不会踏出临榆县。

5. 最近,即1932年4月12日,两名日本军官和约50名士兵进入山海关城,参观天下第一关。其中一名军官和三名士兵在未经我方司令部允许的情况下,强行进入我方军营,无视我方警卫试图进行的阻拦。日本军官及士兵的行为,极易造成冲突并危及当地的形势。如果日方继续这样做,极有可能产生令人不快的后果。

我已向诸位提供自1931年9月18日以来的山海关形势的真实描述,真诚希望国联调查团的诸位成员旅途愉快,并相信他们神圣的使命终将成功实现。

何柱国

陆军步兵独立第九旅中将旅长

山海关,1932年4月

(资料来源:日内瓦国联与联合国档案馆藏李顿调查团档案,S31-NO.1卷宗)

48. 调查团与万咸章、龟冈的会谈记录(1932年5月23日)

调查团与洮昂铁路局和克山铁路局局长万咸章的会谈

齐齐哈尔,1932年5月23日

出席人员:希爱慕上校

莫思先生

万咸章先生的各类日本顾问

1931年9月之前,万局长曾担任过三年的副局长。日本顾问说,万局长可以回答一些概括性的问题,而细节问题由顾问回答。事实上,随着会谈的进行,我们发现局长对铁路运作知之甚少,几乎所有的问题都必须由他的顾问们回答。

问:这些铁路沿线的土匪情况如何?

答:比以前要好一点,但是索伦(Solun)支线的情况还是很糟糕。

问:为了把铁路延伸到克山,你们做了什么准备?

答:去年九月的事变发生之后,这件事情就搁置了。

问:克山铁路的燃料从哪里来?

答:从抚顺煤矿那里。

答:你们定期付款?

问:不,我们从来没有付过钱。

答:第一次煤炭交付是什么时候?

问:1925 年铁路开始运营的时候。从那时候开始,一直持续。

答:铁路现在因为煤炭欠了多少钱?

答:大约 200 万日元。这 200 万日元已经变成了满铁的贷款,是用于铁路的第一笔费用。

问:满铁修理了克山线的机车吗?

答:是的。

问:满铁给钱了吗?

答:给了,因为如果不给钱的话,机车就要不回来了。

答:克山线的各个小站和牛庄之间有生效的通关税吗?

问:有的。

答:南满铁路上各个小站也有生效的通关税?

问:没有。满铁要求这些通关税生效,但中国当局说,在他们同意这件事之前,满铁必须支付预付款,每吨煤炭 3 日本金票(gold Yen),以 10 万吨为基础。换句话说,满铁要想在克山线上设置通关税的话,必须支付总计 30 万的日本金票。

问:建造克山线的资金是从哪儿来的?

答:一部分来自平奉铁道收入的盈余,一部分来自黑龙江官银号,还有部分如下:

建造了一部分铁路以后,公布如前所述通关税。克山铁路将会征收所有货物运费。后来,克山铁路不再与不同铁路分享这些费用(例如克山铁路[①]、洮昂铁路、平奉铁路),而是将所有的资金自行保留,用于该铁路的延伸建造。平奉铁路和官银号最初提供的借款分别为 650 万日元和 450 万日元,总计 1 100 万日元。

在接下来与莫思先生的私人谈话中,万咸章局长说他实际上是日本人手中的犯人,日本人监视他的每一个行动,他唯一的愿望就是逃跑。

---

① 编者按:原文如此。

希爱慕上校的记录

上述信息是向一个小官员提问得到的，非常具有启发性，因为它解释了一些我们没能理解的事情。那就是，如果有的话，满铁和克山铁路存在的特殊的关系。日本铁路当局总是否认他们为该铁路的建造提供了资金；向所谓“满洲国”政府的交通部长提问时，他否认除黑龙江省以外存在其他利益方，并说克山铁路和呼黑铁路一样是独立的。满铁似乎成功地将抚顺煤矿当作工具，控制了克山铁路。

随后是与四洮铁路局长顾问龟冈(Kameoka)先生的会谈。

问：局长的名字是什么，他的指挥部在哪儿？

答：阚铎(Kanto)先生，他也是奉山(沈阳到山海关)铁路局的局长。

问：阚铎先生[①]也针对奉山铁路向局长建议吗？

答：不。我的职责仅限于四平街支线。

问：作为铁路的管理者，阚铎先生有什么资质？

答：他拥有二十年的关于中国不同铁路的经验，包括吉林—黑龙江铁路。

问：该局长在四平街目前这个职位上工作多久了？

答：从1931年10月开始的。

希爱慕上校的记录

在我们乘飞机从哈尔滨前往齐齐哈尔的旅途中，以及我们乘火车从齐齐哈尔经由四平街前往沈阳的旅途中，铁路交通的缺乏最为引人注意。很难确定这种状态在每年的这个时候是否属于正常。

(资料来源：日内瓦国联与联合国档案馆藏李顿调查团档案，S31－NO.1卷宗)

49. 调查团与天野的会谈记录(1932年5月23日)

1932年5月23日在齐齐哈尔的会谈

出席人员：天野(Amano)将军[②]

---

① 编者按：原文为Mr. Kanto。根据上下文，此处应该是向龟田询问。推测为原文文本错讹所致。

② 编者按：指天野六郎少将。后同。

滨本(Hamamoto)大佐①

林(Hayashi)少佐②

墨田大佐

清水先生,日本领事

……③

万考芝

皮特尔

爱斯托先生

汐崎先生

自动乱开始,日本特务机关的林少佐就驻守在齐齐哈尔,他说到了那些导致江桥战役爆发的事件。九一八事变之后,黑龙江省长万福麟就逃到了北平④。张海鹏将军是该省的高级将领之一,当前省长于1928年被张作霖杀掉的时候⑤,张将军就被期望成为继任省长。1931年9月,张海鹏驻守在奉天省的洮南,指挥拥有三个团的一个旅,他的这个职务是张作霖任命的。到10月时,他手下的士兵大概有8 000到9 000人,包括新兵。他决定试图去做黑龙江的省长,并开始向北行军。与此同时,万福麟自北京任命马占山将军继任省长。那时候马将军在大黑河。一个来自齐齐哈尔的接待委员会去见张海鹏将军,但是马占山将军下了命令,要求制止张海鹏的行军。为了造成该效果,在马将军的命令之下,嫩江上的铁路桥梁遭到破坏。目前这个阶段,离得最近的日军在四平街。这条铁路是用满铁提供的资金建造的,也已经被抵押用以借贷担保。这个季节,大量的粮食需要通过这条铁路往南运送。所以,尽快把这架桥修起来很有必要。

10月20日,马将军抵达齐齐哈尔就任省长一职。10月22日,在日本政府的命令之下,日本总领事要求马将军尽快把桥修好。当时还没有提及时间

---

① 译者按:指滨本喜三郎大佐。后同。

② 译者按:指林义秀少佐。后同。

③ 编者按:省略号为原文所有。

④ 编者按:原文如此。实际上,万福麟在九一八事变之前就已经入关,在张学良身边佐理军务。

⑤ 编者按:原文如此,应该指的是1929年张学良处死时任黑龙江省省长的常荫槐。

上的限制。不过马将军找了很多的借口，拒绝修桥。所以，10 月 27 日，日方第二次要求，江桥修理工作应于 11 月 3 日正午完竣。10 月 20 日那天，洮南铁路和满铁的一小队雇员受到派遣，在没有军队护送的情况下前去视察被破坏的桥梁。尽管他们已告知黑龙江军队的一名官员，他们只是去视察损毁之处，但仍然遭到了来自中国军队的机关枪射击。

11 月 2 日，日方向马将军和张海鹏将军发出最后通牒，要求双方都不要将该桥用于战术目的，双方都应从桥边向后撤退十公里；与此同时，日方宣布如果他们任一方不撤退，或是阻碍满铁工程师的桥梁修理工作，日军将视他们为敌人。最终通牒将于 11 月 3 日正午开始生效。11 月 3 日，省政府的一名代表赵(Chao)先生在齐齐哈尔拜访了日本领事，并说马将军已经要求南京政府允许接受最后通牒，但还未得到回复。当天稍晚的时候，赵先生再次拜访，并说日本巡逻队于凌晨到达了桥边，他要求日本军队不可再如此快速地行军。日本军队于 11 月 1 日从吉林派出，11 月 2 日到达洮南。11 月 4 日，省政府代表提出要求，一个代表日本领事、林少佐以及省政府的委员会应当去往现场，并商定日军不可再如此快速地行军。林少佐回答说，如果中国军队在 11 月 3 日时撤退，就没有必要进行这样的行动。他认为，省政府企图阻碍日本军队，保持江桥的损毁状态。但最后为了避免麻烦，林少佐同意了。11 月 4 日上午 7 时，由林少佐、日本领事馆的早崎(Hayazaki)①先生、中国参谋长石上校②以及省政府的李(Li)先生组成的一小队，乘火车离开，并于上午 8 时抵达大兴。在短暂休息后，他们乘坐一辆手摇车前往遭到破坏的江桥的最北端。他们沿途看到中国军队在高地组织防御，挖掘并延伸战壕。尽管有着浓厚的雾气，但他们仍看到了驻扎着约 300 人。

在桥上，他们见到了指挥修桥小组的花井(Hanai)大尉，花井解释了自己的任务。石上校向花井解释说，他到此是为了避免敌对行动的发生。花井回答说，他希望保持友好的关系，并询问中国军队为什么没有撤退。石上校说，他自己发现中国军队还在原位时也很惊讶。花井上尉说尽管中方违背了承诺，但日军不会对他们发起进攻，除非日军先遭到攻击。他说想派遣一支掩护军队前往大兴车站。然后，林少佐请求石上校命令中国军队撤退。石上校回

① 译者按：指早崎真一。后同。

② 译者按：指石兰斌。后同。

答说,作为参谋长,他没有足够的权力主动这么做,但他会立刻回到齐齐哈尔,请求马将军下达这个命令。其后,这一小队于九点半乘火车离开,十点半抵达齐齐哈尔。

其后不久,到上午十一时,中国代表在日本领事馆拜访了林少佐,说马将军已经命令中国军队于正午前撤离,命令是通过电报发布的。他也派遣了一位有权负责的官员带着一份书面命令,并希望有一位日本官员陪同这位中国官员。林少佐再次质疑中国方面是否会兑现他们的承诺。下午二时,他和早崎先生,马将军的副官那少校①及秘书韩先生②一同离开【齐齐哈尔】。他们于下午三时到达【江桥】,看到战斗刚打响。林少佐要求韩先生向中国指挥官询问,难道他没有收到撤退的命令？中国指挥官说他从未收到这样的命令。然后,林少佐让他们下达撤军的命令,但是韩先生和那先生说,他们都没有带书面命令,他们也无权发布这样的命令。战斗开始了,因为中国人没有兑现撤退的承诺。

滨本大佐说被派遣掩护江桥修理的军队由他指挥,他的队伍由一个步兵大队(400人),八门炮,一个工兵中队以及无线电I班组成。他的命令是,在11月4日正午之前开始江桥的修理工作。因为相信中国人会在11月3日正午前撤退,在4日的黎明时分,他派遣花井大尉前往江桥最北边,也就是他会见来自齐齐哈尔的代表们的地方(如前所述),到正午时,一个携带日本国旗的步兵中队受他派遣,沿铁路前往大兴,且奉令不得对中国军队发起进攻。他和大部队还在江桥南边的江桥(Chaingchao)火车站。十二点半时,前行的中队在江桥向北一千米的地方遭遇炮火和机枪扫射。他们挥舞着旗帜,表明他们是日本人,但是扫射更严重了。最后,他们不得不因伤亡撤退到江桥最北处③。一听到枪声,滨本大佐立刻派遣两个中队前去增援,他本人则在下午两点半带着联队旗前往江桥中部。炮兵部队被留在了江桥站。他派出了三支巡逻队,下午四时收到了巡逻队的报告。报告说,前方除铁路路堤外,其他地方无法通行,地面左前方过于泥泞,军队无法前行,但有可能从右翼绕开。因此他派出了第5中队,携带两挺机关枪,占领了右翼的小山。上述中队伤亡惨

---

① 译者按:指那连宿(景申)。

② 译者按:指韩树业。

③ 编者按:原文如此。

重,所以在日落之后,他派遣了另一个中队前往增援,于晚间八时半占领了小山,并俘获了150名中国军人和两挺机关枪。他决定于11月5日凌晨四时继续攻打右翼,并于当日上午八时向两个中队的前线发起进攻,于十时到达第一个中方阵地。然后,他们看到前方放置了约七十挺中国机关枪,于是他派遣第七中队在右翼展开包围行动。他们于十一时到达一座已由中国人占领的小山,但遭到了中国步兵的反击,500名中国骑兵包围了他们的侧翼。这次交火,日军损失惨重,失去了三分之一的兵力和一名指挥官,最后被迫撤退。大佐决定待在原地,直到夜幕降临。

11月5日或6日的夜晚,滨本大佐得到两个大队作为增援,形势得以缓和。第二天,也就是11月6日上午,他以新的大队为右翼,沿着整个战线进攻;到十时,迫使整个中国军队撤退;到正午时,他率军抵达大兴车站。他没有再继续追击中国人,因为任务仅是占领大兴以掩护江桥修理。在这场战役中,至少有5000名装备良好的中国士兵对他发起进攻,中国士兵配有大量的机关枪和轻型自动步枪。

导致占领齐齐哈尔的行动

这些行动由第二师团发起,受多门(Tamon)中将①指挥。该师团由两个旅团组成,分由天野少将和长谷部少将指挥。江桥战役后,中国军队撤退到大兴往北大约十二公里处的三间房(San-Chien-fang),他们在该地集结,以对抗日本方面。马将军不仅有两万人的黑龙江省军,他还派遣了位于洮南西北部地区的屯垦军和丁超将军的军队。11月初,马将军就集结了约1.7万到1.8万人的军队来对抗日本军队。11月12日,本庄将军要求,黑龙江军队应当退回到齐齐哈尔北部,并允许日军向北前行以保护洮南—齐齐哈尔铁路。直到11月14日,日本军队的大部队还待在大兴附近。当他们向北行军时,中国军队向他们的右翼派遣了骑兵,对他们造成威胁;17日,两军形成对垒之势。最大的一场战斗发生在18日,导致中国军队失败及齐齐哈尔被占领。

目前的军事形势

天野少将于【1932年】4月17日到达齐齐哈尔。他此前在海林(Hailin)、宁古塔(Ninguta)和方正(Fancheng)东线战斗。现在他指挥的这支军队有900名步兵,九支炮兵和一部分工兵,总计约有1 300人,所有人都驻守在齐齐

① 译者按:指多门二郎。

哈尔的镇上。自他抵达后，便再无战斗。齐齐哈尔附近不再有那么多土匪，西北部的兴安地区也非常安宁。

"满洲国"在黑龙江省的兵力由八个旅团组成。其中有一个旅团在马将军的命令之下与"满洲国"军队对抗，还有三个骑兵联队，即第二、第四和第九，相当于一个骑兵旅团，被认为在同马将军合作。如果下令对马将军发起进攻的话，其他六个名义上忠于"满洲国"政府的旅团，其态度也将是不确定的。到目前为止，"满洲国"军队和马将军的军队还没有交战。有一些支持马将军的军队遭到了张海鹏军队从洮南发起的进攻，他们正向北行军到安达（Anda）附近的中东铁路。马将军似乎得到了土匪和警察的支持。有很多谣言，说马将军受到了俄罗斯的帮助，但没有证据证明。他【的军队】配备了来自捷克斯洛伐克工厂的机关枪，一些相当现代化的火炮和不同类型的步枪。

黑龙江省军被认为是满洲最好的中国军队，特别是其骑兵。"满洲国"军队还是之前效力于旧政权的人。训练他们要花时间，他们最终会被用来对抗马将军。俄罗斯在满洲里驻有用于防御的军队，但是他们在这儿附近建造了军营，以便在形势发生变化的时候，能够轻松增援。仍有俄罗斯难民源源不断地跨越边境涌入。

爱斯托

1932年5月25日

（资料来源：日内瓦国联与联合国档案馆藏李顿调查团档案，S31－NO.1卷宗）

50. 调查团派遣小组从哈尔滨出发经由齐齐哈尔和洮南到达沈阳的旅程的报告（1932年5月）

从哈尔滨出发经由齐齐哈尔和洮南到达沈阳的旅程的报告

1. 国联调查团派遣的小组由万考芝男爵、希爱慕上校、莫思先生、皮特尔中尉和爱斯托组成。小组于周日，即1932年5月22日离开哈尔滨，乘飞机前往齐齐哈尔。由于天气条件的不利，启程时间自上午8时延至下午2时。他们乘坐了两架福克单翼飞机，一架是三引擎飞机，一架是单引擎飞机，这两架飞机属于同一家日本航空公司，该公司运营自大连至日本的航线，现已将其服务从沈阳拓展至哈尔滨以及齐齐哈尔。因途中风力强劲，旅程花费两小时十五分钟，而不是预计的一个半小时。这条路线飞经北满最为肥沃的地区，几乎所有的土地都在进行耕种。居民们生活在分散的筑防农场里，农场通常借助东北沿线的树木带的保护抵御盛行风。小组从空中能看见的中东铁路西线没有看到任何运输或车辆。飞机在 3 000 英尺的高空飞行，无法看到当地情况的细节。

2. 飞机于下午 4 时 20 分抵达齐齐哈尔，日军在嫩江边的草地上修建了临时停机坪，飞机在此着陆。那儿有三架日本军用飞机。这个场地已用壕沟加固，我们在城市各个地区的周围都看到了一条壕沟。省长秘书和日本军方官员在这个地方迎接小组成员。三辆日本装甲车由两列士兵保护，载着我们去往城内。我们住在齐齐哈尔旅馆，该旅馆此前由省政府所有，现已由满铁接管。下午 5 时 30 分，小组与日本领事清水先生会谈。附上关于这次会谈的单独报告。清水先生在齐齐哈尔已有几年，他为调查团准备了几个有吸引力的备忘录。在私人对话中，清水先生说他一直在研究日本向北满的移民问题，但是他发现日本向北满移民存在严重的困难，包括中国人低下的生活水平，恶劣的天气条件和日本服饰的不适合性，日本定居者对于学校、医院和适当的警察保护的需求，以及便利设施的普遍缺失。小组受到了省长秘书在饭店举行的漫长的俄罗斯晚宴的招待。

3. 第二天，即 5 月 23 日上午，希爱慕上校和莫思先生与洮南—昂昂溪铁路的克山线(从齐齐哈尔向北运行)的代表以及四平街—洮南铁路的代表举行了会谈，显然这些铁路线真正的控制权是在日本人的手里。小组的其余成员则拜访了驻齐齐哈尔的日军少将天野，以及自动乱后因军事任务而待在齐齐哈尔的林少佐。莫思先生也采访了蒙古人、满族人、穆斯林和其他人的代表。附上这些会谈的报告。中午时分，小组拜访了程志远将军，他是继马将军之后的黑龙江省长。此前我们已被秘密告知，程省长不可能说出他的真实想法，日本人非常仔细地审查过他的言论，他实际上是不忠于"满洲国"的。在我们的会谈中，在场的日本人要比中国人多，省长很明显是非常不自在的。省长是一位上了年纪的绅士，此前指挥齐齐哈尔和满洲里之间的铁路警备军。我们从国外来源知道他很受当地人的尊敬。附上此次会谈的单独报告。

5. [①]上午，爱斯托先生拜访了由两位女性传教士运营的美国长老会，下午

---

① 编者按：原文如此。

又与莫思先生一起回到那里,遇到一名中国商人和一名中国的学校教师。两名传教士说,她们认识的所有中国人对“满洲国”都持有敌意。她们认识的人主要是受过教育的人和公司里的职员。人们对要求小学生参加就职典礼庆祝活动的命令表示不满,但还是有很多中国人到场。日本军队表现良好,但他们摆出了征服者的姿态,中国民众愈来愈不喜欢他们,许多日本下层妇女跟随日军来到齐齐哈尔。出席就职典礼的人分到了大米。她们很少听到乡下的消息,除了土匪又增加了。她们相信,马将军在齐齐哈尔的下层民众当中是一个很受欢迎的英雄。中国人总是否认马将军得到了俄罗斯的援助。我们在执行任务时遇到了两名中国人,一名是学校老师、一名是商人,他们非常紧张,但都渴望说话。

他们说,所有的中国人都反对“满洲国”,他们相信日本人打算把满洲变成第二个朝鲜。他们热切期望国联能寻求正义,但如果没有得到帮助,他们将奋起战斗以保护他们的国家。所有中国人现在都害怕对“满洲国”表示批评或反对,害怕与调查团见面。省长周围全是日本人。他们否认旧政权的统治过错如此之大,少帅在其父之基础上已有改进。马将军不是一个完人,但他是爱国的,齐齐哈尔的市民将尽其所能帮助马将军。但除了偷偷给他送点钱之外,现在不可能做其他事。“满洲国”的官员身居其位,既是为财,亦是为更大的官职,因为他们的财产和家人都受到了威胁。日本人企图用海洛因和鸦片来使民众堕落,而且在日本的命令之下,只在齐齐哈尔以外的地区种植罂粟。北满的民众不想成为共产主义者,因为【苏联】红军(Reds)非常独裁。

在第一次会谈中,“满洲国”的侦探试图透过窗帘进行窥视,其后他们还去见了那两位女传教士,他们要求知道我们在那儿见了什么人,我们谈了些什么。

6. 下午时,万考芝男爵和爱斯托先生拜访了天主教会。该教会由一名德裔瑞士籍牧师运营,该牧师在齐齐哈尔待了七年。他说大多数民众的唯一愿望即是和平,下层民众和大多数商人毫不关心最近的政治变化。正如我们了解的那样,中国是没有爱国主义的。受过教育的阶层和政府官员,包括在任的那些人,他们对“满洲国”充满敌意。所有的阶层联合起来嘲笑溥仪。齐齐哈尔的日本人很少,这里从未有过反日示威或是反日情绪。城里的朝鲜人非常糟糕,他们参与毒品销售等。【1931 年】9 月之前的政府不比中国其他地区的政府更糟糕,但少帅任命的官员不像旧官员那么好,那些旧官员都是非常好的人。齐齐哈尔几乎没有苏联宣传的迹象。白俄罗斯人社团非常的贫穷:俄罗斯教会保持了它的影响力,此前由中东铁路所有的俄罗斯教会仍有名义上的铁路赤色员工参加。牧师的薪金由信徒们贡献。自11月以来,日本军队表现良好,在他们建立新的中国民事行政机构之前,有一个军政府存在了一段时间。新政权促进了城内的法律和秩序,但是周边乡村的情况恶化了。土匪在增加,齐齐哈尔所有的学校都关闭了,除了牧师自己创办的教会学校。官员和警察的人事没有任何变化,但日本人控制了地方政府。还有很多关于减税的说法,但没有任何结果。鸦片被再次种植,这是真的,但这可能不是政府的直接命令,而是人们觉得这事不再受政府控制,时局动乱之际,尽快赚钱极为重要。但政府默许了鸦片种植。马占山是个性格不好的人。江桥战役后,他成了一个英雄,但当他回到齐齐哈尔并且加入"满洲国"政府后,他失去了尊严。他没有因最近一次战斗而恢复尊严,人们对他漠不关心。他手下军队不多。齐齐哈尔没有独立的蒙古人社团。教会工作没有遭到侵犯。往教会走的时候,我们在后院看见了三辆被盖住的日本坦克,天野少将在关于供他支配的兵力描述中没有提到这些。

7. 晚上,我们在旅馆受到了当地白俄罗斯社团负责人波利特科夫斯基(Politkovsky,音译)先生的访问。波利特科夫斯基先生此前是一名律师,现在依靠教授俄语和法语课程为生。他向小组提交了一份长长的备忘录,关于白俄罗斯难民在旧政权下遭受的压迫。

他提到了这样一个事实,中国当局在其占领的边境地区对俄罗斯人进行劫掠,带走他们的钱财、马车和马匹,还把他们送进监狱,直到他们的朋友花钱进行保释。中国人经常把白俄罗斯难民卖回给苏联人,在这种行径中,马占山尤为臭名昭著。他提到了一些例子。中国人为达目的利用了俄罗斯移民,但又阻碍这些移民的贸易和活动。与苏联签订协议后,中国人做好了牺牲白俄罗斯人以取悦红军的准备。法庭非常腐败,政府是压迫性的。他提到了很多希望新政府将会实行的改革。齐齐哈尔的中国当局要比哈尔滨的好一些。但对白人孩童来说,他们没有学校,只能在家里接受教育。大多数孩童忠于父母的信仰。在哈尔滨,中国人对白人学校加以诸多约束,特别是自1929年后。日本人的活动无疑是为了自己的利益,但如果他们能带来法律和秩序,那将对每一个人都有利。他认为日本人将遵守门户开放政策,不过日本人也相信,日本的地理方位以及日本人对市场的了解,将使日本公司能与其他外国公司成功竞争。中国人对“满洲国”的感情是有分歧的。如果日本人现在退出，那么土匪和内战将再次开启。俄罗斯人希望，一个新的政权能够给予他们法律和秩序，给予他们一个正派的政府，他们可以在其统治之下生活。白俄罗斯人在“满洲国”政府中是可以有代表的，但因为内部纠纷，他们没能选出一个代表。有些人怀疑这样做是否明智。他把备忘录交给日本领事，以转交给我们。但备忘录是他主动写的，日本人没有要求查看，让他本人提交给我们。

8. 晚上，希爱慕上校和莫思先生受到了他们此前会谈的铁路代表的晚宴招待。借助这个机会，铁路局长告诉莫思先生，他是日本人手中的囚徒。铁路管理局的所有事项都使用日语处理，这是他听不懂的语言。日本人对他严加看管，他不可能逃掉。在与一个当地日本官员的会话中，希爱慕上校发现日本掌控由齐齐哈尔向北的齐克铁路的方式，就是从抚顺为该铁路供煤而不要求付款。该铁路因此欠了日本人 200 万日元。

7. [①]小组于第二天上午十点乘火车离开。火车由日本人运营，用了几节南满铁路的车厢。该铁路线通过高架桥穿过中东铁路，连接处没有任何火车站，昂昂溪还在几英里之外。火车在江桥停车，滨本大佐在现场解释了此前采取的行动。桥体的损坏仍然可见，虽然不严重，但足以阻碍重型交通工具通过江桥。该铁路线沿着绵延几公里的沼泽堤岸前行，嫩江分支之上亦有几架大小不一的桥梁。往北是中国人的高地。很显然，驱逐他们是一项艰难的军事行动。从这里到洮南，该铁路线经过了一个完全平坦的乡村，这个乡村的大部分地区是牧场。低地的泥泞村庄是常见的，很多村庄都住着蒙古人，土地看起来非常肥沃。在其中一个车站，当地的要人们会见了我们。他们说，今年只有常规种植面积的 70％到 80％，主要是因为时值动乱，人们都逃走了。这一事实得到了齐齐哈尔日本领事以及洮南县长的确认。最近很多定居者又逃回了中国内地。然而今年种植的作物会很好。

8. [②]小组于下午 6 时抵达洮南，县长和当地的要人们，以及日本官员会见了我们。铁路沿线大多数火车站都有日军的小型分遣队。在一个有日本人在场的、拘束的会谈中，我们被告知当地的税额自 10 月起被减少了。会谈后，我们决定乘车到镇上去拜访传教士。我们以车队的形式前进，该车队包括车厢、

① 编者按：序号为原文如此。

② 编者按：序号为原文如此。

日本步兵、骑马的"满洲国"护卫队和一些汽车。洮南是新近由移民建立的城镇。街道非常宽阔，但道路还没有铺砌。大多数房屋是带着平屋顶的泥房子。我们发现传教士不在镇里，所以我们徒步沿途返回。莫思先生借这个机会与县长进行了私人会话。

县长说他在任已有四年，日本占领该地时，他和邻近地区的大多数县长一样，决定仍居其位以安抚民众、减轻恐慌。他仍觉得留在洮南是他的责任。未来是不确定的。洮南目前没有严重的苏联宣传，但县长曾提到中国人的思想是如何转向莫斯科的，他认为目前民众有接受赤色影响的想法，而这预示着真正的危险。除了反对日本统治外，他们什么都做不了，因此他希望调查团能够提供帮助。日本统治的意图是把满洲降低到朝鲜的地位。他认为所有的中国人都厌恶"满洲国"。洮南没有遭受其他地区那样多的苦难。商品出口到日本，店铺与蒙古人有交易往来。他自己只能旁观事态，履行职责。

洮南警察局的两名官员告诉莫思先生，虽然警察现在每个月拿 11 元①，之前是 9 元，但他们心怀不满。警察和士兵都厌恶日本的统治，他们在"满洲国"之前也是警察和士兵。民众不可能喜欢一个带来土匪和经济困境的政权。当问及他们是否会反叛时，他们苦笑着说："对我们来说是没门儿的。"

人们认为的决定新"满洲国"建国的会议是在洮南举行，但我们也被告知，该会议实际上在新政权成立后召开。自动乱后，很多中国人回到了中国内地，大部分新近的定居者是移民。

9. ②下午 8 时，小组离开洮南，乘火车返回沈阳，在中途站停留不超过几分钟，5 月 25 日中午 12 时抵达沈阳。在这次旅程中，负责安排的日本和"满洲国"官员都对我们谦恭礼貌。

（资料来源：日内瓦国联与联合国档案馆藏李顿调查团档案，S31 - NO. 1 卷宗）

---

① 编者按：货币单位是＄。后同。

② 编者按：序号为原文如此。

51. 调查团与清水的会谈（1932年5月22日）

在齐齐哈尔日本总领事馆[1]与日本总领事清水先生的会谈

1932年5月22日

出席人员：万考芝男爵

希爱慕上校

爱斯托

皮特尔中尉

莫思先生

几位日本顾问

作为对爱斯托先生提出的问题的回答，清水先生表示去年九月之前，齐齐哈尔的日本侨民约为150人，他们从事旅馆、药店、干货和典当生意，也有医生和米商。此外，城内还有约300名朝鲜人。在他的整个领事区域（范围：北至黑龙江，南至洮南铁路的泰来，东至松花江，西至黑龙江），有约一万朝鲜人，他们大多数从事水稻种植。

兴安岭的人口大多为蒙古人和满族人，很少有汉人在这里定居。有汉人在黑龙江省东南部的蒙古地区定居。大部分汉人是农业人口。

自“满洲国”建立以来，俄罗斯对待中国人要比之前更为友好。清水先生表示他了解到赤色俄国的宣传在中东铁路上非常盛行。

清水先生估计，今年的农作物产量只比往年少一点点。土匪让农民受了不少苦，但是看起来农民们有足够的谷物播种土地。他认为，尽管今年的种植面积只有常规的80%，不过今年的收成将因降雨充沛而接近往年的平均值。这里没有一家农业银行，也没有“满洲国”承建的农业银行。

在回答爱斯托先生询问是否有共产主义活动的证据这一问题时，清水先生表示在大兴和三间房的战斗中（江桥战役），日军发现了一具穿着中国官员制服的俄罗斯人尸体。1931年11月16日和17日，英庇（Impey）先生（伦敦

① 编者按：原文为Consulate-General，实际上日本驻齐齐哈尔为领事馆，不是总领事馆，后文提及的清水八百一也应该是领事，而非总领事。

《每日邮报》的记者)正好在昂昂溪,他看到中东铁路的货车上有一架高射炮。英庇先生拍了照片,曾向清水先生展示并将照片复印件送给了桥田(Hashide)将军和总领事大桥(Ohashi)。此外,在江桥战役之前,中国人在三间房和齐齐哈尔之间修建了三条战壕。日本长谷部少将告诉清水先生和英庇先生,这三条壕沟,其中一条是中式的,一条是混合式的,还有一条在三间房的壕沟是欧式的。清水先生说,他发现最后一条壕沟是中东铁路昂昂溪火车站的一名赤色俄罗斯官员规划的。

清水先生收到了大量的信息,多数是含糊不清的,这些信息暗示着大多数弹药是通过满洲里和黑河从西伯利亚偷运过来的。清水先生说,日本被告知,马占山将军正从苏联那里拿到了机关枪、步枪和弹药。与黑河地区的通信因铁路终点站的汽车服务的停止而变得艰难,很难获取可靠消息。

哈尔滨的英国公司以及美国公司把采购人员送到黑河和海伦地区去购买皮毛。齐齐哈尔的中国代理商代表了他们。

齐齐哈尔以东的鹤立岗(Horikan)、穆棱(Muling)以及扎赉诺尔(Jalainer)地区都有煤矿。齐齐哈尔现有人口约 6 万人,最近的动乱之前则约为 8 万至 9 万人。黑龙江的情形与其他省份大致相同。土匪的数量取决于军队指挥官的干劲。黑龙江军队追击土匪的时候,只追到该省的边界,黑龙江省军没有同吉林军或是奉天军合作。

1931 年 11 月 19 日,齐齐哈尔被日本人占领。几乎所有的中国官员都跑了,除了警察局官员和警力,他们在林副局长的指挥之下维持秩序。为了解救穷人,一个临时的中国福利委员会(Chinese Welfare Committee)被组织起来。有两个日本顾问隶属于该委员会,但他们没有在公众场合露面,该委员会实际上并没有起什么作用。秩序是由警察维持的。清水先生说,他当时在齐齐哈尔,从中国人那里听说他们畏惧动乱,除非穷困的人得到解救,而且他们不关心行政的问题。省长办公室还是关着的,直到【1932 年】1 月张景惠被任命为省长。警察薪资来自官方银行的基金,这些基金已得到控制,足够应付警察薪资的发放。这一时期没有征税。

和平与秩序维持委员会由各公共机构的代表组成,委员会又派遣代表前往哈尔滨,以代表人民的意愿。张景惠省长在齐齐哈尔只待了几天,清水先生没有见到他。清水先生认识马占山将军。马将军十八岁时成了一个土匪,马将军告诉清水先生,日俄战争时他就是个土匪。马将军因没收了一匹珍贵的俄罗斯马以及许多俄罗斯移民的财产而出名。1930 年和 1931 年有很多移民进入黑龙江，他们聚集在黑河地区。该地区的外交事务专员在马占山手底下当差。为了钱，这名外交专员把 200 到 300 名移民交给了苏联，大多数移民在冰面上遭到射杀。黑龙江在黑河地区的河段约一千米宽，该河段彻底上冻时，中方在河流中间将移民移交给苏联官员。大多数移民在人群众多的情况下遭到射杀，幼童和婴孩也遭到射杀。马占山成为省长是因为他有军队，这些军人几乎都跟他一样，以前是土匪。国民党在齐齐哈尔建立政权的时候，宣传部门雇用了 70 名职员，大多数来自中国南方。张学良政权要比张作霖政权更糟糕。张学良把所有的事情都丢给下属，从来没有到过黑龙江。张景惠在齐齐哈尔聘用了一位仍在职的日本顾问。其他所有日本顾问则是在长春受到任命。关于这个问题，日本驻齐齐哈尔领事没有发言权。

中国法庭非常糟糕；法官受到官员的影响，富人总是通过贿赂来逃避惩罚。关于新的法庭，清水先生没有表达观点，因为新法律以及法庭组成还未得到安排。

“满洲国”政府仍在研究几乎所有的重要问题，如法院、海关、征税等，以期改善未来的条件。到目前为止，鲜有改革已经实施。

乔治·辛克莱·莫思

（资料来源：日内瓦国联与联合国档案馆藏李顿调查团档案，S31－NO.1 卷宗）

52. 黑龙江省土匪现状（日期不详）

黑龙江省土匪现状

地区名称	头目数量	帮派数量	土匪数量	武器数量	马匹数量	评论
呼兰、海伦、绥化、庆城、巴彦	17	10	2 700	5 00 支左轮手枪；2 300 支步枪	500	
肇州	3	未知	750	20支左轮手枪；550 支步枪	未知	

（续表）

地区名称	头目数量	帮派数量	土匪数量	武器数量	马匹数量	评论
肇东	—①	—	4 500	未知	do②	
安达、龙江、泰来、景星	23	未知	2 860	1 000 支武器	几百	
克山	—	—	1 000	1 000 支武器	未知	
索伦	3	未知	900	900 支武器	do	
瑷珲、呼玛、漠河、龙镇、嫩江、讷河	15	do	1 300	未知	do	这些地区的土匪几近一半受苏联支持，他们以海兰泡附近为据点，意在劫掠黑龙江一侧的城镇和金矿。其中一些团伙不仅拥有步枪，还有机关枪。
汤原、通河、萝北	5	do	700	700 支武器	do	这些地区的土匪大多数是朝鲜共产党人，也是朝鲜独立党的成员。
总计	68			14 710		

除上述土匪外，还有鄂伦春土匪在瑷珲地区和嫩江上游地区附近横行。全省各处都有数名土匪组成的小团伙。他们还骚扰居民和游客。奇克特(Chikete)、龙镇(Lungchen)、逊河(Sunho)、克山以及松花江和黑龙江区域等处要比其他地区更受影响。军队、保安团、民兵(保卫团)以及警察都有制伏土匪的责任。不过，军队和保安团不懂节制、没有纪律，他们不仅没有镇压土匪，反而对民众进行勒索掠夺，特别是在目前拖欠薪资的情况下。民兵和警察因人数较少且缺乏训练而不起作用。因此，土匪和士兵让乡里的农民和商人受了很多苦，农民和商人们实在是疲惫不堪。

(资料来源：日内瓦国联与联合国档案馆藏李顿调查团档案，S31 - NO. 1卷宗)

① 编者按：原文如此。后同。

② 编者按：原文如此。推测应该是日语どう，即“同上”的意思。后同。

53. 日本驻齐齐哈尔领事馆提交的关于中国侵犯日本在黑龙江省权益的情形的报告（日期不详）

机密

中国侵犯日本在黑龙江省权益的情形

日本驻齐齐哈尔领事馆

有差别的铁路运价

尽管日本及其他国家一再抗议，但满洲的中国铁路对其运输的本地产品收取的运费更为优惠，与对日本及其他国家制造的产品收取的运费不同。

在齐齐哈尔征收消费税

中国地方当局对日商从他省携带进入当地的水果及大米征收消费税，违反了已经达成的条约。

对日本公司征收的营业税

齐齐哈尔税捐局对经营规模较大的日本公司征收营业税，违反了条约权利。根据当地情况，商业税等于总收入的5%，附加税为1.2%到1.7%。

该省营业税是在南京政府推出营业税之前制定的。

对黑河地区日侨和朝侨的压迫

根据1895年达成的中日协定，瑷珲地区开放贸易。为便利外贸起见，实际上是以黑河代替瑷珲实行开放，黑河是一个正对海兰泡的港口。因此，瑷珲海关、交涉公署以及俄国领事馆都在黑河。中国地方当局无视上述事实，经常企图以警察管制黑河的日侨，并基于黑河不是开放港口而对日侨进行征税。我们经常抗议中国在这一方面对日本侨民的施压。黑河是一个开放港口，这是一个既有事实，黑河和瑷珲的关系就像营口和牛庄的关系。（根据1858年中英条约，牛庄成为开放港口。但由于该港口距离辽河太远，不利外贸进行，实际上以营口代替牛庄开放贸易。）

1929年中俄冲突期间，苏联军队袭击、劫掠并纵火焚烧了黑龙江一侧的中国村庄。因苏联军队只对几乎没有防御的村庄发起进攻，中国人怀疑居住在黑龙江一侧的朝鲜人与其俄罗斯亲属进行了密谋。尽管没有发现任何关于朝鲜人的不忠行为的证据，但在这种得不到支持的怀疑之下，1929年10月，黑河当局将朝鲜人从黑河及邻近地区驱赶到了小兴安岭的南部地区。从那以后，不再允许朝鲜人在黑河居住。

对朝鲜农民的压迫

朝鲜农民在黑龙江省从事水稻种植已有多年。1930 年春，省政府向所有县长发出秘密指令，要求驱逐朝鲜农民。驱逐行动发生于同年 7 月至次年，即 1931 年 2 月末。这一时期，租约或租赁合同遭到无视，126 户 700 口遭到驱逐。其中一些人遭到警察、他们的地主或民兵（保卫团）的强制驱逐，不许其他人处置或带走其货物或作物。朝鲜农民遭到驱逐的主要情况如下：

1. 1931 年 1 月 15 日，雅鲁县扎兰屯城地营子 4 户 27 口遭到地方当局驱逐。

2. 1931 年 2 月 7 日，木兰县老坡房 50 户遭到地主及当地保卫团武力驱逐。他们不允许朝鲜农民离开时处置或带走其货物或农作物。

3. 1931 年 2 月 11 日，东兴县九里镇 50 户 300 口遭到地方当局驱逐。

4. 1931 年 1 月 20 日，木兰县老纸房 8 户 34 口遭到地主和警察驱逐。此次驱逐中，朝鲜农民被地主夺去其货物或作物。

去年四月，我们与省政府行政长官达成谅解，即：

应允许勤劳的朝鲜农民居住在内城，且像之前一样从事农业。

朝鲜流浪者应被驱逐出去，中国地方当局不得介入朝鲜人与中国地主签订合同的事宜。

尽管达成谅解，但中国地主压迫的情况在某些情况下是众所周知的。

反日行动

国民党黑龙江省党部于去年 4 月在齐齐哈尔成立，约 70 人受到雇用，通过演讲、海报和小册子等形式发起反日、排外宣传活动。

万宝山事件后不久，支持此种外交方针的团体在此地组织建立，旨在促进和煽动反日运动。

吉林省及黑龙江省未履行关于矿山及森林的贷款合同

为确保吉林及黑龙江省金矿、森林及从中获取的收入的安全性，1918 年 8 月 2 日，北京政府财政部与中华汇业银行达成总计 3 000 万元的贷款合同，但时至今日，中国政府仍未履行债务。

向日本旅客提供签证事项上的差别对待

为阻碍日本人旅行去往洮南地区、奉天省西部或吉林省北部，为规范日本人在葫芦岛（计划用来与大连竞争的新港口）的旅居活动，沈阳及辽源的外交专员在为日本人提供的"护照"上贴上了附笺,以限制日本国民的行动。其他外国人与日本人不同,他们很显然可以在此事当中享有优先。尽管日方不断抗议,但在中村事件发生后不久,为达同样目的,齐齐哈尔外交专员也收到了附上限制性附笺的指令。

抗日教科书的广泛使用

近来,中国学校使用了许多反日教科书,以培养新一代人的憎恶及复仇情绪,黑龙江省也使用了这样的教科书。

对齐齐哈尔日侨的施压

为驱逐日侨,中国警察经常向中国地主发出秘密指令,不准将房屋租给日本人。因此在满洲事变之前,日本人很难在齐齐哈尔租到房子。

(资料来源:日内瓦国联与联合国档案馆藏李顿调查团档案,S31－NO.1 卷宗)

54. 日本驻齐齐哈尔领事馆提交的关于黑龙江省共产主义者活动的报告(日期不详)

机密

黑龙江省共产主义者活动

日本驻齐齐哈尔领事馆

1929 年秋,沉重打击东北地方当局后,苏联与东北地方当局达成《伯力协定》。东北地方当局曾冒险采取反苏激进措施,侵犯苏联在中东铁路的利益,阻碍共产主义者的活动,镇压苏联国民。协定签署不久后,中东铁路的白俄雇员即被赤俄雇员取代。苏联为使北满布尔什维克化做出了非凡的努力,但因北满地广人稀,游手好闲者和穷人不太多,共产主义者的宣传没有取得令人满意的结果。但自满洲事变爆发后,约 3 营穿着便服的苏联武装共产主义者秘密进入北满,阻碍日军以游击队方式进入北满。这些共产主义者有武装,着便服,企图摧毁铁路桥,为反"满洲国"军队提供武器和弹药,煽动吉林军与"满洲国"战斗,对反"满洲国"军队的官员进行共产主义教育,为苏联境内的苏联前线军队走私小麦或者面粉。共产主义者的活动是秘密进行的,很难知道他们的真实活动。

根据日方近来收到的消息,中东铁路西线的赤色俄罗斯人、便服武装共产主义者、白俄罗斯人，其数量如下：

火车站名称	赤俄人数量	便服武装俄罗斯人数量	白俄人数量	总计
满沟①	100	20	139	259
安达站	250	100	380	730
昂昂溪	200	300	225	725
齐齐哈尔	50	20	70	140
富拉尔基	130	20	195	345
扎兰屯	130	20	158	308
博克图	500	500	1 200	2 200
兴安	70	—	82	152
牙克石	250	50	269	569
免渡河	100	20	124	244
海拉尔	600	400	2 866	3 866
扎赉诺尔	250	50	276	576
满洲里	850	150	3 473	4 473
总计	3 480	1 650	9 457	14 587

如上所述，便服武装共产主义者大约有 1 650 人。基于地形缘故，他们的地方总部据说是在博克图或海拉尔，地方总部与哈尔滨的中央总部保持联系。紧急情况下，这些便服武装共产主义者会组成战斗小组。根据日方收到的消息，共产主义者在黑河以及中东铁路西线最新活动如下：

1. 中国驻莫斯科的代表莫德惠据说于 1 月 20 日向张学良发回了秘密电报，报告说苏联已经下令要求满蒙所有机构于 1 月 15 日在满蒙所有主要城镇制造恐怖活动。

2. 据说 1 月 21 日晚，来自满洲和蒙古各地的 50 名代表，包括从黑河来的 1 名俄罗斯代表和 2 名中国代表，齐聚苏联驻齐齐哈尔领事馆，举行秘密会议。据说当时有 2 名俄罗斯人抵达齐齐哈尔，达成与中国人保持联系的协议。

3. 根据 1 月 21 日李昌英向马占山将军所做的报告，鸥浦镇和漠河地区

① 译者按：即肇东。

布尔什维克化的新兵与外界联络,教唆煽动士兵在上述地区发起兵变。李昌英是漠河(在黑龙江)边境保安团十九中队的指挥官①。

4. 2 月 19 日,关东厅警察局长从一名苏联国民那里得到消息,莫斯科共产国际计划往满洲输送更多布尔什维克宣传人员,训练中国官员使其具有反日思想,并在双城子、海参崴或伯力②培养共产主义宣传人员。

苏联驻哈尔滨总领事征募了约 100 名中国官员,把他们送去双城子、海参崴或伯力接受三个月的教育。

5. 日本驻哈尔滨军方当局发现,被打败的反吉林士兵盘踞在满沟、安达和小蒿子地区,似乎与新近到站的火车站站长有些联系。

6. 根据一名于 2 月 28 日抵达哈尔滨的苏联国民的消息,苏联红军领导人与李杜、丁超协商,决定合作对抗日本。

7. 昂昂溪站站长波利多科夫(Polidokoff,音译),事务经理奇利索夫(Chilisoff,音译),苏联领事昂昂溪代理大使博肯尼科(Boknenko,音译),还有另一位俄罗斯人,他们于 4 月 21 日晚在工程师赛科夫斯基(Saikofski,音译)家中会面,闭门讨论了对共产党成员的控制、领导权以及罢工。

在会议上,据说波利多科夫反对罢工,如果赤俄人民继续罢工,日本支持下的白俄人士极有可能剥夺他们的职位,他们也可能被驱逐出境。他也说到,由于罢工造成的交通中断可能对赤俄人民的生命和财产造成威胁,他们获得的权利也可能会被剥夺。

8. 大约是 4 月 21 日,兴安和博克图火车站出现 5 名共青团员,他们企图与邻近的小火车站取得联系。

9. 居布兰(Gublin,音译)是一个在安达的犹太人,因为沙弗兰(Shafran,音译)公司的指令,他正每日采购约 3 000 普特③小麦,运往哈尔滨制作面粉。这些面粉正被运往东线的一些火车站,从那里出口到海参崴、双城子和伯力。

10. 应【苏联】红军监督机构的要求,瓦西里·彼得罗维奇(Vasily Petrovitch)代表外销粮食股份公司(Export hleib)与安达的一家面粉磨坊签订合同,购买 50 万普特的面粉。

---

① 译者按:此处原文为“the 19 company”,应为“the 9 company”,即第九中队。

② 译者按:此处原文为“Havalovsk”,应为“Khabarovsk”,即伯力。

③ 编者按:普特(Pood),俄罗斯的重量单位,1 普特约等于 16.38 公斤。后同。

11. 外销粮食股份公司在富拉尔基附近购买了15车的小麦，将2到3车的小麦经由满洲里偷运到俄罗斯境内，违反了禁止出口粮食的法令。到5月7日，合同上几乎一半的数量已经出口。这些面粉应该是为苏联边防军队准备的。

12. 昂昂溪附近的共青团员在5月5日及8日举行了秘密会议。关于本次会议，一名当地领导卡伦德(Kalender，音译)泄露说，共青团员将让中国人去摧毁日本的通讯网，如果日本当局想要使用中东铁路的电话或电报，他们将回复说中东铁路的线路已遭土匪破坏。

13. 中东铁路大站的共青团员及共产主义青年联合部(otmor)通常会在发动机室举行秘密会议。开会的时候，发动机室由铁道警卫保护。

14. 据报告，满洲事变发生不久后，苏联在中铁铁路的各个火车站增加了旧军人以及着便装的现役军人，所以他们可以在紧急情况发生时组建一支军队。在大站有仓库，用以存放步枪、轻机关枪、重机关枪、弹药和爆炸物。必定建造此类仓库的西线大站据说有安达、昂昂溪、兴安、海拉尔和满洲里。关于满沟和扎兰屯，是否修建仓库还有疑问。

15. 据报告，昂昂溪军事组织委员会主席乔治·尼基丁(Georgy Nikiichin，音译)有权在安达和碾子山之间召集便服武装共产主义者，组建一支军队。

注释：

comintern 第三国际

comsomor[①] 共青团

export hleib 外销粮食股份公司

otmor 共产主义青年联合部

(资料来源：日内瓦国联与联合国档案馆藏李顿调查团档案，S31-NO. 1卷宗)

① 译者按：原文为“Comsomor”，疑误，应为“Komsomol”。

55. 日本驻齐齐哈尔领事馆提交的关于满洲事变的报告(日期不详)

机密

满洲事变

日本驻齐齐哈尔领事馆

中村事件

为研究经济状况,中村大尉计划从中东铁路伊列克得(Ilekuto)站(不是博克图站)出发前往洮南,为期三周。去年 6 月 9 日,在一名日本人、一名蒙古人和一名俄罗斯人陪同下,中村大尉从伊列克得站出发,前述三人分别担任翻译、向导和助手。穿过博克图站以及属于扎赉特旗旗王的领土后,一行人于 6 月 28 日抵达蒙古苏鄂公王府的中心地民安镇。同日中午,他们在一个叫"三合居"(Sanhechu)的中国饭馆吃饭,被驻扎在那里的屯垦区公署军(屯垦军)第三团代理团长关玉衡逮捕。关团长把他们扣押在军营里三天。7 月 1 日晚,一行人及其马匹被从军营带出来,徒步送往该镇向北 3 里地的东山,他们在那儿被枪决。洒上汽油之后,人和动物的尸体都被焚烧了。

中国人 1 号有几个日本朋友,事件发生时他就在民安镇。他从他的一个朋友,即中国人 2 号(住在民安镇)那里知道了日本旅客的谋杀事件。1 号去了齐齐哈尔,7 月 17 日把他从其中国朋友那里听说的事情告诉了日本女性"A","A"也是他的一个朋友。他的故事简述如下:

洮昂铁路"白城子站"西北方向 240 里地外的民安镇的屯垦军第三团逮捕了一个日本旅游小组,由 2 名日本人,1 名俄罗斯人和 1 名蒙古人组成,他们是 6 月 27 日或 28 日中午到那里的,第三团枪决了他们。尸体遭到焚烧,其中一个日本人身上带了价值几十万大洋(Tayang)的纸币。

大约有两三天,日本女性"A"没有提供 1 号中国人给的信息。

虽然这些旅客应该是 7 月 1 日抵达洮南的,但直到 7 月 17 日,他们没有抵达,也没有听说【要抵达】。

住在哈尔滨的宫崎少佐是中村大尉的朋友,他非常担心大尉的安全,在 7 月 17 日或 18 日对大尉的下落进行了调查。

一名日本人“B”是齐齐哈尔的居民，宫崎少佐就中村大尉的下落对他进行了询问。“B”在6月20日[1]见了日本女性“A”，偶然知道了关团长处死一些日本旅客。该信息被推测与失踪的中村大尉等人有关。

日本人“B”立刻将这个消息报告给日本驻齐齐哈尔领事馆。接到消息后，领事馆尽一切可能对大尉进行搜寻。一开始，日本领事馆就这一事件对中国人1号进行了询问。中国人1号说他给日本女性“A”的消息由中国人2号提供，这个消息是真的。8月中旬，中国人2号被从民安镇带到齐齐哈尔。他说中国人1号告诉日本女性“A”的那些都是真的，又继续讲述了这个故事：

1. 由2名日本人、1名俄罗斯人和1名蒙古人组成的日本旅游小组，他们带了5匹驯养马。6月28日中午时，他们在民安镇第三团街上一家名叫“三合居”的中国饭馆吃午饭，被屯垦军第三团代理团长关逮捕。

2. 一开始，王连长[2]到了餐馆，对该小组的蒙古人进行了询问，然后急忙回到第三团军营报告。收到报告后，代理团长立刻带着二十几名士兵到了饭馆，进行进一步的询问。

3. 关团长检查了日本人的护照，并说这些护照是伪造的，逮捕了所有的旅客并将他们扣押在军营里。

4. 旅客们的上肢被绑在身上，下肢可以自由活动。

5. 该小组有两个布包，里面有许多捆当地的几种纸币，还有日本钞票，1把左轮手枪，大约300颗子弹和他们自己用的成药。

6. 该小组的所有财物连同五匹马都被带到了第三团的军营，但那些药被团长自己保存着，应该还在他手里。

7. 扣留期间，该小组每天被带到“三合居”吃两顿饭。

8. 该小组被带到“三合居”吃饭的时候，约五十到六十个士兵监视他们，不准他们接近陌生人。

9. 据说在7月1日和2日的晚上，这个旅游团和他们的马匹被徒步带到东山，在镇东边3里地的地方，他们被枪决了。他们的尸体，当然还有动物的尸体，在浇了煤油后被烧掉了。

10. 镇上所有人都说，关团长下了命令，以极其保密的方式对该小组执行

---

① 编者按：原文如此，疑误，应该是7月20日。

② 译者按：此处“王连长”指东北军兴安区屯垦军三团一营四连连长王秉义。

枪决。

11. 两个住在第三团军营里的人说,他们看到该小组及他们的马匹在7月1日到2日的晚上被带出了军营。(消息里给出了这两个目击者的姓名或者职务,领事馆对此进行了保存。)

12. 丁义德(Ting-yite,音译),中国饭馆"三合居"的老板,知道所有的事情。

13. 有很多人和我一样知道这件事情。

14. 进出该镇的检查最近变得严格了,以防泄密,不准有嫌疑的人入镇。

15. 东山的哨兵之前只在白天当值,最近改成白天和晚上都当值。

16. 据一些蒙古人的说法,问题变得严重后,那些灰烬最近被从地里挖出来,分散到地里的各处。而那些没烧掉的部分则被移到了别的地方。

日本领事馆要求中国人2号作为证人出现,但担心他会有所保留。领事馆尽全力去找进一步的证人。

领事馆费了好大劲,确保了从民安镇带到齐齐哈尔的中国人3号的安全。他出生于河北省,35岁,未婚。事件发生的时候,他就在民安镇。关于这一事件的事实,中国人3号所做的陈述与中国人2号是一样的。关于6月28日第三团逮捕的2名日本人的特征和穿着,他做了如下补充:

2名日本人,其中一名比另一名瘦一点,也高一点。他穿了一件黑色皮夹克、紧身裤和皮靴。另一名外形健壮,圆脸。他穿着中式的衣服和皮靴。(当时有一张中村大尉和他的同伴井杉先生在离开前穿着旅行服拍的照片,这张照片被拿给被调查的人看,他认出照片里的两个日本人就是他之前看到的。)

他同意了领事馆的请求,如果案件需要,他将作为证人。

领事馆找到了另外一位目击证人中国人4号,9月25日他被从民安镇带到了齐齐哈尔。他之前是第三团的士兵,非常了解这件事。他关于事件的陈述几乎和中国人2号说的一样。他也说照片里的两个日本人就是他看到的。他同意在需要的时候作为证人。

(资料来源:日内瓦国联与联合国档案馆藏李顿调查团档案,S31 - NO. 1卷宗)

56. 调查团对清水领事进行的问卷调查[1](日期不详)

1. 齐齐哈尔被占领以来政治局势的发展,政府内部官员的变动,对“满洲国”的态度,不同政治观点的变动。

2. “新国家”在政府机构重组和公共服务运作方面的活动(包括海关和邮局)。

3. 白俄罗斯人:其数量及政治活动。

4. 领事希望讨论的任何问题。

(资料来源:日内瓦国联与联合国档案馆藏李顿调查团档案,S31-NO.1卷宗)

57. 调查团对程志远进行的问卷调查[2](日期不详)

1. 齐齐哈尔被占领前后的政治局势。

2. 黑龙江省在“新国家”建设中的参与情况。

3. 组织;该省的警察实力及其分布。

4. 自1931年9月后该省经济和金融形势发展的数据。

5. 省长希望讨论的任何问题。

(资料来源:日内瓦国联与联合国档案馆藏李顿调查团档案,S31-NO.1卷宗)

58. 调查团的计划(日期不详)

第2号

计划

1. 【1932年5月】22日下午3时30分抵达齐齐哈尔,前往龙江旅馆。

2. 与领事清水的会谈;在日本领事馆,从22日下午5时开始,大约2

① 译者按:原文为法文。

② 译者按:原文为法文。

小时。

3. 与天野旅团长及林少佐的会谈:在旅团司令部,从23日上午10时开始,大约2小时。

4. 与黑龙江程省长的会谈:在省府办公室,从23日下午3时开始,大约2小时。

5. 从齐齐哈尔离开:24日上午9时40分,从龙江站出发。

注意:

与铁路专家及洮南铁路代表的会谈将于23日上午在龙江旅馆进行。

(资料来源:日内瓦国联与联合国档案馆藏李顿调查团档案,S31－NO.1卷宗)

(四) 李顿调查团档案,S31－NO.2 卷宗选译

1. 调查团与满蒙青年同盟会代表的会话记录
(1932 年 5 月 6 日)

长春,1932 年 5 月 8 日

乔治·辛克莱·莫思先生,
国联调查团秘书

先生:

我很高兴,可以随函附上前日您与满蒙青年同盟会(the league of Youth of Manchuria and Mongolia)代表的会话记录的复印件。

您忠诚的,①

国联调查团秘书莫思先生与满蒙青年同盟会代表蔡克昌(Tsai Ku-chang)、纪德昌(Chi Te-chang)和李长岭(Li Chang-ling)的会话概要。

在交换名片后,蔡先生向国联调查团代表致欢迎词,然后会话开始,内容如下。

莫思先生:你们从哪里来,在长春待多久了?

蔡:我们是沈阳本地人,但我们在长春住了很长一段时间了。

莫思先生:你们是否愿意简单说说人民因军阀旧政府而遭受的悲惨和痛苦?

蔡:正如我们在抗议中所说的那样,民众的悲惨和痛苦源于贪婪的军阀们

① 编者按:签名和一段文字为手写体,无法辨认。

发行不能兑换的纸币,还对穷苦百姓征收重税,时局更因这些无能领导人的管治不善而变得动荡。正规军、警察以及土匪同样都是这个“国家”常年动荡的原因。

莫思先生:满蒙青年同盟会是何时组织的?沈阳事变之前还是之后?

蔡:是在事变之后。

莫思先生:青年同盟会是在何人指导下组织的?

蔡:那些怀有满蒙青年民意的青年人们组织的。倘若没有旧军政府的镇压,很早之前就应组织青年同盟会。

莫思先生:你们都受过现代学校的教育吗?

蔡:是的,先生。我们都是受过教育的人。

莫思先生:你们是国民党成员吗?

蔡:我们不是。

莫思先生:如果军阀不合民众意愿,你们为什么没有参加国民党指导的反军阀行动?

蔡:因为东三省内的国民党组织全部由军阀掌控,他们不是真正的政治党派。

莫思先生:你们各自的工作是什么?

蔡——银行家。

纪——商人。

李——教师。

莫思先生:中日两国政府对“满洲国”采取何种主张是确定的,但世界关于“满洲国”的舆论还没有统一,将由调查团的报告决定。但我们的报告需要建立在“满洲国”人民的意见陈述的基础之上。因此,我们想要得到你们真实的意见陈述,温和稳健而非言过其实,我们的责任很重大。

蔡:我们所告知的都是真的,都是满蒙青年人发自内心的意见。我们要求调查团代表能够研究过去及现在的真实事实;同样地,调查团交给国际联盟的报告也应是公正的。世界各国将了解“满洲国”的真实情况。

莫思先生:“满洲国”的民众和中国内地的民众源自同一个民族。为什么你们希望与你们的亲戚断绝关系?

蔡:因为自中华民国建立以来,军阀持续的冲突以及政治派系无休止的争斗持续了二十年,导致了全中国人的悲惨境遇。军阀将中国分割成小“王国”,

军政府统治下亦无和平与秩序可言。这就是我们建立"新政府"的原因。"新政府"由人民而建,为人民而建。

莫思先生:世界各地皆知,"满洲国"是在日军推翻张学良政府后建立的。甚至于现在,倘若没有日本士兵的协助,"满洲国"政府亦无法维持国家的秩序及和平。倘若将来日军撤出,你们觉得能对南京政府的进攻实行自卫吗?

蔡:现在我们也在进行自我重建。要经历很长一段时间,我们会拥有一个能够抵御任何外来侵略的强有力的政府。

莫思先生:你确定"新政府"不会变得像旧政府一样腐败?会不会有这样的危险——出现另一个军政府?

蔡:我们热切期盼"新政府"的官员不会步前领导人的后尘,"新国家"的政府能够根据宣言所表达的真诚及自信的基本原则处理事务。我们知道,官员们将会做一切有利民众的事情。如果他们的所为与明示的政策相违背,青年人将会起来反对他们。

莫思先生:你们认为"满洲国"将真正实行门户开放政策吗?

蔡:我们相信。这个政策将如"新政府"领导人所表达的那样得到实施。

(从下午4时到5时,会谈持续了一小时。)

1932年5月6日

(资料来源:日内瓦国联与联合国档案馆藏李顿调查团档案,S31-NO.2卷宗。)

2. 调查团与驹井德三的会话记录(1932年5月6日)

与"满洲国"国务院总务长官驹井(Komai)先生的会话

长春,5月6日

出席人员:调查团代表秘书长

开脱盎葛林诺博士

杨格博士

勃来克斯雷博士

派尔脱先生

万考芝先生

派斯塔柯夫先生

爱斯托先生
迪藩勒(M. Depeyre)先生
驹井先生
川崎先生(翻译)
林出先生等

驹井:在谈论“满洲国”政府的建立之前,我希望能允许阐述“满洲国”政府建立之前我与它的个人关系。我出生于中国的邻邦——日本,年少时就对中国及其事务颇感兴趣,我的目的和希望便是以某种方式帮助巩固并建设中国,这样的兴趣已有二十五年了。为了让自己准备好,我先是认真学习了法律,而后进入一所农业学院学习农业,这样我就能从这两个方面帮助中国。诸位可能非常了解新渡户(Nitobe)博士,在我年轻时,他是我的一位老师。

清朝灭亡之时,我第一次来到中国。那时,中国人正开始筹划国家的发展。为了对中华民族及其人民的性格进行研究,我第一次来到满洲,花了十年工夫对满洲人民的问题进行特别研究。那是满铁的早期阶段,当时我是一名研究满蒙的铁路雇员。1914 年,我第一次到蒙古游学。现在在场的林出先生当时是我的同伴。

然后,为了让我的中国研究更加深入和彻底,完成满蒙总体研究之后,我去了中国内地,在那儿又继续学了一年半。也就是那个时候,我注意到这样的事实——中国自【辛亥】革命后便不再是一个政治整体。我也注意到,作为整体的中国人是良好的、心智健全的、有道德的,但政治领域的领导人们大多数是腐败的,只为满足一己私欲。我清楚地认识到,只要这样的人居于政治阶层上层,中国的政治统一便不可能实现。

这些观察迫使我进一步思考,试图找到协助邻邦中国最好的方法。袁世凯时期的农商部长张謇,其不同寻常的性情吸引了我。从上海跨过长江是一个叫南通的地方,张謇在那儿是个重要人物。他算是个梦想家,希望通过工业化发展南通。我跟他有过联系,我自己几乎愿意将我的半生投入到与张謇先生合作的事业当中。后来,随着张謇的去世,南通又回到了之前的无序状态,我失去了同那儿的联系,被迫回到了在日本的家。但我仍怀抱实现梦想的希望,我要在中国的某个地方建立一个示范区。所以我继续研究,并对我的这个想法做出思考。

罗伯特·赫德(Robert Hart)在清朝即将灭亡之时担任了慈禧太后的顾问,他也是海关总税务司。事实上,是他建立了海关制度。海关是当时中国存在的唯一可靠的行政机构,所有的外国人都相信海关当局发布的报告。海关的大多数雇员是英国人,不过也有其他种族,比如法国人、意大利人、日本人,还有其他国家及地区的人。当然,也雇用了许多中国人。很显然,可以通过良好的外国顾问补足中国人的短处,海关制度确实说明这是有可能的。而且我发现,那种想法——如海关一例所显示的,可以对中国某些行政机构实行改革——可能适用于行政的其他面向。我意识到,尽管满洲与日本仍有非常亲密的关系,但满洲的政治状况与中国其他地区没什么两样。而且,我觉得可以通过协助满洲人民建立独立国家来为满洲的行政机构提供一些帮助。

你会发现,【"满洲国"】独立宣言对门户开放和机会均等的基本原则做出了清楚的阐释,同时明确了其他国家的领土野心不会得到承认这一原则。我坚定地相信,如果满洲能作为一个主权国家而得到外国的承认,那就可以展示一个模范政府,可能中国所有地区都将视满洲为榜样。我们可以通过这种方式帮助中国其他地区实现统一和巩固。这也有可能成为实现世界和平与和谐的基础。

诸位曾有机会见到"满洲国"的执政者。虽然他很年轻,但我们发现他是一个富有才华、智力超群的人。有一位上了年纪的绅士学者——也就是国务总理——帮助他,我们这些参与协助满洲政府的人觉得,如果我们能够为这个"国家"的发展投入我们的精力和心血,这个"国家"一定能实现它所宣告的理想和原则。昨天和今天,你们已经见到了"新政府"的其他领导人,他们都是中国人,但他们大多数是旧式学校出身,不可能在一夕之间就改变自身特点和本质。让他们完全意识到发展"新国家"的重要性,需要时间和耐心;但我们很有兴趣向诸位展示,我们对年轻一代所做的事情。这是建立"新政府"时非常重要且必须考虑的一点。我们坚定地相信,人们不会接受日本或其他国家的任何外来介入,我们想行使主权并履行该"国"建立时宣传的原则,那么我们就能够在此地发展一个模范"国家"。

关于"新政府"的组织法及其在经济、工业与其他各方面的政策,诸位已经给我们发了一份调查问卷,我愿意以书面的方式进行回复。可能会在你们离开满洲之前把翻译稿给你们,但如果诸位现在有其他的问题,我也很乐意回答。

李顿:我认为首先想听到更多关于政府机构的事情。

驹井:以前,在中国各地,各省长官对该省的事务都行使过度的权力。这是发展理想化政治组织的困难之一。我们认为,中央集权能更好地发挥作用。我们当前的政策是,集中政府的所有行政部门——工业、通讯、国防及其他,剥夺省政府的主要权力,把省政府各部门变成中间人,将中央的命令传达给各地方行政区域(县)。我们计划授予各地方行政区域自治权,各地方行政区域将有地方议会,并派遣一名代表到中央的立法机构。该立法机构将是起草法案、制定法律的唯一机构。我们设有枢密院①,是"满洲国"执政的咨询委员会。还有一个国务院,是行政机构。还有立法院,负责起草法案,法案须由执政批准。相应地,执政则需咨询枢密院,而后与国务院协商以获最后核准。

李顿:我想问一个个人问题。驹井先生谈到了他早些时候的梦想,他对中国的希望。然后,他诉说了他对罗伯特·赫德先生的行政管理的钦慕。但是,在看到梦想实现之前,他不得不回到日本。他能不能告诉我们,他又在什么情况下返回了中国?

驹井:我与张謇先生交往的时候太过操劳,以至于生病了,隐居了三年,以恢复我的健康,不过大约是六、七年前,我恢复健康以后,继续保持与中国的联系,经常在中日之间往返。因为我热心于中国事务,九月的事变一发生,我就匆忙赶到满洲,在关东军司令部担任财务顾问,从那以后我就一直担任顾问。我是在【1931 年】10 月 18 日到达满洲。

李顿:如果我没理解错的话,当时十月的主要形势似乎是为你实现梦想提供了有利的机会,就是你告诉我们的那些梦想。

驹井:不,我到满洲的时候,我没有看到任何有利的东西。因为这里的形势是如此的混乱。

李顿:你能不能告诉我们,这里的形势是如何发展的,以至于能够为满洲政府的统一,以及建立你所期待的政府提供了一个机会?

驹井:虽然是我个人的事情,但我认为我能够将我的一生献给满洲,献给中国,所以我到这儿之后,同各个领导人都建立了亲密的联系,而且自此以后,我也一直保持同他们的亲密联系。与这些领导人联络的时候,我发现,他们意识到了在日本军事行动的帮助下,张学良旧军政府被从这个"国家"彻底赶出

① 编者按:即参议府。

去了。他们所有人似乎都有同样的想法，如果日军从整个地区撤离，张元帅的旧军队显然就会回归，他们的生命显然就会受到威胁，混乱的形势显然又会占据上风。郑国务总理是我的一位老朋友，他找到了我，让我为他提供所有可能的帮助。

李顿：驹井先生说到了他和领导人们的交流。我们倾向于认为，许多领导人在去年九月的时候就消失不见了。我想知道，驹井先生为减少混乱、恢复秩序而联系的领导人是哪些人？

驹井：我同那些留下来的领导人们商量了，比如现任奉天省长臧式毅、熙洽将军、马将军，还有许多与这些领导人有联系的其他人，他们不太有名。

李顿：他们是在“新国家”的各个地方？还是只在沈阳？

驹井：我走访了各个省份。

李顿：然后，当你提到国务总理的时候，你引出了一个新话题。你是说现在的国务总理吗？

驹井：在“新政府”正式建立之前，现任国务总理的儿子，也就是国务总理的秘书，他是我的一个挚友，他找到了我，他对臧式毅、熙洽和马将军这样的领导人在做的事情进行了调查，并请我就建立新内阁一事，竭尽所能为他的父亲提供协助。那是 3 月 7 日的晚上。

李顿：我想往回追溯得更远一些。我想知道，有关“统一政府”的想法是什么时候成形的？

驹井：当然，因为军事事变和土匪问题，形势到去年年末都非常混乱。不过建立“新政府”的想法可能起源于【1932 年】1 月下旬。但是，因为我是做中国研究的学者，关于假定情况及形势下可以采取的最好办法，我花了二十多年的时间来构建我的想法和计划，所以我个人有一个已经成形的计划。

李顿：我问这个问题的原因是，我想知道，新闻界于何时开始讨论这件事？何时为大众所知？【1932 年】1 月，我离开英国之前，一位日本新闻记者问我，调查团对这样一个国家有什么看法。所以大家当时肯定知道这件事。

驹井：可能还是有一些有预见性的新闻记者，他们有这样的想法，但是我自己是从来没想到的。

李顿：我认为关于满洲的这个“统一政府”，大约在 1 月 6 日或 7 日的时候，美国政府曾向日本政府发出照会。

驹井：我们不了解日本政府的事务，我们对此一无所知。

李顿:那就是我想弄清楚的,即统一政府的想法是起源于日本,还是满洲?

驹井:可能是在芳泽(Yoshizawa)大使[1]经由日内瓦路过这里的时候。当他看到满洲的形势时,他非常惊愕地看到中国人正筹划运动以建立“新政府”。就在那个时候,中国领导人[2]找到了我,说他们不希望日军撤离,否则他们会遭到从南方来的军队的屠杀。在这个“国家”以外的人都不知道这里活跃着什么样的新元素。

李顿:是芳泽先生把这种想法带到了日本?

驹井:很有可能是这样。

李顿:如果你回头看看那些日本报纸,你就会发现,日本新闻界在去年年末就在讨论这件事。所以我很好奇,他们是怎么知道这个想法的。

驹井:有些日本人可能对满洲的形势有一些想法。

李顿:芳泽大使是什么时候回到满洲的?

驹井:【1932 年】1 月 8 日或者 9 日的时候。

李顿:那么我知道了,当时他已经看到了运动的证据,所以运动肯定是在那儿之前就发生的。

驹井:当然,运动没有立即浮出水面。到 1 月月末,凭我的直觉,正在筹划中的建立“新政府”的运动一定会成功。

李顿:但我想追溯到这个“国家”的诞生,据我所知,【1932 年】1 月初就开始讨论了。你告诉我们,【1931 年】10 月抵达满洲的时候,你没有任何关于“新国家”的想法。那么,在 10 月到 12 月月末期间,当地的混乱是如何演变成有关建立“新国家”想法的呢?

驹井:那么我必须追溯到一个更早的时候。必须回溯到 1916 年,当时有一场为复辟清朝而发起的新运动,我亦牵涉其中。运动遭到了伯爵寺内[3](Terauchi)将军的镇压,他是当时的朝鲜总督。那场运动只持续了两到三个月,没有取得进展。后来到了 1924 年,在郭松龄(Kuo Sung-ling)、王正廷(C. T. Wang)博士、殷汝耕(Yin Ju-kin)和我的领导下,满洲发起了反对张作霖政

① 译者按:此处“芳泽大使”指芳泽谦吉。

② 编者按:此处指满洲地区作为领导者的中国人。

③ 译者按:此处“寺内”指寺内正毅。

权暴政的运动。郭松龄被杀，我在日本领事馆中避难。这次运动遭到了宇垣[①](Ugaki)将军领导的日军的镇压，宇垣将军是现在的朝鲜总督。因此，在满洲建立某种形式的“新政府”机构的运动深植于此。如果你重温历史，今天就不会对这个“新政府”的诞生感到奇怪。

麦考益：是王正廷在这儿与俄罗斯就缔结条约进行谈判的时候吗？

驹井：我不认为他当时是进行条约谈判，但是我知道，是冯玉祥派他过来的，跟俄罗斯进行某种谈判。

李顿：现在我们知道了1916年和1924年。这些运动遭到镇压后，发生了什么？

驹井：1924年最后一次运动之后，我就辞职了。但我在等一个有利的时机。日本人镇压运动，中国人自己也反对运动，但我觉得，某些有利的时机一定会来的。9月的事变是偶然的，但我认为它可能在某种程度上为帮助我实现旧梦提供了机会。在面对各种困难时，我坚信我是可以协助中国人民的。为了帮助他们，我们当然要建立一个“新政府”。

李顿：我还是没有意识到，这个合适的时机是何时到来的。驹井先生是在何时意识到当下就是实现梦想的时机？

驹井：生活在这里的中国人自己希望能够改革政府，他们对建立“新政府”的机遇反应热烈。这不是突然发生的事。

李顿：我当然意识到这需要一个渐进的过程，我就是希望能对这个渐进的过程展开论述。

驹井：【1931年】10月的时候，臧式毅和熙洽宣布他们各自统辖的省份独立。那是早期的证据之一。张景惠宣布哈尔滨特区独立还要更早一些，吉林宣布独立之后，就是黑龙江。

希尼：但这是各省的独立，不是一个“满洲国”的独立。

驹井：我一到这儿的时候，熙洽的实力就已经很显著了。我一到这儿就觉得满洲各地的运动将酝酿出一些东西；某种统一运动肯定会在【1932年】1月变得明显。就在我到沈阳以后，发生了一件小事，一名美国记者在沈阳的大和旅馆拜访了我。他告诉我收到了一封来自其国内总部的电报，指示他去拜见满洲新近选定的皇帝；但皇帝被日本士兵看守着。我让他去问问当局，所以他

---

① 译者按：指宇垣一成。

去了,拜见了已选定的满洲皇帝,也见到了恭王。那是【1931 年】10 月月末或 11 月月初的时候。

李顿:但是我还是想弄清楚组织中央集权政府的步骤是什么?

驹井:在 1 月下旬的那段时间里,我提到的那些领导人,还有其他领导人,包括政治层面或是其他层面,他们已经有了组建"新政府"的想法。不过,各省领导人是大约 2 月中旬的时候在沈阳集会并讨论此事,组织了"东北行政委员会"(the Administrative Committee of the Northeastern Provinces)。这次会议中,委员会起草了独立宣言。现在的执政当时在旅顺,委员会派去了特使,3 月 9 日最终建国。我很乐意以书面的形式为你们提供更多的细节信息。

李顿:我们知道驹井先生为中央政府提供了非常大的帮助,我们也了解到,还有很多其他人在政府各部中帮忙。我们想知道,是驹井先生找到了这些人并推荐了他们,还是各部的总长邀请了他们,还是"满洲国"的执政邀请了他们,或者说日本顾问是怎么挑选出来的?

驹井:他们通过很多方式被带到这里来。有一些人是我推荐的,有一些人是各部总长推荐的,有一些人递交了要在这里效力的申请,有一些人通过了职位选拔的考试,但最终的选择权在各部总长的手里。就流程而言,这事儿必须经我的手,但各总长可以雇用他自己的顾问。

李顿:你是否向各总长提交了一份可以供职的人员名单?

驹井:我被授权推荐顾问,但我还没有推荐过。各个总长的其他朋友做了一些推荐,但若未经我的同意,没有顾问会被聘用。名单交到我这里,而后在内阁会议上做出最后决定。

麦考益:我们在北平见了很多前满洲政权的官员,不过我现在有这样的印象:他们肯定是张学良的个人追随者,而非沈阳"中央政府"的一分子。你说,三个省的省长都留下来了,他们的下属也是这样吗?

驹井:是的,大多数下属也留下来了。近来我们也注意到,许多在北平的人也正在回来。我们对他们的政策并非特别苛刻,如果他们足够有能力,我们会雇用他们进入政府。我们不可能对这些人过于严苛,过去六个月里经历的事情,中国人在过去的一千五百年里早就经历过了。他们必然跟一个或另一个政权建立联系,总是摇摆不定。那也是我们极其注重正在成长的一代,并教给他们关于政府的正确理念的理由之一。

麦考益:有没有发布大赦?

驹井:监狱里的人获得了自由,但没有公告专门提及那些离开的人。当然也未对他们的复归设置阻碍。

麦考益:这里用的是哪一种民法?

驹井:我们现在正在制定各种法典,不过同时也在使用中华民国的法典,这些法典与现实状况没有冲突。

麦考益:县长也还是事变之前的那些人吗?

驹井:有些人还是,不过我们也正在征召那些曾留学海外的不同领域的专家为政府效力。

麦考益:我从本庄将军那里了解到,"满洲国"设有军政部。我想知道该部是什么情况,又是怎么运作的?

驹井:军政部总长是马占山将军,但他现在去北边了,目前没有总长。王次长[1]担任代理总长,我不确定他在不在长春。之前,各省省长都是军人,但现在该部已变成民政部门,负责军务的军人隶属于该部。军务将集中到军政部之下。

李顿:有陆军部吗?

驹井:有的,长春有一位日本军事顾问。(作为对一个问题的回答)警察由民政部监管,民政部下设警务司。宪兵队当然是军队的警察,不直接管理民政事务。你看到的那些人是警察,归民政部总长管。他们有不同的制服,有独特的臂章。(回答更进一步的问题)教育部总长隶属于"国务总理"。卫生司是民政部下设的部门。

希尼:也许你能告诉我们,执政是怎么选出来的。

驹井:我可能这样解释,满洲现在有两个族群,三千万居民中,十分之一是满人,剩下的是汉人。政府的主要领导人之一熙洽就是满人。他和他的下属,还有他的同僚,起初建议将现在的执政恢复为皇帝,代表大多数人的其他人则反对这个计划,并且想要恢复他成为摄政或是执政的身份,而非皇帝。他们的想法是观察往后数年里执政的思想和性格如何发展,当人们支持他成为皇帝的时机到来时,会发生变化。执政现在能坐在这个位子上,不是大众投票选出来的,而是各个团体的领导人请过来的。

李顿:你是否与现在的政府有什么协议?

---

① 译者按:指王静修。

驹井:没有协议,但我是作为执政官方任命的人在这里效力的。我是唯一由执政任命的人,其他的顾问是把名字报到内阁,而后内阁同意他们的任职。他们没有协议,虽然我了解到有些军事顾问是受到协议约束的。

希尼:谁有权决定顾问的人数和职位?

驹井:全是在内阁会议上决定的。我们并不排外,不是非日本人不可。其他国家的人会汉语的话,如果他们有资质,且表现出对效力于政府的愿望和真诚,我们也会任命他们担任政府官员。我们希望与各国有能力的领导人合作来建设这个政府。

李顿:我想代表调查团表示我们发现今天得到的信息非常有吸引力,如果辅以书面说明,对我们的记录而言将会是非常有价值的补充。

(资料来源:日内瓦国联与联合国档案馆藏李顿调查团档案,S31 - NO.2 卷宗。)

3. 调查团与张燕卿的会话记录(1932 年 5 月 6 日)

与"满洲国"实业部总长张燕卿的会话记录

长春,1932 年 5 月 6 日

出席人员:调查团所有代表

吉田先生

汐崎先生

吉富先生

开脱盎葛林诺博士

派尔脱博士

为回答李顿勋爵提出的问题,总长先是解释,他的实业部下设三司——(i)总务司,处理各部门财务、职员问题、一般文书工作及所有非技术性问题,保管部门公章;(ii)农矿司,处理林业及牲畜饲养问题;(iii)工商司,处理劳工问题、度量衡等。

每司设司长一人,没有副司长或秘书长,各司长与总长直接联系。

为了回答【调查团】向其提出的各种问题,总长陈述如下:

问题 1:总长能否就"满洲国"关于工业、矿产和其他事业已采取或将采取的政策,向调查团提供有关下列案例的信息。

(a) 建立在中国政府或之前的地方当局提供特许权基础上的事业案例。

(b) 中国资本家投资部分资金的案例,如大量的中日合资企业的案例。

(c) 除中日资本家,部分资金由外国资本家提供的案例。

(d) 由日本资本家提供资金的案例。

对1. (a)的回答:我实业部尊重所有由中国政府或前地方当局准许的,有关工业、矿产和其他事业的特许权,前提是这些特许权是以正规方式授予,且从各方面来看都是合法的。我们将与旧政权的法律规章进行比较,以考虑上述特许权的合法性。我们将允许现有产业在其目前的特许权基础之上继续运营。

对1. (b)(c)(d)的回答:上述三个部分所涉及的案例都将在同一基础上进行处理,即新国家所坚持的门户开放和机会均等原则。现有事业建立的基础——国际公约和协约——发生变化的话,对它们的处理方式也会发生变化。新事业中不会存在任何差别对待。

问题2:总长能否就海关事务中已采取或将采取的政策,向调查团提供有关下列案例的信息?

(a) 政府官方是否已切断或意欲切断"满洲国"与中国海关之间的联系?

(b) 如果是这样的话,政府是否打算接手一部分中国借款?该借款已由中国海关收入担保。

(c) 如果是这样的话,"满洲国"政府是否已经制定新的关税政策?

在这一方面,调查团特别有兴趣想知道,政府是否打算结束与其他国家的商业条约或是公约,政府是否会遵守"最惠国待遇"条款?关于商业条约的终止,政府是否已经开始与各国家进行谈判交涉?

对2(a)的回答:考虑到满洲已宣布其为独立"国家",与中国海关机构的所有联系都将切断;财政部总长正在处理此事,关于这个问题的细节将由他来提供。

对2(b)的回答:"新政府"打算接手由中国海关收入担保的借款的一部分,与满洲的海关收入成比例的一部分。上述亦适用于盐税。财政部总长将就此向调查团提供细节。

对2(c)的回答:这个问题关系到三个部门——外交部、实业部、财政部,上述三个机构必须一同商议,方可给出回复。

问题 3：政府能否就盐税中类似于 2(a)和(b)的情况向调查团提供信息？

回答：之前的回复说过了。

问题 4：据推测，实业部将为满洲出口商品开辟世界市场，也负责制定将满洲视为进口商品市场的政策。

关于这些问题，是否已有政策已经实施？如果是这样的话，总长能否就此向调查团提供信息？在这一方面，调查团有特别的兴趣想要了解“满洲国”政府是否打算维持门户开放和机会均等原则。

回答：总长表示他正在制定一项计划以鼓励出口，特别是像大豆、烟草、小麦和山蚕丝等农产品。“新国家”的财政将主要依靠这些产品和某些原材料的出口。关于进口方面，“新政府”不打算实施不公平待遇，除了影响公共健康和秩序的产品将遭到禁止，比如毒品。

问题 5：据《满洲日报》报道，该报曾援引总长的话，表示“新政府”打算制定一项关于工业、农业和森林利用的发展计划。能否告知调查团，是否已经制定这样的计划，到目前为止为其实现已采取了何种步骤？

回答：总长还没有机会制定一个明确的计划，报纸对此的报道言之过早了。但总长了解满洲的情况，从这个经验来看，他希望能够做成一些有用的事情。专家们正在研究情况，考虑到专家们的报告，我们有可能向调查团提供一些明确的陈述。

问题 6：在上述报道中（见问题 5），总长曾就荒地开垦宣布一项政策。是否已经实施这样的政策，在这一方面到目前为止已采取了何种步骤？

回答：总长还未将荒地开垦视为主要的紧急问题。首先，为将现有的一些经济中心区域连接起来，交通部总长必须筑造道路和铁路，上述区域早经形成，但因交通缺乏而未完全开发。第二，在荒地被开垦之前，为使用新土地，需进一步移民。毫无疑问，满洲有足够的地方容纳比现在更多的人。“新政府”将让这个“国家”向所有想要在此工作的人开放，“满洲国”希望通过这种方式进行合作，为周边国家的过剩人口提供庇护。

考虑到未来，总长心里有许多计划。举个例子，他意识到需要管控某些河流以将其用作水道，他也想为放牧产业提供土地。另一方面，考虑到满洲是农业和原材料出口国，他决定暂不考虑工业发展。当然他会发展与农业、原材料利用有直接关联的工业的利益。

为了回答希尼博士的一个问题，总长解释说，“新政府”已经通过建立三个新的省份改变了内蒙古的行政区划。这些新省份在过去是隶属于奉天省的各个市,由奉天管辖。他承诺会向调查团提供一份显示新的边界的地图。新的省份居住着约二十个蒙古部落,他们对执政溥仪极为忠诚。新省长官由“新政府”任命。

为了回答希尼博士更进一步的问题,总长说,国际社会对满洲知之甚少,他想找到为这个“国家”进行宣传的方法和途径,特别是增进贸易和商业等方面。

李顿勋爵问总长关于满洲事务有什么经验。总长说,他曾在奉天省实业厅当差数年,他还曾是一位县长,后来又与东三省官银号有了关联,在那里不得不检查各种经济问题。他也曾在吉林省长官公署任职。尽管满洲不是他的“祖国”,但他准备好要将一生奉献于此,努力把满洲变成天堂。

问题7:调查团被告知,土匪的麻烦很大程度上源于这样一个事实:一部分农业人口脱离土地后无法维持生计,结果就变成了土匪。总长可以对此进行证实吗?如果是这样的话,总长提议采取什么步骤让上述农民回到土地从事生产劳动?

回答:总长解释说,在张作霖统治之前,没有人想到要试图对满洲进行开化改造。没有和平与秩序,武力是这个“国家”不同地区、不同部落,甚至于不同乡镇关系中的主导元素。战争是普遍的习惯,特别是派系之间和部落之间,甚至成了一种惯例,这种事态某种程度上可以解释当下土匪的心态。山东移民进入这个“国家”时带来了文明,原东三省政府试图通过建立学校推进文明化进程,但总体来说,情况还是不容乐观,相当一部分移民又加入了土匪的行列。老元帅没有严肃处理这个问题,他甚至认为土匪的存在有一定的好处。他过去常说,土匪随时可以变为士兵,反之亦然。老元帅的这种态度,导致官匪开始出现,这是有其传统的。政府里甚至设有土匪的办事处,为支付赎金或其他,而有几百万的预算。总长曾建议老元帅把这笔钱用于土匪的教化,但这个建议未被采纳。“新国家”将会这么做,总长相信不久以后土匪就会消失。反匪政策的基本原则就是一方面借用武力镇压土匪,另一方面为土匪提供工作。他们现在只知道怎么打仗,他们必须学的是怎么从事日常工作。中间商人从农民那里攫取了过高的利润,为了帮助农民摆脱这一阶级【的剥削】,总长也想开启一项农业合作计划。政府也在试图为农民提供资金。目前农民支付的利息过高——30%到40%;另外,农民无法直接接触出售农作物的市场。

特别是在这一方面,我们想使用英国、德国和丹麦已经在使用的合作方式,这种想法会是有用的。

(资料来源:日内瓦国联与联合国档案馆藏李顿调查团档案,S31－NO.2卷宗。)

4. 调查团与长春中国商会会长、长春教育协会代表的会谈记录(1932年5月6日)

开脱盎葛林诺先生和莫思先生同长春日中会馆之中国商会(The Chinese Chambers of Commerce in the Japanese and Chinese Quarters of Changchun)会长及一名长春教育协会(The Changchun Educational Association)代表的会谈概要

大和旅馆,长春,1932年5月6日

商会会长表示身为商人,他们不关心政治且对政治一无所知,他们不清楚日军为什么会在"满洲国"建立之前接管长春。兵营开始交火之时,他们已上床休息,甚至不知道是哪方先挑起的事端。他们坦陈自己也不清楚,溥仪将长春作为都城这件事怎么就发生了。他们说吉林代表团代表长春人民在沈阳的民众代表大会上发言,大会通过了一项决议:邀请溥仪担任"满洲国"的首脑。一开始他们非常不安,但长春的和平和秩序得以维持,且"新国家"的政策——正如宣言所宣布的那样——对商人的安全做出了承诺,他们希望贸易能够得到改善。长春成为首都,这有利于长春的贸易发展:长春极有可能发展成为一座商业城市,他们希望"新国家"稳定之际,长春的重要性能够增加。身为商人,他们主要的困难就是货币的贬值及不稳定性。奉天的奉票,其价格由1元值1银圆跌落到60元值1银圆,随后被张学良政权稳定。吉林省的官帖(Kuan tieh)价格则从未稳定,到去年9月18日时跌落到300元值1银圆。官帖价格几乎每日都在下跌,如今约为500元到600元值1银圆,且仍在下跌。商人希望从"新国家"获得的好处之一即成立官方银行以稳定货币。稳定对国家而言有诸多益处,民众已因纸币贬值而倾家荡产。【事变后】没有富人留在长春。

问题引出了这样的事实:甚至在去年9月之前,资本家们可以购买土地和外国货币,原东三省政府的银行提供了公平的票据贴现利率,紧随上海的外币兑换率进行报价。最大的受难者是小农民、小商人和小本经营的小店主。【长春】没有引入任何易货贸易制度。除去征税，民众最主要的损失都与官员成立的银行和公司有关，官员们操纵交易，与商人进行不公平的竞争。他们给出了七八个最大的官方银行的名字。商人的大规模投机活动不仅危险，也是被禁止的。他们举了一个例子，这个例子与三个经纪人有关。他们给出了这三个经纪人的名字，冯宗川(Feng Tsung Ch'uan，音译)，林山青(Lin Shan-ch'ing，音译)，李明经(Li Ming Ching，音译)。上述三名经纪人为获取私利于 1924 年开展大规模投机活动，因而招致军阀的敌视。军阀杀害了他们，以儆效尤。拒绝以实物或外币缴税，以使民众可以接触到当地货币的投机活动。

长春没有许多中日合资企业。有一些蓬勃发展，有一些则没有。他们认为失败的原因纯粹就是商业原因。他们不怕在专业或业务上与日本人竞争，因为"新国家"承诺法律面前人人平等，因为他们认为"满洲国"的地方官员会照顾自己人的利益。他们不认为"新国家"会容忍越过朝鲜边境的走私活动继续进行，这些走私活动对有些日商有利。他们相信，"门户开放"会在实际中得到维持，他们期待与外商合作。经深思熟虑后，他们认为拥有土地利益的商人及农民会支持新"满洲国"。在他们看来，农民因货币贬值及士兵勒索遭受了诸多痛苦，他们乐于接受政府变更。

目前他们在商业上做得不错，并表示还和长春其他商人一样对日本人有好感，虽然他们希望假以时日，"新国家"能够不让外国军队在境内驻扎而能通过自身维持。

长春教育协会的代表说，去年 9 月，吉林省的学校只关了几天。他说吉林有十所中学，但没有大学。教育处于低谷，因为教师的薪水如此之低，优秀的教师不会留在长春。教师们为生计考虑而被迫实行"压榨"，结果连付得起钱的人也不再把孩子送进官办学校，民众期待着在"新政府"统治下能有很大改进。旧的课本还在使用当中，但已经删除关于国民党党义的章节。他不认为日本培养的学生会取代其他人，并且他认为"新国家"会遵守发展教育的承诺。

注意：代表们很显然是坚定地为"新国家"唱颂歌的。他们提供的关于学校的信息，与其后吉林外国传教士提供的信息相矛盾，传教士说大多数学校还没有重开。

乔治·辛克莱·莫思

(资料来源：日内瓦国联与联合国档案馆藏李顿调查团档案，S31－NO.2 卷宗。)

5. 调查团与赵欣伯的会谈记录(1932 年 5 月 5 日)

与立法院长赵欣伯的会谈记录

长春,1932 年 5 月 5 日上午 11 点

出席人员:调查团所有代表

勃来克斯雷博士

杨格博士

开脱盎葛林诺博士

万考芝先生

迪藩勒先生

赵欣伯博士

川崎先生(翻译)

一名中国翻译

吉田先生

渡大佐

汐崎先生

赵:(对调查团的到来致以诚挚的欢迎,并表示能接待调查团是“新国家”的荣幸,并为房间的寒冷致以歉意,因为这栋房子很老,供热系统已经损坏。)

李顿:我们想知道关于这栋房子的一些事儿。

赵:以前是一个军阀的公所。我想知道,调查团对“满洲国新政府”有什么印象。

李顿:恐怕我们要把这个保留在我们的报告里。我们忙于收集资料,现在就给出我们的看法为时过早。院长是否能向我们提供一些他所主管的立法院的信息?

赵:我对“新国家”的建立起到了非常积极的作用,这也是我现在能担任立法院院长的原因。

李顿:我们非常有兴趣了解,在“新政府”的形成中,你采取了哪些步骤?

赵:在此之前,我想先告诉诸位一些我个人过去的事情。我曾前往日本深造,在那里待了十一年,打算做好准备回国,为我国政府的改革做出一些贡献,

特别是关于司法部门。

李顿:你告诉我们,你在“新国家”的建立中起到了非常显著的作用,那也是你能拥有目前的职位的原因。所以我们很乐意听你说,作为这次运作的主要行动者,你采取了哪些步骤?①

赵:我在日本待了十一年,在那儿学习法律,我是我们国家第一批去日本的人之一。我在日本被授予了法学博士学位,很多学生刚好是在我之后去日本的,但他们比我先回国。在我回国之后,我在张作霖政府里当差,他当时是军阀们的领袖,我成了张作霖的法律顾问。

李顿:去日本之前,你住在哪儿?

赵:我住在北平。现在的执政住在北平的时候,我跟他有了联络。大约五年前,张作霖将军想把他的军队派往南边,但当时他提到要让满洲成为一个独立国家,因为满洲资源丰富,没有理由不独立。

李顿:你是何时从日本回来,成为张作霖的顾问的?

赵:我是1926年回到沈阳的。当时张作霖试图在吴佩孚的帮助之下占领北平。当时,内部形势也不是那么令人满意。身为一名律师,我主张应当先对内部形势进行补救。“确保民众在疆域以内的和平及安全”是我的信条。我坚持认为应先重建满洲的内部秩序,而后施行其他计划。张作霖大元帅并没怎么重视我的提议,我们的观点不同。后来,张大元帅在一次不幸的事变中遭到杀害,他的儿子继承了他的职位。我那时希望接受了现代化思想和教育的少帅会更加开明,能够采纳我的提议。我在沈阳担任了冯庸大学的教员,与我的同僚制定了满洲政治改革运动的计划,这个计划与少帅的军国主义政策是对立的。

希尼:那是东北大学吗?

赵:不是,但那场运动包含了东北大学的许多学生。然后我接触到了沈阳一些重要日本军官,我试图与他们就这次运动的主题达成理解。为此,我也接触到了一些铁路官员。我没能获得任何结果;但后来发生了9月的事变,我的同僚和我都觉得这是实现计划的机会。

李顿:去年9月时你还在大学里?

赵:是的。日本领导人当时非常赞同我关于改革运动的计划,但绝对反对

① 编者按:原文显示有铅笔将这段话划掉的痕迹。

在这一点上采取侵略性措施。

李顿：你是说日本军方？

赵：是的。

李顿：他们准备好进行改革，但是反对使用武力？

赵：是这样的。我当时是法学研究会会长，现在是“新政府”组织法的起草者之一。

李顿：将军（麦考益）问，你能不能跟我们说说你刚提到的那个大学。

赵：它是由组织法学、政治经济学、政治学、技术学等院系组成。

李顿：是沈阳的中国大学吗？

赵：是的。

李顿：现在还在吗？（不。）那是什么时候停止办学的？

赵：就在事变发生之后。但是我们正在筹划要重新开学。

希尼：这所大学存在了多少年？

赵：差不多八年。

李顿：那也是成立不久的大学。你说你是组织法的起草人？

赵：我是“新国家”宪法起草委员会委员之一。

李顿：什么时候？

赵：大约是去年10月，就是一些日本领导人参与安排市政事务时。我刚提到的法学研究会组织了一个委员会，派代表到各省去探询获悉各地区领导人关于建立“新政府”的态度。但当时通讯不畅，我们没能找到所有希望可以找到的领导人，也没能获得期望的结果。然后，我们在沈阳组织了和平与秩序维持委员会。我不是该委员会的成员，其委员都是在各自团体中极受尊敬的人，我只是委员会的“接生婆”（midwife）。我那时还监管商品价格的制定。委员会的活动之一是整顿东三省官银号和边业银行的货币，其后经周密考虑，我们要在沈阳成立新的管理机构，其成员主要来自和平与秩序维持委员会。当时，关东军总部发布禁止内城所有政治活动的命令。情况就变成了这样，市政当局的活动移交给了和平与秩序维持委员会，我就是那时担任了沈阳市长（10月20日）。

李顿：你是接替土肥原大佐？

赵：是的，我接管了市政公署的职责，市政警察受我个人监管。我致力于推行我的计划，建立新的管理机构。我已有六万面“新国家”的旗帜，可由我指挥的警察分发下去。

李顿:订购这些旗帜的命令是你下的?

赵:是的。

李顿:也是你设计的?

赵:最开始的旗帜不是诸位现在看到的。

李顿:六万面旗帜的标志是什么?

赵:一条黄龙。我怀抱复辟前清王朝的希望有很多年了,我的许多同僚也有这样的想法。11月上旬时,我派遣了一个密使(沈阳东三省博物馆馆长金梁先生)去见执政,请他到满洲来。当时我的计划是,如果执政接受了,我们将在沈阳为他组织一次招待会,且将在我指挥的警察帮助下宣告满洲独立。金先生去了天津,但他没能见到溥仪先生。然后,他在天津生病了,自此没有再回沈阳。这是我的焦虑和担忧的来源。与此同时,溥仪先生发现他自己身受威胁,便去了旅顺。我和我的同僚都非常高兴。其后,我们带着更为具体的建立"新国家"的计划去见了各省领导人,各领导人都接受了这些提议,比如说奉天省长臧式毅、吉林的熙洽将军、黑龙江的马将军,还有哈尔滨特区的张景惠将军。他们在沈阳聚集。他们的第一次会面是在我位于沈阳的家里。他们都赞同我的计划,但希望能够拟定更为具体的计划。

希尼:第一次会面是在什么时候?

赵:今年2月上旬。

马柯迪:旗帜的标志什么时候做的改动?总长告诉我们,最开始的标志是一条龙。什么时候改动的?

赵:差不多是在那些代表抵达沈阳的时候。

李顿:我们可否知道那六万面旗帜是在哪里制作的?

赵:第一批旗帜是被印出来的,因为这件事是秘密进行的,我们就在沈阳一家中国商店里做了一个平版印版,然后在法学研究会的办公室里印制那些旗帜。

李顿:那这些旗帜分发出去了吗?

赵:我们没有机会进行分发。

马柯迪:改动的原因是什么?

赵:会议上,大家提交了许多设计,但我们想选出真正合适的、能够标志着"新国家"建立的那一个。我们想代表五个省:沈阳、吉林、黑龙江、热河以及蒙古。

李顿：你告诉我们，当时黄龙旗已经设计出来了，你还是希望清朝能够复辟。我猜你是带着这个目的设计黄龙旗的。能否告诉我们，你为何抛弃了最开始的想法？

赵：仍有一些派别或个人在推动帝制的复辟，但各省代表会面之后，新的旗帜得到采用，我们原本的运动就失去了根基。新旗帜多多少少是因为众人的支持而得到采用。

李顿：这六万面旗帜怎么样了？

赵：还收在沈阳某个地方，我们在争论到底应不应该把它们烧掉。

李顿：新旗帜已经做了多少面了？

赵：没有比较确切的数量。

李顿：你没有下命令？

赵：没有。马将军和熙洽将军是管事的人，他们必须回去。不过他们派了代表过来，共有四位，一位来自哈尔滨，两位来自沈阳，一位来自蒙古。

李顿：蒙古是什么意思？

赵：在我们的计划中，整个蒙古是被纳进来的。

李顿：我想知道，有没有来自热河的代表。

赵：没有来自热河的代表，当时铁路被阻断了。

李顿：麦考益将军问，蒙古人是不是被代表了，我觉得赵博士会回答，是的。那么，是指热河省还是外蒙古？

赵：没有明确的地理边界，特别是因为中国没有划定明确的边界线的习惯。但是来自蒙古的代表是旗王贵福先生（Chie Wang Kuei Foo），他是管事之人，代表整个蒙古。

所有代表都非常热心，致力于他们的任务。有时候，我们从凌晨2点到上午9点都在工作。马将军、熙洽将军等领导人决定，“新国家”的名字叫“满洲里”（Manchuria）或者“满洲国”（Manchukuo）。他们赞成了新旗帜。

李顿：他们同意了旗帜的标志？

赵：是的。然后我们定长春为“新国家”的首都，授权熙洽将军进行必要的准备事项，因为他住在吉林。与此同时，我们派遣特使去见溥仪先生，请他到长春来。我们的邀请被拒绝了两次，但我们派去了第三个代表团，他接受了。我们对此非常开心和满足，因为这意味着多年来抱有的希望正得以实现。溥仪先生颇受满洲民众的尊敬和爱戴，他也被认为是满人中有领导力的人物之一，基于他的先祖清朝皇帝们所定下的良好规矩。

现在，回到立法院的问题上来。根据我所草拟的计划，我们应当组织一次集会，满洲所有地区的两百名代表前来参会。我觉得，让所有民众直接参与的时机还不成熟。因此，我想让每个地区任命一名由民众选出的代表。

李顿：可能我得再说一下，没有人给过我们一张展示“新国家”所辖地域的地图。

赵：我现在也没有地图，但我可以说一下，有多少代表从各地被派遣过来。一名代表代表十五万人，我们将有两百名代表。

李顿：能不能请你提下各省。

赵：（提了各省并补充说：“……包括蒙古。”）

李顿：你们将蒙古囊括进了“满洲国”？

赵：是的。当我说到“县”(district)的时候，我并不是指地理意义上的县，一个县是由一定数量的人民组成的。所有法案和预算需要提交给立法院，以获取同意，我们也接收面向政府的直接请愿。立法院需要向政府提出建议。自从回到满洲后，我主要参与保护人民的利益，满洲有大量民众希望我为了他们而做好工作。鉴于他们的愿望，我决定在民众们热心的合作和帮助之下竭尽所能。我相信，人民是这个“国家”的基础。他们的幸福和安全依赖于政府领导人的表现。因此，我们正在消除旧有的恶习，譬如贿赂以及其他非法行为，对这个国家的其他政府——南京政府和原东三省政府——来说，这些行为可能司空见惯了。我们最初的目的是对政治结构进行彻底的改革。从前，不同派系之间有接连不断的内斗，军阀们无比贪婪又渴求名声，对贫民征收重税。我们决定要克服这些困难，实现彻底的改革。我们希望“满洲国”境内所有种族、所有国民都能安居乐业。请给予我们时间，请耐心想想我们的困难。四五年的时间，我希望我们能在这段时间里实现所有的宏伟目标和崇高理想。然后，我希望我们能够将这个“国家”作为榜样展示给中国其他地方。

李顿：我很确定，我们所有人都想向赵博士表示谢意，谢谢他为我们提供的信息。我们也想告诉他，那些信息非常有吸引力。他提到自己是一个“接生婆”，但从他讲的那些看来，他更应该是处在“父母”的立场。他希望知道我们对他的“后代”的看法，对此我不觉得奇怪了。

赵：我很羡慕其他国家取得的进步，而中国，我们自己的国家，几乎没有取得任何进步。但我热切地期望，将来的某个时刻，中国能够达到其他国家的水平，现在我们似乎走到了一个关头，我们开始看到新的一天的关头，我们能够在满洲民众的普遍支持下建立“新国家”的关头。然后，如果你们觉得合适的话，我们也请诸位对这个“新国家”的成长给予慷慨的帮助。

李顿：从今天我们被告知的内容来看，我意识到了赵博士的焦虑，他想要知道我们对于刚提到的他的“后代”的看法。请原谅我不能回答他的问题，我非常确信，他特别能够理解我们不能在这一阶段给出回答的困难。每天，事实上是每一次会谈，我们都在了解新的事物。我把我们在日本的那段时间称为我们工作的“接收站”，“传送站”的阶段还没到。当我们又一次处在获取信息的阶段时，除了接收信息，并将其纳入展现在我们面前的图景里，我们很难做其他的事情。我们想对赵博士今天给予我们的帮助表示感谢。

赵：我跟你们说这些话，不是以一个代表国家的外交官身份，而是以个人的身份。我是以相当粗略的方式简述了“新政府”的成长过程。可能我所说的一切并不那么有吸引力，因为这个故事很简略。我希望你们能够理解我的处境。我只想表达为了全体人民福祉的希望和愿望，而不顾我个人的安逸和福利。我希望你们能理解我。

李顿：我们没有发现什么不成熟的地方。

（资料来源：日内瓦国联与联合国档案馆藏李顿调查团档案，S31－NO. 2卷宗。）

6. 调查团与熙洽的会话记录（1932年5月5日）

与“满洲国”政府财政部总长熙洽将军的会话

长春，1932年5月5日

出席人员：调查团所有代表

吉田先生

助佛兰先生

派尔脱先生

莫思先生

熙洽将军和翻译

各类日本人

为回答李顿勋爵的问题，熙洽将军说，九一八事变时，他作为张学良元帅的代理人，担任吉林省长官公署参谋长；其后10月1日，他接受吉林人民的请求，成为该省长官，且现在仍是。【1932年】2月，“新国家”建立时，执政任命他为财政部总长，当时他接受了，虽然他觉得很快就会有更有经验的人来接替这个位子。熙洽将军是一个满人。

1. 财政问题。关于财政事务，熙洽将军说他很乐意让财政部针对李顿勋爵提出的问题准备书面回复。他说，在“满洲国”统治下，财政管理实际上没有什么变化；他于10月就职以后，原有的为军事征收的20%附加税(?)[①](每种税的20%税额)被废除了。

2. “新国家”的建立。提到该独立国家的建立，熙洽将军说自【1931年】12月月末起就在谈论，但他没有从官方那里听到这件事，直到【1932年】2月实际就职。他宣称，这个运动完全出自民众，并非地方官员教唆煽动。东北各省人民的代表在沈阳召开了一次全体会议，请前皇帝来担任“新国家”的执政。吉林40个县的18位代表从吉林出发，他们是由农学家、学者、工人等协会根据类似情况下通常采取的流程选出来的。在这次的情况中(根据提交给莫思先生的信息)，每个地区的四个领头协会各选出一名代表，被选定的四个人中再选出一名代表，代表该地区。

3. 九一八事变后吉林政府的变化。李顿勋爵询问九一八事变之后吉林行政是否发生一些变化。熙洽将军回复说，原军政两署合二为一，为军事征收的20%附加税被废除了，除此之外没有其他的变化。将军在事变前就负责吉林政务，先是张学良的代理人，而后是该省长官，使原有行政得以维持而不中断。

4. 吉林省的朝鲜人。为回复李顿勋爵的问题，熙洽将军说，吉林与朝鲜接壤，许多朝鲜人在吉林定居。但在去年9月之前，除万宝山事件外，只发生过一起中朝民众纠纷。这起纠纷中，朝鲜人被牵扯到共产主义活动当中。将军未听说还有其他不满。

5. 反吉林军。熙洽将军解释说，反吉林军有一部分是之前由他指挥的原吉林省军。他们现在由之前的军官领导，这些军官因军队重组产生的误解而反对熙洽将军。熙洽将军相信，这些军官的敌意源于这样一个事实——他们

---

① 编者按：原文如此。

误会熙洽将军利用九一八事变来保存自己的实力。他指出，这些军官对“新国家”没有具体的观念，因为到目前为止，他们没有交流的正常渠道。但他相信，这些误会将会消除，叛乱的人会逐渐减少。到目前为止，吉林军和反吉林军未曾交战。

6．日本顾问。提到关于日本顾问的问题，熙洽将军告诉调查团，旧东三省政府时期，也有一名负责吉林司令部军务的日本顾问。现政府时期，该顾问被留下来，同时分派其他军事顾问在该省军队任职。他也说日本顾问近来开始参与民政事务。

（资料来源：日内瓦国联与联合国档案馆藏李顿调查团档案，S31－NO.2卷宗。）

7．调查团向熙洽提出的问题清单（1932年5月5日）

会谈中向“满洲国”财政部总长提出的问题的清单

1932年5月5日

1．总长是否愿意就“新国家”的财政机构向调查团提供整体说明，关于

（a）中央政府与各省的财政关系

（b）预算机构（中央预算与各省预算）

（c）财政管理（中央及各省）

（d）国库（？）[1]

调查团当然意识到，总长还没有时间来勾画完整的财政管理，但调查团很有兴趣了解总长在这个特殊领域的计划。这将有助于调查团了解总长对存在于中国政权之下的财政管理的想法，以及他提议的改善以前事态的方法。

2．前来会见调查团的满洲各代表团提到了“新政府”的减税。减税的公告也在当地报道中出现。总长能否就减税向调查团提供一些精确的信息？

原税种有哪些，收益多少？

经“新政府”修正的税种预估有多少收益？

关于这个国家财政能力的预估，可否请总长提供一些信息？

3．政府是否有时间完成“新国家”的预算，如果可以的话，能否以如下标

---

① 编者按：原文如此。

题出具可供调查团使用的文件的整体说明?

(a) 预计总收入,并注明其来源。如果可能的话,应该对下列收入做出区分:税收收入和借贷收入,长期收入和短期收入;

(b) 各部委的预计开支是多少?

(c) 赋予预算法律效力的宪法程序是什么?

4. 当地和其他地方的报纸在不同场合都提到,"满洲国"政府打算建立一所中央银行,已从两个一流的日本银行那里获得了两百万日元贷款,用作新银行的资本。

总长能否就这一事项向调查团提供精准数据?

新银行的规则条例是否已经草拟?如果已经草拟,能否与调查团讨论上述规则条例?

新货币是什么?针对现在流通的各种货币将采取什么政策?

新货币是金本位还是银本位?

合法的兑换比率是多少?

中央银行和政府之间有什么关系?

5. 总长是否愿意告知调查团,"新政府"是否已确定如下方面的政策?

(a) 中国的海关管理

(b) 中国的邮政管理

(c) 中国的盐税

如果已确定,政府打算遵循何种政策?

(资料来源:日内瓦国联与联合国档案馆藏李顿调查团档案,S31-NO.2卷宗。)

8. 调查团与桥本虎之助的会话记录(1932年5月5日)

与桥本(Hashimoto)①将军的会话

长春,1932年5月5日

出席人员:调查团所有代表

吉田先生

① 编者按:即桥本虎之助。后同。

万考芝先生
助佛兰先生
桥本将军
川崎先生(翻译)

桥本将军说明了俄罗斯在远东西伯利亚地区的部队调动情况。事变发生时,贝加尔湖以东有四个师团的骑兵部队,每个师团有两个旅团,贝加尔湖以西有三个师团,共计七个师团,总兵力为 65 000 人。事变发生后的一两个月内,东部边境地区有一些部队集结,但兵力没有增加。但 11 月日军进入齐齐哈尔后,来自欧洲的增援部队被派遣到西伯利亚。俄罗斯为此次调动给出了两项理由:第一,日本在该地区协助白俄罗斯人;第二,日方在年初没有回应莫斯科关于互不侵犯条约的提议。

贝加尔湖以东又增加了三个师团。第 26 师团在海参崴;第 2 师团在海兰泡。第 26 师团往南移动到了边境线,第 2 师团向东抵达伯力地区。一个来自西伯利亚的师团代替了第 2 师团,一个来自乌克兰的师团和一个来自西西伯利亚的师团到达海参崴,海参崴原来的师团被另一个来自西西伯利亚的师团取代。兵力总计增加了 2 万人。大多数新近到达的部队在沿海省份集结,贝加尔湖以东地区实行开放,以便利来自欧洲的部队调动;例如,交通方面已为方便调动做好准备;原有部队已经移出,为新部队的到来做好准备。

除部队调动外,俄罗斯还通过水路从塞瓦斯托波尔向海参崴运送大量飞机、枪支、弹药以及坦克。考虑到海防,他们也运送了大炮。在海参崴和其他地方,部队占领了学校和各种公共设施;一些私人住宅也遭到强占用作兵舍。普提纳(Putina,音译)先生是前驻东京俄罗斯公使馆武官,现在是远东特别集团军司令的秘书。司令是布柳赫尔(Blucher)将军,他在中国以“加伦”(Galen)之名著称。

俄罗斯部队有两种师团,一种是正规军,一种是民兵组织。民兵组织只有基本的武装,夏季时则受到召集接受训练,一个师团的兵力大约是 2 万人。远东地区有两到三个民兵师团。此外,还有苏联秘密警察(G. P. U.)的强有力武装从西面到达西伯利亚。

桥本将军也提到了外蒙古的军事组织,他说,上述组织紧随苏联之后。有六个联队,一个骑兵旅团,一个特种兵群组:航空兵、炮兵还有其他兵种。数量大概在 5 000 到 6 000，大部分人驻守在外蒙古面向满洲的东部地区。

中东铁路沿线隐藏着很多红军或是看不见的赤卫队，有三组，第一组在哈尔滨以东，第二组在哈尔滨以南，第三组在哈尔滨以西。估计超过了 5 000 人。据发现，哈尔滨以东及以西地区集结了大量机车车辆。120 辆机车中，有 92 辆移到了俄罗斯境内，例如，最高等级机车。大量客车和火车也被移走了；500 辆的某种货车只留下了 11 辆，880 辆加拿大式货车只留下了 32 辆。

将军相信，这些准备不可能只是为了防御，特别是因为坦克和大炮也囊括在内。尽管苏联有关于互不侵犯条约的提议，但它的准备却完全相反。他也认为，苏军与反吉林军有联系。

（资料来源：日内瓦国联与联合国档案馆藏李顿调查团档案，S31 - NO. 2 卷宗。）

9. 调查团与朝鲜农民代表团的会面记录（1932 年 5 月 4 日）

长春，1932 年 5 月 4 日

1932 年 5 月 4 日，我会见了一个由三名朝鲜农民组成的代表团，上述农民代表了生活在长春城镇附近地区的朝鲜农民。他们是这些农民当中能够用日语表达的三位，其中一个人可以流利地说日语。东京外务省事务官吉富先生担任翻译。

代表团随身带来了一份请愿书，想呈给调查团所有代表，已附在该篇报告之后。请愿书的内容与措辞，与沈阳朝鲜农民代表递交给我们的请愿书类似，沈阳朝鲜农民代表递交的请愿书翻译件在之前的报告中已经递交，为了避免重复，可参考此前报告中的翻译。

代表团的抱怨与之前场合中呈现在调查团面前的不满是相同的。朝鲜农民从每天的劳累中得到的成果不超过三分之一，一部分原因是中国地主收缴高额地租，不过很大程度上是因为税收和勒索。他们的抗议是无效的，因为对朝鲜农民实行镇压是既定政策的一部分，秘密的官方指令要求实行此项既定政策，并让地主和房东了解该政策的内容。过去的六七年里，获悉自己可以为所欲为后，中国地主以专横和不公的态度对待其朝鲜佃户。

这儿有很多无助的受害人,且没人相信或听取他们的投诉。获悉这些情况后,警察和士兵们不断地勒索钱财、衣物和农产品。其后几年,以涉嫌参与共产主义密谋而对农民进行指控成为他们最常用的借口,他们骚扰朝鲜人并对他们进行殴打,把他们扔进监狱并折磨他们,迫使他们的家人或者朋友给钱。

一个来自吉林省磐石县萧村(Hsiao-ch'eng,音译)的农民洪春惠(Hung Chung Hoi,音译)告诉我们,一份声称他是共产主义者的文件是如何展现在他面前的。他受到威胁说这份文件将作为逮捕的证据,除非他给警察一笔钱。因为出不起钱,他被带到了警察局,手和脚都被绑住,绑住他双手的绳子被吊起来,并遭到了毒打。因为不可能给钱,他被送到了吉林的监狱,那儿大概有其他作为犯人的三百名朝鲜人。朝鲜人经常向日本领事馆投诉,但中国官员总是否认朝鲜人被扣押的事实,声称只涉及中国人。洪春惠在那个监狱里待了两年,1931 年 9 月日军占领吉林后发现了他们,他和许多朝鲜人才获得了自由。但与此同时,有 10 名朝鲜人死在了监狱里,其他 16 名朝鲜人被处死。

另一个来自黑龙江省木兰县呼木台石(Khu-mu-tai-tsi,音译)的农民随即讲述了他自己的故事,给出了官方立场对中国地主的想法产生不好影响的一个例子。得知朝鲜农民不会得到政府帮助后,中国地主的贪婪被唤醒并受到刺激。他和另外约 100 名朝鲜人租了一块土地,合同中【中国地主】同意第一、二年不需缴纳租金,因为土地要经过三年才能开发,但此后,每个场地(ten-chi)需要上交三石(koku)的米。

不过,当朝鲜人开始开发土地并规划灌溉系统时,中国地主前来索要那些不属于他的租金。朝鲜人预见到了接下来的更多不公,决定放弃整个计划,离开这个地方,虽然这个行为意味着他们需要承担惨重的损失。中国地主叫来了军队,逮捕了朝鲜人。男人们被关在一个棚屋里,女人和孩子们被关在另一个棚屋里,他们被关了两年。每天早晨,男人们像犯人一样被赶到田里劳动,不准去见妻子和家人。他们的妻女则因中国看守者的一时兴起而遭凌辱,甚至还有人生了孩子。这些孩子对他们而言,是耻辱和憎恶。有些朝鲜人成功逃走,还有一些人遭到杀害。他们到 1931 年 9 月才获得自由。

另一个农民也讲了类似的故事。他和其他朝鲜农民在吉林省磐石县与中国地主签订了一份集体合同;当他们准备好农田,向最近的河流挖通灌溉渠时,中国人一直在旁观;当一切都准备好,剩下唯一要做的就是把河水引到灌溉渠里时，一些中国农民开始借口这些河流属于他们，不许朝鲜人把河水引到灌溉渠里，除非朝鲜人每年上缴五十石米。上述缴款增加了朝鲜人的合同义务，将会使他们的整个事业无利可图。朝鲜人相信自己有权利，他们冒险将水引到了灌溉渠内，但他们遭到了骚扰，后来被迫支付前述的五十石米，随即离开了这个地方。朝鲜人劳动的果实留在了贪婪的中国农民的手里，这些中国农民就这样巧妙地欺骗了朝鲜人。

另一个农民似乎是他们当中受教育最好的人，似乎也极受其他人的尊敬。他说，在原行政机关的命令之下，朝鲜农民受了很多苦，把这些悲惨都讲出来需要花好几个月的时间。有时候，中国方面恳求他们成为归化中国人，这样一切都会好起来的。很多朝鲜人相信了这些话，每个家庭根据自己的收入支付了 20 到 40 不等的鹰洋(Mexican Dollars)，有些人不得不卖掉自己的衣服和农产品，这样才能支付那笔费用。但他们再也没有听说关于这件事的任何消息，也没拿到证明文件。他们又一次被耍了，还是像从前一样受到不公正的对待。

这个人自己也亲眼见到了六年前针对长春附近各县(农安、德惠、双阳、Eihits①)朝鲜人的驱逐。那时是冬天，寒冷刺骨，大雪纷飞。朝鲜人拒绝离开，要求允许他们在自己的屋子里再待一段时间。在这种环境下离开，意味着许多人的死亡。但中国士兵闯进他们的房子，往炉子里泼水，把房顶掀翻了。满载着妇女儿童的马车，还有其他人不得不离开。夜间，他们只能在马厩里休息。到长春以后，他们发现，有一些朝鲜人的手和脚都冻掉了，他们在南满铁路医院里接受治疗。

当脑海中又浮现出他的同胞在那段可怕的旅行中所遭受的悲惨经历，老人痛哭不已。他还说，相同的或类似的事情在最近几年里发生了上百次、上千次、上万次，可能每一个在南满铁路地区以外的朝鲜人，每一个住在与日本领事馆有一定距离的地方的朝鲜人，都有一个悲伤的故事可以讲。他那无辜的乡民所受的非人的对待，他们流血，家园被毁，妇女受辱，他们向上帝祈求正义，祈求清算。

大量人口的驱逐引发了许多关注。朝鲜人自行聚集到沈阳，来自各县的一百名代表出席了集会。他们花了九天的时间讨论形势，但没有看到出路。

① 编者按：无法找到相应的中文地名对应。

因为据他们所见,他们自身没有过错,所有的困境皆源于已经确立的反日政策,这个政策试图打击那些被怀疑是日本人先锋的朝鲜人。但他们不是,他们只是和平的农民,他们离开了人口过多的朝鲜,到满洲寻求生计;除了和平与安全外,他们别无所求。日本当局与中国当局讨论如何处理此事,但未达成良好结果。对朝鲜人的不公正对待仍在继续,为了让日本的干涉更为困难,这种不公正对待变得更加的隐蔽。

朝鲜农民希望调查团能够调查他们的情况,并向他们展现调查团的同情之心。他们期待着,无论满洲的未来如何,都会采取适当的措施杜绝旧军阀重新掌权的可能性,以防过去六七年里毁掉朝鲜人的情况再发生。

开脱盎葛林诺

（资料来源:日内瓦国联与联合国档案馆藏李顿调查团档案,S31－NO.2 卷宗。）

10. 调查团与郑孝胥的会话记录(1932 年 5 月 4 日)

与“满洲国”政府国务总理郑孝胥的会话

长春,1932 年 5 月 4 日

出席人员:调查团全体代表

秘书长

吉田先生

助佛兰先生

川崎先生

莫思先生

郑孝胥国务总理和翻译

各类日本人

李顿:我们想听听关于这个“新国家”的事情。政府的原理(theory)是什么?是民主制,还是君主制,还是其他?

国务总理:“新国家”可以称为立宪政府,因为我们过于保守而没有完全采用任何一种新形式的政府,特别是因为我们没有发现任何一种政府形式可以同我们的情况完全匹配。新的立宪本身也是不彻底不完全的,但会在试验的过程中完善起来。

李顿:那么,我们必须等到立宪确立起来,才能听到关于立宪的事情?

国务总理:首先我们要做的是根除动乱。确保此地安全后,我们才能逐渐谈到改革的问题。

李顿:那我们能否听听“新政府”的希望以及目标?

国务总理:我们的首要目标是摆脱专制主义和排外情绪,我们也很难走得更远。亚洲的情况非常特殊。光绪皇帝(?)[①]执政时曾有建立立宪政府的尝试,但是失败了,现在我们正尝试不重蹈覆辙而重新建立立宪制度。

李顿:我了解了,你们的目标是摒弃排外主义和专制主义以及一党执政。是这样吗?

国务总理:是的。

李顿:接下来,关于我们到这儿以后发生的一个事件,我们想要一个解释说明,我们的一名公民遭到“新政府”逮捕。(指的是一名德国记者的被捕。)

国务总理:我刚刚听说这件事,所以不知道细节。我们将展开调查,我保证不会有麻烦的。可能是我们为诸位到访采取的特别预防措施导致的。

李顿:我们了解了,非常感激。但我们不想有人因为我们而受到毫无理由的怀疑。

麦考益:有些事情可能要说清楚,我们在这儿不是代表我们的国家,从官方意义上来说,我们对这个案子毫无兴趣,除了它可以作为“满洲国”处理外国人案件的法律程序的一个例证。

李顿:当然,希尼博士对此非常关注。我个人想知道这个案子是什么情况。

国务总理:我将向你们提供完备的信息。

李顿:我们也想知道你们政府的经济政策。

国务总理:事实上,我们还没有经济政策。军事统治在满洲结束后,这个国家也破产了。我们采取的初步措施是,开创统一货币体系,确保个人财产安全。

李顿:有没有什么理论基础,社会主义还是资本主义?

国务总理:建立在资本主义的基础上。

---

① 编者按:问号为原文。

李顿：关于国家自然资源的开发，有没有制定什么政策？

国务总理：有的，“新国家”的原则之一是开发自然资源。第一是我们必须镇压土匪，第二是建立统一货币，第三是开发自然资源。因此，正如我们在通电中宣告的那样，我们欢迎外国资本，遵循门户开放政策。严格来说，我们的开发是国际化的。为了吸引外国资本，我们允许外国人拥有公司 50％的股份。

李顿：你们采取了哪些措施以应对货币困境？

国务总理：财政部就此采取了措施。目前，我们将维持银本位制。

李顿：现在流通纸币是什么情况？

国务总理：我们正在采取措施回收旧纸币，新纸币还没有发行。

李顿：我们可否见见财政部的代表？

国务总理：这个可以安排。

李顿：我们想问一些问题，但希望能问那些合适的人。

国务总理：首先我们从中央银行开始，中央银行一建立，我们就知道下一步要怎么走了。

李顿：关于征税，我们是否也可以等待以咨询其他人？还是我们现在就能听到一些事情？

国务总理：对此我无法为诸位提供详细报告，但是我们正着力减少征税。到目前为止，征税还没有什么变化。关税还是一样，外国借款以海关作为担保，这一点不会被危及。有些原有税种的数额减少了，但是我们没有征收新税种。

李顿：能否向我们提供关于减税的官方文件？有官方公报吗？

国务总理：还没有文件，因为这些减税是通过各省公署进行的，所以命令并未出现在官方公报上。公报只发行过三次。

李顿：曾有人给过我们一份关于政府各部门的清单，我发现各部都有一个“长官”（Chief）。这是负责人（Director）和执行官（Executive Officer）的意思吗？

国务总理：（一番讨论之后）是的，遵守各部总长的命令。

李顿：长官和负责人有什么区别？

国务总理：这个翻译可能不对。一切和原北京政府一样，除了我们没有次长。

麦考益:驹井先生现在在场,也许能够解释这个职务的性质。

李顿:我正在用的是吉田先生给我的政府组织情况的草图。在法语里,用到了两个词,“长官”(Chef)和“负责人”(Directeur),我想知道这两个职务在职能上的区别。

驹井:我能看看这份文件吗?

李顿:在这个草图里,我们可以看到有一个国务院,附上了注意事项,说驹井先生是“部门长官”。我们想知道这些词是什么意思?提到的这个部门里,驹井先生的职务是什么?

驹井:我没有直接行政权力,但我隶属于内阁总理大臣,我是内阁秘书长。

李顿:那么,你是受国务总理管辖的执行官。然后,再翻几页,你会看到“负责人”,我想知道“负责人”和“长官”之间的区别。

驹井:每司的负责人直接受各部总长管辖,相当于我作为内阁秘书长之于国务院。我很乐意向诸位提交一份英文的复印件,该复印件将使之更加清楚。

李顿:我们想知道“新国家”的一些历史,以及国务总理是如何与之产生联系?

国务总理:执政阁下在旅顺时,满洲各机构选举出的代表举行了会议,派遣一个代表团去请他担任执政,那时我在他身边。作为他的年迈的追随者,我被任命为“新国家”的国务总理,其他各部总长随后也由执政任命。

李顿:该代表团是什么时候到的?

国务总理:代表们一共去过三次,大约是2月之前的两个月里。我们原本不准备去的,但有很多民众劝说,我们感受到了对民众和公共秩序的责任感,最终还是决定去了。我强烈反对中国的国民政府,过去的二十年里,我跟他们毫无联系。辛亥革命以后,为了避免与革命人士有所接触,我一直待在上海。那时年轻的皇帝要求我跟他一起走,所以我去了天津,过去的七年都伴他左右。在此之前的四年里,他在威海卫和庄士敦(Reginald)在一起。

李顿:我们能否知道,前来邀请前皇帝的代表团是怎么选出来的?

国务总理:我不清楚,但我被告知,他们代表了民众的意愿。

麦考益:我们能否获悉他们是谁,他们代表了谁?

国务总理:我不清楚,因为我没有调查过。但我知道他们是“新国家”选出的委员会的代表,但我不知道是怎么选出来的。我不了解“新国家”的民众,因为我是个陌生人。可能张景惠将军能告诉你一些情况。

李顿:可能这些信息包含在承诺给我们的关于政府成立的历史之中。

国务总理:我没说过我会向阁下提供一份说明。

李顿:那谁会向我们提供?

国务总理:除已公布过三次的政府公报外,国务院没有其他任何记录。可能是其他部门提到了这个。

李顿:当然,对我们来说,声明来自哪个部门不重要。但我们希望有人能告诉我们,受委员会派遣去见皇帝的代表团是怎么选出来的。

国务总理:我本人是在委员会建立之后到的。唯一知道一些事情的可能就是代表们自己了,但会议已经解散,没办法获取信息。

李顿:没人知道他们是怎么选出来的?

国务总理:我刚刚了解到,是外交部总长承诺会给你们说明。你们满意吗?

李顿:好的,请您根据自己的方式和时间来操作。

(资料来源:日内瓦国联与联合国档案馆藏李顿调查团档案,S31-NO.2卷宗。)

11. 调查团与田代的会谈记录(1932年5月4日)

与日本领事田代(Tashiro)的会谈纪录

长春,1932年5月4日上午10点

出席人员:调查团所有代表

杨格先生

万考芝先生

迪藩勒先生

田代先生

吉田先生

川崎先生(翻译)

汐崎先生

渡大佐

田代:(对调查团致以欢迎并提议为健康举杯后)如果允许就不同主题进

行自由坦诚的讨论的话，我更提议进行闲谈式的会话讨论，而不是正式的那种，我希望能得到诸位的同意。可否允许我谈一些个人的事作为开始？

进入外务省工作后，我被派遣到欧洲，在意大利和瑞士工作了六年。然后我被调动到天津工作了一年半，事变发生时我就在天津。后来我被调动到现在位于长春的这个职位上，我在这儿有两年半了。我在中国供职的时间不算很长，所以我对中国的局势的了解有限。但我很乐意讨论有关状况，尤其是关于长春的事务，特别是我到这以后所了解的那些事务。我简单地描述一下长春这座城市。（在墙上挂着的地图上指出南满铁路，以及调查团抵达的火车站；日本租界；所谓的中国地区；中东铁路的走向，长春—吉林铁路的走向。他也指出了南岭和万宝山，提到满洲事变时上述两地开始出名，因为中日两国军队之间的主要冲突爆发了。他指出了主干道、西公园——“南满最美丽的公园”、兵营，还有日本领事馆。他说，后者[①]坐落于中国小镇[②]而非日本租界。）

麦考益：这个镇的总人口是多少？

田代：铁路小镇的面积是五平方千米。

（分发长春地图）

日本领事馆的管辖权范围覆盖了吉林省五个辖区和奉天省两个辖区。管辖范围内的日本人口大约是 17 000 人，还有 5 700 名朝鲜人。

以前，长春是通信和商业的中心。自满洲“新中央政府”在此建立后，这儿就只是一个政治中心。因此，在这个政府建立之前，我们主要与部级机关打交道，处理需要谈判交涉的事务。

我刚才提到的铁路小镇的面积是五平方千米，购于 1907 年 3 月到 8 月，就在日俄战争之后。最新的数据表明，该城市在铁路区范围内的人口有超过 1 万名日本人，超过 2 300 名朝鲜人，还有大约 2 万名——现在——满洲人。长春在一百年前建城，相比起来年轻而现代。大约六十年前，居民们开始在城市周围修建城墙，以保护自己免受土匪的袭击。从那时起，长春开始有了城市的模样。今天，有大约 10 万满洲人住在中国小镇里，还有 148 名日本人、175 名朝鲜人和约 20 名其他国家的国人，后者大部分都从事传教工作。

铁路小镇上有大约 500 名所谓的“白”俄人。中国小镇上很少有外国侨民。

---

① 编者按：后者指日本领事馆。

② 译者按：此处“中国小镇”及下文“铁路小镇”指长春商埠地。

我不会叙述城市生活的细节，旅游局会向诸位提供。但我想提一下，我在这儿的两年半期间所接触到的城市生活的某些面向。我就职的时候还比较年轻，我的目标是：在我供职期间，推动两国关系建立友好基础，以实现“待人宽容如待己”(live and let live)的理想。那就是我接受这一职务时的雄心。彻底实现“待人宽容如待己”的理想或共存共荣的原则非常困难，但那是我就职的目标。我所有的努力都直指实现它。早期时候，民众当中存在着一些倾向于支持的暗示，他们意识到了我的努力和理想主义。前年年末的时候，中国人和日本人在此地建立了一个机构，叫“中日睦邻亲善协会”(Society of neighbourliness for the purpose of promoting harmonious relations between Chinese and Japanese)，说明这些人的关系非常好，在当时也具有鼓舞的迹象。我在协会开幕式上做了演讲，如果所有的团体都盛装出席，那么各种族之间的外交关系是不会取得成功的。我们需要把盛装搁在一边，建立不拘礼节的、随意一些的关系。我甚至建议过，我们应当袒露一切；以此为基础(我告诉那儿的人)，我们才能真正走向理解，实现友好与合作的承诺。然后我引用了当时哈尔滨发生的一个事件：有个日本学生眼看就要被汽车撞上了，但当时街上所有的中国人都冲过去救他。我说，这些冲向日本男孩的中国人所展现的精神，应当是我们讨论任何困难问题时需要展现的精神。这样的人性与同情的精神，让我们可以克服所有困难、打破两国之间的障碍。这件事发生以后，我所提到的这种友好精神继续存在着，但到万宝山事件发生时，情况发生了逆转，万宝山事件着实令我们震惊。如果我讲述万宝山事件的细节的话，要花很长时间；但如果调查团希望我这么做的话，我可以向调查团指定的任何人讲述。但在这里，我就简单描述下这个事件。

1930 年 8 月，吉林和通化铁路沿线发生了由朝鲜共产主义者策划的暴动。中国当局采取了非常严厉的措施以应对这些共产主义者，但他们做得太过了，甚至逮捕了无辜的朝鲜人，把他们和共产主义者一起关进监狱。从那年 9 月开始，一直到次年 2 月，由于中国当局对朝鲜人施加的压力——也由于其他的原因——305 名朝鲜难民到了长春，寻求维持生计的方法。但不幸的是，他们什么都找不到。他们大多数是勤劳的农民，万宝山附近的土地贫瘠荒芜，甚至连勤劳的中国农民都不会去那儿从事耕种，但朝鲜人发现这些土地可以变成稻田。1931 年 4 月，他们和中国地主协商，打算签订合同。这些朝鲜人是吉林—通化铁路沿线的农民，由于他们遭受到镇压，作为最后的办法，他们被迫进入铁路区以寻找进入城市的安全通道。中国地主、长春辖区的长官都给过他们必要的保证，他们草拟了合同并且打算签订，朝鲜人也开始了灌溉的工作。（分发了展示万宝山地区的地图）我想将调查团的注意力集中到地图上所显示的这片沼泽地，这就是朝鲜人打算耕种的土地；但这里缺乏供水，他们不得不修筑灌溉工事，把水从伊通河引到他们的土地里。工作完成了大约三分之二的时候，中国当局的镇压也开始了。合同已于4月16日签订，灌溉工事的修筑是在4月25日或26日开始的。大约是5月25日，中国当局针对朝鲜人采取了明显的镇压措施。大约200名武装警察到了这个地方，想要阻止灌溉工事的修筑。管理人遭到逮捕，警察不让他接近现场，而朝鲜的工人们则遭到殴打。在5月25日事变发生之前，有许多性质相似的事变发生，我可以向你们提供细节。日本人[①]越来越愤怒。当朝鲜人发现自己遭到中国警察的攻击时，他们反抗了。因为对他们而言，能否留在那里是生死攸关的事情。关于这些针对朝鲜人的强有力的措施，中国当局没有向我们领事馆提供任何信息，我们也不知道，他们打算通过武力执行其政策。在我们收到关于当地辖区警察所采取的镇压措施的所有报告后，我们和地方当局进行了谈判交涉。但我们发现，这件事超出了地方当局管辖范围，我们被告知该省省政府对此发出了秘密指令。6月，我们组建了联合调查组前往现场做进一步调查。该小组由中国人和日本人组成，去往现场，并对当地情况进行研究。但他们在那儿收到并带回长春的报告不足以说明当地的真实情况。建立在该报告基础上的谈判交涉随即流产，未达成谅解。随后，6月24日晚，大约40名当地中国农民，在14名当地警察的帮助之下，将朝鲜人已经修筑的灌溉工事又回填了55米。7月1日，情况更加糟糕，中国方面的镇压活动增加了。大约400名中国人聚在一起，这一次他们回填了300米的沟渠。灌溉系统几乎彻底被毁。为了保护朝鲜人，一小队日本警察——约15人——被派送过来以应对暴徒。7月2日，中国暴民的数量超过了500名。他们尽其所能来毁掉灌溉系统。这一天就是所谓的“万宝山事件”发生的日子，中国暴民和日本警察之间发生了冲突。该事件的新闻在朝鲜到处传播，就是所谓的“朝鲜事变”(Korean incidents)的开端，朝鲜事变的重要性几乎让这个源头事变看起来毫不重要了。在奉天和吉林两地，中国当局和日本领事馆就万宝山问题的解决办法进行协商；但中日

① 编者按：原文为“Japanese”，疑误，应该指朝鲜人。

双方的提议存在着巨大分歧,费时数周都没有达成良好结果。与此同时,满洲事变发生了,谈判交涉当时就没再继续。最后,今年 2 月,又有了新的情况,这一地区的地方官员和中国居民不是原来的那些人了,我们采取措施以重新恢复去年被中断的谈判交涉。要想弄清楚万宝山事件的问题,需要了解很多的细节,但讲起来要花相当长的时间,我可以跟调查团的秘书讲这些细节。如果想弄清楚事件的话,这些是必要的,因为细节非常复杂而且很难理解。中国当局第一个争论的点是,最开始的合同没有得到他们的批准。

李顿:我们非常感激领事所做的解释说明,也接受他关于与即将去往该地的调查团专家们一起探讨该问题的建议。

田代:长春到万宝山的距离大概是 30 公里。冬天的时候,乘汽车到万宝山很容易。但今年现在这个时候,路几乎是不通的。最新的报告显示,万宝山的情况非常危险:在那里参与镇压土匪的日军报告说,很多土匪军队在那里出现,几乎不可能过去查看,除非有军队护送。我们应该和警察协商一下。

如果我就那里发生的事变给出细节,不知道调查团对此是否有兴趣?

李顿:我们想深入研究,应该和我们的一位工作人员讲这些。

希尼:就土地而言,当时朝鲜人的法律地位是什么样的,现在又是什么样的?

田代:根据条约的条款,朝鲜人有权租借土地用以耕种,但问题还没有完全解决。

希尼:他们的法律地位没有发生任何变化?

田代:租赁权没有发生任何变化,但在"新政府"的统治下,一些条款做了修正,做了新的解读。

杨格:新闻媒体报道说,不久之前,日本当局和"新政府"当局达成协商,对万宝山事件进行调查,联合调查组已达成解决方法。上述新闻报道有道理吗?

田代:不是我们所知的那样。是最近的新闻报道吗?

杨格:大约是一个月前。

麦考益:与此同时,那些贫苦的朝鲜人怎么样了?

田代:他们还留在事件发生的地方,那些能出去找工作的就出去了。他们种植水稻困难重重,结果还是很穷。(向调查团展示了标本)他们几乎没办法生产任何东西。

中国当局声称,省政府没有批准合同的签订;但进一步的调查显示,省政府就合同达成了理解,甚至我们的领事官员都知道这件事。此外,手续费也照惯例交给了政府官员。

希尼:合同是谁和谁签订的?

田代:朝鲜人和中国地主,一个地产经纪人做了中间人。经纪人和农民之间有一份合同,经纪人和中国地主之间有另外一份合同。

第二个争论的点是,朝鲜人开始修筑灌溉工事的那片土地属于其他的中国地主,朝鲜人没有首先征得他们的同意。真相是,朝鲜人被告知并得到保证,已经征得了地主们的同意,地产经纪人肯定达成了谅解。证据就是,农民们开始修筑且事实上都完成了三分之二的工事。

希尼:土地被水渠贯穿的地主是否曾声称因灌溉工事的修筑而遭受了损失?

田代:最大的抱怨不是修筑造成了损失,而是他们表示没有同意修筑。中国当局第三个争论的点是实现灌溉计划所必需的那个大坝会导致伊通河上游河段发生洪灾,会毁掉那里的农民的土地。他们声称,像这样的洪水可能淹没12 000公顷的土地。这一点目前没有得到调查确认。我们发现,只有3公顷的土地会被淹没。但当局只是利用那些农民的无知来做工作,一切都被夸大了。后来我们了解到,此地地主和农民之间有很多利益冲突,那些反对灌溉工事的某些人,挑动当地无知的农民来反对灌溉工程,煽动他们制造骚乱。第四个争论的点是,大坝的修筑使得船运变得几乎不可能了;但真相是,如果你去看看那条河,你就会发现河上本来就没有船运。因为河床在大部分时间里都是干旱的。一年当中,某些时候可以在河上用筏子,但船行是不可能的。

李顿:不会造成交通干扰?

田代:不会。现在我想补充一些我个人对这个事件的看法。如果万宝山问题是由当地人处理,也就是说,如果简单地就让朝鲜人与中国地主协商,我可以保证,事情不会像现在这样发展。只是因为当地农民和地主的利益冲突,以及地主的煽动,小事变成了大事。就像我说过的,中日关系非常和谐,如果让当地民众解决这些困难,处事方式会比后来那样更让人满意。但事情的解决落到了省政府,还有沈阳东三省政府的手里。后来,我们发现,他们给地方当局下了指令,要地方当局把朝鲜人从吉林省驱逐出去;地方当局收到这些指令后,几乎不可能与我方谈判交涉;当我们前去拜访他们,要求进行谈判时,他们会以生病或另外有约而拒绝接见我们。我可以保证,他们之所以会有这样的态度,就是因为从上级那里收到了指令。7 月 1 日、7 月 2 日发生事件,即日本警察与中国暴民发生冲突后,我请求地方当局进行协商,以期解决冲突。但负责的主要官员甚至没来相见,只是派他的下属来告诉我,他们担心无法阻止暴行。7 月 2 日,就在这里的大事变之后,我私下给中国当局的官员打了电话,与他直接联系,以期谈判协商。但他表示不能来见我,因为他必须去吉林参加……①母亲的追悼会。

有这么重要的谈判需要进行的时候,他却恰好要做这么一件事,我们认为是不可信的。

希尼:我能否问一下,合同包含的土地面积是多少?

田代:大约 3 000 公顷。

田代:现在我可以继续叙述长春发生的九月事变了。我无权讨论军事行动,但我可以简单谈谈长春的大致情形。

李顿:18 日晚,你在这里?

田代:是的。

李顿:你可否告诉我们发生了什么?

田代:沈阳铁路被毁的消息是 9 月 18 日午夜传到的,第三旅团的司令部在这里。第四联队,还有一个中队的铁道警卫也在这里驻守。

李顿:你是怎么知道消息的?

田代:消息一开始是通过电话传到铁路办公室的,但是我的办公室通过来自邮局的电话才得知消息。你们可以从地图上看到,日本小镇受到中国军事哨所的包围。南岭的一个炮兵联队和一个步兵联队有 36 门炮。铁路小镇现在的水塔对他们来说是极佳目标,因为从各个方向都可以看见水塔;那个巨大的水塔的周围是日本小镇和日军司令部。我们曾被告知,中国人在其军事训练中经常瞄准水塔;我们也知道,一旦有事发生,日本小镇弹指之间就会被中国武装摧毁。沈阳事变的报告也到了长春内外的中国各军事哨所;所以,为了保护铁路小镇的安全,日本军事当局决定采取主动。他们派遣日军解除了中国军队武装。他们遇到了一些困难,但秩序在 19 日晚得以恢复。

李顿:这里的军事训练,是不是像我们之前被告知的沈阳军事训练那样?

田代:我想是有军事训练的。

---

① 编者按:原文为空格,没有说明是什么母亲或谁的母亲。

李顿:为了保护铁路?

田代:只是铁路保护的常规训练。

这些就是我对满洲事变的意见。我再重申一遍,我无权讨论技术层面的军事行动。

李顿:我只是想听听你个人的经历。

田代:9 月 18 日晚,我们接待了从日本来的访客:一批退休军官,可能类似于美国的退伍军人协会。约 40 到 50 人到这儿来旅行,就是学习和游乐。当晚,我们和这些访客正待在中国饭店里。按照日本的习俗,我们在日本饭店里还有第二场聚会。几乎所有军队领导人、宪兵队官员、警察局长,还有日本团体的领导人物都在那里。我们开怀畅饮,总之过得很愉快。但在盛宴期间传来事变消息,使我们倒吸冷气。

李顿:消息传到的时候,你们还在宴会期间?

田代:大约是宴会快结束的时候。你们无疑已经听说了其他地区的反日行动,但如果可以的话,我希望描述这里发生的反日行动的一个具体案例。我的同僚仓本(Kuramoto)先生有一个孩子,他的目标是教会这个小家伙掌握中国语言。这样,小家伙长大以后就可以成为有助于中日两国的中间人。因此,仓本先生把孩子送到了中国学校。但他送孩子去的那个小学,一年级课本就包含了反日的文章,大意是:日本是个小国,中国非常大;但这个小国狡猾又虚伪,强占了中国的领土,中国终有一天要复仇。孩子们自然受到了这种宣传的影响,开始选择站在中国这边或日本这边。仓本先生的孩子自然轻信了这篇文章,回来就告诉他的父亲日本人做了什么。真是一件非常严重的事。

李顿:是长春的一所学校吗?

田代:不,这所学校在哈尔滨。

麦考益:领事提到了,9 月 18 日事变发生前日本人的强烈情绪渐趋愤怒。是否认为这很大程度上是因为万宝山事件?

田代:在满洲的其他地方,强烈的反日情绪在之前几个月就有了。但不像其他地方,长春的中国人和日本人之间的关系更加和谐,直到万宝山事件。不良分子借由万宝山事件进入长春,逐渐产生了与沈阳类似的反日活动。年轻的学生以及其他机构发起了有组织的反日活动。我必须要说,在万宝山事件之前,我本人受到了这里的中国人的尊敬和爱戴。但中国的报纸开始谴责我是万宝山事件的主要负责人,是这里发生的其他动乱的主要负责人,还说我应当受到惩罚,我的"标价"可能是,一万①。这非常糟糕并且令人不快。

杨格:1929年9月,日俄发生关于中东铁路争端的期间,有非常多的报道表示长春发生了一些事变,日军在南满铁路以外的地区进行演习。我很好奇,领事能否就此事做出正确的解释。

田代:事情发生在我到这儿之前;但那只是一个短暂的事变,并且得到了满意的解决,与之后敌意的爆发几乎没有关系。

马柯迪:我想,如果领事能就"新国家"的体制向我们提供一些个人佐证的话,那会非常有吸引力。我猜要花很长时间。

田代:关于"新国家"及其体制的信息,你可以从这里的政府官员处获取。关于"新国家"的建立,我可以陈述一些非常私人的意见。我对"新国家"的未来有许多期待:我认为,它将实现其独立宣言以及其他政府公文中展现的原则,以及"门户开放"和"机会均等"的原则。我希望,"新政府"能意识到自己的重要性,开发国家,让所有种族都能在这里和谐生活。我注意到,中国有一种普遍的看法,即认为"新政府"是日本的"傀儡政府",西方国家也有这样的广泛意见;但在我看来,事实远非如此。我在天津的时候,认识了"新政府"的国务总理;担任现在的职务以后,我为了讨论事务去拜访他,对他又有了新的认识。我发现他表达了非常崇高的理想。

麦考益:他是满人吗?

田代:他来自福建,在中国南方。他担任执政的老师和监护人很多年了。

(资料来源:日内瓦国联与联合国档案馆藏李顿调查团档案,S31－NO.2卷宗。)

12. 调查团与"满洲国"民众协会代表的会谈记录（1932年5月4日）

与"满洲国"民众协会(the People's Associations)代表的会谈记录

长春,1932年5月4日

5月4日,开脱盎葛林诺先生和莫思先生接待了由五位绅士组成的代表

---

① 编者按:货币单位为dollar。后同。

团，他们代表"满洲国"民众协会，包括协会主席和奉天协会主席，以及吉林、黑龙江、哈尔滨特区和兴安区的协会代表。省议会被废除之前，这些绅士都在省议会里效力，主要的发言人曾经是省议会的议长[①]。他们都是有着良好风度、受过良好教育的人。他们表示自己曾经很富有，但现在很穷苦。他们的家族都已在满洲绵延了至少三代。其中两人的家族在锦州有上百年历史。但在张氏父子统治之下，就像他们的同胞一样，他们的家被毁了。

满洲没有国民大会，有一个在计划之中，他们迟早有一天会被选进国民大会。现在，他们是"地方民众协会"的代表。每县选出 4 名代表，农会、商会、学会和工会各选出 1 名。相应地，这 4 人中再选出 1 人代表该县。因此，代表团各成员可以说是代表了"满洲国"所有的民众协会。事实上，有 18 个代表住在"首都"长春，其中 4 人来自吉林，4 人来自奉天，6 人来自黑龙江，2 人来自哈尔滨特区，2 人来自兴安(蒙古的兴安岭地区)。

他们为国联调查团准备了书面的声明书，其中一份是总声明，另一份涉及黑龙江的特殊问题，黑龙江地域广阔，有其特殊问题。毫无疑问，他们代表了在"满洲国"定居的居民的利益。

他们没有建立"新国家"，他们与那些向日方发出的请求也没有关系。

他们深受张氏父子与军阀统治之苦。虽然他们绝大多数是汉人，但在很多年里，他们的满洲家国被满洲的军阀当成独立的个体来统治。表面上看，他们是组成中国的一部分；但事实上，与中国内地的许多地方一样，满洲在军阀暴政下实行自治。民众在政府中没有发言权；省议会遭到废止；民众因征税及军队索取被榨干了；官员多数是满洲人，但都是张氏父子和军事领导人任命的。去年，张学良访问南京后，国民党官员被引介到满洲，其中有一些是满洲人，还有一些是从中国内地来的新人。张学良以引入带有平等权利的民主政府为借口，只任命他自己的奴仆。因此民众发现，他们的身边满是政治大亨和军阀。从事民主职业是一种幻想，民众在各种各样的压迫之下发出呻吟，他们的"国家"实是令人无法容忍。

突然，去年九月，由于日本和满洲军阀之间的冲突，这个"国家"醒来发现军阀被外国势力赶出去了。这是一场国际争端，民众没有发言权。他们认为，

---

① 译者按：此处"主要的发言人"指林仙舟，即林鹤皋，于 1927 年担任吉林省第五届省议会议长。

两边都有对和错，但日本人受了大量挑衅和冤屈。总而言之，日本人在这场特殊争端中是对的。

他们必须重申的是，民众没有参与这场争端；他们只是被动的旁观者。这次动乱最接近根本的原因是，嫩江上由日资建造的一座铁路桥遭到中国军阀的破坏。日本方面要求军阀修理嫩江桥，遭到拒绝后派遣调查员和修理小组前去。后者遭到了火力攻击，引发了军事行动。

军阀逃走之后，这个国家遭受了土匪泛滥之苦：任何人的财产和生命安全都无法得到保证，直至"满洲国"在日本保护之下出现，原皇帝成了"国家"的领袖。

"新国家"渐渐建立了秩序，结束了混乱状态。事实上，这是把"国家"团结在一起的方法，它给绝望的民众的生活带来了新的希望。无论他们对其中一些方面有多么的遗憾，但没有另一种选择。所有与"国家"有利害关系的人都欢迎"新国家"的成立，尤其是"新政府"在宣言中向民众承诺，将选出大量负责的代表、大幅度削减军费开支、减轻征税、实行法治、所有种族机会均等，最重要的是，保护民众免受中国军阀的复仇和劫掠，那些军阀越过边境逃到了张学良那里。毫无疑问，民众将此归功于日本的介入。但他们不希望自此即受日本人统治，或是变成朝鲜那样。他们希望在国联保护之下维护领土独立，并与友邦和平相处。他们不知道要怎么实现这些，但热切地希望国联能够找到一个解决方法，让他们能在"满洲国"政府统治之下确保安全。

实际上，他们意识到了"满洲国"政府无法自力更生。现下它依赖的是境内外国军队的威望；但他们希望，将来有一天，"满洲国"能以民众的意愿为基础，以法治为基础，以国际承认和善意为基础。他们没有与中国人不和，也没有与日本人不和。

关于内部困境，他们希望组建国会，实行通过考试任命并严格法治管理的公职人员制度，将自然而然解决从国际立场来看目前具有威胁性的许多问题。例如，棘手的铁路问题，外国债务问题，征税范围，种族歧视——如果带着对国际义务的善意和尊重，下定决心运用严格的道德和法律原则的话，所有这些问题都将被作为扰乱因素而清除掉。同时，他们希望能够实现真正的独立。

在张氏父子的暴政之下，民众明显已经沦落到了极点。他们并不是指张氏父子个人需要为所有的滥权行为负责，但事实上他们没有清除他们知晓的滥权行为。张氏父子积累了令人难以置信的私人财富，给军阀们树立了"榜样”，后者大肆搜刮民脂民膏。政府确实有预算，官员的薪水确实是固定的。但只有下层官员遵循薪水分级，更高层的军官则随心所欲。除正式薪水外，他们还可以为远征、为战事、为他们的“开支”敛财。他们不会被追究责任，只要他们还支持他们的军阀同伙。对军阀而言，他们自己就是法律。他们可以滥用军法的权力，将他们的私敌、债户和债主关进军事和民事监狱，填满了所有监狱。这些都没有法律救济。他们将自己的财富用于投资银行或者囤积起来，他们在教育上花很少的钱，行政部门曾经组织过一次公职人员考试，但那些通过的候选人没有获得任命。常发生军阀强占妇女的事情。军阀通过自己的银行与商人进行商业竞争，他们用银行的纸币买进毛皮、兽皮和粮食，控制汇率涨落，借助内部消息进行投机。情况就变成了这样，有个人在几年前有60元①，现在就只有1元了。他们身上只有军阀们发行的作为展览样本的没有价值的纸币。

裙带关系到处蔓延。偶有新学校的建立和沥青马路的修筑，民众认为自己从中获取的一点儿好处，只不过是军阀从抢劫的口袋里掏出的施舍物罢了。诸如此类的案例中被压迫的人们欢迎“新国家”的建立，调查团对此会感到惊讶吗？“新国家”向人们承诺法治之下的安全、善意和友好，承诺人民会从暴君统治下获得解脱。倘若我们处在人民的立场，我们不会像他们一样不过分追究新制度的起源而欢迎它吗？对其起源，对其所引发的国际纠纷，民众代表们并不关心：事实上，虽然他们怀有最大的希望，但他们在这个方面是完全无能为力。对于这种情形的解决或管控，他们只能依仗世界政治家们的智慧和善意。他们完全意识到了，“满洲国”面临着变成各国未来战场的风险；但他们相信国联，相信各国的善意。他们完全意识到了日本军国主义可能带来的危险，他们只希望这样的危险不会发生。他们允许了这个威胁的存在：以牺牲民众利益为代价，一支强有力的日军必须无限期地留在“满洲国”，但以日本不负责“满洲国”的经济为前提，这种经济责任将涉及彻底吞并。不过，对于这些把他们从虎口中救出来的日本人，他们没有过于不满的倾向。他们相信各国的真诚，让他们远离中国军阀的掌控。他们微如草芥而无法给出解决方法的建议，只能祈祷出现一种解决方案。他们没有夸大困境；我们可以在他们准备的声明书里感受到这样的困境。他们非常感激国联调查团能够给予他们向国联说

① 编者按：货币单位是 dollar。后同。

出自己想法的机会，也已经准备好回答调查团代表可能提出的任何进一步的问题。

他们将竭尽所能，以确保“新国家”的法律条文得以应用实施，期待着在“新国家”的统一之下，不是另一群暴君取代了一群暴君。

（资料来源：日内瓦国联与联合国档案馆藏李顿调查团档案，S31－NO.2卷宗。）

13. 调查团与蒙古人代表团的会谈记录（1932年5月4日）

与蒙古人的会谈

长春，1932年5月4日

爱斯托先生和莫思先生会见了一个蒙古人代表团，他们说是特地从行政所在地哲里木旗［盟］①（kurumtchi，音译）赶来，为了在调查团前陈述他们的想法。

这五位代表，其中一位是公爵，还有一位是王公之子。他们都是相貌堂堂，举止端庄的人。他们周到细心，对问题考虑仔细，他们看起来是以直截了当的方式回答了问题。

他们随身携带了一份地图，用以展示蒙古人定居的地区，以及新“满洲国”统治下交给蒙古委员会②（the Mongol Committee）管理的领地。他们向莫思先生提交了一些中文的书面声明（现已在翻译中）。

当问及他们为何来此，以及他们要谈何事时，他们回复说，他们来此是为了欢迎国联调查团，也是为了向国联以及调查团所有代表表示感激。他们希望调查团代表能够帮助蒙古族维持其实体存在和独立。他们现在与“满洲国”连在了一起，希望“满洲国”能够得到承认，希望国联能想出办法以确保“满洲

① 编者按：根据上下文判断，该地点可能指郑家屯附近某个地区。哲里木盟的可能性最大。1931年12月，在日本关东军的策划下，东部内蒙古五公等人在郑家屯成立由东蒙14旗代表组成的内蒙古自治筹备处。伪满洲国成立后设兴安局，在哲里木盟成立兴安南分省。后同。

② 编者按：该委员会应指内蒙古自治筹备处。后同。

国”的稳定，继而确保其境内蒙古人的安全。

他们表示清楚“满洲国”不是指满人的国家，而是定居在满洲境内所有人的国家。他们自己代表了满洲境内的蒙古人，他们都是内蒙古当地人，与外蒙古的蒙古人没有任何关系，外蒙古那些蒙古人和苏联人有联系。他们自己和热河地区的蒙古人有联系，和那些土地已拓展到张家口与库伦之间的蒙古部落也有联系。热河地区的蒙古人由 11 旗组成。他们自己代表了居住在“满洲国”的 14 旗(部落)。热河的蒙古人已派遣代表前去调查“满洲国”统治下蒙古人的情况，完全可以预见他们很快就会加入“新国家”。他们目前还没有超出探询阶段。他们联合起来大约是一百万人。尽管无法确定地说，但他们觉得内蒙古的蒙古人口大约是五百万。作为一个独立的民族，蒙古人有悠久的历史。最著名的先祖就是成吉思汗。每一个 9 到 10 岁的蒙古男孩都知道成吉思汗。他们急于维系作为一个种族的独立和传统。但是，他们对过去的讨论，没有对现在和将来的讨论那么多。

直到二十多年前中华民国建立，他们独立了。他们过去确实受苦于汉人的侵蚀而非汉人的统治。自中华民国建立以来，在孙逸仙博士的教化下，理论上来说，汉人要将蒙古人作为组成民国的民族之一来对待。但在该教义外衣下，汉人设法把蒙古人纳入了民国，让他们受制于汉人的法律、行政及税收，对他们进行剥削。蒙古人从汉人处遭受的最多苦难来自中国国民政府。此前他们受血统显赫的蒙古王公统治。

张作霖自土匪起家掌权，他压迫蒙古人，其儿子张学良更是变本加厉。他们并不是说张学良自己直接施加压迫，而是张学良的代理人们压迫他们，令其无法忍受。他们不断向张学良请求帮助，但徒劳无功。他们没有与汉人不和，没有与任何善良的人不和；他们反对的是汉人军阀。

“满洲国”建立时，他们被其宣言及理想吸引了。他们与这个“国家”的创始毫无关系，也不过问“满洲国”是如何出现的。他们只是渴望“满洲国”会据其承诺的道德和法律原则统治蒙古人。这些原则为他们的困境提供了最有希望的解决方法，只要“新国家”忠于自己宣称的原则，蒙古人就会做其忠诚的国民。他们自愿加入了“新国家”。没有“满洲国”的代表或是任何外国的代表建议他们。他们尽一切可能避免回到中国军阀的统治之下。他们希望国联能够想出一个计划，以保护他们，使他们躲开中国军阀。没有日本政治代理人活跃在他们之中。他们转向了“新国家”，就像溺水的人抓住了一根稻草。

他们知道"新国家"是依赖日本军事保护而独立的,但他们不想变成朝鲜人那样。他们希望"新国家"能尽快得到其他各个国家的承认,能够依赖国联而独立。他们宁愿依赖国联,也不愿依赖日本。

外蒙古已经落到了布尔什维克的手里。

在"共和主义"的名义下,存在着汉人的社会主义,比俄罗斯的社会主义更让他们担心。他们感激"满洲国",感激日本人,但对自己处境中的危险也非常敏感。在二十年内,如果他们发现自己的独立受到了威胁,他们会转而反对"新国家"。如果他们的第二个计划失败了,他们会尝试第三个。他们必须作为一个民族而存在。他们不畏惧战争,但他们没有军队、武器和弹药可言,他们不想发生战争。他们希望能够受到正义的统治。

在附属的地图上,他们曾被承诺其行政地区将被标记为"蒙古地区",受蒙古王公统治。他们的三个省份由他们三个主要的王公统治。"新政府"中特殊的蒙古人部门[①]首脑是他们爱戴和信任的蒙古王公齐默特色木丕勒,有六十多岁了。没有日本顾问被派往该部门。

去年九月的事变之前,他们有一支装备较差的蒙古军,约 2 万人,现已被重组为一支有 5 000 名强兵(都是骑兵)和 15 000 名警卫的军队。

蒙古人曾因酗酒、嗑药、梅毒而堕落,也因排斥婚姻的佛教的迫切要求而造成人口减少。他们的书面声明没有提到这一点,因为这些是坏习惯导致的过错,而不是因为外来的压迫。他们忠于他们的宗教,但也意识到,宗教需要改革。

内蒙古人开始从事农业生产,往西去最近的火车站是通辽。他们通过牛车运输粮食、毛皮和兽皮。牛在路上吃草,在不受军阀掠夺的条件下,他们要花十天时间才能把东西运到火车站,但仍能获利。十天的路程大约是到"满洲国"居住区内离铁路的最远距离,再远就是沙漠了。由于山地和沙漠形成了自然边界,他们和外蒙古人被分隔开了,实际上没有联系。在成吉思汗和忽必烈时期,情况则不同。为了躲避北部来自俄罗斯的威胁以及南部来自中国的威胁,除了加入"新国家",他们别无选择。

他们注意到,最近没有日本工程师在通辽西边的蒙古乡镇进行调查活动。

他们渴望国联承认"满洲国",以确保他们的民族能得以保护。他们并不

---

① 译者按:此处"特殊的蒙古人部门"指兴安局。

特别希望被日本人统治。他们认为,"满洲国"是最可行的解决方案,他们希望国联能够找到使"满洲国"长存的方法。他们将会是良民且非常感激,等等。这是他们人民愿望的真挚表达,哲里木盟的蒙古委员会由14旗组成,每旗选出1名代表。他们是坦率真诚的部落首领,他们不是日本或其他国家的傀儡。他们是蒙古人,他们希望成为国联保护下的"新国家"的国民。他们祈求将他们的愿望提交给李顿勋爵和调查团所有代表,提交给他们想要寻求帮助的人。

(资料来源:日内瓦国联与联合国档案馆藏李顿调查团档案,S31－NO.2卷宗。)

14. 调查团关于与蒙古代表会面的记录(1932年5月4日)

记录

我想要总结一下,我认为的蒙古代表对"满洲国"的态度是:蒙古情况危险。他们面临着中国的殖民威胁,中国不断地侵占他们的疆域;与此同时,他们正处于从游牧人口向农业人口转型的过程当中。他们在那些必须出售农产品的邻近省份受到中国政府的剥削。他们也害怕俄罗斯人。外蒙古已受苏联统治,王公政权遭到毁坏,他们的个人安全受到威胁。因此他们与"满洲国"结盟,将之作为保卫自身独立的最好方法:他们是自愿的,但他们对此没有热情。他们说自己感受到了来自中国民族主义和俄罗斯共产主义的危险。他们没有看到当下有来自日本的危险,但如果由于他们依附"满洲国"而致使这个危险产生,他们将采取措施以应对。他们主要关心的是其民族的完整和独立,他们希望国联能做一些事情以帮助他们实现目标。

他们代表的不是所有的内蒙古人,而是毗邻满洲的14旗(部落),大约是总数的三分之一。

爱斯托

(资料来源:日内瓦国联与联合国档案馆藏李顿调查团档案,S31－NO.2卷宗。)

15. 调查团与谢介石的会话记录(1932 年 5 月 3 日)

与谢先生的会话记录

长春,1932 年 5 月 3 日,上午 10 点

出席人员:谢先生及一名翻译

李顿勋爵和调查团所有代表

哈斯先生

吉田先生

汐崎先生

谢[①]:很高兴欢迎阁下及国联调查团代表的到来,特别是在“新国家”刚刚建立之际。当然,阁下和调查团代表来这儿是进行调查的。关于这些目的,谢先生没什么可说的;但恰逢“新国家”建立之际,阁下和调查团代表可以看看这里是如何发展的,世界也将对此持欣赏态度。

李顿:我们希望以感谢作为谈话的开始,感谢您已经交给我们的友好的欢迎辞,感谢您昨天在车站迎接我们,也感谢您现在对我们的友好致辞。我们诚挚地回致以同样的表达,我们欢迎与您面对面的第一次会谈机会,有机会与您讨论我们所感兴趣的事情。

谢:想要指出一个要点。他希望阁下和调查团代表能明白,因为这个“新国家”刚刚成立,一切都不完善。有些事情还比较混乱,特别是现在的 5 月。铁路沿线会有一些激进分子。其实还没有准备好迎接你们到此地访问,或是将来到其他地方访问。谢先生也许不能为诸位旅行中可能发生的任何事变负责。谢先生希望诸位能认识到现在的形势。从北平来的张学良的某些代理人也在向各处派遣激进分子,谢先生希望阁下能理解他在这方面处境困难。

李顿:我们完全理解谢先生所指的困难。我们明白这个国家的形势动荡,我们的到访造成了前些天的焦虑,我们对此感到抱歉。但关于到访的时间,我们自己做不了主:受到任命时,我们必须前来,我们要调查事实;因为我们的出现而增加了他的责任,我们对此感到抱歉。但我们很确定,虽然有许多困难,

① 编者按:谢介石的谈话内容由翻译人员转述给调查团。

但你们会尽一切努力帮助我们，对于在这方面已经给出的资料，我们很感激。

谢：深感荣幸，相信阁下和各位先生会理解他的职责。他会为诸位的所有行程提供必要的保护，但面对任何可能发生的动乱，他相信阁下会本着理解的精神来对待。

李顿：我们有许多问题想要讨论。我想知道，谢先生是否有空给我们一点时间？由他来定，但我们有许多想要讨论的事务。我们缩短了在沈阳的行程，尽可能早的来到这儿，就是为了有机会见谢先生。现在，我们有了这个我们所期待的机会，如果我们能立刻讨论一些感兴趣的事情，我们将非常乐意。

谢：由您决定。

李顿：我们希望讨论和解决的第一件事是，陪伴调查团的中国参与员的问题，这个问题自始至终都是个麻烦。而且，如果可能的话，我们想就这件事对谢先生发表我们的观点，当然也想听听谢先生希望给出的回复。

谢：中国参与员顾博士出现在这儿，出现在这个"新国家"，从各方面来说似乎都是不合适的。"新国家"和中华民国需要就特定事务进行讨论和交换意见的时候，谢先生就会要求他的副手，即次长直接与顾博士进行谈判交涉。

李顿：那么，我们是不是没有必要讨论这件事？

谢：希望并听候阁下提出另一个问题，因为时间很短。诸位可以把这个问题留给次长和顾博士他们自己讨论。

李顿：总而言之，我们开始工作，与中日两国的总长们进行会谈，以向他们确保国联的好意，并请他们告诉我们，国联要用什么方法才能帮助解决已经产生的争端和困难。在这儿，我也希望以同样的方式开始，说同样的事情：国联派我们到这儿来，寻找当下困境中我们能帮忙的方法；我们想要了解，现在我们在长春，国联用什么方法才能有所裨益。因此，如果可以被告知的话，我们想大概问一问，谢先生觉得我们应该报告些什么才会有助于满洲的未来？

谢：希望阁下能够对您和各位代表被托付的任务加以区别。阁下的目的是调查日本和张学良政权当时发生争端的原因，这个时刻已经过去了。现在，"满洲国"是由满洲人建立，三千万满洲人自己建立的。因此，谢先生希望阁下能够明白当下和国联决定派调查团来这里的那个时刻之间的区别：那个阶段已经过去了。阁下被派到这里来寻找日本和张学良政权之间发生争端的根本原因的那个阶段已经不复存在，满洲人已经建立了"新国家"，一切都改变了。鉴于此，谢先生向贵调查团表示欢迎，目的是告知阁下目前的满洲是如何发展的,以及将来的满洲会如何发展。

李顿:您告诉我们,满洲有三千万居民?

谢:是的。

李顿:你认为,这三千万人希望从中国分离出去吗?

谢:自3月1日起,满洲所有人民都已与中华民国断绝联系,建立了"新政府"。请阁下注意,满洲"新政府"已经建立,与调查团的任何调查都没有关系,谢先生刚刚已经解释了原因。关于满洲当下的事务及其将来如何发展,他希望能够为诸位提供任何需要的帮助。

李顿:比之过去,我们对有关将来的问题更感兴趣。但谢先生说,三千万民众已经决定了某些事情。我们可否了解一些三千万民众对满洲未来抱有希望的证据?

谢:自3月1日起,满洲三千万民众选举了代表,任命他们的领导人团体(chiefs),以管理"新国家",所以"新国家"现在已经在运转中。没有必要提供更进一步的证据。

李顿:……[①]任命的?

谢:由溥仪陛下。

谢先生希望指出满洲和中国内地的历史关系。三百年前明朝灭亡,阁下请记住,【尽管】皇帝起初以北平为首都,【但】他将满洲视为一个国家,而北平是其殖民地。由于这种历史关系,满洲民众拥有中国内地人民没有的团结和决心。有了这种决心,"新国家"当然就有了强有力的基础。这与满洲仅被视为中国内地的一个殖民地是完全不同。后金(Chin)入侵中国内地仅是因为明朝皇帝的腐化堕落。一旦我们在满洲有了团结和决心,满洲就会是一个非常强大的国家,一切都会与此前不同。

李顿:你告诉我,大约三百年前,满人王朝从满洲来并且征服了中国,满洲属于那个王朝,而那个王朝统治中国?

谢:不是,满洲是完全独立的。满人有他们自己的皇帝。是因为明王朝的政治腐败,满洲皇帝征服了中国内地。

李顿:我理解的是,如果满人王朝征服了中国,在其统治中国期间,满洲属于满人王朝。

---

① 编者按:存在内容缺失。

谢:是的。阁下请注意,中国内地当时由满人皇帝控制。因此,满人皇帝是视中国内地为其侵占的土地。现在,我们让前皇帝担任“新国家”的执政,前皇帝担任执政是民心所向。谢先生希望向阁下保证,“新国家”将会非常强大。

李顿:如果您愿意的话,我想让您纠正我的历史【知识】。满人王朝统治时期,即使存在的话也是只有少数中国内地汉人移居到满洲,我这么说对吗?

谢:是的。当时来自中国内地的人非常少。谢先生会把这里的情况和英国入侵印度时期的英印关系进行对比。

李顿:然后是满人王朝的灭亡,然后是中国的革命,在过去的二十年里,大量汉人从中国向满洲,我这么说对吗?

谢:是的。但还没有这么多的永久定居者,因为临时移民只是春天过来,冬天回去,比如说到来到这里的山东苦力,他们因为中国的政治腐败而找不到工作。

李顿:所以你们现下的人口有约 2 800 万是来自中国内地的汉人?

谢:不完全是,因为存在很多满人和汉人的异族通婚,人口是混杂的。谢先生想为各位提供关于满洲历史的书籍,你们可能需要。

李顿:不管精确的数字是多少,目前人口的绝大部分是最近从中国内地来的汉人,是这样吗?

谢:有两种人生活在这儿。一种是来自中国内地的临时居住的人,另外一种是与家人在此定居的人。是阁下提到的数量的一半多一点。说“绝大部分”是不对的。由于异族通婚,我们现在几乎不可能从一个人的相貌来分辨他是满人还是汉人。

李顿:谢先生不是满人?

谢:谢先生现在是满人。之前他是清朝的官员。

李顿:那是什么时候?

谢:在溥仪先生的前任光绪皇帝统治时期。当时谢先生在吉林省。

李顿:什么职务?

谢:他是吉林都督府顾问。①

希尼博士:是四十年前吗?

① 编者按:原文如此。结合谢介石生平,其早年留学日本,在辛亥革命后担任吉林都督府的顾问。可能是现场翻译导致信息出现错误。

谢：三十年前。

李顿：自那以后，您就住在满洲？

谢：大多数时间是在满洲。

李顿：回到我的统计数据上来。现在的大部分人口，是过去二十年在这里定居的汉人，我这么说对吗？您提到了那些来了又走的人，这是每年都会发生的，即季节性移民。但除此之外，大部分人口是来自山东和中国其他省份的定居此处的汉人？我这么说对吗？

谢：是的，他们已经是处于满洲"文明"下的永久定居者。

李顿（由莫思提出）：过去二十年里，来自中国的比例有多大？您是否愿意提供最原始的问题？①

谢：大部分人来自中国内地，但因为他们已经在这儿定居，他们生活在满洲政权下，但对这里的那些非永久定居者——像张学良，还有他的同伙，当他们离开的时候——我们不认为他们是满洲真正的居民。

李顿：我们以书面形式询问了一些表明现行章程的文件是如何形成，如何分发，等等。我不会对此问任何问题，因为我知道，我们会收到书面的回答。

谢：向你和各位先生致以热烈的欢迎，希望你们身体安康。

谢：满洲的历史非常有趣，对此，谢先生将以书面形式提供。可能外人不明白，满洲是什么，满洲王朝是什么，满人政府是什么，金朝又是什么。金朝早于明朝，早于满人王朝征服中国内地。

李顿：我想要知道"现政府"对旧政府管辖的机构负有什么责任，例如：沈阳的东北大学。现政府与东北大学有什么关系？

谢：不限于东北大学，还有其他所有的原政府管辖的机构，"新政府"承担的责任是，革除不好的机构，强化好的机构。所以，不只是东北大学受到了影响。那些存在协作的机构将会得到强化。

李顿：东北大学是不好的机构吗？

谢：不是。但那些不好的机构将被废除，而好的机构会被留下来，得到改良和革新。

李顿：大学是在哪一个类别下面？

谢：过去二十年里，东北大学，还有其他机构变得过于激进。甚至于提到

① 编者按：原文如此。可能是指原始数据。

他自己的儿子，谢先生都不想让他去上学，他总是很难为自己的儿子找到合适的教授和讲师。

李顿：那是不是说，东北大学是一个不好的机构？

谢：我的看法是，它不是一个良好的机构。

李顿：那么，东北大学会被废除？

谢：是的。

李顿。谢谢你。附属于大学的工场如何处理？

谢："新国家"成立只有两个月，已经准备好开始一项良好的教育政策，但是会革除那些任何情况下都具有有害精神(bad spirit)的机构。

李顿：还有大学的建筑、工场，以及工场里的工具、器具。这些都是大学当局的私有财物，怎么处置的？

谢：请告知我们谁拿走了这些东西。

李顿：我不是说它们被拿走了。我想知道如何处理它们。

谢：沈阳有关当局可能知道。因为这是一件相当小的事情，谢先生自己是不知道的。

李顿：非常好。不过我明白了，因为这所大学的有害精神，您不打算让它继续，所以我问，您打算怎么处置这些建筑、工场和设备？

谢：因为这件事只是在考虑当中，所以还没有决定。

李顿：□□□□□□[①]。我想问，如果这个机构要继续的话，你们是否打算从拥有该机构的当局手中购买这些财物？

谢：如果这些财物是私有的并且□□□□□□□[②]，会被归还的。如果是个人的财物，会还给它的主人。但是"新国家"想要拥有好的学校。

李顿：我明白了。我也知道你不喜欢现在的教学，你会用新的教学来代替。我只想知道，你们怎么处置这些财物，用它们建立新学校，还是其他处理办法？

谢：继承了东北大学的那个机构当然会接收这些建筑和器具。

李顿：从谁那里接收？

谢："新国家"会把所有这些东西提供给新的机构。

---

① 编者按：手写字体，难以辨认。

② 编者按：手写字体，难以辨认。

李顿:但是这些财物并不属于国家。

谢:谢先生提供给阁下的书面说明中,会就“新国家”的建立的一切展开论述。但是关于这些财物,他还没有想法,因此,他没办法说它们属于国家还是私人。一切都还没有决定。

李顿:我只是想知道,按照“新政府”的政策是否会通过购买来获取学校等机构所需的财物,还是说,在这些财物属于中国人这一事实下,没收财物是否正当?

谢:绝不是那样的。个人□□□□□[①]获得的财物和权利,绝不会被国家染指。

李顿:□□□□□[②]个人财物,还有旧政府的那些债务。现政府如何看待旧政权的债务?

谢:旧政权所负与外国的所有债务,将由“新政府”来承担,“新政府”会向外国偿还这些债务。

李顿:“新国家”会接手旧政权所有的债务?

谢:是的,对外国的债务。

李顿:我是说,旧政权对私人公司的欠债呢?“新国家”也会接手这方面的债务?

谢:所有的债务,私人的,外国的,就像之前所说的,将由“新政府”来偿还。

李顿:谢谢你。我知道“新政府”里设有一些部门,都是在长春吗?

谢:是的。

李顿:他们是否会定期会面讨论政策?

谢:内阁会议每周召开两次,不过有时候需要的话也会另外开会。

希尼:各个机构都有大量的雇员。与旧政权签订了协议的那些雇员,你们打算怎么处理?还有那些与旧政权有密切联系的机构里的人呢?比如说,东北大学的工场,还有其他机构。这些人情况怎么样?

谢:他们的利益会得到保护。“新国家”仍然在考虑后者,并且需要来自外国的专家的帮助。

希尼:那些与旧政权签订了协议的人,还在拿薪酬吗?

---

① 编者按:手写字体,难以辨认。

② 编者按:手写字体,难以辨认。

谢:他们会拿到所有他们有资格拿到的。我们必须考虑这件事。

李顿:我们以沈阳的兵工厂为重要案例,兵工厂已经被新政府接管了。

谢:阁下请记住,谢先生已经在 4 月 1 日的通电里宣布,由私人获取的权利和财物仍需受"新国家"调查。

李顿:是的。但是兵工厂不是私人财物,它曾经是国家的财物之一,不是□□□□□□①要被废除的不好的机构。因此,如果兵工厂是要继续被维持的好机构之一的话,我推测它已经被政府接收了?

谢:"新国家"建立之际,一切都会更好。但是我们不需要这么多的军备,我们需要削减军备。因此,兵工厂是有可能必须被裁掉的。

李顿:地方(Local)裁军!

(资料来源:日内瓦国联与联合国档案馆藏李顿调查团档案,S31-NO.2 卷宗。)

16. 调查团与谢介石的会话记录的修正(日期不详)

与谢先生会话的报告
由大桥先生传送来的修正

第三页第三行和第四行:"'新国家'和中华民国需要就特定事务进行讨论、交换意见的时候,谢先生已经……与贵调查团的一名代表进行谈判交涉。"

第九页倒数第二行:"如果财物是私有的,且具有权利性质,会被归还回去。"

第十页中间:"个人获得的那些并非有害于'新国家'的财物和权利,绝不会被'新国家'染指。"

(资料来源:日内瓦国联与联合国档案馆藏李顿调查团档案,S31-NO.2 卷宗。)

① 编者按:手写字体,难以辨认。

17. 调查团与土肥原的会谈纪录(1932年5月3日)

与土肥原少将在长春的会谈

1932年5月3日

出席人员:李顿勋爵和调查团所有代表

土肥原将军

哈斯先生

秘书处所有成员

藤本少尉

川崎先生

吉富先生

土肥原:先解释了他于5月1日离开哈尔滨,一听说调查团在长春,他就渴望有此会面的机会。

李顿:首先我们想要祝贺将军的晋升。

土肥原:非常感谢。

李顿:有此机会与你见面,我们非常高兴。我们知道你刚从哈尔滨过来。

土肥原:是的。

李顿:那儿的情况怎么样?

土肥原:2月5日的动乱之后,那里就变得更安静了,现在所有人还像往常一样从事生产活动。但在哈尔滨附近及周边地区,因为动乱导致了一些问题的产生、遍及各处的土匪出现等。一些乡镇地区已经因动乱受到了影响。大多数土匪都是小团伙,一百到五百人,但已有证据表明,更大的团伙有两三千人,他们都有武器。

李顿:这就是将军想要说的全部内容?

土肥原:是的。

李顿:我们知道,将军有漫长的在中国的经历,在这方面是一名权威,在最近的事变中起到了非常显著的作用。关于满洲目前的形势,关于他起到如此显著作用的事变的爆发原因,我们非常乐意从他那儿获悉一些他可以告诉我们的事情。

土肥原：一些具体的要点？

李顿：我们想听完整个故事。我们知道，就在9月18日事变之后，土肥原将军立刻接管了沈阳的民政。他是否愿意描述一下当时的情况，说说他所采取的措施等等？

土肥原：沈阳事变爆发时，我在东京被指派了其他职务，正在去往沈阳的路上。我在安东地区第一次得到了事变的消息，所以第二天就到了沈阳。当我抵达沈阳时，晚间爆发的主要军事行动实际上已经结束了。当时司令部参谋恰好也从旅顺到了沈阳，在这些特殊的情况下，我被指派担负情报部门之职。那是一个进行宣传工作的军事情报部门，我被任命为该部门的长官。

事变之后，因为城内的民政部门瓦解，情况开始变得毫无希望。然后军事当局采取了行动，劝说一些日本当地领导人参与计划市政事务。但协调这些领导人进行正常工作是困难的。这些领导人和关东军司令部要求我负责组织工作，专司市政活动。

临时市政公署运作了大约一个月时间，直到沈阳的中国领导人回到这里，组建了委员会以维持和平与秩序。就职后，我的工作主要是重建和平与秩序，还有营造安全感消除沈阳城内人们的焦虑，开展因事变发生而必需的救济工作。当委员会开始运作的时候，我们的工作的所有权力转交给了委员会，赵博士被任命为市长。

李顿：我认为，将军谈到他的活动时过于谦虚了。因为我知道，到当月结束时，一切都回归和平，他觉得他可以把事情交到其他人手里了。

土肥原：好吧。也许在和平与秩序的重建中，我起到了一点儿作用，给人们带来了安全感。在我就职期间，经济状况逐渐恢复。银行几乎开始正常运转，沈阳—吉林铁路也开始像之前一样运转。总体情况恢复正常，我们的职员与上述委员会合作，共同维护和平与秩序，并致力于实现沈阳状况常规化，我们发现他们能够处理市政事务，就把所有的职责都转给了他们。

我们注意到，沈阳的许多领导人以及差不多五万民众在事变之后逃走了。但到10月20日，随着形势恢复正常，他们中的许多人又回来了，这也是沈阳城内形势恢复正常的一个标志。

当时，中国的形势逐渐吸引了我们的注意，因为张学良军队在该地区制造骚乱，以教唆和利用那些留下来的派别以及其他代理人。从战略角度来看，有必要和驻守天津的军队建立联系，所以我受关东军派遣执行这个任务，并去往天津。

10 月 27 日，我抵达天津，在那儿一直待到 11 月末，后来我去东京本部报告我的活动。

我就满洲和中国北方的情况向东京军部提交了一份完整的报告。此后我受到派遣回了沈阳，于【1932 年】1 月 1 日抵达沈阳。1 月 12 日，我再次被派到天津，在那儿待了 1 个星期，然后回到了沈阳。

我们在哈尔滨有一个小型办事处。1 月 26 日，我受到任命，前往哈尔滨负责该办事处的事务。我于 1 月 27 日抵达那里，两支吉林军队之间的战斗正在进行，其中由吉林熙洽领导的军队向北行军，与丁超和李杜将军的军队交战。战斗在哈尔滨地区持续了数十天。

两支对立武装之间的战斗引发了日侨的焦虑不安，特别是受到威胁的那个地区。与此同时，有很多居住在该地区的朝鲜人非常害怕，他们面临着被屠杀的危险，哈尔滨的市民也是如此。特别是中国商人，还有城里的其他人，他们不断向日军发出请求，希望保护他们的生命和财产。与此同时，日侨也因同样的目的不断向日军发出请求。这些是动乱造成的情形。日本人被对其怀有敌意的反吉林军包围，处境非常艰难。

日军被派遣过去，以保护日本国民的生命和财产，遭遇了丁将军和李将军军队的反对。最后，在战斗之后，中国军队完全瓦解并逃到了北方。幸运的是，哈尔滨没有再发生战斗，结果便是 4 000 名日侨安全了，城里的俄侨还有其他人没有遇到太多的麻烦。

李顿：我想要知道，将军刚刚告诉我们的时间里——【1931 年】11 月到【1932 年】1 月——他第一次知道当地想要建立“新国家”是什么时候？

土肥原：2 月上旬，在吉林省，我第一次注意到这个运动，独立宣言也第一次在吉林发布，然后是黑龙江省。

2 月月末的时候，各省都发布了宣言。哈尔滨特区和各省领导人组建了一个新的行政委员会。吉林省、奉天省、哈尔滨特区的张景惠（Chokei，日语），黑龙江省的马将军聚在一起，组建了一个“东北行政委员会”。

当然，这些都是我的看法。不过，满洲各地都有公开宣布的各种自治政府。我推测，这些领导人聚在一起，联合各自治省份使之成为中央形式的行政组织，形成了建立新的统一政府的计划。

李顿：以前皇帝为“新国家”的首脑，这种想法第一次表露出来是什么时候？

土肥原:大约【1931 年】11 月 10 日或 11 日,天津的情况是这样的,溥仪的人身安全受到威胁,他就秘密离开天津并前往满洲。这是我对当时情况的了解。我认识溥仪先生有很长一段时间了,我记得 10 月近末的时候还去拜访过他。当时,他收到了很多威胁恐吓信件。他还收到过一个礼物包裹,实际上里面是一枚炸弹。这些事情都说明他的人身安全正面临极端危险,我猜这是他离开天津的主要原因之一。那枚炸弹是 10 月上旬的时候送到的,但我与他见面的时候,他暗示自己正处于非常不安全的状态。

李顿:就他接受执政之位一事,将军是否与他进行了一些协商?

土肥原:他接受执政之位,或是他来到满洲,这些都与我无关。正如我解释的那样,我在其他地方承担其他职责。自那次以后,我再次见他是在昨天与他的告别。这是自 10 月 30 日离开天津后我们的首次见面。

李顿:我问这个问题,是因为在中国内地时我们被告知,将军绑架了溥仪,把他当成犯人一样带到了满洲,一直扣留他,直到他准备好进入"新政府"。

土肥原:完全不对。我是 10 月 30 日见他的,我跟他的谈话也非常随意。在某种程度上,我试图在那种情况下安慰他,然后直到昨天,这些就是我与他所有的见面。

李顿:当时是不是没有提到他要做"新国家"首脑的事情?

土肥原:我们谈到了他的危险,谈到了他的人身安全,但没有谈到任何有关他要到满洲的事情。

李顿:当他住在满洲时,将军也没有就这件事和他讨论?

土肥原:没有任何交流。我没有机会见他,因为我先是在沈阳驻守,然后是天津,然后回到了哈尔滨。很不幸,你们拿到的消息是错误的,看起来像是宣传,和事实不一致。

去哈尔滨以后,我自己也有过类似的经历。【驻哈尔滨】的美国总领事汉森(Hanson)先生有跟中国人一样的想法。他似乎认为我是个海盗头子,但后来我们逐渐成为朋友,他发现我远非是他之前以为的那样。

李顿:不是一个海盗,而是前任市长!

马柯迪:年轻的皇帝在天津的时候,受到了怎样的对待?

土肥原:他住在天津的日本租界里,有一栋房子,那栋房子从前是前驻日公使陆宗舆的。他没有得到这个世界善意的祝福。

马柯迪:是的,他在天津受到了威胁。他受到了哪些威胁?是不是暗示着有什么要发生了？这些威胁意味着什么？

土肥原：总而言之，就是正常的恐吓信件，随处都可以找到，比如，如果他离开天津，生命就会受到威胁，等等。溥仪的人身安全正处于危险当中。如果我没记错的话，一些信件表明有便衣特工受到派遣将去暗杀他。

李顿：但我们不知道，他为什么会受到威胁，是谁在威胁他？

土肥原：比如说，在他可能回到沈阳的情况下，就会有恐吓信件，不让他离开天津。

李顿：因为他曾做过皇帝，所以中国人试图阻止他重新掌权？

土肥原：是的。有人怀疑有些政治行动是由他或是他的支持者策划的。

马柯迪：10月的时候？

土肥原：是的。这些报告也出现在报纸上，10月就已经出现了。

麦考益：考虑到将军在这个国家的工作情况，他对每个人都很了解，并知道我们要到这儿来调查情况。那么，将军可否给我们一些建议？我们要见一些特殊人物，来收集像哈尔滨这样的地方的事实。我们会见的不只有中国人、日本人，还有其他在哈尔滨的人。为了解释这些谣言和故事，他觉得我们见谁可能比较有用？

土肥原：哈尔滨的市长鲍先生①是调查团招待委员会的一名成员，他是能解释哈尔滨情况的人之一。

麦考益：中国方面告诉我们，他曾被关在沈阳的监狱里，是将军把他从监狱里带出来，让他做了市长。这些是事实吗？

土肥原：情况根本不是这样。前年的时候，张元帅毫无理由就逮捕了鲍先生，把他关了一年。事变之后，他还在监狱里。我协助释放了他，是因为我知道没有理由将他继续关在监狱里。自那以后，他就成了我的一个好朋友。我发现了他与众不同的品质和能力，就把他引荐给了哈尔滨特区的长官张景惠将军，张将军也意识到了鲍先生的能力。后经劝说，鲍先生接受了哈尔滨市长一职。不是我让他做市长的。

李顿：他是什么时候被释放的？

土肥原：我想是10月上旬的时候。

麦考益：他为什么会被少帅关在监狱里？政治罪还是其他什么？

---

① 编者按：指鲍观澄。

土肥原：我推测，可能是政治原因。他自己都不知道为什么会被关在监狱里。当时蒋介石和张将军（N. C. Chang[①]，音译）之间有一场冲突，在少帅加入蒋介石之前，蒋介石当时已经做了决定要【张学良】加入哪一边。当时，鲍先生在少帅手底下做事。他不知道自己是如何被抓，如何被送进监狱的，尽管他与当时沈阳的政治阴谋有关。

然后中东铁路局理事长李绍庚（Li-Chao-Kung）先生可能有有用的信息。

麦考益：逃到山西（?）[②]的丁超将军怎么样了？他在那儿还指挥军队、反对日本人吗？

土肥原：（怀疑地）有个叫陈树（Chan-shu，音译）的人是丁将军的亲戚，可以去见他。丁将军是非常谦逊、非常好的一个人。一开始，丁将军是我的一个好朋友，我向他保证，他的生命和财产会得到很好的保护。但他多少有点害怕，没有像我劝说的那样去做。另外一位李将军现在也不见了。我们曾请他来见我们，以达成一些理解。

麦考益：将军您认为情况现在是变好了还是变坏了？

土肥原：北满地区远非和平。有许多人反对"满洲国"政府，特别是土匪。他们是让人不安的因素，但我不觉得他们是极端的危险。

麦考益：那位声名狼藉的马将军怎么样了？我听到说他在监狱里。

土肥原：他去了黑河，去镇压一支反对他的军队，然后他说因病要休息。从那以后，我们就再没有他的消息。他确实生病了。我记得他参加过一次委员会的会面，当时他病得很厉害。他的胃不好，因为肠道功能紊乱受了很多苦。"东北行政委员会"建立的时候，他是最热心的领导人之一。我还记得在齐齐哈尔参加马将军担任省长的就职典礼，一切顺利进行，他当时还发表了演讲，发布了宣言，表示为全体人民利益而就职。他是如此的热心。

后来，4月上旬，他就去了北方，去了黑河附近，自此再也没有出现。我们不知道他怎么样了。

（资料来源：日内瓦国联与联合国档案馆藏李顿调查团档案，S31－NO. 2卷宗。）

---

① 编者按：找不到相应的对应人名。推测应该是指1930年中原大战期间的一名军阀。

② 编者按：原文为Shansi（?）。

18. "满洲国"民众代表提交的声明书[①]
(1932年5月2日)

1932年5月2日,长春

"满洲国"民众声明,由下列代表签名盖章:

"满洲国"民众总代表林鹤皋

"满洲国"民众副总代表许兰坡

奉天省民众代表张其昌、张在田、刘海轩

吉林省民众代表关长庆、谢雨琴、程坤元

黑龙江省民众代表黄海楼、秦炳宗、富恕清、潘渊龙、关溥涛、关燕生

哈尔滨特区民众代表杨贯三、许永铭

兴安区民众代表苏宝麟、普乐布

联盟调查团远道来满,调查"满洲国"各地方之现状,我"满洲国"民众无任欢迎。兹将建设"新国家"之根本理由暨对于贵调查团之希望陈列如左,恭请鉴察焉。

一、凡国家成立之要素,莫不以人民为主体。"满洲国"成立,乃三千万民众一致之主张。情缘从前,东北军阀以国家为私有物,视民众如奴隶。民众屈服于强暴政权之下,二十年于兹矣。此次事变,素背信义之恶劣军阀被邻邦打倒,正吾民众来苏之候,乃基于人民自由自决意志,推戴发祥满洲之前清逊帝溥仪为元首,建设新"满洲国家"。是"新国家"之成立,由全满人民为谋永久之幸福,以忠诚努力所得之结果者也。

二、旧军阀专图私利,利用钱法,于是钱法荒毛,币制紊乱,不可收拾。试举一例,奉票当初发行,每一元[②]二角当银币一元。其后因不备兑换,竟发行无限巨额[③]。张学良当政时,奉票每二十元值一银圆,官方银行竟发行价值五

---

① 编者按:该文件的原文档案有中文版和英文版,但中文版存在缺失。本文献集所整理的文本内容及句读参照了中文版和英文版。

② 编者按:货币单位为 dollar($)。后同。

③ 译者按:原中文请愿书有缺,"无限巨额……"起为译者据英文请愿书翻译。

十及一百元的奉票，用之买尽民众粮食，垄断市场以摧毁商业，奉票跌落至每六十元值一银圆。损失落到了民众头上。吉林省发行的钞票有类似的历史——官帖价值从 2.5 跌至 0.5。黑龙江省贬值更多。除货币混乱外，张学良还征收各种压榨性税收。税负逐月增加。民众哀求怜悯，但他视而不见。他用不值钱的钞票买进粮食，而后卖出，获取暴利。他用从民众那里征收的钱购买弹药，维持庞大的军队。他把这支军队变成私人警卫，或是派他们在关外活动。他也为自己积聚钱财，十分之九的国家收入用于军事，他不关心人民幸福或产业发展。民众的悲惨境遇难以描述。建立"新国家"就是为利用这个幸运的机会促进人民幸福，使他们从军阀的手中解脱出来。

三、从前东省民意机关，初有咨议局，次有省议会，均系代议制度，以谋民意畅达。张作霖遇险后，恐地方治安紊乱，为维持大局起见，由三省联合会举张学良为东省保安总司令，原为保境安民、休养生息，以发扬民治。不料任职数月，即将各省民意机关之省议会全体解散，一意孤行，宠信新进，结合南方党人施行具文政治。名曰民国，实际独裁。摧残民权，无往不极。吾民众欲恢复天赋之民权，更不能不建树一民意独立国家。

四、九一八事变发生以后，张学良与南京政府不谋正当解决方案，一则深居北平，流连声色，一则聚议南京，迄无至计，直放弃吾东北民众于不顾。而不逞之徒又复利用时机，结合兵匪，扰乱地方。名曰义勇，实系民贼，以致民不聊生，土无寸净。欲谋自卫，欲救死亡，更得建设"新国家"，设法剿抚，以托民命也。

五、"满洲国"地大物博，具备各种经济开发之可能性。从前军阀不此之图，竟设法妨害外国投资与援助。试查贸易状况，占得中国贸易总数之三分之一，如除去"国内"各种障害，奖励经济开发，欢迎各国投资与援助，"新国家"经济之前途发展必无限止。而经济根本自当强固，所以决心建设"新国家"也。

六、此三千万民众建设"新国家"之理由，既如上述。但理想虽高，实力尚弱。如得相当之援助，则具备健全发育之各种根本条件之满洲，乃可达其工商互利、民众欢娱、门户开放、机会均等之目的。友邦果有来助之者，不分国籍与民族之区别，均欢迎之。扫除从前军阀所命排外行动，以期世界大同、建设乐土也。当兹建设伊始，正值贵调查团辱临是邦，吾民众等具十二分热诚，希望贵团秉诸公道，以国际正谊加以援助，则不胜欣盼者也。

（资料来源：日内瓦国联与联合国档案馆藏李顿调查团档案，S31－NO.2 卷宗。）

19. 调查团与西义一的会话记录（1932年6月4日）

与第八师团长西（Nishi）中将的会话

商务大学①，锦州，1932年6月4日

出席人员：调查团所有代表和成员

西中将

渡大佐

川崎先生（翻译）

林出先生和其他日本人

在学校建筑物的大门那里，西义一将军指着一块铁盘说，那代表着日本的旭日。打开大门时，铁盘就会从中间破开，那些故意使用这个标志的中国人说这意味着日本帝国的分裂。靠近大门底部的地方，有两个标准的菊花标志，将军说那是日本的国徽。因为它们的位置，人们进门的时候很容易踢到这些菊花标志，将军认为这也是故意的羞辱。

西义一将军：（彼此问候之后）我想要说说锦州以及附近地区现在的一些情况。4月23日，现在的第八师团代替了原来驻守的师团，第八师团也在沈阳到山海关、大虎山到通辽铁路沿线的绥镇、山海关、锦县、大虎山等处（展示地图）就位待命。

李顿：士兵们是什么时候来到这一地区的？

西义一：一开始的师团是1月3日抵达的，但4月23日时被现在的师团取代了。

李顿：我想到我们之前想要走这条路时，被告知这条铁路沿线没有日军驻守保护。（吉田先生否认做过这样的说明。）

西义一：是有军队驻守在各个火车站，但并非到处都有。

渡：在山海关和锦州之间没有我们的军队。这种小片区的铁轨是不受保护的。我认为麦考益将军可能已经注意到了。

西义一：（在地图上指出了义勇军和逃兵的位置）他们在各县参与制造骚

---

① 译者按：原文为“Commercial University”，推测应为锦州“东北交通大学”。

乱，劫掠乡镇，毁坏铁路，袭击日军。张学良元帅声称，他和这些义勇军以及逃兵组成的军队没有任何关系。但我们了解到，他正掌控并指挥这些不同的武装。其中一个证据就是，他签发了对各领导人的特别任命书，还为这些军事行动提供武器、弹药和资金。他们正派遣大量便衣队人员，渗透整个地区。所谓的义勇军是在长城内组建的，随后受派遣进入满洲。这些事实是建立在实质证据上的，如果你们想要的话，我们可以把证据展示给你们。他们正在组建正规军，就驻守在长城外。他们最近开始了在锦州(?)/秦皇岛(Chinwangtao)(?)[①]修筑防御阵地，态度开始变得相当挑衅。

李顿：就防御阵地来说，什么是挑衅的，或者说是冒犯的？

西义一：他们正在修筑防御阵地，意味着他们正期待着挑战到来。但这是一个我们不该心存恐惧或类似想法的地方。(遭到质疑)有很多武装正从长城外渗透进来。他们的军事行动也表明了他们挑衅的态度。

李顿：他们可能通过其他的方式来挑衅，但我不明白，为什么建立防御阵地会被解读成是挑衅行为？这看起来应该是对进攻的忧惧，这很自然。

西义一：另一方面，我方没有计划采取任何进攻行动。我方的立场是应维持这一地区的和平。如果防御阵地是在长城内，我们很容易理解。但它们在长城外，在"满洲国"境内。(回答问题)山海关是"满洲国"和中国内地的边境线。我们收到的信息中也有一些其他的暗示，说你们从满洲离开之后，张元帅指挥的正规军就打算在满洲发起进攻以收复所谓的失地。他们宣称日本正在山海关附近对他们的军队发起进攻。据此可以推测，张学良期望稳固其地位，维持其声望，才有了这样的宣传。这样的话，张元帅也能从中央政府那里拿到资金，他的主要下属也能获得大量弹药和资金。他们说的和做的一点儿都不一样，我们担心如果中国方面维持这样的宣传和态度，可能有不幸的事件发生。你们可能很难完全理解这里的徽章和门上铁盘的全部意义，但这是日本的心脏和灵魂。日本无法忍受对皇室的直接羞辱。

关于轰炸事件，虽然临时总部[②]当时在这里，但我们没有对这里的任何建筑投掷炸弹。你不会找到炸弹落在地上的任何痕迹，有一枚炸弹落在一个农舍的花园里，农舍的北角受到了一点儿损坏。这似乎是唯一的损坏的迹象。

---

① 编者按：问号为原文所有。

② 译者按：此处"临时总部"指东北边防军司令部长官公署行署。

李顿:有一些坏掉的花盆?

希尼:为什么会有轰炸事件?

西义一:当时正是危机重重,我们推测这里是张元帅军事中心地,他们在这里组织反对日本军队的活动,我们派出飞机进行侦察,飞机上的炸弹只是以防万一。当他们飞到这里的上空时,遭到高射炮的火力攻击,他们就投掷了炸弹。当然,他们不是正规的投弹手,所以损坏没有像报告的那么大。

李顿:我想问问这里的总体情况。我想知道,最近一周或10天之内,是不是发生了一些促使形势恶化的事情?

西义一:(展示照片)这是6月2日拍摄的一张照片,一些逃兵正在袭击你们今天下午刚刚路过的那个火车站。该火车站在此地往西行驶大约4个小时。电话和电报线路遭到了损毁。最近这些攻击更加明显,有一个……[1]铁路沿线都有聚集。

麦考益:日军有没有因为这些袭击而遭遇损失?

西义一:两个日本人的手受了伤,火车站站长的大腿被刺了一刀。

(资料来源:日内瓦国联与联合国档案馆藏李顿调查团档案,S31－NO.2卷宗。)

20. 内田康哉发给调查团的电报(1932年6月1日)

收报地址:日内瓦国联

国际联盟

请在回复中引用参考序号[2]

供分发给:马柯迪伯爵

克劳德中将

希尼博士

麦考益将军

---

① 编者按:原文省略。

② 编者按:原文无具体序号。

信息[①]由内田伯爵提供，

请从这里看起，

沈阳，1932 年 6 月 1 日

一、我与中国官员的最初交涉是从 1895 年 11 月到 1897 年 7 月间，即我作为北京公使馆的书记官，后又任代理公使这段时间。第二次在北京驻留是 1901 年 11 月到 1906 年中期出任日本公使之时。在第一次同我交涉的著名中国官员是李鸿章和张荫桓，第二次任职期间我接触的著名人物是庆亲王、袁世凯、唐绍仪。这样我所直接接触的是清朝末期的官员。1911 年中国革命突发后我第二次出任外务大臣，在这个位置上一共做了 6 年，其间没有可与中华民国官员直接接触的机会。

据我所见，在中国，不仅日本，就连其他各国，除了中国特命全权委员就某特定事项被授以交涉全权之外，与其说通过驻各国的中国公使进行交涉，毋宁说是主要通过驻中国的各国公使或领事进行交涉。

虽说没有与新中国[②]官员直接交涉的经验，但我相信除了今天的中国方面的外交官的责任意识不比旧时代强外，与新中国的交涉情况和与旧中国的交涉情况间并没有太大差异。

在过去，中国官员经常可以向我在北京时尚位居最高权力的西太后请示。庆亲王及袁世凯认为必要的事情，争得一言九鼎的皇太后的同意，就能坚持自己的立场。在现在的共和政体下，任何人都不拥有以往西太后那样的权力，且没有什么人能得到以全责、足以置其于充分信赖的最终决定权。例如 1905 年的日华协定，若是在现在就不能缔结。原因是，不知道何时会因事件发生而令交涉延期或是破裂；在中国可以交涉的人太多，且担当交涉的中国官员必然受到许多批评和非难，尽可能保守秘密才是自己的利益所在。因此，条约或协定在实际签订前，是没有确定性的。最近发生的事件如实说明了和外国进行交涉的中国官员所遇到的困难如何之大。如学生及无赖之徒甚至用袭击官员的方法，极力阻碍交涉者，令其不能发挥正当作用，他们发挥着非法却具实力的势力。

---

① 译者按：电报内容引自《对质问书的回答》；转引自解学诗主编，孙彤、景壮副主编：《关东军满铁与伪满洲国的建立》，社会科学文献出版社 2015 年版，第 615—619 页。

② 编者按：指代中华民国。后同。

从理论上说，建设对全国拥有责任和权力的统一国家所承认的政府，会令中国和各国的交涉变得容易；但若根据实际经验，时值满洲承认南京政府的宗主权之时，此形式的承认不仅没有使交涉变得容易，却实际上带来了相反的效果。满洲当局虽然屡次无视南京政府的命令和训令，但他们以在形式上把权力委让给南京政府为借口，对日本提议的问题，不想处理，全部推给南京政府，而南京政府又把问题返给沈阳，如此，中国外交当局的回避拖延政策大行其道，日本想通过交涉解决纷争的企图完全成了一种不可能，南京和沈阳总是把问题推来推去，这样，满洲在名义上成为统一中国之一部分，未使交涉变得容易，反却麻烦了。例如在旧时代，沈阳政权至少具有充分的权力和责任，又能够缔结协定并履行之，相反在现在的状态下，虽然认为在理论上可以做到，但实际上作为其结果，沈阳、南京都不能取得或不想取得充分的权力和责任。

二、在中国，将契约内容以条约形式或协定形式表现出来虽是常例，但特殊场合有时也采取正式议定书的形式。其实质没有差异，准确地说是根据当时交涉的形势而采取了不同的形式。

三、我确信，不论采取何种形式，在约束力上是具有同一价值的，其差异只存在于各当事国宪法范围内。

四、1905年谈判缔结条约时，适逢叫嚷恢复国权的舆论，中国方代表的处境极为困难。鉴于舆论的这种状态，中国方代表向日方提出，希望在条约正文中只写元首及人民容易接受的事项。关于并行线问题，中国方代表表达了满铁线已让与日本，所以无意损害该线的利益这一主旨，但考虑到舆论反对所带来的困难，希望把有关此问题的事项放到议定书中；袁世凯对日方承认中国方代表提议将该问题写入议定书，以及对中国方代表所遇到的困难给予考虑的态度表达了深厚的谢意。

另外，袁世凯表示，条约应该公开，议定书附以秘密，但后者的约束力可与秘密条约一样。中国方首席代表庆亲王也表示，该议定书和条约具有同样约束力。

五、在满洲，关于铁道发生了种种问题。例如，拒付由日本贷给满洲的中国铁道贷款利息问题、新线铺设问题、并行线问题、竞争贷款问题。很明显，如果对这种状态不采取某种对策，任其发展的话，在政治上和经济上就会产生严重后果，尤其是因其竞争日益激烈，南满洲铁道会社与中国铁道双方所造成的财政损害都会不断增加。基于日华两铁道的共存共荣，为解决各种悬案，满铁

1931年1月由木村理事向中国当局提议召开解决这些悬案的谈判会议。中国方接受了此提议,我们也看到同年5月双方分别任命了以木村理事为日方首席代表、以东北交通委员会副委员长高毅纪为中方首席代表的专门代表。然而,张学良同年4月为参加国民党全体会议去了南京,尽管代表任命了,召开会议的准备做了,但张学良却住在南京或北京不回沈阳,而高纪毅也赴张学良身旁不打算返沈。这样尽管任命代表,准备召开会议,日本为推动召开会议尽了全力,但因中国方无诚意该会议终未开成。

六、为使满洲经济顺利发展,最重要的是,属于商业发展重要手段的日华双方铁道应缔结合理且有效的联合运输及运费协定。为达成此目的,日方尽可能考虑促成缔结合理的运输及运费协定的提议,或促成经营的统一。

关于新线的铺设,紧要的是,与其建设与原有铁道竞争为目的的线路,莫不如遵从在尚无铁道的未开发地建设最有效的铁道的方针。在这种意向下,满铁考虑设计合理的铁道系统,并尽可能地给予援助。

七、张作霖时代的满洲及与中国本部①的关系,采取的是只限于华北而与华南完全断绝关系的政策。与此相反,张学良则放弃了张作霖时代的封建独立,为巩固自己的权力,与华南联合。其结果是在满洲设立了国民党支部,张学良被国民政府任命为陆海军副司令。这样,形式上张学良虽服从中央政府,可事实上他在其势力范围内依然是过去的独裁者。在外交问题上,他一再利用满洲是中国的一部分这一借口;另一方面,南京政府也在对其有利的情况下插手关于满洲的外交问题。结果外交问题日益复杂,其当然的结局,最终爆发了1929年的中俄纷争及最近的满洲事变。在财政问题上,两个时代几乎没有任何差异,虽然存在张学良把关税收入的一部分送交中央政府的事实,但满洲政府所说的其财政行政受中央政府管理只是表面形式。例如,在张学良时代,中央政府曾欲垄断满洲的纸币发行权,但张学良拒绝了。这就证明了只要是涉及财政独立,张学良时代和张作霖时代并无差异。

八、在张作霖元帅后期,满洲拥有独立政府,但1928年张学良元帅归服南京政府,以至采纳了三民主义及其为特征的排外态度——其中当然包括排日政策。

东北政权欲扩大其权力的野心,到张学良时代变得比张作霖时代更加强烈。张作霖为在政治上及军事上向关内发展,已使其财政透支,尽管如此,张

① 编者按:指代中国内地。

学良或往关内派兵或同俄国挑衅，结果满洲负担的军费急增，为充当军费，张学良滥发不兑换纸币。这在张作霖时代也搞过，但在张学良时代由于其规模扩大，从而使该纸币的价值暴跌，缩减到张作霖时代的五分之一乃至十分之一。以此不兑换纸币企图垄断特产市场，竟使广大人民的经济状况恶化，由于产品价格暴跌，不仅使农民贫困，特产经营者也陷入必须停业的状态。

强行将西安[①]、福[②]州、北票煤矿转成半官半民经营，以极其便宜的价格获得了其支配权。为垄断松花江上的航运权，张学良扩大了东北航务局的支配权，用大联合的形式排斥了私人企业。由于张学良压迫个人企业，遭到私人企业者的强烈反对，终于在 1931 年 8 月不得不解散航务局。虽然和筹措军费没有关系，但在这里应注意的是，张学良时代残酷压迫可谓是满洲开发恩人的朝鲜人，其程度远远超过张作霖时代。

九和十、这两项包括在本月 27 日[③]提交给调查委员长[④]的秘密备忘录中，如有必要的话，大概会在东京再会时给予论述。

（资料来源：日内瓦国联与联合国档案馆藏李顿调查团档案，S31－NO.2 卷宗。）

21. 调查团与大连日本律师协会代表的会面记录（1932 年 5 月 28 日）

满洲的司法行政

5 月 28 日上午 9 时，应大连日本律师协会代表高桥（Takahashi）先生要求，在开脱盎葛林诺博士的陪同下，我会见了一个大连律师代表团，他们用自身关于满洲的中国司法实践的经验来回答问题，尤其与他们对县级法庭实践的观察有关，比如长春的一个县级法庭。我们有这样的印象：他们的主要目的是根据他们收集到的信息，做出有关司法实践误用和滥用的笼统性断言。但在问询的时候，我们发现他们的信息很难得到具体案例的支持；他们手上没有

---

① 原编辑者注：即辽源。

② 原编辑者注：即复州。

③ 编者按：指 1932 年 5 月 27 日。内田于 1932 年 5 月回复了调查团的质问。电报发送时间是 1932 年 6 月 1 日。

④ 编者按：即调查团团长李顿。

县级法庭的中国民法典的复印件，呈现给我们的证据也不能支持这些断言；他们在不停地努力，通过与关东租借地已经存在的法律体系的反向比较，来贬低满洲的中国司法实践。关于这一点，我们的调查展示了他们向我们描述的滥用行为，但我们没有获取能够支持他们的笼统性断言的具体证据。关于由所谓南满铁路区的独特地位引发的技术性法律问题，我们也进行了讨论。附上提交给调查团的请愿书的复印件。

渥尔脱·杨格

大连，1932 年 5 月 28 日

（资料来源：日内瓦国联与联合国档案馆藏李顿调查团档案，S31－NO.2 卷宗。）

22. 派尔脱致河相达夫的信函（1932 年 5 月 16 日）

1932 年 5 月 16 日

河相达夫先生，外事课课长

关东厅政府

由日本参与员办公室 转交

136 室，马迭尔宾馆

尊敬的河相(Kawai)先生：

非常荣幸，确认收到您 14 日的来信。来信已呈给调查团，且得到了他们适当的考虑。

调查团完全意识到了，应当尽可能地将未来安排告知您。但他们认为，目前他们的日程安排是不确定的，且有如此之多不可预见的变化。因此他们非常遗憾，无法向您提供您所需要的信息。

他们希望我向您保证，信息将尽可能早地提交给您——可能是在他们第二次逗留沈阳期间。

您真诚的，

派尔脱

（资料来源：日内瓦国联与联合国档案馆藏李顿调查团档案，S31－NO.2 卷宗。）

23. 河相达夫致派尔脱的信函（1932 年 5 月 14 日）

哈尔滨，1932 年 5 月 14 日

尊敬的派尔脱先生：

根据我们之前进行的会话：

（1）我很想要知道，调查团在大连及旅顺逗留期间想要做些什么或打算做什么的愿望。

（2）我们完全没有以诸多例行手续来干扰调查团行动的意思，但是：

（a）我们可否知道，调查团是否会正式拜访我们的长官？

（b）如果要拜访，调查团第二次抵达沈阳时，我们将非常乐意讨论正式会面的细节；

（c）我们在大连和旅顺为调查团安排了三次正式晚宴，但如果调查团不想要正式宴会的话，我们是否可将宴会参与人员限定为调查团全体代表及哈斯先生？当然，这些都将按照诸位的意愿安排。

如果调查团没有接受任何正式邀请的意愿，即便是在关东租借地，请务必告知我们，您应该会理解的，所有材料都需从日本本土运送过来。

（3）如果调查团愿意接受我们的特殊邀请参与野餐，我们将倍感荣幸。我们考虑在刘鸥头（Liu-oh-tou，音译）水库举行野餐，该地在去往旅顺的路上，距离大连约有 40 分钟车程。

我们将在钓鱼、网鱼和艺伎表演等事项上，特地为野餐进行详尽而盛大的准备。

（4）调查团是否会接受大连的扶轮社以该社名义提供的午餐？

（5）当调查团，或更合适的某些技术专家，与大连的市民代表进行会谈时，请问他们打算问什么问题，希望见什么人？

（6）大连和旅顺拥有整个满洲约一半的日本侨民，我们认为通过与他们的会谈，可以很容易地明白他们意见的整体倾向。因此，大连市长打算找出他们中的一些名人。为了向调查团各位成员引见这些人并探讨感兴趣的话题，市长打算举行一个约 1 小时，至多 2 个小时的完全非正式的会话。调查团是否可以同意出席宴会以表尊敬他们？

（7）在大连也许不能得到“特别多”的享受，但我们向调查团保证，我们会让他们完全独立行动，这样他们可以随心所欲，当然我们会及时提供所有的帮助。可否让我提前听取调查团关于各种享受及希望的想法，公私皆可。这样，调查团抵达大连时，一切可完全安排妥当。

(8) 我个人的想法是，考虑周到一点，如果调查团的某一位先生被特别指派同我协商调查团在关东租界地的计划等事项。那对我们双方来说，在诸如车辆、饭店等事项的安排上会是非常方便的。

(9) 我就这一事项寻求诸位的支持和努力的原因是，我们已经特别组织了一个接待委员会。该委员会由关东厅政府官员、南满铁路公司官员以及大连市民代表组成。他们热切等待着调查团的到来，竭尽全力以使调查团满意。他们不停地要求我尽可能快地与调查团协商，那么他们可能有足够多的时间来安排这些活动。

请记住，虽然我制定了如上在关东租借地的暂定计划，但如果诸位对此进行改动，我们不会有任何反对，我们只会非常高兴地遵照诸位的计划，这样我们可以确保诸位能非常满意。

我将于星期一上午离开前往旅顺，我将非常乐意在我离开之前被告知调查团关于上述事项的打算，特别是关于野餐。

非常真诚的，

河相达夫

外事课课长

关东厅政府

(资料来源：日内瓦国联与联合国档案馆藏李顿调查团档案，S31－NO. 2卷宗。)

24. 河相达夫致哈斯的信函(1932年5月28日)

大连，1932年5月28日

罗伯特·哈斯先生，

国际联盟调查团秘书长

先生：

很荣幸能够将如下文件的23份复印件：

“小岗子商业公学堂”(The Shokoshi Primary and Commercial School,音译)①

以及上述学校的 27 份照片明信片随函附上。

非常荣幸,

阁下您忠实的仆人

河相达夫

外事课课长,关东厅政府

(资料来源:日内瓦国联与联合国档案馆藏李顿调查团档案,S31－NO.2 卷宗。)

25. 河相达夫致哈斯的信函(1932 年 5 月 28 日)

大连,1932 年 5 月 28 日

罗伯特·哈斯先生

国际联盟调查团秘书长

先生:

我很荣幸,代表大连工商联合会主席将以下文件随函附上:

“致国联调查团”的 10 份复印件(英文)

“满洲事变之前中国侵犯日本权利”的 7 份复印件(日文)

“满蒙事情”的 1 份复印件(日文)

非常荣幸,

先生您忠实的仆人

河相达夫

外事课课长

关东厅政府

---

① 编者按:小岗子为大连西岗地区旧名。日本于 1922 年设立大连西岗子公学堂,是一所专收中国学生的小学,并设男子初等科和商业补习科,1923 年又设立大连商业学堂,废除商业补习科。商业学堂没有自己独立的校舍,与西岗子公学堂共用一个教学楼。档案中所指学校应该包括大连西岗子公学堂和大连商业学堂。

（资料来源：日内瓦国联与联合国档案馆藏李顿调查团档案，S31－NO.2卷宗。）

26. 关东租借地律师协会提交给调查团的备忘录（1932年5月28日）

由关东租借地律师协会提交给国际联盟调查团的一份备忘录

国联调查团访问大连之际，我们向诸位为调查满洲问题所付出的极大努力致以崇高的敬意，也非常荣幸能够与诸位相见，并表达我们关于关东租借地和满洲地区的居民的司法状况的看法。

租借地的现有司法情况

关东租借地的司法享有独立于一般行政的地位，由大连地方法庭和旅顺上诉法庭等两个部门组成，实行二审终审制，有13名法官、5名检察官和33名辩护律师。

租借地针对刑事、民事和非诉讼性案件执行的法律及程序，与日本大部分地区的法律及程序一致，但涉及中国人的亲属案件及继承案件则根据他们的惯例进行判定，公平的严格性从未受到怀疑，我们也从未听说与此有关的投诉。

大连和旅顺的两个监狱是模仿日本监狱修筑的，监狱内的生活和劳动条件对犯人来说并不算特别差，尤其是有中国犯人说过，他们在监狱里的生活要比他们自己在社会上的生活更好。

我们的律师协会成立于1905年。在我们的活动范围内，不限于租借地，甚至包括整个满洲，律师协会在对保护和扩大人权方面起到了非常积极的作用。

东北当局统治下的司法状况

中国东北当局自始至终都没有建立独立而严格的司法，居民的生命财产安全以及公正自由未能得到保证。

民政和军事当局总是干涉司法权，我们认为不该在一个法治国家发生的很多案件，却一天天地发生。最大的一例，即张学良开枪杀死了他的主要侍从杨宇霆和常荫槐，并没收了他们的财产，而未提交给法庭调查。

他们没有在东北各省的每一个县设立地方法庭，每个行政长官附带承担了法官职务，包括奉天省 27 县，吉林省 28 县，黑龙江省 48 县以及热河的每一个县，此外，各县、各省的所有长官都是为土匪而设的特别法庭庭长，判处土匪死刑。

法官和检察官并非根据官员聘用条例进行任命，他们的职务经常是买来的。这可以说是一件理所当然的事，他们收取了贿赂，决定不去起诉那些贿赂他们或支持他们的人，对公正和法律置若罔闻。几乎不能认为这些官员是了解法律要素；刑法与民法的实行全凭他们的意愿。

此前中国曾建立一些法令法规，但官方对法令的制定、颁布和废除从未达成一致，没有人知道在中国执行的是什么法律。各省都公布了很多规章、条例和命令，但随着时间的推移，大部分都被遗忘了。

沈阳、营口和瓦房店的所谓“模范”监狱不管怎么说是值得看一看的，但其他许多城镇的旧监狱完全就是养猪场，没有人忍心提及它们。监狱里的惩罚因报复念头而生，又以封建时期的野蛮方式来执行。

关于中国当局策划的针对外国人个人权利所施加的压力，在这里我们仅指出这样的事实：近年来，外国人几乎没有在中国法庭对中国被告人采取行动，即便采取行动，也不用期待有什么利于他们的结果。

满洲的外国人总体上认为，自张学良元帅在东北三省实行独裁起，中国的司法行政一年年愈加糟糕。

“满洲国”的新状况

“满洲国”宣布司法独立，对居民的生命及财产安全做出保证。我们热切地等待着司法行政的提升改进，更不用说颁布新法令法规。面对“满洲国”的进步和繁荣，居民人权的保护和扩大，我们需要重拾对上述事项的重大责任。此外，我们希望与民众合作以撤销治外法权。现在，我们很受鼓舞，在此活动趋向中竭尽全力，因为我们坚信努力或多或少可以为远东的和平效力。

高桥

主席，关东租借地律师协会

（资料来源：日内瓦国联与联合国档案馆藏李顿调查团档案，S31－NO.2 卷宗。）

（以上 S31 卷宗内容，吴佳佳翻译，陈海懿校对）

索　引

H

J

Q

R

S

T

W

X

Y

Z

图书在版编目(CIP)数据

国联调查团访谈与调查 / 陈海懿，屈胜飞，吴佳佳编. — 南京：南京大学出版社，2019.12
(李顿调查团档案文献集 / 张生主编)
ISBN 978-7-305-22840-7

Ⅰ. ①国… Ⅱ. ①陈… ②屈… ③吴… Ⅲ. ①李顿调查团一九·一八事变—调查报告 Ⅳ. ①K264.2

中国版本图书馆 CIP 数据核字(2020)第 003877 号

项目统筹 杨金荣
装帧设计 清 早
印制监督 郭 欣

出版发行 南京大学出版社
社 址 南京市汉口路 22 号 邮 编 210093
出 版 人 金鑫荣

丛 书 名 李顿调查团档案文献集
丛书主编 张 生
书 名 国联调查团访谈与调查
编 者 陈海懿 屈胜飞 吴佳佳
责任编辑 官欣欣
助理编辑 张倩倩

照 排 南京南琳图文制作有限公司
印 刷 南京爱德印刷有限公司
开 本 718×1000 1/16 印张 29.75 字数 487 千
版 次 2019 年 12 月第 1 版 2019 年 12 月第 1 次印刷
ISBN 978-7-305-22840-7
定 价 150.00 元

网址：http://www.njupco.com
官方微博：http://weibo.com/njupco
官方微信号：njupress
销售咨询热线：025-83594756

ISBN 978-7-305-22840-7

定价:150.00元